久留米大学経済叢書8

現代スイス財政連邦主義

世利洋介 著

九州大学出版会

はしがき

　スイスは，周知の通り，連邦国家であり，連邦政府（Bund, Confédération），州政府に該当する26のカントン（Kantone, Cantons），そして地方政府に該当する約3,000の自治体（Gemeinden, Communes）から形成されている。本書の目的は，このスイスのカントンと自治体に焦点を据えて，その財政構造，税財政制度，及び政府間財政関係を分析することにある。

　本書を敢えて刊行するのは，次のような意義がある，と考えたからである。

　第一に，本書によって，わが国におけるスイス財政という研究の空白地帯を埋めることである。スイス研究は，わが国においては従来，連邦憲法，政治制度，宗教，歴史等において既に蓄積が認められる。しかし，財政面にあっては，これまでに，幾つかの簡単な紹介はみられるが，その本格的な研究は未だ皆無である。本書によって，その研究の空白を一部でも埋めようとするものである。

　第二に，本書によって，高度に分権化されたスイス固有の財政構造と税財政制度を解明していることである。すなわち，他の連邦諸国を上回る地方政府の高い財政上の比重，所得・財産課税の課税ベースが連邦政府とカントンの間で，またカントン間でも異なること，法人税がカントン・自治体のレベルで固有の税率表が，それも累進税率が適用されていること，カントン毎に自治体税財政制度が異なること等，高度に分権化されたスイス固有の財政構造と税財政制度の実態を解明していることである。この場合，カントンあるいは自治体を一括して捉えるだけではなく，カントン間比較を通して，スイス連邦国家内における税財政制度の多様性という点を明らかにしている。

　第三に，本書によって，スイスに固有な政府間関係あるいは政府間財政関係が存在していることを解明していることである。スイスにあっては，連邦政府とカントンの間の垂直的関係，あるいはカントン間の水平的関係は，税

財政制度が高度に分権化されていることをいわば与件としているため，スイスに固有な展開がみられる。すなわち，政府間財政関係にあっては，多くの場合，州・地方政府の権限を制限することによって，換言すれば連邦レベルでの権限を保障することによって，具体的な調整を図ろうとする傾向が認められる。しかし，スイスにあっては，むしろ連邦政府の権限を制限した形で垂直的課税協調が図られているといえる。また，財政調整制度が「財政力」の「弱い」カントンに有利になるように水平的な調整効果が強化されてきたこと，カントンの課税立法権を侵害しないようにカントン間二重課税の回避が図られていること，カントン・自治体主導の地域経済開発政策を補完するという形で連邦政府の地域政策が展開されていること，等といった政府間関係を本書において解明している。

　第四に，試論として展開しているのであるが，本書の補論において，地方財政分析に連携の視点を導入し，スイスのカントン・自治体の税財政分析にはこの視点が有効であることを示していることである。すなわち，従来の「機能分担論」の考え方に添って州・地方政府の権限の在り方を議論するのではなく，スイスの行財政運営上の実態を考えて，州・自治体レベルの政府においても，資源配分機能に留まらずに，所得再分配機能及び経済安定・成長機能を含む広い範囲にわたる権限が保障されていることをむしろ前提とした論を展開してみた。そこでは，連邦政府，カントン・自治体といった複数の政府が行財政運営上の様々な局面で相互に連携を図ることによって一種の効率性を実現することができる，という考え方を示している。本書においては，財政面での連携を追求している具体的な在り方を，スイスにおける政府間関係について改めて整理する形で示している。

　本書の刊行にあたっての意義として，以上の諸点を考えるのであるが，はたしてこれらの意義が実際に達成されているのかどうか，という点は，当然に読者の判断に委ねられている。そこで，もし読者のご意見，ご感想を頂けるならば著者として望外の喜びである。

　なお，現代スイス財政連邦主義は現在，大きな転換点を迎えている。すなわち，2000年1月に新連邦憲法が施行，同年4月には課税調和法が施行された。この2000年以降のスイス財政を視野に入れた論は本書では展開できて

いないことを始めに断っておかなければならない。この点は，本書を通過点に，スイス財政連邦主義の成立過程の検討と共に今後の課題としたい。

次に，参考までに初出一覧を示しておく（表題は初出時）。

第 1 章　スイスとカナダの政治分権型財政（久留米大学　産業経済研究　第 33 巻第 2 号，1992 年 9 月）

第 2 章　スイス財政構造の分権化　1950〜1987 年（久留米大学　産業経済研究　第 33 巻第 4 号，1993 年 3 月）

第 3 章　スイスの下位政府における所得・財産課税──カントン間の比較を中心に──（久留米大学　産業経済研究　第 36 巻第 3 号，1995 年 12 月）

第 4 章　スイスにおける法人税制の分権性（久留米大学　産業経済研究　第 36 巻第 2 号，1995 年 9 月）

第 5 章　スイス自治体の財政構造──自治体を中心とした政府間関係の研究のために──（木下悦二編『経済学的手法の現在──久留米大学経済学部創設記念論文集──』，九州大学出版会，1995 年 3 月）

第 6 章　スイス自治体の主体性と税財政制度（久留米大学　産業経済研究　第 37 巻第 4 号，1997 年 3 月）

第 7 章　スイス自治体の財政構造の多様性──カントン・ジュネーヴとカントン・チューリヒの比較──（久留米大学　産業経済研究　第 37 巻第 4 号，1997 年 3 月）

第 8 章　スイス自治体の税財政制度の多様性──カントン・ジュネーヴとカントン・チューリヒの比較──（久留米大学　産業経済研究　第 38 巻第 2 号，1997 年 9 月）

第 9 章　スイスの財政調整制度（久留米大学　産業経済研究　第 35 巻第 1 号，1994 年 6 月）

第10章　スイスにおける垂直的課税協調──連邦政府とカントンの間の課税協調を中心に──（久留米大学　産業経済研究　第 38 巻第 1 号，1997 年 6 月）

第11章　スイスにおけるカントン間二重課税（久留米大学　産業経済研究

第39巻第1号，1998年6月）
第12章　スイスの地域政策――連邦政府の施策を中心に――（久留米大学産業経済研究　第37巻第4号，1997年3月）
補　論　政府間関係における連結の経済性――スイスの場合――（都市問題　第85巻第4号，1994年4月）

　以上のように，本書は最近10年間にわたって発表してきた論文を元に構成している。拙いものではあるが本書を世に問うまでに，著者は多くの方々から学恩を頂いている。大学学部時代には岩野弘一教授の演習に参加させて頂き，ここで地方自治と地方財政に対する関心を育むことができた。明治大学大学院時代の指導教員，喜多登教授には感謝の言葉は尽きない。喜多教授からは，学問の魅力と厳しさを学び，また今日に至るまで，学問上の多くのコメントを頂いている。伊東弘文教授（九州大学大学院経済学研究院）にも感謝の言葉は尽きない。九州大学大学院で指導教官を引き受けて下さっただけではなく，当初断念していた研究職への就職にも強い支援を頂いた。その後もゼミ参加の機会を頂き，今日に至るまで指導を頂いている。伊東教授には，本書の刊行にあたっても，多くのコメントを頂いた。
　こうした多くの先生方の学恩には未だ及ばない。しかし，本書を刊行できるのは，こうした先生方に依っている。また，逐一お名前を挙げることは出来ないが，やはり多くの方々に，本書を構成する初出時の論文に適切なコメントを頂いている。ここで感謝の意を表したい。また，本書を構成する論文の大半は，著者の勤務校である久留米大学においてその成果をあげることができた。そこで，何よりも『久留米大学経済叢書』に列して今回の刊行の機会を頂いたことに感謝を呈する。

　2001年8月

著　者

略称	カントン名称	
	Kantone	Cantons
ZH	Zürich	Zurich
BE	Bern	Berne
LU	Luzern	Lucerne
UR	Uri	Uri
SZ	Schwyz	Schwytz
OW	Obwalden	Obwald
NW	Nidwalden	Nidwald
GL	Glarus	Glaris
ZG	Zug	Zoug
FR	Freiburg	Fribourg
SO	Solothurn	Soleure
BS	Basel-Stadt	Bâle-Ville
BL	Basel-Landschaft	Bâle-Campagne
SH	Schaffhausen	Schaffhouse
AR	Appenzell A. Rh.	Appenzell Rh. Ext.
AI	Appenzell I. Rh.	Appenzell Rh. lnt.
SG	St. Gallen	Saint-Gall
GR	Graubünden	Grisons
AG	Aargau	Argovie
TG	Thurgau	Thurgovie
TI	Tessin	Tessin
VD	Waadt	Vaud
VS	Wallis	Valais
NE	Neuenburg	Neuchâtel
GE	Genf	Genève
JU	Jura	Jura

目　次

はしがき ………………………………………………………………… i

序　章　本書の課題と構成 …………………………………………… 1

　第Ⅰ部　分権化された財政 ………………………………………… 1
　第Ⅱ部　自治体財政 ………………………………………………… 3
　第Ⅲ部　政府間財政関係 …………………………………………… 5
　補　論　連携の視点から …………………………………………… 7

第Ⅰ部　分権化された財政

第1章　分権化された財政構造 ………………………………………13
　　　　――国際比較の視点から――
　はじめに ………………………………………………………………13
　1．政治分権型財政 ……………………………………………………14
　2．州・地方政府財政の国際比較 ……………………………………21
　3．課税局面にみる政治分権 …………………………………………30
　おわりに――政治分権型財政の多様性―― ………………………36

第2章　財政構造の分権化　1950〜1987年 …………………………41
　はじめに ………………………………………………………………41
　1．公共部門の構造 ……………………………………………………42
　2．支出構造 ……………………………………………………………49
　3．収入構造 ……………………………………………………………58
　4．政府間財政関係の展開 ……………………………………………68
　おわりに ………………………………………………………………76

第3章　所得・財産課税 …………………………………79
　　　──カントン間の比較──
　　はじめに ……………………………………………………79
　　1．地域偏在性と税源配分 …………………………………81
　　2．所得・財産課税への依存度 ……………………………88
　　3．課　税　負　担 …………………………………………95
　　4．課　税　戦　略 …………………………………………107
　　おわりに ……………………………………………………112

第4章　法　人　税　制 ……………………………………115
　　はじめに ……………………………………………………115
　　1．スイス法人税制の位置付け ……………………………116
　　2．課　税　権 ………………………………………………121
　　3．課税期間制度 ……………………………………………130
　　4．税率の決定方法 …………………………………………136
　　おわりに ……………………………………………………142

第Ⅱ部　自治体財政

第5章　自治体の財政構造 …………………………………147
　　はじめに ……………………………………………………147
　　1．スイス自治体の基本的枠組み …………………………148
　　2．政府部門における自治体の位置 ………………………156
　　3．自治体財政構造 …………………………………………164
　　おわりに ……………………………………………………176

第6章　自治体の税財政制度 ………………………………179
　　はじめに ……………………………………………………179
　　1．スイス自治体の特徴点 …………………………………180
　　2．税財政制度における特徴点 ……………………………186
　　3．税財政制度における裁量 ………………………………193

おわりに ··· 198

第7章　自治体の財政構造の多様性 ····························· 203
　　　　　──カントン・ジュネーヴとカントン・チューリヒの比較──

　はじめに ··· 203
　1．支出構造 ··· 205
　2．収入構造 ··· 210
　3．財政移転 ··· 216
　おわりに ··· 223

第8章　自治体の税財政制度の多様性 ···························· 227
　　　　　──カントン・ジュネーヴとカントン・チューリヒの比較──

　はじめに ··· 227
　1．自治体制度 ··· 227
　2．課税制度 ··· 233
　3．税財政制度における裁量 ·· 240
　おわりに ··· 246

第Ⅲ部　政府間財政関係

第9章　財政調整制度 ·· 253
　はじめに ··· 253
　1．スイス財政調整制度の成立 ·· 254
　2．原資面：政府間財政移転の展開 ····································· 260
　3．配分基準：「財政力」 ·· 264
　4．財政力の適用 ··· 273
　5．水平的効果 ··· 278
　おわりに──カントンの自治権の反映── ·························· 284

第10章　垂直的課税協調 ··· 289
　　　　　──連邦政府とカントンの間の課税協調──

　はじめに ··· 289

1．「課税協調」概念の検討 …………………………………………290
　　2．課税立法権と税源の割当 …………………………………………294
　　3．個人所得税における協調 …………………………………………301
　　おわりに ………………………………………………………………308

第11章　カントン間二重課税 …………………………………………311
　　はじめに ………………………………………………………………311
　　1．二　重　課　税 ……………………………………………………312
　　2．カントン間二重課税の回避 ………………………………………317
　　3．配　賦　規　定 ……………………………………………………322
　　おわりに ………………………………………………………………329

第12章　地　域　政　策 …………………………………………………333
　　　　　――連邦政府の施策を中心に――
　　はじめに ………………………………………………………………333
　　1．山岳地域政策 ………………………………………………………334
　　2．経済困難地域政策 …………………………………………………345
　　3．地域政策と分権 ……………………………………………………353
　　おわりに ………………………………………………………………365

補　論　連携の視点から …………………………………………………369
　　はじめに――連携の視点―― ………………………………………369
　　1．連携の前提 …………………………………………………………371
　　2．連携の諸側面 ………………………………………………………374
　　おわりに ………………………………………………………………381

　事　項　索　引 …………………………………………………………385
　人　名　索　引 …………………………………………………………387

序章

本書の課題と構成

　本書において設定した課題と構成について述べておく。まず，本書の課題は，1990年頃までを対象に，スイス財政連邦主義[1]について，すなわち，州・地方政府を中心とした財政構造[2]，税財政制度，及び政府間財政関係について分析することである。こうした課題に取り組むために，次のような構成で論を展開している。大きくは，「第Ⅰ部　分権化された財政」と「第Ⅱ部　自治体財政」では高度に分権化されたスイス固有の財政構造と税財政制度を解明し，「第Ⅲ部　政府間財政関係」では連邦政府とカントンの間でみられる，あるいはカントン間でみられるスイス固有の政府間財政関係を検討し，「補論　連携の視点から」では試論的に，スイスにあっては高度な分権化と効率的な行財政運営が「連携による効率性」を追求することで図られていることを分析している。

　以下，各部・補論の内容を概観しておく。

第Ⅰ部　分権化された財政

　まず，「第Ⅰ部　分権化された財政」では，スイスの財政構造と税財政制度がいかに高度に分権化されているのか，またそのことがカントン間の多様性にどのように反映しているのか，という点について，第1章〜第4章までの四つの章を設けて分析している。

　まず第1章では，スイス財政連邦主義にみられる「分権」の在り方について検討している。この場合，「分権」概念が曖昧に使われないようにその中身について，あるいは「分権化の程度」を判断する指標について，予め検討し

ている。ここでは，国際比較の手法を用いている。その際，政府部門における州・地方政府の単なる数量面での比重の高さに留まらずに，「政治分権」という視点を導入している。すなわち，政治分権とは，州・地方政府にあっても広い範囲にわたってその裁量権が発揮されるという考え方である。この考え方に照らして，スイスの財政構造と税財政制度を特徴付けてみた。また，国際比較の際の対象となる諸国の中でも特に，スイスと同様に州・地方政府の財政上の比重が高いカナダとの比較に重点を置いて，法律面，支出面，収入面，更に租税構造という各側面から，スイス財政連邦主義の固有性を明らかにしている。

　スイスは連邦国家であり，連邦政府，州政府に該当する26のカントン，そして地方政府に該当する約3,000の自治体から形成されている。そのスイスにあっては，カントン・自治体の政府部門に占める財政上の比重，特に自治体のそれが高いこと，またカントンの主権が連邦憲法で保障され，課税に対する残余権が連邦政府ではなく，むしろカントンに帰属していること，等という特徴がある。第1章で明らかにされるこうした財政上の高度に分権化された側面は，以下の章で展開される枠組みとなっている。

　第2章では，第1章でみたスイスの高度に分権化された財政が，はたして長期間にわたってみられる特徴点なのかどうか，という点を検証している。ここでは，財政構造を時系列（1950年～1987年の期間）で分析する。その際，国民経済に占める政府部門の位置，財政収支状況，支出構造，収入構造，財政移転といったカントン・自治体財政についての諸側面を検討して，スイスの高度に分権化された財政が決して一時的な現象ではなく，構造的なものであることを分析している。なお，政府間財政関係の視点からいえば，特に支出圧力が高まった1960年代から1970年代の半ばにかけて，財政上の分権化が，連邦政府からカントンに対する財政移転の増大と結合していることが認められる。

　第3章と第4章は，スイス財政連邦主義のいわば横断分析にあたる。すなわち，まず第3章では，カントン・自治体の基幹税である所得・財産課税を取り上げている。この場合，分権化された財政構造・税財政制度が前提であるため，分析の力点をカントン間の比較に置いている。その際，所得・財産

課税の地域偏在性，カントンと自治体の間の税源配分，所得・財産課税への依存度，課税負担，課税戦略について検討している。これらの各項目に関して，カントン間の差違が実際にどういう状況にあるのか，という点を解明している。

ここでは，税制度の多様性に留意しておく必要がある。すなわち，特に課税負担をカントン間で比較するためには，税制度がカントン毎に異なっているため，課税所得，税率表等の相違を考慮した指標が必要である。この場合，課税負担に関する「個別指数」とそれを元にして加工・算出される「総合指数」または「負担指数」が活用されている。これらの指数を用いて，個人所得税と法人税の課税負担について，実際にカントン間の比較を試みている。同じ課税所得に対して，同じ課税負担が課されるという意味での課税の公平性は，カントン間では達成されておらず，カントン間で2.5倍程度の負担上の差異が認められる。

第4章は，所得・財産課税の中でも更に照準を絞って，法人税制を取り上げている。スイス法人税制は，税制面でいかに高度に分権化されているのかという点をみるのに格好の素材であるといえる。すなわち，スイスにあっては，連邦政府に留まらず，カントン・自治体の水準にあっても法人税に対する課税権が帰属しており，また法人税の税収全体に占める比重は連邦政府よりもむしろ州・地方政府に重点がある。更に，基本的に法人実在説に基づく累進税率表がカントンによって適用されている。また，納税の期間，課税所得額の対象となる会計期間，課税所得額が確定される査定期間の各期間の組合せ，あるいは税率の決定の仕方が，カントン間で実に多様である。こうした点も，スイスに特有なものである。

第II部　自治体財政

スイスの高度に分権化された財政構造と税財政制度を解明するためには，自治体財政の分析は不可欠である。第1章でも指摘するように，政府部門に占める州・地方政府の財政上の比重に関しては，国際比較の視点から，スイスにあっては特に地方政府の比重が高いこと，また地方政府にも課税権が帰

属していること，という点をみても，このことがいえよう。そこで「第Ⅱ部 自治体財政」では，この自治体レベルでの財政構造と税財政制度について，第5章～第8章までの四つの章を設けて分析している。

まず第5章では，第Ⅱ部の導入として，スイス自治体の基本的な枠組みについて概観した後，スイス自治体の財政構造上の特徴を分析している。財政の数量面に限っていえば，国際比較の視点からは政府部門に占める高い比重という点が，またカントン間の比較という視点からは収入・支出構造上の多様性という点が，スイス自治体の特徴点として挙げることができる。ここでの留意点は，自治体制度はカントンの管轄下にあるためにカントン間で必ずしも一様ではない，という点である。

そこで，第6章では，スイス自治体の税財政制度の分析に焦点を据えている。自治体の税財政制度については，その決定権はカントンに帰属していることから，カントン間の多様性が認められる。ただし，カントンの自治体に対する関与の在り方は，一般的には「合法性の点検」に留まっており，この点で自治体の自治に制限を加えるという集権化された性格を持つものではないといえる。カントン憲法・法律で自治体の存在権・自治権の保障が明記されていること，広い活動範囲となって現れる「剰余的一般権限」が自治体に認められていること，また，自治体の課税権はカントンの法律規定内に制限されているが，課税係数（カントンによる付加税制度の元で，カントンの水準で決定された「基本課税」に対して，個々の自治体によって適用される乗数を意味しており，「年間係数」とも呼ばれている）に対する決定権を有している，という形で自治体の課税権が保障されていること，等といった事項が明らかにされる。これらの事項は，スイスの自治体が地方政府としての性格を有していること，また，自治体はスイス財政連邦主義が高度に分権化されていることの重要な構成要素であることを示している。

第7章と第8章は，第5章と第6章の分析を受けて，自治体の財政構造と税財政制度に関するカントン間での多様性について考察を深めることに力点を置いている。ここでは，カントン・チューリヒ（以下，ZH）とカントン・ジュネーヴ（以下，GE）の比較検討を試みている。スイス自治体の一般的な性格に照らしてみるならば，ZHの自治体は一般化されたスイス自治体を具

現する存在であり，GE の自治体は逆に例外的な存在とみなし得るが，これら双方のタイプの自治体が並存していることが正に，カントン間の多様性を示しているといえる。

　財政構造上，ZH の場合はカントンの水準よりもむしろ自治体に比重があり，GE の場合はむしろ自治体の比重は抑制される傾向にある。税目数は，ZH の自治体が多様な税目を徴収しているのに対して，GE の自治体は極めて限定されている。いずれの自治体も課税係数の決定権が認められているが，カントンの水準との比較でみてみると，ZH ではむしろ自治体に対して，また GE ではカントンに対して，税源配分における比重がより高くなる係数が適用されている。

　スイスにあっては，基本的に，自治体の直接の監督権はカントン当局としての「郡参事会」が行使している。その監督・干渉の程度は，ZH では基本的に自治体活動の「合法性の点検」に留まっているのに対して，GE では自治体のすべての行為に対してカントンによる承認が求められる，という強い後見性が窺われる。また，課税係数と課税負担について自治体間の差異を分析してみると，ZH においては GE におけるよりもより大きな差異が認められた。自治体の自治の程度という点では，ZH ではそれを広く保障しようとする分権化の傾向が，また，GE にあってはむしろそれを抑制しようとする集権化の傾向があることが，それぞれ認められる。ZH の分権化された税財政制度と GE の集権化されたそれが，両カントンの間の自治体の財政構造の差異となって現れているといえる。

第Ⅲ部　政府間財政関係

　「第Ⅲ部　政府間財政関係」では，第Ⅰ部と第Ⅱ部で明らかにする高度に分権化された財政構造・税財政制度の下にあって，連邦政府とカントン・自治体の各政府水準の間の財政関係あるいはカントン相互間の財政関係の在り方はどのようにみることができるのか，という点について，第9章～第12章までの四つの章を設けて分析している。

　高度に分権化された財政構造・税財政制度にあっては，もし各政府水準の

間で何ら調整・協調が図られないならば，地域間の財政力あるいは経済力の較差の拡大，政府間での課税の重複，納税義務者（個人，企業）にとっての地域間での二重課税，等といった行財政運営上のデメリットが顕在化してくるものと考えられる。スイスにあっては，財政が高度に分権化されているからこそ，これらのデメリットの顕在化を回避するために，様々な局面で政府間の連携が採られ，その結果，一種の効率的な行財政運営が図られているといえる。ここでは，高度に分権化されているために，その連携の在り方も他国にはみられないスイスに固有な政府間財政関係が展開されているといえる。

　まず第9章では，政府間財政関係の要諦である財政調整制度を分析している。スイス財政調整制度は，1959年の連邦法律の成立により，本格的に始まる。連邦補助金とカントン分与税を通して，公共サービス単位費用の補整，財源調達能力の補塡を目的としている。ここでは，従来から存在していた財政移転に，カントン間財政調整の機能が付加されてきた経緯について，またその財政調整の機能が実際に財政力の「低い」カントンに有利に修正されてきている経緯について，それぞれ明らかにしている。わが国の地方財政調整制度が地方交付税交付金に基軸があるのに対して，スイスの場合は，特定目的交付金に当たる連邦補助金にも「財政力指数」が適用されて，これが水平的効果を発揮する上での基軸になっている，という特徴点がある。

　第10章では，連邦政府とカントンの間の垂直的課税協調を取り上げている。ここでは，連邦憲法によって連邦政府とカントンの間の税源の分離が図られていること，税目の上では重複している個人所得課税にあっても種々の協調形態が連邦政府とカントンの間で図られている，という点を明らかにしている。財政上の分権の在り方と垂直的課税協調の在り方は，いわば表裏の関係にあるといえる。課税協調の考え方として，通常は，州の裁量を制限するという方向が考えられる。しかし，スイスにあっては，連邦憲法によって連邦政府の課税に対する権限をその税目と最高税率に関して制限する，という手法を採っている。ここにも他に例をみないスイスに固有な垂直的課税協調の形態をみることができる。

　第11章では，カントン間二重課税を取り扱っている。地域間で生じる二重課税という概念は通常，国際的二重課税の意味で用いられる。しかし，スイ

スにあっては，カントンに課税立法権が帰属しているために，国際的二重課税と同じ原理でカントン間でも二重課税が発生し得るのである。本章では，このカントン間二重課税の問題は，「累進付き免除方式」という排除仕方によって実際に回避されていることを明らかにする。ここでも，課税ベースの選択と累進度の裁量という各カントンの課税自主権が保障されている。

　第13章では，連邦政府による地域政策を取り上げた。カントン間の財政力の格差は，上記の財政調整制度の強化によって緩和されていると考えられるが，カントン間の経済力の格差に対しては連邦政府によって地域政策が展開されており，これがまた財政調整制度の補完的な役割を果たしていると考えられる。ここでは，その地域政策の特徴点を明らかにしている。

　その支柱の一つは1974年に成立した連邦法律に基づき実施された「山岳地域政策」であり，企業の立地・住民の居住に重点を置いた地域政策として展開され，その結果，対象地域の社会資本整備に対する投資援助を中心として，「山岳地域」の少なくとも人口の減少の阻止に寄与したといえる。もう一つの支柱は，1978年の連邦法律に基づき実施された「経済困難地域政策」で，特に失業率の高い単一産業に依存した地域を対象にして，雇用の場の創出を重点にして展開され，その結果，民間経済の振興に対する直接的な諸手段を通して，対象地域によっては全国平均を上回る雇用創出の成果がみられる。

　これらのいずれの地域政策においても，カントン・自治体主導の地域経済開発政策に対して連邦政府が補完するという形態を採っていること，またその結果，カントンの地域経済開発政策との整合化が図られていること，等という点には分権型の地域政策という特徴点を認めることができる。

補　論　連携の視点から

　補論にあっては，第Ⅰ部〜第Ⅲ部まで展開したスイス財政連邦主義の分析を踏まえて，地方財政論の展開において，従来あまり検討されることのなかった一つの視点を提供することを試みた。すなわち，州・地方政府といった下位段階の政府水準においても広い範囲にわたる権限が保障され，その結果，資源配分機能に限らず所得再分配機能あるいはまた経済安定・成長機能の発

揮が実際に可能である場合，換言すれば第1章で検討したように高度に「政治分権化」されている場合には，中央政府と州・地方政府の間で，あるいはまた下位水準における政府間で，行財政運営上の様々な局面での連携を通じて，一種の効率性（複数の政府の間での「連携による効率性」）を追求することができる，という視点である。

すなわち，カントン・自治体の財政自主権が実際に発揮されていることを改めて確認した上で，連邦政府とカントン・自治体の間で，またカントン間で，様々な局面において連携が図られ，行財政運営上の一種の効率性が図られていることを示したのである。すなわち，連邦政府の連邦憲法上の権限とカントンの行政執行上の資源（財源，人材）が結合されて補完効果が発揮されていること（これは「執行連邦主義」と呼ばれる政府間関係のことをいっている），連邦政府とカントンの間あるいはカントン間で政策調整の場（「結節点」）が制度化されていること（これは，具体的には，各カントンの代表者から成る連邦レベルの全州議会の存在，カントン間の利害衝突の調整が図られるコンコルダーツと呼ばれる制度等を挙げることができる），この結果，政策調整コストの軽減が図られていることを示した。ここでは，従来の「機能分担論」とは異なり，政府間の「連携による効率性」の具体的な事例が認められる。

現代スイス財政連邦主義は，高度に分権化された財政構造・税財政制度と効率的な行財政運営の共存が可能であること，またこの場合，政府間での様々な局面での連携が不可欠であることを示唆している。

[注]

1）ここで財政連邦主義といった場合，かつて W.E.Oates, R.A.Musgrave 等が展開した「財政連邦主義の経済理論」でいう「財政連邦主義（fiscal federalism）」とは異なった含意で用いている。すなわち，「財政連邦主義の経済理論」では，地方政府に帰属する財政機能としては，資源配分機能に限定されていた。それも，中央政府の資源配分機能を補完する，という意味で論が展開されている。しかし，本書でいうスイスにおける財政連邦主義は，「財政連邦主義の経済理論」と同様に多段階の政府水準を前提としているが，ただし，州・地方政府にも所得再分配機能と経済の安定・成長機能を含む広い範囲にわたる機能の発揮が保障されている。

2）ここで財政構造といっているのは，財政規模，政府部門全体に占める州・地方政府の財政上の比重，等といった財政の数量面についての特徴，といった程度で用いている。

第Ⅰ部

分権化された財政

第1章

分権化された財政構造
――国際比較の視点から――

はじめに

「第Ⅰ部　分権化された財政」では，スイスの財政構造と税財政制度がいかに高度に分権化されているのか，またそのことがカントン間の差異にどのように反映しているのか，という点について，第1章～第4章までの四つの章を設けて分析する。

まず，第1章の目的は，国際比較の視点から，スイスの財政上の分権の程度について検討することである。ただし，「分権」という言葉が使われる場合，必ずしもその中身がはっきりとしているわけではなく，また論者によっても使い方が異なってくるものと考えられる。そこで，「分権」の中身について，また「分権化の程度」を判断するための指標について，それぞれ検討しておく必要があろう。その際，たとえ政府部門全体における州・地方政府の財政の比重が高いとしても，その行財政運営上の決定権・裁量権が制限されているならば，その分，分権化の重要性は薄くなるといえる。そこで，「政治分権」が保障されているかどうか，すなわち州・地方政府の決定権・裁量権の発揮が実際に保障されているかどうか，という視点が必要となる。本章では，この政治分権の考え方に照らして，スイス財政について検討することを目的としている。

なお，国際比較にあたっては，特にカナダとの比較に注目している。というのは，①カナダはスイスと同様に連邦国家であり，プロビンス（provinces）という州レベルの政府に政治上の権限が憲法で保障されていること，②また，

政府部門におけるそのプロビンスの財政上の比重が，先進諸国の連邦国家の中でも，スイスのカントンと並んで非常に高いこと，③更に，①と②のような共通点があるにもかかわらず，州・地方政府の租税構造においてはスイスとカナダの間には明確な対照性が認められること，等のためである。国際比較によって，高度に分権化された財政という側面が，また特にカナダとの比較によって，スイスに固有な分権化された財政という側面が，それぞれ明らかになると考えられる。

そこで，本章では，以下の手順で論を展開する。第1節では，あいまいになりがちな「分権」という概念についてその中身を確認した上で，特に「政治分権」の程度を財政運営面でどのように把握できるのか，という点を検討する。次に，第2節と第3節では，第1節で検討した事項に沿って，国際比較の視点から，スイスの州・地方政府の財政における政治分権の現れ方を検討する。その場合，第2節では，法律上の政治分権の在り方と，また財政の数量面に窺える政治分権の程度について，また第3節では，課税のいわば質的な側面での政治分権の現れ方を，それぞれ検討することにする。

1．政治分権型財政

本節では，国際比較の視点からスイスの財政上の分権の程度を検討する前に，まず分権の中身を検討して，更に財政運営面における分権の把握の仕方を考えてみることにする。

(1) 政治分権──概念と把握の仕方──

（政治分権の中身）

集権化とそれに対する分権化の意味と内容は，漠然としたまま使われることが多いように思われる。そこで，まず，本書で用いる分権あるいは政治分権という概念の意味を明らかにするために，ここで検討を加えておく。

H. Wolman によれば，通常，集権化 (centralization) とは「中央に対して権限（power）と権威（authority）を集中させること」であり，それに対して，分権化 (decentralization) とは「中央から権限を分散あるいは分配するこ

と」である[1]。こうした意味での集権と分権は，政治，行政，及び経済の三つの異なった分野において見ることができる。まず，政治上の分権・集権は，政治上の意思決定の分散ないし集中について，すなわち，政策決定に関しての決定権の範囲についていっている。行政上の分権・集権は，行政上の決定権の分散ないし集中についていっている。経済上の分権・集権は，経済上の決定の場が市場機構を通じて消費者に分散されているか，あるいは政府に集中されているか，という点をいっている[2]。

さて，本章においては，第一の政治上の分権・集権，それも中央政府と州・地方政府との関係における政治上の分権・集権に焦点を当てるのであり，その政治上の分権をもって政治分権といっているのである。従って，政治分権といった場合には，「政府の下位単位が，例えばどの政策を遂行するのか，その政策に対してどれだけ支出するのか，等といったその下位単位の領域に影響を及ぼす政策に関して，（架空上のではなく）実効的な（effective）意思決定に関与するための利用可能な決定権を有している」[3]ことを意味する。換言すれば，政治分権とは，政策形成主体としての下位段階の政府の存在を強調する概念である。

（政治分権の把握の仕方）

では，政治分権は，具体的にはどのように，それも特に財政運用面においてどのようにとらえることができるのであろうか。次に，この点を，Wolmanの整理に従ってみていくことにしよう。

第一に，下位段階の政府（具体的には，州・地方政府を意味する）によって遂行される諸機能の範囲とその重要性という点で政治分権を把握しようとする方法がある。これは，政府の諸機能の遂行において，下位段階の政府がどれだけ直接に支出を担当しているのか，その割合によって政治分権の程度を測ろうとする方法である。最も単純には，諸機能別に公共支出に占める下位段階の政府の割合を示すことによって，これを把握することができよう。しかし，これを政治分権の判断基準として用いるには，次の点に注意する必要がある。すなわち，「下位［段階の；引用者による注，以下同様］政府が，政策と資源に係わる独立した決定を行うというよりも，むしろ実際上は，中央政府の機関として，中央政府の政治上の意思を単に遂行しているにすぎない

のかもしれない」⁴⁾という点である。下位段階の政府が担当する支出が，必ずしも下位段階の政府の裁量によって決定された支出とは限らないのである。この点は下位段階の政府によって遂行される諸機能について個別に下位段階の政府の裁量がどれだけ反映しているのか，逆に中央政府によって統制されている度合はどれだけか，という難しい判断を下していかなければならないであろう。

　第二に，中央政府と下位段階の政府の間の法律上の関係にみられる下位単位の自治（autonomy）によって，政治分権をとらえようとする方法がある。この方法にあっては，「明示的には禁止されていないか，あるいは他には割り当てられてはいない諸決定を行うことが許されている一般的権限（home rule）を，下位［段階の］政府に提供している国は，そのこと自体によって，中央政府によって明示的に権限が与えられている諸活動だけに下位［段階の］政府の関与が許されることになっている国よりも，いっそう分権的である」⁵⁾ということになる。つまり，政治分権が法律で保障されていても，権限が列挙・限定された範囲内で政治分権が発揮できる場合（いわば列挙型の政治分権）と，明示的に禁止された権限を除いて，いわば残存的に政治分権を発揮できる場合（いわば残存型の政治分権）とに区別できるのであり，列挙型よりも残存型の政治分権の方がいっそう分権化されているとみなされているのである。また，「中央政府が下位［段階の］政府の財政活動に法律上の制限を課している国は，そうでない国よりも政治的にはいっそう分権的ではなくなる」⁶⁾ことになる。この法律上の制限は，列挙型であれ残存型であれ，いずれの政治分権にあっても，その法律上の制限の範囲と程度を判断する必要があろう。

　第三に，下位段階の政府に責任のある公共支出の割合によって政治分権を把握しようとする方法がある。これは，第一の方法が諸機能別に政治分権を把握しようとしていたのに対して，この第三の方法は，下位段階の政府の担当する総支出を問題にしているのである。ここでの仮定は，「分権化は，中央政府にではなく，下位［段階の］政府に責任のある総支出（あるいは雇用）の相対的に高い割合に反映されているであろう」⁷⁾ということである。Wolmanによれば，この仮定での問題が二つ存在する。一つは，公共支出の全額が分

権化に係わるのでは決してなく，ほとんど常に中央政府の責任となっている公共支出（典型例として国防）が存在するということである。従って，意味のある計算がなされるためには，下位段階の政府には充てられることのないこれらの公共支出を除いてから，下位段階の政府の割合を計算しなければならない，と考えるのである。もう一つの問題は，第一の方法による問題点と同じで，下位段階の政府は中央政府の政策を遂行するための手段として支出を行っているだけかもしれないという点である[8]。この点の判断は，やはり諸機能別に下位段階の政府の支出の際の裁量の程度を判断しておくことが前提となろう。

　第四に，下位段階の政府の中央政府に対する財源依存の程度によって政治分権の程度を把握する方法がある。この方法では，「中央政府から得られる下位［段階の］政府の収入の割合が高いほど（つまり，収入に関して，中央政府により"依存している"ほど）下位［段階の］政府に充てられる裁量はそれだけ低くなり，また従って，分権の程度は低くなる」[9]と判断される。第一と第三の方法が支出面において政治分権の程度を把握しようとしているのに対して，この第四の方法は収入面から接近しようとする方法である。ここで問題となることは，上位水準の政府から充当された補助金は，受領する下位段階の政府の裁量を必ずしも制約するとは限らない，という点である。下位段階の政府は，相当な収入額を中央政府に"依存"しながら，同時に，中央政府に従属したり統制されたりすることはないかもしれない。つまり，「高水準の分権は，高水準の"補助金依存"と共存可能である」[10]。この問題を回避するためには，受領する側の裁量を制限する条件付補助金を下位段階の政府の収入から除くことである。しかし，この指標にしても問題は残る。つまり，ある国の下位段階の政府の補助金の依存が非常に低いかあるいはほとんどなかった（すなわち，大半の収入を下位段階の政府の税収・税外収入といった自主財源によっている）としても，支出面において政治分権が法律上で制限されているかもしれないからである[11]。

　以上，Wolmanの整理に従って，政治分権を把握する方法について，①機能別にみた下位段階の政府の支出の割合，②法律にみる政治分権，③公共支出全体に占める下位段階の政府の総支出の割合，④下位段階の政府の中央政

府に対する財源依存の程度，の四つの指標を検討した。いずれも，従来よく用いられてきた指標であるが，財政運営面での政治分権の程度を把握するための一応の手段として有用である，といえよう。ただし，これらの手段は，政治分権が発揮される余地について，一つの目安を提供してくれるが，その余地において政治分権が実際に発揮されたのかどうか，という点についてははっきりとは判断することはできない。

(2) 政治分権と課税局面との関連

さて，財政運用面における政治分権を考える場合，前述したような公共支出全体に占める下位段階の政府の総支出の割合，下位段階の政府の中央政府に対する財源依存の程度，等といったいわば量的側面での検討は，従来よく行われてきたし，また不可欠のものである。しかし，これらの指標を政治分権の程度の判断基準として用いる際には，暗黙裡に仮定されていることがある。それは，下位段階の政府の租税収入が当然に下位段階の政府の裁量のもとに決定されているということである。しかし，財政運営面における政治分権を考える場合は，その租税収入における下位段階の政府の裁量について，換言すれば，課税局面における政治分権の在り方について，更に検討を加える必要がある。

つまり，課税制度を検討してみると，税務行政，課税ベース，税率構造，税率水準，等と様々な局面があり，それぞれの局面で政治分権の違った現れ方がみられるのである。それぞれの課税局面において下位段階の政府が果たして裁量権を有しているのかどうか，この点が，課税局面における政治分権を考える場合に重要な検討課題となる。

なお，課税局面に関する問題は，政府間の税源配分の在り方によって複雑になってくる。例えば，中央政府と下位段階の政府とが，それぞれ独立した税目を採用しているならば，下位段階の政府は，中央政府とは競合することがないために，その税目に対して政治分権を発揮する余地が与えられることになる。しかし，下位段階の政府と中央政府とが同一の税目を有している場合には，経済的混乱を回避するという理由から，この重複課税（tax overlapping）をどのように調整するか，という問題が生じてくる。その調整の在り方

表1-1 課税協調方式と下位段階の政府（州・地方政府）の裁量の程度

協調方式	自由裁量の範囲				
	税務行政	課税ベースの選択	税率構造の選択	税率水準の選択	税収額の自己決定
(1) 協調的税務行政	完全	完全	完全	完全	完全
(2) 協調的課税ベース	完全	部分的又は無	完全	完全	部分的
(3) 付加課税					
(i) 上位水準ベースへの自主税率	完全	部分的又は無	完全	完全	部分的
(ii) 上位水準の課税への付加税	完全	無	無	完全	部分的
(4) 集権的税務行政					
(i) 柔軟型	無	無	完全又は無	完全	部分的
(ii) 税収分与	無	無	無	無	無

（出所）Break, 注12．

が，結果として，課税局面における政治分権の在り方を特徴付けることになる。

Break は，課税協調（tax coordination）という視点から，税務行政，課税ベースの選択，税率構造の選択，そして税収額の自己決定，といった課税局面を検討することによって，下位段階の政府が課税において統制を受ける程度について表1-1のように整理している。この Break による課税協調の分類は，本来は垂直的課税協調の諸形態を整理するためのものであるが，本章の検討課題であるスイスの財政運営面における政治分権の現れ方を考える上で極めて有用であるので，以下，簡単にみておくことにする[12]。

まず協調的税務行政（coordinated tax administration）[13]についてであるが，これは，下位段階の政府がその租税の設計及び徴収において，税務行政から税収額の自己決定までのすべての局面で，裁量権を有している場合である。これが課税協調の一つの形態に入っているのは，税務行政での下位段階の政府の裁量の範囲が完全であっても，中央政府の税務行政を無視してその裁量がなされるのではなく，政府間での課税情報の提供等によって，税務行政上の調整がなされるからである[14]。課税協調の中でも，政治分権が最も強く発揮

できる類型である，と考えられる。

　第二に，協調的課税ベース（coordinated tax bases）[15]では，中央政府と下位段階の政府との間で，同一の課税ベースが採用されるが，税率構造と税率水準の選択についての下位段階の政府の裁量権は存在している。第一の協調的税務行政に比べれば，課税ベースが制限される分だけ税収額の決定も制約されてくる。

　第三に，付加課税（tax supplements）[16]では，上位水準の政府によって規定された課税ベースを用いて，下位段階の政府が独自の税率を賦課する場合（上位水準ベースへの自主税率）と，上位水準の政府に属する税額を基準にして付加税を課する場合（上位水準の課税への付加税）とがある。

　第四に，集権的税務行政（centralized tax administration）[17]は，「垂直的な課税協調の最終段階」にあたる。この課税協調の内，柔軟型（flexible）にあっては，上位水準の政府が下位段階の政府の課税に関してもその税務行政を担当し，課税ベースの選択と税率構造の選択は上位水準の政府によって行われる。ただし，税率水準の選択が下位段階の政府の裁量に残されているため，税収額の自己決定の範囲も残されている。他方で，集権的税務行政のもう一つの型である税収分与（tax sharing）にあっては，上位水準の政府が画一的な課税を賦課して，その内所定の割合が下位段階の政府に分与される。この場合，下位水準での税収源を基準にして分与される。税収分与の段階にあっては，下位段階の政府は税務行政から税収額の自己決定まですべての範囲においてその裁量はなくなっているために，政治分権の余地はこの表をみる限りでは残されていない。

　以上，Breakの課税協調の分類に従って，課税局面における政治分権の在り方をみてきたが，一般的に，協調的税務行政，協調的課税ベース，付加課税，そして集権的税務行政へと，課税協調の段階が進むにつれて，下位段階の政府の課税における裁量の範囲は制限されてくるために，その分，政治分権の程度も制限されてくるものといえよう。

　ここで，財政運営面における政治分権を考える上で，特に重要と思われる点を付言しておく。まず，課税協調の段階が，第二の協調的課税ベースから第三の付加課税の内の上位水準ベースへの自主税率へと移行することは，表

の上ではいずれにおいても下位段階の政府の裁量の範囲は全く同じであるが，政治分権の在り方としては質的な変化が生じている，と考えられる。前者の場合には，上位水準の政府と下位段階の政府との間での協調という形態が採られているのに対して，後者の場合には，上位水準の政府の決定した課税ベースに下位段階の政府が追随するという形が採られている，といえる。当然，政治分権の程度については，後者において，いっそう制限されてくるのであり，課税ベースに関してはもはや政策形成主体として下位段階の政府が登場してくることはない。また，上位水準の課税への付加税へと更に移行すれば，税率構造の決定に関しても，下位段階の政府は政策形成主体ではあり得なくなる。

　また，課税協調が財政の支出面に与える影響も重要である。下位段階の政府における財政ニーズに対して，下位段階の政府が自主財源によってどれだけ弾力的に対応できるかどうか，という点を考えると，集権的税務行政の中の柔軟型から税収分与への移行によっても，政治分権の在り方で重要な変化が生じていると考えられる。すなわち，税収分与を除いて，協調的税務行政から柔軟型まで，いずれの方式によっても，（完全であれ，または部分的であれ）税収額の自己決定の裁量が残されているので，下位段階の政府の財政ニーズに応じた税収額を徴収できる余地があるといえる。しかし，税収分与の方式によっては，この税収額の自己決定の裁量は存在しないために，財政の支出面にあっても政治分権の発揮できる範囲がその分限定されてくると考えることができよう。

2．州・地方政府財政の国際比較

　前節では，まず，Wolmanの整理に従って財政運営における政治分権の把握の仕方について検討し，次に，Breakの課税協調の分類に従って課税局面における政治分権の在り方の違いについて考えた。本節と次節では，これらの検討事項に沿って，実際に，国際比較の視点からスイスの財政運営面における政治分権の在り方を検討することにする。

　そこで，まず本節では，Wolmanの整理を，①法律にみる政治分権，②公

共支出全体に占める州・地方政府の総支出の割合, ③諸機能別にみた州・地方政府の支出の割合, ④州・地方政府の財源依存の程度, と順を換えて, 以下, スイスの財政上の特徴付けを試みる。ここで, ②～④の財政の数量面の検討については, IMF の Government Finance Statistics Yearbook (1991) を用いて, 国際比較の視点でスイスの政治分権の程度を考えることにする。

(1) 法律にみる政治分権

　法律上の, それも特に憲法上の政治分権に関する規定は, 政治分権型財政が発揮されるための基本的な枠組みをなすものとして重要である。本章で取り上げているスイスとカナダは, いずれも連邦国家であり, それぞれの連邦憲法において州レベルの政治上の権限が保障されている[18]。

　まず, スイス連邦憲法であるが, 州レベルに当たるカントンは「その主権が連邦憲法によって制限されない限りで主権を有し, かつ, 連邦権力に委ねられないすべての権利を主権者として行使する」(第3条) と規定してある。他方で, 連邦政府は, その責任が, 外交, 軍事, カントン間の紛争の調停, 市民の権利と通商の自由の保障, 等に限定されている(第2条参照)。課税権についてみると, カントンのそれが広範囲であるのに対して, 連邦政府のそれは限定的であり, 連邦政府によって徴収される税目とその最高税率とが連邦憲法で列挙されている[19]。

　これに対して, カナダ連邦憲法においては, まず第91条で, 「この制定法が州［すなわち, プロビンス；引用者による, 以下同様］の立法府に独占的に付与している種類の項目に該当しないすべての項目に関し, ［連邦政府が］カナダの治安, 秩序および正しい統治のために法律を制定することは, 適法である」とし, 他方で, 第92条では, プロビンスの権限が列挙されており, その内, 課税権については「州の目的のために歳入を確保するための, 州内における直接税の賦課」と規定され, 「直接税」のみが認められている。

　すなわち, スイス連邦憲法においては「連邦憲法によって制限されない限りで」カントンが, 他方で, カナダ連邦憲法においては「州の立法府に独占的に付与している種類の項目に該当しないすべての項目に関し」連邦政府が, それぞれ残存権を与えられているのである。従って, Wolman の指摘によれ

表1-2　公共支出に占める州・地方政府の割合（1984年）　　　　　　　　（単位：％）

	オーストラリア	オーストリア	カナダ	旧西ドイツ	スイス	アメリカ合衆国
下位段階の政府[a]	51.1	33.0	65.4	43.7	60.4	47.6
州レベル政府[b]	43.9	14.8	46.6	26.2	34.4	24.9
地方政府[c]	7.1	18.2	18.9	17.6	26.0	22.6
下位段階の政府（国防支出を除く）[d]	55.0	—[e]	68.2	46.4	63.3	57.0

(注)　a　IMF tables b+c（総支出は，経常支出とその他の支出の総額を含む）。
　　　b　Table St.(C)II/V(C)II
　　　c　Table L.(C)II/V(C)II
　　　d　Table {St.(C)II+L.(C)II}/{V(C)II−V(B)I.2}，ただし，スイスの場合は
　　　　Table [{St.(C)II−St.(B)I.2}+{L.(C)II−L.(B)I.2}]/{V(C)II−V(B)I.2}
　　　e　利用不可能。
(資料)　IMF, *Government Finance Statistics Yearbook*, 1991, Washington, D.C.

ば，連邦憲法上は，カナダのプロビンスに比べるとスイスのカントンの方がいっそう政治分権を発揮する余地が大きいものと判断される[20]。

(2)　支出面での政治分権

（公共支出全体に占める州・地方政府の総支出の割合）

　次に，公共支出全体に占める州・地方政府の割合についてみてみる。この指標においては，第1節でみたように，この割合が高いほど政治分権の程度が高いものと判断するのである。以下，先進連邦諸国での国際比較によって，この点を検討してみる[21]。

　表1-2で示される通り，スイス（60.4％），カナダ（65.4％），いずれも60％を超えており，他の連邦諸国と比較すれば，両国とも州・地方政府の割合が相対的に高いことが判る。まず，州・地方政府の内，州レベルの政府については，カナダが46.6％で最も高いのに対して，スイスでは34.4％で中位に位置している。他方，地方政府については，カナダが18.9％で中位の水準であるのに対して，スイスは26.0％で最大である。すなわち，スイス，カナダ，いずれも州・地方政府のウェイトが高いが，他の国と比較して，スイスは特に地方政府のウェイトの高さに特徴があり，カナダは州レベルの政府

のウェイトの高さに特徴があるといえよう。

ただし、Wolman が問題にしていたように、ほとんど常に中央政府の責任となっている公共支出、典型的には国防支出が存在しており、これは州・地方政府の責任とは無関係であるから、この種の支出を除いて州・地方政府の割合をみるべきであるという考え方がある。そこで、この点を考慮して、各国において州・地方政府での支出が全く認められない公共支出の項目を除いた場合で、州・地方政府の占める割合を比較してみる。IMF の資料から判断できる限りでは、国防支出のみがこれに該当する支出項目である。

スイスにおいては州・地方政府にも国防支出が充てられているために、スイスは例外的に取り扱うべきであろう。従って、スイスは、ここでは変化はなく60.4％と考えておく。しかし、他の国ではいずれも州・地方政府の割合は増大しているが（旧西ドイツの2.7％ポイント増からアメリカ合衆国の9.4％ポイント増まで）、この場合にも、やはりスイスはカナダ（68.2％）に次いで高い割合を示している[22]。

第二に問題となる点は、これらの州・地方政府における支出が、中央政府の政策を遂行する手段としてなされているのかもしれない、ということである。この点については、州・地方政府の裁量に基づく支出と、中央政府の手段としての支出とに区別する必要があるのだが、IMF の資料ではこれが判断できない。そこで州・地方政府において、税収・税外収入といった自主財源は裁量的な支出に充てられるものと仮定するならば、総支出に占める自主財源の割合が高いほど、より強い政治分権が発揮される余地がより広いものと考えられる。これは、後に、州・地方政府の財源依存の程度においてみることにする。

（機能別にみた州・地方政府の支出の割合）

次に、政府の諸機能において、州・地方政府によって担当される支出の割合についてみてみる。これは、前述した公共支出全体に占める州・地方政府の総支出の割合について、これを機能別に算出することによって示すことができる（表1-3）。

まず、一般行政では、5ヵ国の中で、スイスの州・地方政府の割合が最も高く、60.5％を示している。他方で、カナダは中位に位置している、といえ

第1章　分権化された財政構造　25

表1－3　機能別・政府水準別の政府支出割合（1984年）

(単位：％)

	オーストラリア			カナダ			旧西ドイツ			スイス			アメリカ合衆国		
	中央	州	地方	中央	州	地方	中央	州	地方	中央	州	地方	中央	州	地方
1. 一般行政	53.8	30.2	16.0	53.5	33.6	12.9	46.7	29.8	23.5	39.6	25.8	34.7	62.2	13.8	24.0
2. 国　防	100.0	0	0	100.0	0	0	100.0	0	0	84.2	8.7	7.1	100.0	0	0
3. 教　育	29.8	70.0	0.2	9.8	49.4	40.8	4.9	72.5	22.6	10.1	55.3	34.6	6.3	43.3	50.4
4. 保　健	42.3	54.7	1.0	20.8	72.4	6.8	72.1	12.9	14.9	43.3	34.6	22.1	54.9	31.0	14.1
5. 社会保障	93.9	5.3	0.8	68.5	28.9	2.5	78.8	11.3	9.9	82.1	11.2	6.7	77.9	15.6	6.6
6. 住宅・公共施設	31.9	39.1	29.0	34.5	21.4	44.1	4.7	27.6	67.7	8.4	23.5	68.1	76.4	3.4	20.1
7. 文化・余暇・教会行事・社会サービス	31.8	29.8	38.4	18.9	27.0	54.1	3.7	29.4	66.8	6.7	30.4	62.9	20.6	12.2	67.2
8. 燃料・エネルギー	66.0	33.9	0.1	0.6	99.4	0	32.9	53.4	13.7	87.4	12.6	0	60.9	1.1	38.1
9. 農業・林業・漁業・狩猟	37.7	61.1	1.2	47.1	52.9	0	15.3	70.0	14.7	52.8	34.0	13.1	66.9	25.4	7.7
10. 鉱業・鉱物資源・産業・建設	61.1	31.8	7.1	85.2	14.8	0	90.3	9.7	0	100.0	0	0	100.0	0	0
11. 運輸・通信	25.6	53.2	21.2	37.3	38.1	24.6	51.2	24.4	24.4	37.3	39.5	23.3	32.6	41.6	25.8
12. その他経済問題・社会サービス	60.7	34.9	4.4	75.0	17.6	7.3	35.3	31.3	33.3	33.5	44.3	22.2	71.9	21.8	6.8
13. その他の支出	82.6	15.5	1.9	56.0	33.6	10.4	54.4	36.2	9.4	42.2	28.5	29.3	63.5	19.5	17.1

(資料) 表1－2と同じ。

る。また，スイスでは地方政府の方が州レベルの政府を8.9％ポイント上回っているのに対して，カナダでは逆に州レベルの政府が地方政府を20.7％ポイント上回っている。

　教育については，いずれの国においても州・地方政府の割合が非常に高い。また，アメリカ合衆国とオーストラリアを除いたいずれの国も，州レベルの政府，地方政府，そして中央政府の順に高い割合を示しており，この点，スイスとカナダは同じ傾向で支出の割当がなされていることが判る。

　保健については，カナダがオーストラリアと同様に，州レベルの政府に重点がある。これに対して，スイスはアメリカ合衆国と同様に，中央政府，州レベルの政府，地方政府の順に高く，また特に，他の国と比べて，地方政府の割合が高いことが判る。

　社会保障については，いずれの国も中央政府が支配的であり，スイスもカナダも例外ではない。しかし，他の国と比較して，カナダの場合，州レベルの政府の割合が高い点が特徴的である。

　住宅・公共施設については，スイスとカナダは，旧西ドイツと同様に，地方政府の割合が最も高いが，スイスの地方政府は特に高く68.1％を示している。文化・余暇・教会行事・社会サービスについては，スイスとカナダは，地方政府，州レベルの政府，中央政府の順に高く，よく似た傾向を示しているが，燃料・エネルギーについては，スイスが中央政府が支配的であるのに対して，カナダでは州レベルの政府がほぼ独占しているといえる。農業・林業・漁業・狩猟についても，やはり，スイスでは中央政府に，カナダでは州レベルの政府に，それぞれ重点がある。

　鉱業・鉱物資源・産業・建設（燃料採掘は除く）については，スイス，カナダのいずれも他の国と同様に，圧倒的に中央政府の割合が高い。

　運輸・通信は，いずれの国も，三つのどの政府レベルでも20％を超えて支出されており，スイスとカナダも例外ではなく，ほとんど同じ割合の傾向を示している。

　さて，全体的にみて，スイスの特徴は，地方政府の割合が比較的高いことにあるといえよう。つまり，他の国と比較して，機能別で地方政府の割合についてみると，一般行政，保健，住宅・公共施設，そして「その他の支出」

において，スイスが最も高く，しかもいずれの機能もその絶対額は公共支出の中でも大きなウェイトを占めているものばかりである。他方で，カナダの特徴点は，州レベルの政府に重点のある機能が数多くあるということである。州レベルの政府の割合についてみると，一般行政，保健，社会保障，燃料・エネルギーにおいて，カナダが最も高い割合を示している。

以上，機能別に，州・地方政府の支出の割合をみてきたが，前述したように，この割合が高いからといって，必ずしも州・地方政府の裁量がそれだけ高い，ということを意味するとは限らない。Wolman が指摘するように「中央政府の機関として，中央政府の政治上の意思を単に遂行しているにすぎない」場合も考えられるからである。この点を考慮すれば，州・地方政府の担当する機能を個々のケースにおいて，その裁量の程度を検討する必要がある。

(3) 収入面での政治分権

最後に，収入面での政治分権についてみる。これは，州・地方政府の財源依存の程度において窺うことができる。すなわち，上位水準の政府から得られた州・地方政府の収入の割合が高いほど政治分権の程度は逆にそれだけ低くなると考えるのである。

そこで，この点について，州・地方政府の総収入に占める財政移転の受取の割合をみてみる（表1-4参照）。まず，州レベルの政府に関して，スイス（25.6％）とカナダ（21.1％）は，オーストラリアとオーストリアよりは大きく下回るが，旧西ドイツとアメリカ合衆国ほどには低くはなく，中位の水準にあるといえよう。他方で，地方政府に関しては，スイスとカナダの相違が明らかである。つまり，スイス（16.1％）はオーストリア（14.6％）に次いで低い水準を示しているが，カナダ（47.5％）は最も高い水準となっている。以上をみる限りでは，上位水準の政府からの州・地方政府の収入の依存という点で，スイスとカナダは，州レベルの政府においては，政治分権の強弱についてははっきりとはいえないが，地方政府については，相対的に，スイスでは分権が，またカナダではむしろ集権が，それぞれ強いことが窺われる。

ただし，Wolman のいうように「高水準の分権は，高水準の"補助金依存"

表1-4　州・地方政府の総収入に占める財政移転の受取の割合（1984年）

(単位：％)

	オーストラリア	オーストリア	カナダ	旧西ドイツ	スイス	アメリカ合衆国
州レベル政府[a]	56.6	42.2	21.1	16.4	25.6	20.9
地方政府[b]	23.1	14.6	47.5	27.9	16.1	38.3

（注）　a　Table St.(A) I.8/St.(A) I，中央政府からの財政移転の受取が，総収入・補助金に占める割合。
　　　　b　Table L.(A) I.8/L.(A) I
（資料）表1-2と同じ。

と共存可能である」という点を考慮すると，上位水準の政府からの財政移転の受取によって州・地方政府の裁量がどれだけ制限されることになるのか，その程度を測る必要がある。また，前述したように，州・地方政府における支出が，中央政府の政策を遂行する手段としてなされているかもしれない，という点も注意する必要がある。これらの州・地方政府の支出面における裁量の程度が，補助金あるいは上位水準の政府の統制によってどの程度制限されるのか，という点については，基本的には，州・地方政府における個々の支出を検討していく必要があろう。

　しかし，ここでは，資料上の制約から，代替的な指標として，州・地方政府の総支出に対する自主財源（税収と税外収入）の割合をみることにする。この自主財源の割合が高いほど，政治分権が発揮される余地がより広いと考えるのである。これは，表1-5で示されている。スイスの州・地方政府は，79.2％で6ヵ国の中で最も高く，他方，カナダ（68.9％）はむしろ下位に位置している。州レベルの政府に関しては，スイス（73.4％）とカナダ（76.4％）は，いずれもむしろ中位の水準であるが，地方政府にあっては，スイスが最も高い86.8％を示しているのに対して，カナダは50.4％で最も低い水準を示している。これは，州・地方政府の総収入に占める財政移転の受取の割合についてみた場合と同じ特徴を示している。つまり，地方政府については，スイスでは分権が，またカナダではむしろ集権が，それぞれ発揮される可能性が高いと考えられる。

　さて，以上は，従来よく用いられてきた指標に従って国際比較の視点から，

表1-5 州・地方政府の総支出に占める自主財源の割合（1984年） （単位；％）

	オーストラリア	オーストリア	カナダ	旧西ドイツ	スイス	アメリカ合衆国
州レベル政府[a]	41.6	63.8	76.4	77.9	73.4	86.9
地方政府[b]	69.8	84.8	50.4	70.5	86.8	64.1
州・地方[c]	45.6	75.4	68.9	74.9	79.2	76.1

(注) a　Table St.(A)Ⅲ/St. Ⅱ
　　　b　Table L.(A)Ⅲ/L.(C)Ⅱ
　　　c　a＋b
(資料) 表1-2と同じ。

　それも特にカナダとの比較からスイスの財政面における政治分権の程度を検討したのである。ここで要約しておくことにする。まず，連邦憲法上は，スイスでは残存型の政治分権が保障されていたのに対して，カナダでは列挙型の政治分権が規定されていた。支出面では，公共支出全体に占める州・地方政府の総支出の割合については，他の先進連邦諸国と比べてスイス，カナダは，いずれも60％を超えて高いのだが，スイスは地方政府が，カナダは州レベルの政府が，それぞれ比較的高かった。また機能別支出では，州・地方政府の割合が高いという点で両国に共通した機能として，教育，住宅・公共施設，文化・余暇・教会行事・社会サービスがあり，また中央政府の割合が高いという点で共通している機能として，社会保障，鉱業・鉱物資源・産業・建設がある。スイスの特徴は，他の国と比較して，一般行政，保健，住宅・公共施設等，地方政府の割合が比較的高いことであり，またカナダの特徴は，一般行政，保健，燃料・エネルギー等，州レベルの割合が比較的高いことである。収入面についてみると，州・地方政府の総収入に占める財政移転の受取の割合では，スイスは最も低く，また州・地方政府の総支出に対する自主財源の割合では，スイスが最も高かった。他方でカナダは収入面ではむしろ集権の度合が強いといえる。

　支出面と収入面とを勘案して一般化すれば，スイスは財政運営の収入面，支出面のいずれにおいても政治分権が発揮される程度が大きいことが窺われ，カナダは支出面での州・地方政府の割合が高い割には収入面での政治分権の程度の高さが窺われないといえよう。

3. 課税局面にみる政治分権

前節では，公共支出全体に占める州・地方政府の総支出の割合，諸機能別にみた州・地方政府の支出の割合，そして州・地方政府の財源依存の程度，更には，州・地方政府の総支出に対する自主財源の割合，以上の指標を用いて，国際比較の視点からスイスの財政運営面における政治分権の程度の把握を試みた。しかし，これらの指標はいずれも，財政運営面での政治分権を検討する場合の一つの目安に過ぎないのであって，その指標を用いた結果から政治分権の在り方を結論付けるのは早計に過ぎるであろう。しかも，これらの指標を用いる際には，州・地方政府の税収入はその州・地方政府自体の裁量のもとに賦課・徴収されるものと暗黙裡に仮定されている。果たして，州・地方政府の税収入について，どの国にも一様な政治分権が発揮できるものと考えて問題はないのであろうか。本節では，この租税における政治分権の在り方について，更に検討を加えることにする。

(1) 租税構造

まず，本節で取り上げる州・地方政府の税収入について，それが公共部門全体に占める割合をみておく。表1-6のように先進連邦諸国について比較した場合，スイスとカナダの州・地方政府は，それぞれ38.4％，44.5％と高い割合を示している。またカナダは州レベルが，スイスは地方政府が，それぞれ他の国と比較して相対的に高い割合を示している。こうした点は，第2節で公共支出全体に占める州・地方政府の総支出の割合，そして機能別支出での州・地方政府の割合を検討したが，そのときと同じ特徴を示している。

こうした州・地方政府の税収入のウェイトの高さを支えている税目は，表1-7で示すように，スイスにあっては所得課税であって，州・地方政府の総税収に占める割合が79.9％（その内，個人所得税が67.5％，法人所得税が

表1-6 先進連邦諸国の政府水準別税源配分（1989年）　　　（単位；％）

	オーストラリア	カナダ	旧西ドイツ	スイス	アメリカ合衆国
所得課税					
中央	100.0	62.9	39.8	23.3	81.6
州	0	37.1	39.8	41.5	16.7
地方	0	0	20.4	35.2	1.6
内，個人所得税					
中央	100.0	61.6	40.1	22.5	82.0
州	0	38.4	40.1	41.3	16.3
地方	0		19.8	36.2	1.7
内，法人所得税					
中央	100.0	65.9	38.4	27.1	80.1
州	0	34.1	38.4	42.5	18.4
地方	0	0	23.2	30.4	1.5
消費課税					
中央	76.3	42.9	69.1	91.0	20.3
州	23.7	56.6	27.0	8.6	65.0
地方	0	0.5	0.2	0.3	14.7
内，一般消費税					
中央	100.0	49.7	65.0	100.0	0
州	0	50.2	35.0	0	83.0
地方	0	0.1	0	0	17.0
内，個別消費税					
中央	83.9	47.8	84.5	95.0	47.8
州	16.1	52.1	4.7	4.3	43.8
地方	0	0.1	0.3	0.7	8.4
資産課税					
中央	3.9	0	7.7	30.0	5.6
州	57.8	15.4	45.3	44.5	7.2
地方	38.3	84.6	47.1	25.5	87.3
総税収					
中央	80.2	42.5	31.9	28.9	40.0
州	16.4	35.7	22.2	22.0	18.7
地方	3.4	8.8	8.7	16.3	12.1
州・地方	19.8	44.5	30.9	38.4	30.8

（資料）OECD, *OECD Revenue Statistics 1965-1990*, 1991.

表1-7 州・地方政府の租税構造（1989年） （単位：％）

	所得課税	個人所得税	法人税	消費課税	内，一般消費税	内，個別消費税	資産課税	総税収
スイス	79.9	67.5	12.4	4.4	0	1.0	15.8	100.0
カナダ	39.6	33.1	6.5	37.9	17.4	12.4	19.9	100.0

（資料）表1-6と同じ。

12.4％）を示している。他方，カナダにあっては，39.6％の所得課税（その内，個人所得税が33.1％，法人所得税が6.5％）及び37.9％の消費課税（その内，一般消費税が17.4％，個別消費税が12.4％）である。

さて，第1節で吟味しておいたように，州・地方政府の段階でなされる課税局面での裁量の範囲の検討は，租税の政治分権の在り方をみる際の重要な検討項目であった。そこで次に，スイスとカナダにおける州・地方政府の基幹税について，課税局面で州・地方政府の裁量が及ぶ範囲をみていくことにする。

(2) 基幹税の政治分権
1）個人所得税

まず，個人所得税について，スイスとカナダにおける政治分権の在り方をみてみる。表1-8には，州・地方政府の個人所得税の政治分権を考えるにあたっての，重要な事項が窺われる。第1節でみたように，課税ベースについての州・地方政府の選択権の存否は，政治分権の在り方を特徴付ける一つの判断基準であるが，表から判るように，多くの国が中央政府による課税所得を課税ベースに採っている。しかし，スイスにおいては，中央政府の課税ベースとは別にカントンのレベルにおいて独自の課税ベースが選択されている。他方，カナダにおいては，中央政府の課税所得を課税ベースにしているが，ケベックでは，スイスと同様に中央政府とは分離された課税ベースが採用されている[23]）。

税率表に関しては，カナダを含めて，大半の国々で単一の税率が州・地方政府において用いられている[24]）。これに対して，スイスにおいては，各カント

表1-8 州・地方政府の個人所得税（1990年）

国　名	課税ベース	税率表(%) 単一税率*	税率表(%) 分離された累進税率表	州・地方政府による税額控除	評価・徴収の責任
ベルギー	中央政府の所得税	7（平均）		無	中央政府
カナダ（ケベックを除く）a	税額控除前の中央政府の所得税	43-61（平均55）		低所得階層に対していくつかのプロビンスが税額控除を実施	中央政府
デンマーク	中央政府の課税所得	23-33（平均29.6）		有	徴収は中央政府 評価は地方政府
フィンランド	中央政府の課税ベースと分離された税額控除	14-19.5（平均16.4）		有	中央政府
アイスランド	中央政府の課税所得	7.0		中央政府の税額控除	中央政府
日本	中央政府の課税ベースと分離された税額控除		3, 8, 11＋一定額（市町村） 2, 4＋一定額（道府県）	有	地方政府
ノルウェー	中央政府の課税所得（−配当控除）	26.6		有	中央政府
スウェーデン	中央政府の課税ベースと分離された税額控除	26-33（平均30.8）		有	中央政府
スイス	各カントンで分離課税ベース		2から13b	各種	カントン
アメリカ合衆国	大半の州で分離課税ベース		4から7.9c	いくつかの州で有	州

(注) ＊最低税率と最高税率。
　　a　ケベックは，プロビンスの分離所得課税制度を運営している。
　　b　チューリヒ。
　　c　ニューヨーク。
(出所) OECD, *The Role of Tax Reform in Central and Eastern European Economies,* 1991, p.325.

ン毎に固有の累進税率が用いられている[25]。これは，スイスでは中央政府とは異なった，各カントンでの固有の所得再分配政策が行われていることを示唆している。ただし，州・地方政府が利用できる税額控除をも考え合わせると，カナダにおいても，プロビンスの水準でこの控除が認められているので，実際には累進課税が発揮されていると考えられる。

　税務行政（課税評価と徴収）については，カナダ（ただし，ケベックを除く）を含めて多くの場合は中央政府によって行われている。他方で，スイス

ではカントンがこれを担当している。

　次に，Breakの分類に従って，スイスとカナダのそれぞれの個人所得税を分類してみよう。既に検討したように，まずカナダの州・地方政府における個人所得税は，ケベックを除いて，課税ベース，税務行政のいずれの範囲にあっても州・地方政府の裁量は発揮されないが，税率にあってはプロビンス間の差異が認められているので，Breakの分類では集権的税務行政の内の柔軟型に該当するといえよう。ただし，ケベックは，その固有の個人所得税について税務行政を行っており，中央政府とは分離された課税制度を採用している。

　他方で，スイスでは，課税ベース，税率表，税務行政のいずれの範囲にあっても，カントンの裁量が認められている。ただし，重複課税としての個人所得税が，はたしてBreakのいう協調的税務行政に該当するのか，または，中央政府との間で全く調整がなされないまま，経済上の混乱を招くような租税ジャングルをなしているのか，この点の判断は，更に各カントンの具体的なケースを検討してみる必要があろう。しかし，いずれにしても，スイスにおける個人所得税は，税務行政，課税ベースの決定，いずれにおいても州・地方政府の裁量が認められているために，政治分権が発揮される範囲は極めて広いといえる。

2）法人所得税

　次に，法人所得税における政治分権の現れ方をみてみる。まず，スイスの法人所得税は，連邦政府及び大半のカントンにおいて，収益率（自己資本と準備金の合計額に対する純課税利潤の比率）に基づいて算出されている。また，税率については，基本的に累進課税方式がカントンにおいて採用されている（ただし，例えばJUでは比例税が採用されている）[26]。以上のようにスイスの州・地方政府では，課税ベースにあっては，連邦政府と同様に収益率が採用され，この点では連邦政府との調整がなされているが，税率についてはカントンの裁量が認められている。他方で，カナダの法人所得税の場合，三つのプロビンス（アルバータ，オンタリオ，ケベック）を除いたすべてのプロビンスが，課税ベース，税務行政を中央政府のそれに統一している。ただし，税率はプロビンス毎の裁量が認められている[27]。

以上の通り，法人所得税は，スイスにおいては協調的課税ベースが，またカナダにおいては個人所得税と同様に集権的税務行政の内の柔軟型が，それぞれ採用されているといえよう。ただし，カナダの三つのプロビンスでは，連邦政府とは分離された法人所得税が課されている。

3）消　費　税

　最後に，消費税における政治分権についてみてみる。1990年の時点においてみてみると，カナダで採用されている消費税は，売上税であって，連邦政府とプロビンスとの重複課税である[28]。連邦政府にあっては製造業者売上税（ただし，1991年より現行の連邦売上税である「財・サービス税」が導入されている）が，プロビンスにあっては小売売上税が，それぞれ課されているので，課税ベースは分離されている[29]。また，プロビンスでは，アルバータを除き，小売売上税に対してそれぞれがかなり異なった税率を課している[30]。

　なお，一般消費税が複数の政府水準に配分されている国は，OECD諸国の中でも5ヵ国に限られており（カナダ，アメリカ合衆国，オーストリア，旧西ドイツ，ルクセンブルク），その内，カナダとアメリカ合衆国のみが，税率と課税ベースに対しても州・地方政府の裁量権が存在している。ただし，アメリカ合衆国が州レベルと地方政府とに配分されているのに対して，カナダでは連邦政府とプロビンスとに配分されている[31]。

　カナダの消費税の政治分権の在り方は，前述した個人・法人所得税の場合とは異なっている。つまり，課税局面でのより広い範囲で，州・地方政府による裁量が発揮される余地が存在しており，スイスにおける個人所得税と同じ範囲で，政治分権が発揮される可能性があるといえよう。

　さて，本節では，スイスとカナダにおける租税の政治分権について検討を加えてきた。両国ともに，税収については，公共部門に占める州・地方政府の割合は相対的に高く，政治分権の発揮される必要条件を備えていることが判った。しかし，その中身を検討してみると，スイスとカナダの間では，かなり異なった政治分権の在り方が確認できる。

　すなわち，スイスのカントンにおいては，所得課税を基幹税として，まず個人所得税では課税のすべての局面でカントンの裁量が認められており，また法人所得税では協調的課税ベースがなされていて，いずれにしても政治分

権の発揮される範囲は非常に広いといえよう。

これに対して、カナダのプロビンスにおける所得課税は、個人所得税と法人所得税のいずれにあっても、集権的税務行政の内の柔軟型に分類できるのであって、むしろ集権的な税収とみなされる。ただし、カナダのプロビンスのもう一つの主要な税収である消費税については、課税局面のどの範囲にあってもプロビンスの裁量が認められており、政治分権の発揮できる余地が広い税収であるといえよう。

おわりに──政治分権型財政の多様性──

本章では、国際比較の視点から、それも特にカナダとの比較から、スイスの州・地方政府の財政上の特徴、また州レベルでの政治分権の在り方について検討した。連邦諸国の中でも、スイスはカナダと並んで州・地方政府の公共部門全体に占める比重が特に高く、スイスはまた地方政府の比重が特に高い、という特徴点を有しているといえる。また、スイスはカナダと同様に、州レベルの政府の政治上の権限が連邦憲法で保障され、本書でいう政治分権が他の国に比べてより強く発揮されていることが示唆されているといえよう。

また、スイスの財政上の政治分権の現れ方は、スイスに特有のものであるといえる。この点は、カナダとの比較によっても明らかである。すなわち、例えば、財政の数量面については、スイスでは地方政府が、またカナダでは州レベルの政府が、支出に占める割合、機能別での支出割合、いずれにおいても他の国と比べて高いことが判った。上位水準の政府に対する州・地方政府の財源依存の程度については、スイスは低く、カナダはむしろ集権的でさえあった。また、課税のいわば質的な側面については、スイスの州・地方政府の基幹税である個人・法人所得税では、政治分権がその課税局面において広範囲に発揮される余地のあることが判った。他方、カナダの政治分権は、これら直接税においてではなく、むしろ間接税（小売売上税）において広範囲に発揮される余地のあることが判った。

［注］

1) H.Wolman, "Decentralization", B.J.Bennett (ed), *Decentralization Local Governments, and Markets,* Clarendon Press, Oxford, 1990, p.29.
2) *ibid.,* pp.29-30.
3) *ibid.,* p.30.
4) *ibid.,* p.38.
5, 6, 7) *ibid.,* p.39.
8) *ibid.,* pp.39-40.
9, 10) *ibid.,* p.40.
11) *ibid.,* pp.40-41.
12) G.F.Break, *Financing Government in a Federal System,* The Brookings Institution, Washington, D.C., 1980. pp.31-52.
　なお，表1-1の訳は，基本的に次に従った。高橋誠「連邦国家における政府間財政関係（上）」『経済志林』第51巻第4号，法政大学経済学会，1984年，133頁。"tax coordination"は，下位段階の政府の政策形成主体としての存在を強調するならば，「課税協調」という訳語の方がより適切であり，また下位段階の政府の裁量の範囲が制限されるほど，「課税調整」という訳語の方がより適切となる，と考えられる。ここでは一応「課税協調」の訳で統一しておく。
13) *ibid.,* pp.36-37.
14) Breakは，アメリカ合衆国の所得課税で州の職員が連邦の有する所得税申告書を調べることができるという形で，この種の協調が1931年に始まった，としている。(*ibid.,* p.36.)
15) *ibid.,* pp.37-39.
16) *ibid.,* pp.39-41.
17) *ibid.,* pp.45-52.
18) 両国の各憲法の条文については，次に拠った。スイス連邦憲法は，小林武『現代スイス憲法』法律文化社（1989年）の第三部・資料。カナダ連邦憲法は，J.セイウェル（J. Saywell）著・吉田善明監修・吉田建正訳『カナダの政治と憲法』(1987年) の資料。
19) スイス連邦憲法の第41条の2，第41条の3を参照。例えば，連邦政府の主要な税収である売上税と連邦直接税とが，第41条の3に規定してあり，いずれの税目も，期限が明記されている(1994年まで)。また，それぞれの最高税率も明記されており，売上税に関しては，小売段階が6.2％，卸売り段階が9.3％，また連邦直接税に関しては，個人所得税率が11.5％，法人税率（純収益に対する税）が9.8％となっている。
20) カナダにあっては，憲法上は明らかに集権化を目指していることが窺われる。しかし，現実は，むしろ「強い」プロビンス政府が顕著となってきている。こうした憲法上の規定からなぜ現実が懸け離れていったか，という点では，J.セイウェルによる次の諸点の指摘が重要であろう。①州民のプロビンスへの帰属感は「カナダの政治文化を特徴づける重要な要素」になっているということ，②カナダ裁判所のかつての上訴機関であったイギリス司法委員会がプロビンスの権限を拡大解釈してきたこと，③経

21) 以下で用いた IMF の資料では，政府支出の項目には，社会保障は含まれている（中央政府，州レベル政府，地方政府のいずれかに含まれる）が，公企業は含まれていない。
22) なお，スイスの場合で，国防支出を除いた州・地方政府の割合は，63.3％であり，やはりカナダに次いで高い割合を示している。
23) カナダのプロビンスは従来は，個人所得税と法人所得税の双方に対して，現在のスイスのカントンと同様に，固有の課税権を有しており，ここで検討している課税ベースに対しても連邦政府とは分離された課税方式を採用していた。しかし，1941 年の戦時財政協定（Wartime Tax Agreements）により成立をみた課税譲渡協定（Tax Rental Agreements）に基づいて，プロビンスの両所得課税に対する課税権が連邦政府に譲渡されたのである。これは，連邦政府と 10 のプロビンスのすべての間で結ばれ，1947 年まで続く。この課税の形態は，Break のいう税収分与に当たる。その後は，この税収分与の形態は崩れ，分権化が進行する。まず，1947 年には，上の協定は更新されるが，オンタリオとケベックの二つのプロビンスが協定から外れ，自主的な課税を施行した。また，1952 年の更新では，オンタリオは個人所得税に関して協定に再度参加したが，ケベックは依然参加しなかった。また，1962 年には，プロビンスは，個人所得税と法人税に対して独自の税率を設定できるようになる。Break のいう集権的税務行政の内の柔軟型へと移行したのである。（詳細は，次を参照。岩崎美紀子『カナダ連邦制の政治分析』御茶の水書房，1985 年）
24) ケベックにおいては，13％から 33％の間で，連邦政府とは分離して累進課税が賦課されている。(OECD, *Personal Income Tax Systems*, 1986, p.130.) また，他の単一税率が課されているプロビンスでは，ノースウェストテリトリーズの 43％から，ニューファンドランドの 62％までの開きがある。(OECD, *OECD Ecomomic Surveys Canada*, 1990, p.99.)
25) 例えば二人の子供を持った既婚の納税者について，二つのカントン，ZG と JU の場合でみてみる（カントン名は「はしがき」v頁をみよ）。50,000 FS. の収入に対して，ZG では 4.44％から 5.36％の間で，また JU では 11.26％から 12.24％の間で課税される。100,000 FS. の収入に対しては，ZG では 8.40％から 10.13％の間で，また，JU では 18.24％から 19.83％の間で課税されている。(J.Rohr, "La Democratie en Suisse", *ÉCOMOMICA*, 1987, p.324.)
26) 例えば，ZH においては，収益率が 6.9％を下回る場合は 7.8％の税率が，収益率が 6.9％から 20％の間では，累進的な税率が，また収益率が 20％を超える場合は，22.6％の税率が，それぞれ課されることになる。(OECD, *OECD Economic Surveys Switzerland*, 1990, Annex III.)

　なお，個人所得税との関連で，配当課税がどう扱われているか，という点では，スイスは連邦政府とカントンにおいて，他の 3 ヵ国の OECD 諸国（ルクセンブルク，オランダ，アメリカ合衆国）と並んで，古典的な分離課税方式が採用されており，配当

第1章　分権化された財政構造　　　　　　　　　　39

に関しては二重課税である。(*ibid.*, p.88, p.102.)
27) ノースウェストテリタリーズの10％から，ニューファンドランドの16.5％までの開きがある。(OECD, *OECD Economic Surveys Canada*, 1990, p.99.)
28) 第2節でみたように，カナダ連邦憲法では，プロビンスは「直接税」にのみその課税権が及ぶと規定されている。それにもかかわらずプロビンスで小売売上税が課されているのは，その「直接税」の解釈の仕方による。つまり，カナダでは，プロビンスの売上税は「個人の動産・サービスの最終的な消費者あるいは利用者に課されるのであり，また売手は，プロビンス政府のためにそれを徴収する単なる機関にすぎない」という理由で「直接税」に該当する，と考えられている。(A.F.Sheppard, *Taxation Policy and the Canadian Economic Union,* M.Krasnick, Research Coordinator, University of Toronto Press, 1986, p.189.)
29) 1991年に導入された現在の連邦政府の「財・サービス税（goods and services tax）」にあっても，プロビンスの小売売上税とは分離された課税ベースとなっている。プロビンスの小売売上税は「連邦の財・サービス財の場合よりも課税ベースが狭い。更に，プロビンスの小売売上税は，小売水準での単段階で課税されるが，連邦の財・サービス財は多段階で課税される付加価値税である。」(OECD, *OECD Economic Surveys Canada,* 1990, pp.64-65.)
30) ブリティッシュコロンビアの6％から，ニューファンドランドの12％までの開きがある。(OECD, *OECD Economic Surveys Canada,* 1990, p.100.)
31) OECD, *Taxing Consumption,* 1988, p.117.

第2章

財政構造の分権化　1950～1987年

はじめに

　第1章で検討したように，スイスの州・地方政府（カントン・自治体）は，1980年代に限って検討すれば，国際比較の視点からは財政上の公共部門に占める位置が相対的に高く，従って，スイスは財政上の分権の度合が強い国であるといえる。また，単に財政上の分権の度合が強いといえるだけではなく，例えばやはり分権化された財政構造を有するカナダと比較した場合には，その財政面での分権の内容が，租税構造あるいは課税局面といった点で相当に異なっているといえる。すなわち，スイスの分権化された財政構造は，スイスに特有な現れ方を示しているのである[1]。

　さて，問題となるのは，このスイスに特有の財政構造が，はたして1980年代に一時的に現れたに過ぎないものであるのか，あるいは構造的に定着したものであると考えられるのかどうか，また，財政上の分権の在り方は時系列でみてどのように変化してきたのかという点である。そこで本章では，今日のスイスの分権化された財政構造が形成されるまでの過程を追跡するために，主に1950年以降に限定してスイスの財政構造を検討することにする。

　なお，スイスの財政構造を分析するにあたっては，数量面における財政の分権化の程度の変化を時系列で追うことが主な課題となる。しかし，その分析を進めるに従って，分権化あるいは集権化という視点だけではスイスの財政構造の変化を把握するのに不十分であることが次第に明らかになっていくであろう。つまり，単なる分権化あるいは集権化という視点から把握するの

にとどまらずに，連邦政府と州・地方政府の財政上の連携という政府水準間での相互依存ないしは協調という視点が重要であり，またこの相互依存ないしは協調が財政上の分権の在り方に影響を与えている，という点が明らかになっていくであろう。

さて，以下では次の手順でスイスの財政構造を検討していくことにする。まず第1節では，公共部門全体の国民経済における位置と財政収支の状況をみておく。第2節では，財政支出面での構造の変化を，また第3節では収入面，そして特に税収面での構造の変化を，それぞれ検討する。最後に第4節では，更に問題を限定して，政府間財政関係が展開されるようになった事情を追い，それが財政上の分権化ないし集権化とどのように関係しているのかという点を考える。なお，ここで政府間財政関係といっているのは政府間財政移転が財政の数量面で占める比重に注目していっているのであり，その制度も含めた詳しい考察は第Ⅲ部の「政府間財政関係」で展開することにする。

1．公共部門の構造

まず，スイス公共部門の支出構造と収入構造とを分析する前に，国民経済に占める公共部門の位置付け，及び財政収支の状況をみておくことにする。ただし，ここで公共部門といった場合は，連邦政府（Bund, Confédération），州レベルの政府にあたるカントン（Kantone, Cantons, 現在は26），そして地方政府レベルの自治体（Gemeinden, Communes, 現在およそ3,000を数える）の三つの政府水準についていっているのである[2]。

(1) 公共部門の国民経済に占める位置
1）公共部門の比重

スイスの公共部門の支出は，GNPに占める割合において非常に長期にわたって段階的に増大してきている（表2-1参照）。例えば，1913年の12.8％から1987年の25.4％へとほぼ2倍に，その構成比を増大させている。公共部門の国民経済に占める比重は確実に増大してきたといえよう。また，その比重が増大する推移をみると，特に1960年代から1970年代半ばにかけて，

表 2-1 スイス公共部門の財政の推移 　　　　　　　　（単位；100万フラン，％）

	GNP （名目）	公共部門全体 の総支出	GNPに占める公 共部門全体の支出 の割合	GNPに占める連 邦政府の支出の割 合
1913年	4,324	550	12.8	2.8
1929年	9,730	1,618	16.5	3.8
1938年	9,580	1,734	18.1	6.7
1944年	12,640	3,452	27.6	20.0
1950年	19,990	3,897	19.5	8.3
1955年	27,685	4,731	17.0	7.0
1960年	38,270	6,478	16.9	6.8
1965年	62,190	12,374	19.9	8.0
1970年	93,930	20,285	21.6	8.3
1975年	144,625	38,066	26.3	9.5
1980年	177,345	47,240	26.6	9.9
1987年	266,270	67,647	25.4	9.0

（資料）W.Linder 注5，S. 305. 及び *Statistisches Jahrbuch der Schweiz,* Bundesamt für Statistik, Verlag Neue Zürcher Zeitung, 1991 より作成。

相当な増大を示している。1960年から1975年までの間に，GNP（名目）が3.78倍に拡大したのに対して，公共部門の総支出の伸びは5.88倍であった。

なお，公共部門の重要性の増大については，周知の「ワグナーの経費膨脹の法則（Wagners Entwicklungs Gesetz）」があるが[3]，スイスはこの法則には必ずしも適合しているとはいえないと考えられる。それは，非常に長期間にわたって公共部門はその比重を高めているとはいえ，その比重の増大の推移を追うと次のような点を指摘することができるからである。すなわち，①（大戦時を除いて）1960年までの30年間は公共部門の割合は17％前後でほとんど変化していないこと[4]，②1976年のピーク（28.2％）の後はこの割合は減少していること[5]，等である。

公共部門の比重の増大という点に関連して，「ワグナーの経費膨脹の法則」の他に，「ポーピッツの法則（Popitzsche Gesetz）」がある[6]。これは，財政の中央政府への重点の移行，すなわち財政の集権化をいっているのである。この法則は，スイスの場合に適用できるのであろうか。これについてはまた後述するが，ここではやはり各政府水準の支出のGNP比で簡単にみておく。

表2-2 スイス公共部門全体の支出構造（経済分類別） （単位；%）

	1960年	1970年	1975年	1980年	1985年	1987年
人件費	32.2	27.0	31.7	34.3	35.8	35.7
財・サービス購入	27.1	20.5	17.5	18.9	19.8	19.8
利子・借款等	7.7	6.1	6.8	6.1	5.3	4.9
投資	14.1	22.6	17.8	13.7	11.7	11.6
財政移転						
対民間	18.9	22.2	19.7	26.6	26.5	26.7
対公企業	―	3.6	5.3	8.7	9.3	9.2
貸付・出資	0.1	1.6	1.2	0.4	1.0	1.3
総支出	100.0	100.0	100.0	100.0	100.0	100.0

（資料）*Statistisches Jahrbuch der Schweiz,* Bundesamt für Statistik, Verlag Neue Zürcher Zeitung, 1977, 1989, 1991 より作成。

表2-1から判るように，財政の集権化は数値の上では確認できないといえよう。例えば，公共部門の比重が相当に増大した1960年から1975年の間をみると，この間，連邦政府は2.7％ポイントの増加を示している。しかし，州・地方政府はそれをかなり上回る増加（カントンは5.5％ポイント，自治体は4.0％ポイント，それぞれ増加）を示しており，むしろ分権化の方向で公共部門の比重の増大が実現したと判断することができよう。

2）経済分類別でみた公共部門の構造

次に，公共部門の構造を，経済分類に従ってみておく（表2-2を参照）。公共部門全体でみると，まず注目される点は，1960年から1987年の間で，財・サービス購入の占める割合が27.1％から19.8％へと7.3％ポイント減少しているが，他方で，対民間（対個人と対民間企業）の財政移転が18.9％から26.7％へと7.8％ポイント増大していることである。この間，投資が占める割合の変化は著しく，特に1960年の14.1％から1970年の22.6％へと8.5％ポイントもその比重を増大させている。前述したように，1960年から1970年代半ばにかけて，公共部門の国民経済における比重が相当に増大していたが，それは投資と財政移転の増大によって支えられていたことが判る。ただし，投資は第一次石油危機後に大幅に減少し，また，1980年になると13.7％にまで低下しており，1970年代と比較して投資支出が抑制されている

表2-3 連邦政府の支出構造（経済分類別） (単位：%)

	1960年	1970年	1975年	1980年	1985年	1987年
人件費	13.8	11.0	12.2	11.0	11.1	11.2
財・サービス購入	30.3	21.4	16.2	16.7	19.0	17.2
利子・借款等	8.4	3.3	4.2	5.0	4.6	4.2
投資	3.6	4.6	2.7	1.8	1.8	1.8
財政移転						
対民間	25.7	24.9	17.1	37.4	35.7	37.1
対公企業	4.1	8.6	13.3	17.6	18.9	19.8
対公共部門	17.9	31.6	31.4	27.5	26.0	26.4
貸付・出資	0.3	2.3	2.9	0.6	1.8	2.2
総支出	100.0	100.0	100.0	100.0	100.0	100.0

(資料) 表2-2と同じ。

といえる。1980年以降は，各項目の構成比の大きな変化はみられない。

 以上の公共部門全体での構成を，更に政府水準別に検討してみる。スイスの公共部門は，連邦政府，カントン，そして自治体の三つの政府水準に分れるが，まず，連邦政府にあっては，表2-3でみるように，構造的に財政移転が中心であり，公共投資はほとんど無視できる水準でしかない。1960年から1987年の間の推移をみると，財・サービス購入の割合が大幅に減少（13.1％ポイント減少）していることが判る。他方で，財政移転は，1960年には47.7％であったが，1970年代には60％を上回り，また1980年代には更にまた80％を上回るようになり，連邦政府がいかに財政移転を中心にした政策を展開してきたかが窺われる。また，連邦政府による財政移転の内，公共部門に対する財政移転の割合が，1960年の17.9％から1970年の31.6％（あるいは1975年の31.4％）へと大きく増大している点が注目される。

 他方で，カントン・自治体にあっては，人件費が最も高い比率を示している（表2-4と表2-5を参照）。また，連邦政府との比較では，投資の比重が相対的に高い点が注目される。1960年の公共部門の投資の内，カントン・自治体の占める割合は89.7％（カントン51.8％，自治体37.9％），また，1987年の場合は同じく98.5％（カントン44.2％，自治体54.3％）であった。スイス公共部門による投資は州・地方政府が中心に行っていることが判る。

表 2-4 カントンの支出構造（経済分類別） （単位；％）

	1960年	1970年	1975年	1980年	1985年	1987年
人件費	36.2	27.1	35.1	38.3	39.9	46.9
財・サービス購入	16.4	13.2	11.1	11.8	11.9	14.6
利子・借款等	4.3	4.0	4.1	4.1	3.6	3.8
投資	16.9	23.5	16.7	13.3	9.7	11.6
財政移転						
対民間	16.1	19.4	21.1	19.3	21.0	24.6
対公企業	—	0.4	0.3	4.0	4.7	5.1
対公共部門	10.2	12.2	11.5	13.1	13.3	16.8
貸付・出資	—	0.6	0.1	0.2	0.6	1.1
総支出	100.0	100.0	100.0	100.0	100.0	100.0

（資料）表2-2と同じ。

表 2-5 自治体の支出構造（経済分類別） （単位；％）

	1960年	1970年	1975年	1980年	1985年	1987年
人件費	34.9	29.8	29.2	35.8	37.4	36.0
財・サービス購入	※	17.9	17.7	20.8	20.8	22.0
利子・借款等	7.8	8.5	9.2	6.7	5.7	5.3
投資	16.9	29.2	25.0	19.6	18.5	17.7
財政移転						
対民間	※	10.4	9.2	9.6	10.1	9.5
対公企業	※	0.3	1.1	0.8	0.6	—
対公共部門	※	4.3	8.5	7.2	7.4	9.3
貸付・出資	※	0.0	0.2	0.2	0.1	0.2
総支出	100.0	100.0	100.0	100.0	100.0	100.0

（注）※ 統計不備のため利用不可。
（資料）表2-2と同じ。

　従って，1960年から1970年代半ばにかけての公共部門の国民経済に占める比重の増大は，公共投資の増大に関していえば，直接には大半がカントン・自治体によってなされたことが判る。またこの期間は，連邦政府の財政移転が大幅に増大した期間でもあり，また，その財政移転の増大は公共部門に対する財政移転が中心であった。

　このように経済分類別でみると，スイス公共部門は政府水準によってかなり異なった構造を有していることが判る。また，特に公共部門の国民経済に

表2-6　スイス公共部門の財政収支[a]　　　　　　　　　　　　　（単位；％）

	1950年	1955年	1960年	1965年	1970年	1975年	1980年	1985年	1987年
連邦政府	20.4	15.1	27.3	0.6	2.7	−9.6	−6.1	−3.0	4.7
カントン	0.3	3.0	−1.0	−7.0	−2.6	−3.3	−0.7	0.9	1.6
自治体	−1.0	5.0	8.4	−4.5	−6.3	−3.8	2.8	0.6	2.3
公共部門全体	8.4	8.6	13.6	−4.4	−2.2	−6.0	−1.6	0.5	3.1

（注）a 支出に占める財政余剰の割合。ただし，マイナスは財政赤字の割合。
（資料）表2-2と同じ。

占める比重が増大する期間において，カントン・自治体による投資の増大と連邦政府による財政移転の増大とが連動していることから，いわば垂直的な政府間での財政上の連携が存在していることが窺われる。この財政上の連携については，更に，第4節において検討することにする。

(2) 財政収支の状況

次に，財政収支について概観しておく（表2-6を参照）。まず公共部門全体でみると，Higyが指摘するように，1950年代と1960年代とでは相当に財政状況が異なっている[7]。すなわち，1950年代は，収入の伸びが支出の伸びを上回り，むしろ黒字基調で推移していたが，1960年代になると支出に対する圧力が急速に高まることになる[8]。表2-7から判るように，1960年から1975年にかけて，収入が4.87倍に増大したのに対して，支出はこれを上回り5.88倍であった。この間，赤字基調に転じて，1975年には赤字額が総支出の6.0％の大きさに達している。しかし，1975年以降になると支出圧力は抑制されて[9]，1980年代になると均衡ないしは黒字傾向を示すようになる。

この財政収支の状況を，次に政府水準別にみてみる。まず，連邦政府についてはBieriが，第二次大戦後から1970年代半ばまでの財政展開を二つの期間に区分して特徴付けている[10]。すなわち，一つは，1950年代の終わりまでの期間で，「成長の推進力」が欠如していた時代である。またもう一つは，1960年から1970年代半ばにかけての期間で，支出面で相当な増大がみられた時代として特徴付けている。1950年から1960年にかけて，収入は1.68倍の伸びで，支出の1.59倍の伸びを上回っている。他方で，1960年から1975年にか

表 2-7 収入・支出（指数）の推移

	公共部門全体		連邦政府		カントン		自治体	
	収入	支出	収入	支出	収入	支出	収入	支出
1950年	100	100	100	100	100	100	100	100
1955年	122	121	114	119	128	124	128	121
1960年	174	166	168	159	186	188	180	164
1960年	100	100	100	100	100	100	100	100
1965年	161	191	150	189	194	207	171	194
1970年	270	313	241	299	336	341	290	335
1975年	487	588	371	522	646	661	585	659
1975年	100	100	100	100	100	100	100	100
1980年	130	124	133	128	122	119	131	122
1985年	174	165	179	167	165	158	172	164
1987年	—	—	201	175	182	176	191	180

(注) 1950～1960年は1950年＝100，1960～1975年は1960年＝100，1975～1987年は1975年＝100として，それぞれ指数で示している。
(資料) 表 2-2と同じ。

けては，収入は3.71倍に，支出は5.22倍にそれぞれ増大し，支出に対する圧力が相当に大きかったことが判る。そして，1975年には，連邦政府の総支出に対する赤字額は9.6％に達している。

また，1970年代は，こうした赤字額の増大に対処した財政政策が図られることになる。Meier は，1980年の時点で，連邦政府の財政政策について「連邦［政府］は，赤字に直面して，多くの分野で財政上の責務を安定化させるか，あるいはできるだけ減少せざるを得ないようになった」[11]と述べている。こうして，収入の堅調な伸びもあって，1986年には黒字に転じている[12]。

カントン・自治体の場合も，連邦政府とほぼ同じような経緯を辿っている。1950年代は均衡ないしは黒字を示し，1960年から1975年にかけては支出の伸びが収入の伸びを上回っている。この1975年までの15年間，カントン・自治体における支出圧力は，連邦政府のそれをかなり上回る強さを示しており，カントンは6.61倍，自治体は6.59倍にそれぞれ増大している。また，1975年以降は，連邦政府の場合と同様に支出の抑制が図られていることが判る。

このカントン・自治体の財政収支の推移について，連邦政府の場合と比較して特徴的な点は，赤字の継続化がより早くから始まっていたことである。すなわち，連邦政府にあっては1972年から赤字基調に入っているが，カントン・自治体にあっては1964年から始まっている。しかし，黒字に転化するのはカントン・自治体の方が早く，特に自治体の場合は1970年代後半には均衡財政をほぼ達成するようになっている。

以上みてきたように，財政収支は，連邦政府，カントン，自治体のいずれの政府水準にあっても，ほぼ同様な展開がみられる。すなわち，1950年代には黒字ないしは均衡状態にあったが，1960年から1970年代半ばにかけて強い支出圧力が生じてその間に赤字基調が始まり，そして1970年代半ばを過ぎると今度は支出の抑制が図られるようになり，黒字ないしは均衡財政へと転化していくことになる。

2．支出構造

前節では，公共部門全体の国民経済に占める位置，経済分類別でみた公共部門の構造上の特徴，そして財政収支の推移について概観した。そこでは，1960年から1970年代半ばにかけて一つの転換期があること，すなわち，国民経済において公共部門の占める比重が増大したこと，またそれは公共部門における支出の圧力が増大したためであること，等という内容を有する転換期があることを確認した。本節では，公共部門における支出面に焦点を当て，また特に1960年から1975年にかけての展開に留意しつつ，分析を試みることにする。また，支出面における分権の程度がどのように変化したのかという点も検討する。

(1) 機能別でみた支出構造

スイス公共部門の支出構造をここでは機能別にみておく[13]。まず，公共部門全体について概観する。表2-8にみるように，最も高い割合を示している分野は，1950年から1987年まで変わりがなく，教育・研究であり，しかもその間3.6％ポイント増大している。教育・研究の他に，特に増加が著しいもの

表 2-8　スイス公共部門全体の支出構造（機能別分類）　　（単位：%）

	1950年	1960年	1970年	1975年	1980年	1985年	1987年
一　般　行　政	10.1	8.2	7.6	7.0	6.6	6.6	6.8
司法・警察・消防	5.5	6.2	4.9	5.0	5.3	5.5	5.7
外　　　　　交	1.1	1.3	1.6	1.3	1.5	1.8	1.2
国　　　　　防	14.9	15.5	10.9	8.2	8.1	8.7	7.7
教　育・研　究	16.2	17.9	18.5	20.4	19.7	19.5	19.8
文化・余暇・教会	1.9	2.2	3.0	3.1	3.1	3.6	3.7
保　　　　　健	6.9	8.2	8.0	10.1	11.2	11.5	11.9
社　会　福　祉	15.4	12.0	12.6	13.3	14.2	15.0	15.7
環境・地域開発	1.2	1.2	4.3	5.3	4.8	4.5	4.7
交通・エネルギー	9.3	11.5	14.9	12.6	12.3	11.3	10.7
産　業　振　興	5.0	7.7	5.6	5.2	5.7	5.6	5.7
公　債　費　等	12.4	8.2	8.1	8.3	7.6	6.5	5.9
総　　　　　計	100.0	100.0	100.0	100.0	100.0	100.0	100.0

（資料）表 2-2 と同じ。

として，保健（5.0％ポイント増加）と環境・地域開発（3.5％ポイント増加）がある。また，文化・余暇・教会も，緩やかではあるが，増加の傾向を示している。逆に，減少が著しいものとしては，国防（7.2％ポイント減少）及び公債費等（6.5％ポイント減少）が挙げられる。この二つの他に減少した項目としては，あと一般行政（3.3％ポイント減少）が加わるだけであり，財政需要の内容が多様化してきたことが窺われる。

また，司法・警察・消防，外交，産業振興は全体的に，安定した割合を維持しているといえよう。注意を要するのが，社会福祉と交通・エネルギーの推移についてである。社会福祉は，1950年の15.4％から1960年の12.0％へと3.4％ポイント減少するが，その後は増加の傾向を示し，1987年には15.7％へと，1950年の水準に戻っている。交通・エネルギーの場合は，社会福祉の推移とは対照的であって，1950年の9.3％から1970年の14.9％へと5.6％ポイントも増大しているが，その後は減少する傾向を示している。

公共部門全体でみる限りでは，前節でみたような1960年から1975年にかけての強い支出圧力が，機能別でみた支出構造の変容に明瞭に直結して現れているとはいえないようである。各分野が占める割合の推移について，教育・

表2-9 連邦政府の支出構造（機能別分類）　　　　　　（単位：％）

	1950年	1960年	1970年	1975年	1980年	1985年	1987年
一般行政	4.9	5.2	5.4	4.0	3.2	3.3	3.5
司法・警察・消防	1.0	2.0	0.9	1.1	1.0	1.0	1.0
外交	2.4	3.1	4.0	3.5	3.9	4.9	5.2
国防	32.7	37.0	25.7	20.6	20.2	22.0	19.8
教育・研究	2.5	4.3	8.4	10.3	8.6	8.1	9.1
文化・余暇・教会	0.4	0.6	0.5	0.7	0.6	0.7	0.8
保健	0.8	0.5	0.3	0.3	0.2	0.2	0.2
社会福祉	16.2	12.4	16.9	18.7	20.4	21.4	22.3
環境・地域開発	0.9	0.4	1.0	2.5	1.9	1.2	1.0
交通・エネルギー	4.6	6.1	16.0	16.3	15.5	15.2	14.2
産業振興	7.7	14.1	10.5	10.4	10.8	10.1	11.0
公債費等	25.8	14.3	10.3	11.6	13.6	11.9	11.0
総計	100.0	100.0	100.0	100.0	100.0	100.0	100.0

（資料）表2-2と同じ。

研究，保健，文化・余暇・教会の増加傾向，そして国防，一般行政の減少傾向は，いずれの場合も，既に1950年から1960年にかけても確認できる傾向である。ただし，環境・地域開発，そしてやや時期がずれはするが交通・エネルギーが，支出圧力が強まった時期と重なってそれぞれの比重を増大させていることが判る。従って，スイス公共部門全体でみた場合，1960年から1975年にかけての機能別での支出構造について指摘できる点は，一般行政，国防等の特に減少が目立った分野を除いて，多様な分野においてほぼ一様な伸びが実現されていたこと，また，特に環境・地域開発（1970年まででではあるが）と交通・エネルギーが著しく増大したこと等である。

次に，この支出構造を政府水準別にみてみる。まず，連邦政府であるが（表2-9を参照），1950年から1987年にかけてその支出構成にかなりの変化がみられる。すなわち，公債費等が25.8％から11.0％へと14.8％ポイント，国防が32.7％から19.8％へと12.9％ポイント，それぞれ減少している。他方で，やはり同じ期間内で，交通・エネルギーが4.6％から14.2％へと9.6％ポイント，教育・研究が2.5％から9.1％へと6.6％ポイント，そして社会福祉が16.2％から22.3％へと6.1％ポイント，それぞれ増大している点が

表 2-10　カントンの支出構造（機能別分類）　　　　　（単位：％）

	1950年	1960年	1970年	1975年	1980年	1985年	1987年
一般行政	10.7	6.5	5.6	5.1	5.2	5.0	5.1
司法・警察・消防	9.4	9.0	6.5	6.8	7.8	8.3	8.3
外交	—	—	—	—	—	—	—
国防	2.5	2.7	2.8	2.3	1.8	1.6	1.5
教育・研究	19.2	22.6	20.7	25.7	27.1	27.4	27.7
文化・余暇・教会	1.9	2.2	2.2	2.1	2.2	2.4	2.3
保健	14.0	14.0	14.1	17.5	17.1	17.1	17.2
社会福祉	16.7	9.9	9.5	10.2	10.8	11.9	11.9
環境・地域開発	1.7	1.9	3.3	4.7	3.3	2.7	2.1
交通・エネルギー	11.2	18.2	22.4	15.1	13.6	11.9	11.6
産業振興	5.2	6.1	5.3	4.4	4.4	5.3	5.8
公債費等	7.5	6.8	7.5	6.3	6.6	6.3	6.6
総計	100.0	100.0	100.0	100.0	100.0	100.0	100.0

（資料）表2-2と同じ。

注目される。

　なお，Bieriが特徴付けていたように，1960年から1970年の半ばまでが，連邦政府における支出面での強い圧力がみられる時代であった。この期間にあっては，その比重を高めている項目としては，教育・研究，社会福祉，環境・地域開発，交通・エネルギーを挙げることができる。1975年以降は，これらの分野のうち，社会福祉がその比重を更に増大させているが，他方で，環境・地域開発，教育・研究，交通・エネルギーは，幾分それらの比重を低下させている。

　次に，カントンと自治体に分けてみてみよう。まず，カントンの水準をみてみると(表2-10を参照)，1950年以降，常に四つの分野が，すなわち，教育・研究，保健，社会福祉，そして交通・エネルギーが主要な支出分野であった。1950年には，これらの四つの分野でカントンの総支出の61.1％を，また1987年では同じく68.4％をそれぞれ占めていた。なお，1960年から1975年の期間に注目すれば，特に増大した分野としては保健と環境・地域開発があるが，全般的にみて，この期間が後の支出構造を決定付けているという意味での転換期であるとはいえそうにない。例えば教育・研究は既に1950年代に増加傾

第2章 財政構造の分権化 1950～1987年

表2-11 自治体の支出構造（機能別分類）　　　（単位；％）

	1950年	1960年	1970年	1975年	1980年	1985年	1987年
一　般　行　政	12.0	11.3	9.1	9.2	9.1	9.3	9.3
司法・警察・消防	5.1	5.1	5.0	4.4	4.3	4.5	4.6
外　　　　　交	—	—	—	—	—	—	—
国　　　　　防	0.9	0.9	2.2	1.8	1.7	1.9	1.8
教　育　・　研　究	29.2	28.6	25.2	25.6	23.5	22.5	22.3
文化・余暇・教会	3.2	3.4	5.4	5.4	5.5	6.5	6.6
保　　　　　健	6.1	7.9	5.3	6.6	12.9	14.6	14.9
社　会　福　祉	15.5	12.6	9.3	8.9	8.7	9.6	10.4
環境・地域開発	1.7	1.9	10.2	12.1	11.1	10.8	10.5
交通・エネルギー	14.2	15.1	12.9	10.9	10.7	9.4	9.0
産　業　振　興	2.3	2.1	1.8	2.0	2.3	2.5	3.0
公　債　費　等	9.8	11.1	13.6	13.2	10.2	8.5	7.6
総　　　　　計	100.0	100.0	100.0	100.0	100.0	100.0	100.0

（資料）表2-2と同じ。

向に入っているし，社会福祉の場合はむしろ1970年が減少から増加への転換期であり，また交通・エネルギーも同じく1970年が増加から減少への転換期であることが判る。

　自治体においては（表2-11を参照），1950年の時点では，カントンと比較して，保健が低いことと教育・研究がより高いという点を除けば，ほぼ同様な構成を形成していた。しかし，その後は，カントンとは多少異なった展開を示している。すなわち，自治体の場合は，1987年までに，例えば教育・研究は22.3％へとむしろ減少の傾向にあり（6.9％ポイントの減少），代わって，文化・余暇・教会が3.2％から6.6％へと3.4％ポイント，環境・地域開発が1.7％から10.5％へと8.8％ポイント，それぞれ増加しており，これらがカントンとの主な相違点である。なお，1960年から1975年の期間に注目すると，環境・地域開発がこの間に転位している点を除けば，目立った特徴点は見出せない。主要な分野でみてみると，教育・研究は既に1950年から既にその比重の減少が始まっているし，また保健の場合はむしろ1975年から1980年にかけてが比重の上昇が始まる転換期となっている。

(2) 支出面における分権化

次に，支出面において，分権ないしは集権の程度がどのように変化しているかという点をみてみる。表2-12は，公共部門の支出全体において各政府水準が占める割合を，支出分野別に，1950年から1987年までの期間でみたものである。これらの割合の変化を追うことによって，各分野における集権の程度あるいは分権の程度が強まっているのかどうか，という点を考えてみよう。

公共部門の支出全体において，まず総計でみてみると，1950年の時点では，連邦政府が37.5％を，カントンが34.1％を，自治体が28.5％を，それぞれ占めており，カントン・自治体 (62.6％) が連邦政府を大きく上回っていることが判る。1987年の時点では，連邦政府が29.6％を，カントンが40.3％を，自治体が30.0％を，それぞれ占めており，カントン・自治体 (70.3％) がやはり連邦政府を大きく上回っていることが判る。すなわち，数量面をみる限りでは，この37年間，スイス公共部門の支出構造は州・地方政府に重点が置かれていたのであり，この点に限っていえば，スイスの分権化された財政構造は決して一時的な現象ではなく，構造的に定着しているものと考えてよいであろう。

また，連邦政府が公共部門の支出全体に占める割合についてみてみると，1950年の37.5％から1987年の29.6％へと，この間7.9％ポイント減少しているため，むしろ支出面における分権化が明確に進んでいることが窺われる。従って，第1節でも簡単に述べておいたように，「ポーピッツの法則」はスイスにあっては確認することはできないといえよう。しかし，支出分野別にみてみると，この分権化の傾向が，従って集権の程度が低下する傾向が，あらゆる分野において一様にみられるというわけではない。

集権の程度を分野別にみてみると，0.5％から100.0％までの開きがあり，分野によってかなり異なっていることが判る。また，集権の程度の推移をみてみると，これもまた分野によって様々な推移を示している。外交が連邦政府に特化されていることを別にして，集権化が引き続きみられる分野は存在しない。また，逆に集権の程度が常に減少している分野は保健であるが，これは既に1960年から低い水準のままであった。すなわち，程度の差はあるに

表 2-12 支出分野別にみた各政府水準の割合の推移　　　　　　　　　　(単位；%)

		1950年	1960年	1970年	1975年	1980年	1985年	1987年
一般行政	連邦政府	20.4	24.6	26.7	20.3	17.6	17.6	17.4
	カントン	41.0	33.3	33.8	34.3	35.8	34.2	35.0
	自治体	38.7	42.1	39.5	45.4	46.7	48.2	47.6
司法・警察・消防	連邦政府	7.7	12.7	6.9	7.8	6.5	6.1	6.1
	カントン	63.6	61.7	59.9	62.9	66.0	66.6	66.4
	自治体	28.6	25.6	33.1	29.3	27.5	27.2	27.5
外交	連邦政府	100.0	100.0	100.0	100.0	100.0	100.0	100.0
	カントン	—	—	—	—	—	—	—
	自治体	—	—	—	—	—	—	—
国防	連邦政府	91.6	91.2	83.0	80.7	83.9	84.9	83.6
	カントン	6.3	7.1	10.8	12.2	9.5	8.0	8.6
	自治体	2.1	1.7	6.2	7.1	6.6	7.0	7.9
教育・研究	連邦政府	5.8	8.5	15.1	14.7	13.3	12.6	13.1
	カントン	41.4	47.5	45.4	49.4	52.5	53.9	54.3
	自治体	52.8	44.0	39.5	35.9	34.1	33.5	32.6
文化・余暇・教会	連邦政府	0.9	10.3	6.8	7.4	7.3	7.0	7.7
	カントン	38.2	42.1	34.4	32.4	32.4	30.9	29.3
	自治体	52.6	47.6	58.8	60.1	60.3	62.0	63.0
保健	連邦政府	4.4	2.1	1.4	0.9	0.6	0.5	0.5
	カントン	70.0	69.3	77.7	77.8	63.4	60.5	60.6
	自治体	25.6	28.5	20.9	21.3	36.0	39.0	38.9
社会福祉	連邦政府	37.5	37.9	46.1	45.4	48.6	46.7	45.4
	カントン	35.1	32.2	31.7	33.4	32.0	33.2	33.0
	自治体	27.3	30.0	22.3	21.2	19.4	20.2	21.6
環境・地域開発	連邦政府	24.2	10.7	7.1	12.0	11.5	8.0	6.9
	カントン	41.9	51.5	28.7	30.4	25.2	22.9	19.5
	自治体	33.9	37.9	64.2	57.5	63.2	69.0	73.6
交通・エネルギー	連邦政府	18.2	16.4	29.4	34.4	36.5	38.5	36.4
	カントン	39.7	52.1	50.0	43.1	39.9	38.4	40.3
	自治体	42.1	31.5	20.6	22.6	23.6	23.1	23.2
産業振興	連邦政府	51.9	63.2	56.7	56.7	58.4	52.5	50.2
	カントン	32.1	29.4	34.8	32.5	29.6	34.8	36.0
	自治体	16.0	7.4	8.5	10.8	11.9	12.7	13.9
公債費等	連邦政府	64.3	47.4	33.0	35.1	43.2	42.1	41.7
	カントン	17.0	24.0	29.0	25.6	26.3	28.6	31.4
	自治体	18.7	28.6	38.0	39.3	30.4	29.2	26.9
総計	連邦政府	37.5	35.1	32.4	30.0	31.3	30.3	29.6
	カントン	34.1	37.5	39.4	40.5	39.2	38.7	40.3
	自治体	28.5	27.4	28.3	29.5	29.5	31.0	30.0

(資料) 表2-2と同じ。

しても，ほとんどの分野において，集権化と分権化が繰り返されているのである。

　総計でみる限りでは，1950年から1987年にかけては，支出構造において分権化が認められる。しかし，支出構造を分野別でみてみると，この全般的な分権化の中にあって，逆に集権化の傾向を鮮明に示している分野が存在する。すなわち，分野別でみて，公共部門全体に占める連邦政府の比重は，交通・エネルギーでは18.2％から36.4％へと18.2％ポイント，社会福祉では37.5％から45.4％へと7.9％ポイント，そして教育・研究では5.8％から13.1％へと7.3％ポイント，それぞれ増大している。これらの他に，連邦政府の比重が増大している分野としては，文化・余暇・教会があるが，これは，1950年時点での支出規模が小さかったためである。その他の分野ではすべて，連邦政府の比重は低下している。全般的な分権化の中にあって，連邦政府が，特に交通・エネルギー，社会福祉，そして教育・研究の三つの分野に重点をおいて政策を展開してきたことが窺われる。

　これら三つの分野の集権化の推移をみてみると，交通・エネルギーでは1960年から1975年の期間に大幅に連邦政府の比重が増大，30％を上回る割合を占めるようになり，それ以降も比重を幾分高めている。また，社会福祉の場合でも，特に1960年から1970年にかけてその割合を増大させ，それ以降もその高い水準を維持している。そして教育・研究にあっては，1950年から1960年にかけて既に連邦政府の比重は増大してはいるが，特に1960年から1970年まで一層高い水準に至り，またその後はやや低下の傾向にある。このように，集権化が認められる三つの分野をみてみると，やはり必ずしも一様な推移を示しているわけではない。しかし，特に1960年から1975年の公共部門全体の比重が国民経済において高くなった時期に，それぞれの分野で集権の度合が比較的大きく伸びているといえよう。

　他方で，各分野において，州・地方政府が占める比重の推移についてはどうであろうか。カントンの占める割合の変化をみてみると，まず総計では，1950年の34.1％から1975年の40.5％へと比重を高め，その後は40％前後の水準を維持していることが判る。分野別では，司法・警察・消防，教育・研究，そして保健において1950年以降，カントンが常に最も高い割合を維持

してきた。1950 年から 1987 年の間のカントンが占める割合の推移をみてみると，教育・研究では 41.4 ％から 54.3 ％へと 12.9 ％ポイント増大し，他方で環境・地域開発では 41.9 ％から 19.5 ％へと 22.4 ％ポイント減少している点が注目される。

　最後に，自治体についてみてみる。まず総計では，1950 年の 28.5 ％から 1987 年の 30.0 ％まで，公共部門の支出全体に占める自治体の比率はほぼ安定していることが判る。分野別でみてみると，この期間で変化の著しかった分野としては，まず，環境・地域開発では 33.9 ％から 73.6 ％へと 39.7 ％ポイント，保健では 25.6 ％から 38.9 ％へと 13.3 ％ポイント，そして文化・余暇・教会では 52.6 ％から 63.0 ％へと 10.4 ％ポイント，それぞれ増大している点が注目される。他方で，教育・研究では 52.8 ％から 32.6 ％へと 20.2 ％ポイント，交通・エネルギーでは 42.1 ％から 23.2 ％へと 18.9 ％ポイント，それぞれ減少している。特に自治体の比重の増大が著しかった分野の内，環境・地域開発と文化・余暇・教会では，特に 1960 年から 1970 年ないしは 1975 年にかけて大幅にその比重を増大させて，それ以降も継続的に最も高い割合を占めるようになっていることが判る。

　さて，本節で検討したスイス公共部門の支出構造について，後の議論との関連付けのために，ここで次の点を再度強調しておこう。

　すなわち，1950 年から 1987 年にかけて公共部門の支出構造は全般的には分権化が進んでいる。しかしその分権化は，既に 1950 年代に始まっているのであり，そのため，1960 年から 1975 年にかけての支出圧力が強い期間とは直接の関連性は認められない。しかし，連邦政府における支出構造と，分野別でみた連邦政府の公共部門全体での比重に注目すると，この 1960 年から 1975 年までの期間が重要な意味を持ってくる。つまり，この期間，連邦政府の支出構造をみると，教育・研究，社会福祉，交通・エネルギー，また環境・地域開発の各分野の構成比が増大している。また，それらの分野の内，前三者においては，公共部門の支出全体に占める連邦政府の比重が大きく増大し，これら三つの分野で，明確な集権化が認められるのである。

　更に，敷えんするならば，これら教育・研究，社会福祉，交通・エネルギー，環境・地域開発，いずれの分野も，カントン・自治体の支出構造にお

いても常に主要な支出分野を形成しているという点が重要である。すなわち，カントンにおいては，教育・研究，社会福祉，そして交通・エネルギーの三つの分野が，また，自治体においては，教育・研究，社会福祉，交通・エネルギー，環境・地域開発の四つの分野が，それぞれ主要な支出分野を形成しているのである。

3．収入構造

本節では，公共部門における収入面に焦点を当て，前節と同様に，1960年から1975年にかけての展開に留意しつつ，分析を試みることにする。その際，まず，税収入に税外収入を含めて，収入全体の構造の変化を，次に，特に租税収入の構造の変化を，それぞれ検討する。また，それぞれの場合で，収入面における分権の度合がどのように変化したかを検討する。ただし，1950年の各政府水準別にみた収入については，1960年以降の資料との不整合と自治体レベルでの資料の不備のために検討から外すことにした。

(1) 収入全体の構造変化
1) 収入構造の変化

まず，収入全体でみた構造の変化について検討する[14]。表2-13から判るように，公共部門全体でみると収入の内，税収入が中心であり，1950年以降常に70％以上を占めている。税外収入の中では使用料・手数料が中心である。1950年からの推移をみると，1970年までに税収入の占める割合が，73.2％から80.1％へと6.9％ポイント増加した。そして，1975年まで安定した推移であったが，1980年には75.3％に低下，その後は増加の傾向にある。使用料・手数料は1960年から1975年までは13％前後で推移していたが，1980年代に入ると17％前後の水準に比重を増大させている。

次に，政府水準別にみてみると，かなり異なった収入構造を有していることが判る。まず，連邦政府であるが(表2-14を参照)，税収入の占める比重が圧倒的である。また，その税収入の割合は，1960年の84.2％から1987年には93.6％へと増大している。税外収入の割合は，1960年に使用料・手数料が

表 2-13　スイス公共部門全体の収入構造　　　　　　　　　　（単位；％）

	1950年	1960年	1970年	1975年	1980年	1985年	1987年
税　　収　　入	73.2	77.5	80.1	79.3	75.3	77.1	77.3
税　外　収　入	26.8	22.5	19.9	20.7	24.7	22.9	22.7
専　売　益　金	2.5	2.1	1.2	1.1	1.5	1.0	0.7
資　本　収　益	7.1	6.2	5.9	5.4	4.9	4.7	4.8
使用料・手数料	15.8	13.7	12.4	13.5	17.5	16.8	16.8
金融資産売却・その他	1.4	0.4	0.5	0.7	0.8	0.4	0.4
総　　　　　計	100.0	100.0	100.0	100.0	100.0	100.0	100.0

（資料）表2-2と同じ。

表 2-14　連邦政府の収入構造　　　　　　　　　　（単位；％）

	1960年	1970年	1975年	1980年	1985年	1987年
税　　収　　入	84.2	90.0	89.2	88.8	92.7	93.6
税　外　収　入	15.8	10.0	10.8	11.2	7.3	6.4
専　売　益　金	2.9	1.6	2.2	3.2	1.8	0.9
資　本　収　益	4.5	2.9	3.4	2.9	2.2	2.1
使用料・手数料	7.4	4.3	4.1	4.2	3.0	3.1
分　与　税	0.0	0.0	0.0	0.0	0.0	0.0
補助金・負担金	0.1	0.2	0.3	0.2	0.1	0.1
金融資産売却・その他	0.9	0.9	0.8	0.6	0.3	0.1
総　　　　　計	100.0	100.0	100.0	100.0	100.0	100.0

（資料）表2-2と同じ。

7.4％を占めていたが，その後は減少を続けて，1987年には3.1％にまで低下している。

　他方で，州・地方政府の水準にあっては，税外収入も無視できない比重を占めている。まず，カントンの場合でみてみると（表2-15を参照），税収入の比重は1960年以降，55％前後で安定している。税外収入の中で重要なのは，補助金・負担金と分与税（Anteile an Bundeseinnahmen）である。この二つの項目は，他の政府部門からの財政移転の受取に該当するもので，合わせて20％を常に上回っている。特に，1960年から1970年にかけて，補助金・負担金の比重が15.4％から23.6％へと8.2％ポイントも増大したため，およそ30％近くがこの財政移転によって占められている。その後，補助金・負担

表 2-15 カントンの収入構造 (単位；%)

	1960年	1970年	1975年	1980年	1985年	1987年
税　　収　　入	55.9	52.9	55.1	54.0	55.2	55.0
税　外　収　入	44.1	47.1	44.9	46.0	44.8	45.0
専　売　益　金	2.1	1.1	0.7	0.8	0.7	0.8
資　本　収　益	5.5	4.1	3.3	3.5	3.7	3.9
使用料・手数料	15.6	12.4	12.6	14.2	14.2	14.2
分　　与　　税	5.5	5.7	5.7	6.5	5.6	5.5
補助金・負担金	15.4	23.6	22.4	20.6	20.4	20.3
金融資産売却・その他	0.0	0.2	0.0	0.3	0.2	0.3
総　　　　計	100.0	100.0	100.0	100.0	100.0	100.0

(資料) 表2-2と同じ。

表 2-16 自治体の収入構造 (単位；%)

	1960年	1970年	1975年	1980年	1985年	1987年
税　　収　　入	60.9	58.1	57.9	51.0	51.0	50.3
税　外　収　入	39.1	41.9	42.1	49.0	49.0	49.7
専　売　益　金	—	—	—	—	—	—
資　本　収　益	7.1	8.8	7.1	6.1	6.1	6.1
使用料・手数料	15.0	15.4	16.1	25.6	25.5	25.4
分　　与　　税	1.6	1.7	1.2	1.2	1.4	1.9
補助金・負担金	15.4	15.9	16.7	14.9	15.3	15.7
金融資産売却・その他	0.0	0.0	0.0	1.2	0.7	0.6
総　　　　計	100.0	100.0	100.0	100.0	100.0	100.0

(資料) 表2-2と同じ。

金の比重は幾分減少してはいるが，やはり20％台で推移している。これに，5～6％台で推移している分与税を加えると，財政移転からの収入は1980年代にはカントンの全収入の4分の1強を占めていることになる。

また，自治体にあっては(表2-16を参照)，カントン以上に税外収入に対する依存度が高く，1960年から1987年の間，この傾向は更に強くなっている。すなわち，税収の占める比重は，1960年の60.9％から1987年の50.3％へと10.6％ポイント減少している。従って，その分，税外収入の比重が増大するのだが，その中でも，使用料・手数料の比重は，この27年間に15.0％から25.4％へと10.4％ポイント増大しており，税収入の比重の減少分を埋め合

第2章　財政構造の分権化　1950〜1987年　　　　　　　　61

表2-17　収入全体に占める各政府水準の割合の推移　　　　　　　（単位；％）

	1950年	1960年	1970年	1975年	1980年	1985年	1987年
連邦政府	42.2	40.1	33.9	28.6	29.8	30.0	30.1
カントン	31.7	33.3	39.1	41.4	39.5	39.8	39.9
自治体	26.1	26.6	27.0	30.0	30.7	30.1	30.0

(資料)　表2-2と同じ。

わせている。なお，財政移転は常に16〜18％の比重で推移しており，その大半は補助金・負担金で占められている。

　以上にみるように，公共部門の収入構造については，連邦政府が圧倒的に税収入を中心としているのに対して，カントン・自治体の水準では税外収入が税収入とほぼ拮抗した比重を占めている。また，その税外収入の内，特に補助金・負担金の占める比重が，カントン，自治体のいずれにおいても無視できない大きさである。

　なお，1960年から1975年の期間に注目すれば，連邦政府では税収入の比重の増大が，またカントンでは補助金・負担金の比重の増大が，それぞれ注目される。ただし，自治体の収入において使用料・手数料の比重が増大したのは，むしろ1960年から1975年にかけてであり，1960年から1975年の間は大きな構造の変化はみられなかったといえよう。

2）収入面における分権化

　次に，収入面における集権ないしは分権の程度の変化についてみてみる。まず1950年の時点で，公共部門の収入全体に占める各政府水準の比重をみると(表2-17を参照)，連邦政府が42.2％，カントンが31.7％，そして自治体が26.1％であって，カントン・自治体(57.8％)が連邦政府を上回っていることが判る。1987年の時点では，連邦政府が30.1％を，カントンが39.9％を，自治体が30.0％を，それぞれ占めており，やはりカントン・自治体の比重（69.9％）が連邦政府のそれを上回っていることが判る。すなわち，この37年間，スイス公共部門の収入構造はむしろカントン・自治体の比重が連邦政府のそれを上回っているのであり，この点では，前節でみた支出構造と同様に，やはり分権化された財政構造は一時的な現象ではなく，定着しているものと考えてよいであろう。また，この間，カントン・自治体の比重は12.1％

ポイント増大しているため，支出面と同様に，収入面でも分権化の傾向をみることができる。

ただし，収入面における分権化がみられるとはいっても，各政府水準に属する総収入は単に「連邦，カントン，そして自治体の財政運営が行われる金額上の前提条件」[15]を現しているに過ぎない，という点は重要である。つまり，公共部門の収入全体に占める州・地方政府の比重が高くなったからといって，州・地方政府による財政運営上の裁量がその分一層発揮されることを必ずしも意味しないことに注意しなければならない。

収入面における分権化を考える場合，公共部門全体において州・地方政府の占める割合の推移をみるだけではなく，州・地方政府水準での自主財源(収入マイナス財政移転)の比重も勘案しておく必要がある。カントンの場合は表2-17にみるように，1960年から1975年にかけて公共部門の全収入に占める比重は33.3％から41.4％へと8.1％ポイント増大しているが，この間，カントンの収入に占める自主財源の割合は79.1％から71.9％へとむしろ7.2％ポイント減少している(表2-15も参照)。また，同じ期間で，自治体の場合をみると，公共部門全体に占める比重は26.6％から30.0％へと3.4％ポイント比重を高めているのに対して，自治体の収入に占める自主財源の割合は83.0％から82.1％へと僅かであるが減少している(表2-16も参照)。

特に1975年に至るまで，カントン・自治体が公共部門全体の収入に占める比重を高めながらも，他方で，カントン・自治体の収入に占める自主財源の割合を低下させているのは，既に述べておいたカントン・自治体の収入に占める財政移転の比重の増大によるものである。

ここで，1960年から1970年代半ばにかけての期間との関連を考えてみよう。この期間においては，第1節で検討したように，強い支出圧力を背景にして，国民経済における公共部門の比重の大幅な拡大，そしてカントン・自治体による投資の増大と連邦政府による財政移転の増大との連動，という現象がみられた。しかし，この期間は，支出面と収入面における分権化の時期とは必ずしも一致していない。というのは，これらの分権化は，本章で検討する限り，既に1950年から始まっていたからである。つまり，1950年から1960年にかけて，連邦政府が公共部門の支出全体に占める割合は37.5％か

ら 35.1％へと減少しており（表 2-12 を参照），また同様に公共部門の収入全体に占めるその割合は 42.2％から 40.1％へと減少している（表 2-17 を参照）。従って，1960 年から 1970 年代半ばにかけての期間と，収入面あるいは支出面における分権化の進展という現象との間には，表面上は関連性がないようである。

しかし，ここで，1960 年から 1970 年代半ばにかけての財政上の特徴点，すなわち，カントン・自治体による公共投資の増大と連邦政府による財政移転の増大との連動という点にまで踏み込んで，再度，収入面あるいは支出面における分権化という現象との関連性を考えてみよう。

まず，収入面における分権化について考えてみると，この分権化が顕著であった時期は，カントン・自治体の収入に占める財政移転の比重の増大，特に補助金・負担金の比重の増大の時期と重なっていた。この点は，特にカントンにおいて当てはまる。この補助金・負担金の比重の増大は，連邦政府による財政移転の増大がカントン・自治体（特にカントン）の収入構造に反映したことに他ならないといえる。連邦政府の支出に占める財政移転の比重の増大，それもカントン・自治体に対する財政移転の比重の増大はその分，カントン・自治体における収入の増大をもたらし，その結果として収入面における表面上の分権化として現れてくると考えられよう。たとえ連邦政府の収入規模に変化がなかったとしても，カントン・自治体に対する財政移転が増大すればその分，表面上は収入面での分権化が進むわけである。他方で，支出面においてであるが，1960 年から 1970 年代半ばにかけての強い支出圧力は，連邦政府にあっては財政移転に対する支出圧力として，またカントン・自治体にあっては公共投資に対する支出圧力として，やはりいずれの政府水準にも作用してくる。従って，支出面において分権化がこの期間に進んだといっても，その分権化の程度は，連邦政府とカントン・自治体の支出圧力が連動しているために，収入面における分権化の程度ほどには及ばないということができよう。実際に，1960 年から 1975 年にかけて，支出面における分権化の程度が 64.9％から 70.0％へと 5.1％ポイント増加していたのに対して，収入面における分権化の程度は 59.9％から 71.4％へと 11.5％ポイントも増加していた（表 2-2 の資料より算出）。

表 2-18　スイス公共部門全体の租税構造　　　　　　　　（単位；%）

	1950年	1960年	1970年	1975年	1980年	1987年
所得・財産課税	64.4	61.8	65.7	72.8	71.3	72.6
消費課税	35.6	38.2	34.3	27.2	28.7	27.4

（資料）表2-2と同じ。

　以上のように考えると，1960年から1970年代半ばにかけての期間は，連邦政府のカントン・自治体に対する財政移転の増大という現象を伴うことによって，特に収入面における分権化を一層促進した，という意味で重要な関連性をもっていたということができよう。

(2)　租税収入の構造
1）租税収入構造の変化

　次に，租税収入の構造についてみてみる（表2-18を参照）。まず，公共部門全体でみてみると，直接課税にますます重点が移ってきていることが判る。すなわち，所得・財産課税と消費課税に区分すると，税収全体に占める所得・財産課税の割合は，1950年の64.4％から1987年の72.6％へと8.2％ポイント増加している。

　政府水準別にみてみると，まず連邦政府の場合（表2-19を参照）は，消費課税が未だに中心であるが，その消費課税の税収に占める比重は1960年以降は減少する傾向にあり，1960年の71.0％から1987年の58.5％へと12.5％ポイント減少している。消費課税の税目をみると，商品売上税は1950年から1970年にかけて比重を低下させているが，それ以降はむしろその比重を増加させ，依然として連邦政府の基幹税としての位置を維持している。また，関税についてであるが，1960年までは35.0％にまで比重を増大させているが，それ以降は減少を続け，1987年には16.1％にまで至っている。消費課税の増減の傾向は，この関税の増減によることが判る。他方で，所得・財産課税の税目をみると，その中心は連邦直接税（Direkte Bundessteuer, Impôt fédéral direct）である。1950年から1960年にかけての所得・財産課税の比重の低下は，この連邦直接税が27.4％から16.0％へと10％ポイントを超

表 2-19　連邦政府の租税構造　　　　　　　　　　　　　（単位；%）

	1950年	1960年	1970年	1975年	1980年	1985年	1987年
所得・財産課税	39.0	29.0	31.4	36.1	37.4	41.7	41.5
連邦直接税	27.4	16.0	16.2	20.1	23.4	23.1	22.8
源　泉　税	4.7	6.7	10.2	10.9	8.5	8.9	8.4
印　紙　税	6.0	6.2	4.3	4.3	4.8	9.1	9.7
兵役免除税	1.0	0.1	0.7	0.8	0.7	0.6	0.6
消　費　課　税	61.0	71.0	68.6	63.9	62.6	58.3	58.5
商品売上税	26.7	23.7	23.3	29.1	32.6	33.0	33.9
た ば こ 税	4.1	4.5	8.6	5.0	4.3	4.1	3.6
関　　　税	25.1	35.0	31.9	26.5	21.4	16.6	16.1
そ　の　他	5.1	7.9	4.5	3.3	4.1	4.7	4.9
総　　　計	100.0	100.0	100.0	100.0	100.0	100.0	100.0

（資料）表2-2と同じ。

表 2-20　カントンの租税構造　　　　　　　　　　　　　（単位；%）

	1950年	1960年	1970年	1975年	1980年	1985年	1987年
所得・財産課税	90.0	88.9	90.6	93.3	92.7	93.5	94.1
対　個　人	}81.8	59.9	62.9	69.1	70.1	69.6	67.9
対　法　人		16.0	17.6	17.7	14.2	14.2	15.3
そ　の　他	8.2	13.1	10.1	6.4	8.4	9.7	10.9
消　費　課　税	10.0	11.1	9.4	6.7	7.3	6.5	5.9
自　動　車　税	6.8	8.7	8.0	6.0	6.4	5.9	5.5
そ　の　他	4.2	2.3	1.4	0.8	0.9	0.6	0.4
総　　　計	100.0	100.0	100.0	100.0	100.0	100.0	100.0

（資料）表2-2と同じ。

えて減少したことによる。1960年以降は増加して，1980年代には23％前後の割合で推移している。また，印紙税が1980年の4.8％から1987年の9.7％へと増大して，これが1980年代の所得・財産課税の比重を押し上げていることが判る。

　次にカントン・自治体についてみてみると，連邦政府とは異なり，所得・財産課税が継続的に消費課税を圧倒していることが判る。カントンの場合は（表2-20を参照），その所得・財産課税が1950年の90.0％から1987年の94.1％へと，全体的に比重が増大している。その内訳でみると，特に個人所

表 2-21　自治体の租税構造　　　　　　　　　　　　　　　　（単位；%）

	1960年	1970年	1975年	1980年	1985年	1987年
所得・財産課税	98.7	99.3	99.7	99.6	99.7	99.5
対　個　人	※	71.8	※	78.6	79.2	77.4
対　法　人	※	17.3	※	12.7	13.0	12.9
そ　の　他	※	10.2	※	8.3	7.5	9.2
消　費　課　税	1.3	0.7	0.3	0.4	0.3	0.5
総　　　　計	100.0	100.0	100.0	100.0	100.0	100.0

（注）※　統計不備のため利用不可。
（資料）表2-2と同じ。

得・財産税が，1960年の59.9％から1975年の69.1％へと9.2％ポイント比重が増大している点が注目される。消費課税の税目の中には自動車税[16]があり，1960年には8.7％，その後は減少傾向を示しているが1987年には5.5％を占めており無視できない大きさであるといえよう。

　自治体の場合は(表2-21を参照)，資料の不備のため，概要にふれることができるだけである。自治体にあっては，消費課税は常に無視できる大きさでしかなく1970年以降1％を切っており，税収入は全く所得・財産課税に依存している。また，その内，個人所得・財産税の比重は，1980年以降は77～79％台で推移しており，その水準はカントンの個人所得・財産税の比重を常に上回っている。

　なお，1960年から1970年代半ばにかけての変化としては，以上を検討した限りでは，カントンにおいて，特に個人所得・財産税の比重が増大している点を除いては，特記すべき事項はないといえよう。

2）税収入における分権化

　次に，税収入における分権化ないし集権化についてみてみる（表2-22を参照）。公共部門の税収入全体に占める連邦政府の比重をみてみると，1950年の53.9％から1975年の38.9％へと25年間で15％ポイント減少しており，この間は税収入における分権化が明らかである。しかし，その後は，むしろ連邦政府の比重は増加の傾向にあり[17]，1987年には43.2％に達している。1950年から1975年にかけては，連邦政府に代わってカントンが23.9％から34.7％へと10.8％ポイントの増加，また自治体も22.2％から26.4％へと

第2章 財政構造の分権化 1950～1987年

表 2-22 税収入に占める各政府水準の比率の推移 (単位；%)

		1950年	1960年	1970年	1975年	1980年	1985年	1987年
総 税 収 入	連邦政府	53.9	49.2	44.6	38.9	41.8	42.7	43.2
	カントン	23.9	27.1	30.3	34.7	33.6	33.7	33.6
	自治体	22.2	23.7	25.1	26.4	24.7	23.6	23.1
所得・財産課税	連邦政府	32.6	23.1	21.1	19.3	21.9	24.4	24.7
	カントン	33.3	39.1	41.4	44.5	43.7	43.3	43.6
	自治体	34.1	37.8	37.5	36.2	34.4	32.2	31.7
消 費 課 税	連邦政府	92.5	91.4	91.1	91.1	91.1	91.7	92.3
	カントン	6.7	7.8	8.5	8.6	8.6	8.0	7.3
	自治体	0.8	0.8	0.4	0.3	0.3	0.3	0.4

(資料) 表2-2と同じ。

4.2％ポイントの増加を，それぞれ示している。その後は，カントンの場合は33％台で推移しているが，自治体の場合はむしろ減少の傾向にある。

なお，税目別にみてみると，消費課税については，常に連邦政府が90％を上回る比重を維持し続けていることが判る。従って，税収面における分権化あるいは集権化という推移は，ほとんどが所得・財産課税における分権化あるいは集権化という推移を反映したものであるといえる[18]。

従って，上述した税収面での1950年から1975年にかけての分権化，そしてそれ以降の連邦政府の占める比重の増大と自治体の比重の減少という現象は，所得・財産課税における各政府水準の占める比重の変化によるものであるといえる。すなわち，所得・財産課税に占める連邦政府の比重は，1950年から1975年にかけて，32.6％から19.3％へと13.3％ポイントも減少しているが，それ以降は増加しており，1987年には24.7％に達している。他方で，カントン・自治体が占める比重についてみてみると，カントンと自治体とでは，異なった推移がみられる。すなわち，カントンの場合は，1950年の33.3％から1975年の44.5％へと増大し，それ以降は43％台で比較的安定している。他方で，自治体の場合は，1950年の34.1％から1960年の37.8％へと増大しているが，1980年代には31％台にまで低下している。

以上にみるように，1960年から1970年代半ばにかけての期間という時代区分よりも，むしろ1950年から1975年にかけての分権化傾向とそれ以降の

分権の程度の低下(特に自治体の比重の低下),という区分に従った方がより適切であろう。

さて,ここで,前述した収入構造における分権化と関連付けて考えてみよう。収入構造においては,連邦政府の収入全体に占める比重は,1950年から1975年までは低下を続け,それ以降は安定した推移を示していた。カントンの場合は1970年以降,また自治体の場合は1975年以降,それぞれ安定的にその比重が推移していた。すなわち,ほぼ1970年代半ば以降は,収入構造は各政府水準の占める比重でみると安定した推移を辿っているのである。こうした収入構造における変化と比較すると,税収入における構造の変化は,1950年から1975年までは分権化という同じ方向を辿っていたといえる。また,1975年以降は,連邦政府は税外収入での比重の低下を税収入での比重の増加,従ってまた所得・財産課税での比重の増大で相殺し,他方,自治体は逆に所得・財産課税での比重の減少を税外収入での比重の増大で相殺していた,と考えることができる。なお,カントンの場合には,収入全体に占める比重の推移と税収全体に占める比重の推移とが全く同じ傾向を示していたといえる。

4. 政府間財政関係の展開

さて,前節までは,スイスにおける公共部門の構造を,支出構造と収入構造とに区分して別々に分析してきた。本節では,これら収入と支出の構造を連結させることによって,スイス公共部門の財政構造を検討することにする。その場合,連邦政府とカントン・自治体の政府水準の間の,いわば垂直的な政府間関係に注目することにする。

(1) 財政移転

1) 財政移転の比重

第1節でみたように,スイス公共部門は,特に1960年から1970年代半ばにかけて,国民経済に占める比重を大幅に増大させ,それ以降もその増大した水準を維持してきた。また,こうした公共部門の国民経済における比重の

増大は，連邦政府による財政移転の増大を伴っていた。

　この連邦政府の財政移転の増大は，それも特に公共部門に対する財政移転の増大に関しては，第3節で触れたようにカントンの収入構造に反映していた。この連邦政府のカントンに対する財政移転は，政府間での財政上の連携を形成する主要な構成要素である。そこで，次に，この連邦政府のカントンに対する財政移転について，更に検討してみよう。

　連邦政府のカントンに対する財政移転には，①連邦補助金（Bundesbeiträge），②特定目的還付金（Rückvergütungen）――連邦道のカントン負担分に対する還付金――，③カントン分与税（Kantonsanteile an den Bundeseinnahmen），の三つがある。この内，連邦補助金と特定目的還付金とは，その使途が予め決められている財政移転である。他方で，カントン分与税は，その使途はカントンの自由裁量に任せられており，またその財源としては，連邦直接税，源泉税，兵役免除税の一部が充てられている[19]。

　連邦政府のカントンに対する財政移転は，連邦政府の支出全体においてどれだけの比重を占めているかという点をみてみると（表2-23参照），1950年から1960年にかけては19％強でほとんど変化はない。しかし，1960年（19.3％）から1970年（31.3％）にかけては12％ポイント増大し，1975年は30.2％とやはり高い比重を維持している。それ以降は，減少傾向にあるが，1980年代はそれでも連邦政府の支出の4分の1強を占めている。

　他方で，連邦政府のカントンに対する財政移転が，カントンの収入全体に占める比重についてみると（表2-23参照），1950年の21.5％から1960年の18.2％に減少しているが，1970年には26.3％へと大幅に増大した。しかし，それ以降はむしろ減少傾向にあり，1985年には19.6％にまで比重を低下させている。

　以上にみるように，連邦政府のカントンに対する財政移転は，連邦政府の支出全体に占める比重にしても，また，カントンの収入全体に占める比重にしても，1960年から1970年にかけて大幅に増大したが，それ以降はむしろ減少する傾向にある。また，表から判るように，こうした比重の変化は，主に連邦補助金・特定目的還付金が占める比重の変動によるものである。

表 2-23　連邦政府のカントンに対する財政移転　　　　（単位；100万フラン, %）

	1950年	1960年	1970年	1975年	1980年	1985年
連 邦 補 助 金　(1)	147.1	233.3	997.9	1,988.6	2,024.8	28,833.0
特 定 目 的 還 付 金　(2)	28.3	119.0	917.7	1,134.9	1,184.0	1,308.7
カ ン ト ン 分 与 税　(3)	146.0	151.6	529.2	1,016.0	1,408.1	1,632.8
総　　　　　計(4)	321.4	503.9	2,444.8	4,139.5	4,616.9	5,774.5
{(1)+(2)}/連邦支出	10.6	13.5	24.5	22.8	18.3	18.1
(3)/連邦支出	8.8	5.8	6.8	7.4	8.0	7.1
(4)/連邦支出	19.4	19.3	31.3	30.2	26.3	25.2
{(1)+(2)}/カントン収入	11.8	12.7	20.6	17.5	14.7	14.1
(3)/カントン収入	9.8	5.5	5.7	5.7	6.5	5.6
(4)/カントン収入	21.5	18.2	26.3	23.2	21.2	19.6

（資料）表2-2と同じ。

2）連邦補助金

　次に，財政移転の中でも，その中心を成す連邦補助金について考えてみる。この連邦補助金とカントンの支出との連携について考えてみたいが，その前に，公共部門に対する補助金に限らず，民間（個人と民間企業）と公企業に対する補助金をも含めて，連邦補助金全体がどういう分野に充てられてきたのかという点について概観しておこう。

　表2-24から判るように，連邦政府は，非常に広い範囲の分野にわたって，その補助金政策を展開している。しかし，各分野の補助金全体に占める比重をみると，常に四つの分野に重点的に配分されていることが判る。すなわち，1960年の場合，農業44.8％，交通20.8％，保健・疾病保険11.4％，教育・研究11.1％であり，これらの比重の合計は88.1％である。また，1987年の場合，交通29.9％，農業28.1％，教育・研究15.4％，保健・疾病保険13.9％であり，これらの比重の合計は87.3％である。

　以上にみるように，連邦政府の補助金政策は，特に交通，農業，教育・研究，そして保健・疾病保険の四つの分野に対して，重点的に展開されてきたことが判る。それでは，こうした連邦補助金一般の展開は，連邦政府のカントンに対する補助金政策にもみられるのであろうか。

　現在のところ，連邦補助金が具体的にカントンのどの政策分野に充てられ

表2-24 連邦補助金の分野別割合の推移　　　　　　　　（単位；％）

	1950年	1960年	1970年	1975年	1980年	1985年	1987年
交　　　　通	13.5	20.8	17.6	24.1	26.9	31.2	29.9
商　工　業	0.7	1.2	0.9	1.2	5.5	1.1	1.3
農　　　　業	14.2	44.8	36.0	28.1	26.0	28.8	28.1
林　　　　業	1.0	3.2	2.7	1.2	1.4	2.0	2.1
環　境　保　護	0.0	0.2	2.0	6.8	3.5	2.9	3.5
保健・疾病保険	12.6	11.4	18.3	15.4	16.0	14.0	13.9
福祉政策・住宅	0.0	4.9	0.9	1.0	1.0	0.9	1.0
民間救護活動	0.0	0.6	4.6	3.4	2.2	1.8	1.9
文　　　　化	1.3	0.8	0.9	0.8	0.8	0.9	1.3
教育・研究	6.0	11.1	14.2	16.5	14.2	14.9	15.4
司法・警察	0.3	0.3	4.0	1.2	0.9	0.9	1.0
地　域　開　発	0.0	0.0	0.0	0.1	1.3	0.4	0.4
そ　の　他	0.0	0.9	0.4	0.4	0.3	0.2	0.2
総　　　　計	100.0	100.0	100.0	100.0	100.0	100.0	100.0

（資料）*Statistisches Jahrbuch der Schweiz,* Bundesamt für Statistik, Verlag Neue Zürcher Zeitung, 1956, 1977, 1991.

ているのかを，1975年以前で判断できる資料は公表されていない[20]。そのため，1970年代を中心とするその前後で，カントンに対する連邦補助金政策の展開を時系列で辿ることはできない。そこで，連邦政府の財政移転がカントンの収入全体に占める比重について，その比重が緩やかな減少傾向に入った1980年代の場合でみてみよう。表2-25は，その1983年の場合で，カントンの各政策分野での支出に占める連邦補助金の比重をみたものである。表から判るように，連邦補助金は，カントンによって行われる非常に多くの分野に対して交付されている。その中でも特に連邦補助金の占める比重が高い分野は，自動車道路，農業，国防の三分野であり，いずれも連邦補助金の比重が50％を超えている。また，水域・雪崩防止，水域防護などの環境保護においても，30％前後の高い比重を示している。また，大学，職業教育施設などの教育・研究においての比重も，20％近くを示している。

以上にみるように，連邦政府の補助金政策一般での展開と同様に，カントンに対しての補助金政策においても，交通（自動車，その他道路），農業，教育・研究（大学，職業教育施設）などに対して重点的に配分されているこ

表 2-25 政策分野別でみた連邦補助金のカントン支出に占める割合（1983年）

政　策　分　野	％
自　動　車　道　路	80
農　　　　　業	62
国　　　　　防	55
民　間　自　衛	46
水　域・雪　崩　防　止	32
水　域　防　護	29
そ　の　他　道　路	21
大　　　　　学	18
職　業　教　育　施　設	18
林　業・狩　猟・漁　業	17
社　会　保　険	16
高　等　学　校・技　術	5

（出所）R.E. Germann, Die Beziehungen zwischen Bund und Kantonen im Verwaltungsbereich, in: *Handbuch Politisches System der Schweiz*, Bd. 3, Verlag Paul Haupt Bern und Stuttgart, 1986, S. 348.

とが判る。従って，連邦補助金一般での政策展開は，概ね，カントンに対する連邦補助金政策にも反映しているといえよう。なお，水域・雪崩防止と水域防護といった環境保護に関係しても，連邦補助金がカントンの支出に占める比重が高いのだが，これはカントンにおける環境保護関連の支出規模があまり大きくないためである。また，連邦補助金一般で高い比重を占めていた保健・疾病保険については，むしろ個人に対しての補助金として交付される性質のものであり，カントンに対する補助金政策には反映しないものと考えられる。

　なお，財政移転中心という連邦政府の経済分類別でみた支出構造上の特徴（第1節を参照），また1960年から1970年代半ばにかけての連邦政府の機能別でみた支出構造上の変化（第2節を参照），これら二点を勘案するならば，1960年から1970年代半ばにかけての連邦補助金政策についてもやはりカントンに対して，特に教育・研究，社会福祉，環境・地域開発，交通・エネルギーといった政策分野に対して重点的に配分されてきた，と考えることがで

第2章　財政構造の分権化　1950～1987年　　　　　73

きるであろう。

(2)　財政移転とカントン・自治体の財政需要
 1）財政移転と集権化

　第2節と第3節で検討したように，中央政府の公共部門における重要性の増大という傾向をいっている「ポーピッツの法則」は，スイスにおいては必ずしも適合していない。それは，公共部門の収入全体に占める比重，あるいは支出全体に占める比重のいずれにあっても，継続的な連邦政府の比重の増大はみられなかったからである。

　しかし，1960年から1970年代にかけて，連邦政府のカントンに対する財政移転は増大し，また1980年代においても，その比重は(減少傾向にあるとはいえ)，連邦政府の支出全体においても，またカントンの収入全体においても，無視できない水準を維持している。また，これらの財政移転の中心を成している連邦補助金は，連邦政府の重点的な政策を反映したものであると考えられる。従って，連邦政府の意向が，財政移転，特に連邦補助金を通して，カントンの財政運営に対して大きな影響を与えていると思われる。

　例えばBieriは，連邦政府による財政移転の増大の内にカントンの財政運営に与える連邦政府の重要性の増大を見ており，彼はこれをもってスイスにおいても「ポーピッツの法則」が変則的に適合しているとみなしている。Bieriはこれに関して，次のように述べている。「その理由は，複雑であり，またいくつかの政治的，制度的な要因に関連している。はっきりとしていることは，[スイスのような]根強い自由主義の伝統を有している政治制度にあっては連邦政府の直接の介入によるよりも，財政誘因と均等化手段の拡張とを通しての方が，より容易に新たな公共的機能が遂行される，ということである」[21]。すなわち，Bieriは，スイスの政治的制度的背景にあっては，「財政誘因と均等化手段の拡張」によって，連邦政府が公共部門内の新しい活動に影響を与えている，とみなしているのである。ここで，「財政誘因」とは連邦補助金によって，連邦政府の政策にカントンの財政運営を誘導することをいい，また「均等化」とは，財政移転によって地域間の財政力の差異を緩和することをいっていると考えられる。

ただし、この連邦政府による財政移転の増大をもって、カントンの財政運営上の連邦政府の統制の増大とみることができるかどうか、という点で判断を下すのは容易ではない。連邦政府による財政移転がカントンの財源に充てられる場合に、それがカントン・自治体において選好される財政需要の充足に向けられる限りでは必ずしも統制とはいえない、と考えられるからである。

カントン・自治体において選好される財政需要は、支出構造での比重の高い分野、あるいはその比重を高めつつある分野に反映されている、と考えることができる。こうした分野を挙げるならば、第2節でも指摘したように、教育・研究、保健、社会福祉、交通・エネルギー、環境・地域開発（特に自治体において）等がある。これらの分野は、前述した連邦補助金が重点的に交付されていた分野と重なっていることが判る。従って、連邦政府の財政移転は、カントン・自治体において選好される財政需要の充足に重点的に充てられてきたということが窺われるのである。この点を強調する限りでは、連邦政府が財政移転を通してカントン・自治体の財政運営を統制しているというBieriの見方は、必ずしも適切であるとは思われない。

2）財政上の連携の背景

では、何故、連邦補助金が重点的に配分される政策分野とカントン・自治体において選好される財政需要とが、多くの分野で重なっているのであろうか。この点について、これまで検討してきた財政状況、財政構造上の特徴に関連付けながら、以下、簡単に述べておこう。

まず第一に、これまで再三指摘してきた点であるが、スイス公共部門の支出構造上の特徴、すなわち、連邦政府の対公共部門の財政移転とカントン・自治体の公共投資とが連動している、という点を挙げる必要があろう。換言すれば、この経済分類別でみた支出構造上の特徴が、連邦補助金政策とカントン・自治体において選好される財政需要との関連性に反映しているものと考えられる。

また、第二に、カントン・自治体における強い支出圧力と財政収支状況とを挙げることができよう。すなわち、カントンにおいて選好される財政需要での支出の増大は、その支出圧力が強ければ強いほど、また財政上の収支状況が厳しければ厳しいほど、それだけ一層の財源の補充を求めることになり、

そのために連邦政府による財政移転を受け入れようとする契機は一層強くなると考えられる。従って，第1節でみたように，1960年から1970年代半ばにかけての，すべての政府水準に対して生じた強い支出圧力，そして1960年代の半ばから始まったカントン・自治体での赤字基調，こうした財政状況がまた，一層の財政移転の比重の増大を招いたものと考えられる。

なお，カントン・自治体における支出圧力が弱まり，また財政収支が黒字の状況にある場合には，連邦補助金政策の方向とカントン・自治体において選好される財政需要とが必ずしも一致しなくなる可能性が生じてくる。こうした状況は，実際に，1970年代半ば以降にみることができる。すなわち，1970年代半ばごろから1980年代にかけて，支出が抑制されて財政収支が黒字に転化するころになると，カントンの収入に占める財政移転の比重は低下してきている。この1970年代半ば以降，連邦政府はその財政移転を対公共部門から対民間（個人と民間企業）へと重点を移してきたのであり，その分だけ連邦政府とカントンとの垂直的な政府間での財政上の連携の程度は弱まってきたことが窺われる。

この1970年代半ば以降の機能別支出構造の変化を細かく検討してみると，特に連邦政府における社会福祉，カントン・自治体（特に自治体）における保健，そして（緩やかではあるが）自治体における文化・余暇・教会，といった分野がそれぞれの比重を増大させている（表2-9～2-12を参照）。この内，社会福祉と保健とは，むしろ対個人での財政移転の比重を高める性質を持つものであり，政府間での財政上の連携を生じさせる要素は弱いといえる。また文化・余暇・教会は，連邦政府の重点的政策とは考えられない。すなわち，1960年から1970年代半ばにかけての期間と比較すると，1970年代半ば以降は，単に連邦政府とカントン・自治体の間の財政上の連携の程度が弱くなったというだけではなく，重点的政策ないしは選好される財政需要という点でも政府水準間での幾分かのずれが生じてきたのではないかと考えられる。

以上のようにみてくると，連邦政府とカントン・自治体との垂直的な政府間で重点的あるいは選好される支出分野が重なってくるのは，財政移転中心の連邦政府と公共投資中心のカントン・自治体という支出構造上のスイス公共部門の特徴がいわば必要条件として作用し，またカントン・自治体におけ

る支出圧力と財政逼迫という財政事情がいわば十分条件として作用することによってである，と考えることができよう．

おわりに

1980年代におけるスイスの財政構造を国際比較の視点からみると，数量的には収入面と支出面のいずれにあっても相対的に高度に分権化されている，とみなされる．本章においては，そうした分権化されたスイス財政が果たして一時的な現象に過ぎないのか，あるいは構造的に定着したものであるのかどうか，という点を検討してみたのである．

その結果，本章の分析の対象となる期間，すなわち主に1950年から1987年までの間は，スイス財政構造は，支出面，収入面（あるいは税収面）のいずれにおいても基本的には分権型の財政構造を維持してきたといえる．従って，今日のスイスの高度に分権化された財政は，決して一時的な現象ではないということが判る．

しかし，分析の対象となる期間で，特に1960年代以降，スイスの財政状況は大きく変容してきた．すなわち，1950年代の安定期の後，1960年代から1970年代半ばにかけての支出圧力の強い期間，そしてそれ以降の支出の抑制期，と大きく区分することができた．これらの期間を経過するのに伴って，スイス公共部門の財政構造は，基本的には分権化された財政構造を維持しながらも，特に政府間関係という視点からみるとその内容を変化させてきたといえよう．

つまり，1960年代から1970年代の半ばにかけて，国民経済に占める公共部門の比重が大幅に増大するが，この間に，連邦政府とカントン・自治体との財政上の連携が顕在化してくる．この動きは，財政の数量面に限っていえば，表面上は分権化を伴って進行する．しかし，この期間は，連邦政府のカントンに対する財政移転の増大とカントン・自治体における公共投資の増大とが連動し，また双方の政府水準における重点的あるいは選好される支出分野が重なっており，従って，財政上の一種の協調関係が窺われるのである．こうした財政上のいわば垂直的な政府間での協調関係を強調すれば，スイス財政

第2章 財政構造の分権化 1950〜1987年

構造を単に分権化されている，と特徴付けるだけでは不十分であるといえよう。こうした政府間財政関係についての詳細な検討は第Ⅲ部で展開することにする。

［注］

1) 第1章を参照。
2) ここでは，公企業と社会保険は除いて考えている。
3) ワグナー（Adolf Wagner）は，文化と国民経済の発達と共に，必然的に国家活動，従ってまた国家経費も，絶対的，相対的に増大すると主張している。(次を参照。H.C. Recktenwald, Umfand und Struktur der öffentlichen Ausgaben in säkularer Entwicklung, in : *Handbuch der Finanzwissenschaft,* Bd. 2, Tübingen, 1977, S.722-723.)
4) 同じ主旨は，次にもみられる。W.Linder, Entwicklung, Strukturen und Funktionen des Wirtschafts- und Sozialstaats in der Schweiz, in : *Handbuch Politisches System der Schweiz,* Bd. 1, Verlag Paul Haupt Bern und Stuttgart, 1983, S. 306. B.Dafflon, *Federal Finance in Theory and Practice with Special Reference to Switzerland,* Paul Haupt Berne, 1977, p.69.
5) 次も同じ主旨。Linder, *a.a.O.,* S.306.
6) 「ポーピッツの法則」とは，中央機関は他の地域公共団体と比較してその権限と財政規模を増大させる傾向があるというもので，公共部門全体の業務遂行ないしは支出規模に占める中央政府の割合の時系列上の推移の内に読み取られなければならない。(H.Zimmermann, K.D.Henke, *Finanzwissenschaft,* Verlag Franz Vahlen München, 1984, S.98.)
7) C. Higy, Finanzhaushalt und Finanzpolitik der Schweiz seit 1961, in: *Finanzarchiv,* Bd. 27, 1968, S. 536-537.
8) これは，経済成長と，人口増加に伴うインフラストラクチャー（道路，通信，教育，病院等）の供給に対する必要性が生じたことによる。(OECD, *OECD Economic Surveys Switzerland,* 1988, p.53.)
9) *ibid.,* p.54.
10) S.Bieri, *Fiscal federalism in Switzerland,* Center for Research on Federal Financial Relations, The Australian National Univ. Canberra, 1979, p.35.
11) A.Meier, Schweiz, in : *Handbuch der Finanzwissenschaft,* Bd.4, Tübingen, 1983, S.633.
12) OECD, *op. cit.,* p.60.
13) ここで機能別での分類とは，「各公共団体の組織構造に係わりなく，法律によって定められた業務についての，また予算過程で決められた目的についての，国家的諸活動を表わすことに重点を置いた」分類である。R. Jequier (1992), "La décision", *Les Finances Publiques d'un Eta Fédératif : La Suisse,* ECONOMICA, p.326.

14) ここで収入といった場合は,「粗収入 (recettes brutes)」であること に注意する必要がある。各政府水準が受け取る収入は,「固有収入 (recettes propres)」,「粗収入」, そして「可処分収入 (recettes disponibles)」とに区分でき, この内, 粗収入は, ①他の政府水準から得られた財源(移転の受取), ②各政府水準によって徴収された直接の収入(固有収入), とから構成されている。また, 可処分収入を得るには, 各政府水準から他の政府水準に支払われる移転を差し引く必要がある。従って, 本節でいう各政府水準の収入には, 他の政府水準から受け取った財政移転は含まれるが, 他の政府水準に支払われる財政移転は含まれないことに注意しなければならない。K. Cornevin-Pfeiffer et A. Manzini (1992), "Le financement de l'Etat", *Les Finances Publiques d'un Etat Fédératif : La Suisse,* ECONOMICA, p.87.
15) K.Nüssli, *Föderalismus in der Schweiz,* Verlag Rüegger 1985, S.193.
16) 自動車免許とナンバープレートに登録されている所有者に課税される。
17) OECD, *OECD Economic Surveys Switzerland,* 1990, p.70.
18) カントン・自治体における所得・財産課税中心という租税構造が 1960 年から 1975 年にかけて分権化を促したという点について, K. Cornevin-Pfeiffer と A. Manzini は次のように述べている。「カントンと自治体の財政は, 基本的に所得・財産課税に依存しており, 他方, 連邦の財源の大部分は消費課税に基づく。所得・財産課税の累進的性格の結果, 国民所得の増大を上回る財政収入の増大がもたらされる。換言すれば, 国民所得に対する所得・財産課税の弾力性が, 間接税のそれよりもより大きいのである」(1992, p.89.)。
19) 1980 年までは, 印紙税, アルコール専売収入, 中央銀行純益, 関税・専売収益税, 以上の財源の一部からも充てられていた。
20) Nüssli, *a.a.O.,* S.258.
21) Bieri, *op. cit.,* p.35.

第3章

所得・財産課税
——カントン間の比較——

はじめに

　本章の目的は，スイスのカントン・自治体における所得・財産課税を分析することにある。ここで，所得・財産課税を取り上げる理由について，簡単に言及しておきたい。

　まず，第1章でも言及したように，国際比較の視点から，スイスの税収入は，連邦政府よりもむしろ州・地方政府に重点があるといえる。また，表3-1に窺われるように，スイスは直接課税を中心とした税構造を有している。1990年の場合では，税収入合計額は約657億8,183万フランであったが，この内，73.8％に相当する約485億2,606万フランが所得・財産課税から構成されている。注目される点は，この所得・財産課税の政府水準間の配分の在り方である。すなわち，所得・財産課税の税収入全体の内，カントンが41.0％，自治体が32.5％を占めており，これはいずれも連邦政府の26.5％を上回っている。スイスにおいては，基幹税の所得・財産課税においても，カントン・自治体に重点が置かれていることが判る。

　以上のように，政府部門におけるカントン・自治体の税収入全体に占める比重と基幹税の所得・財産課税に占めるカントン・自治体の比重を考慮するならば，スイスの税構造の分析においてカントン・自治体の所得・財産課税の検討は欠かせない課題であるといえよう。

　また，スイスにおいては，カントン・自治体の税構造上の重要性は，上述したような量的側面に限らない。すなわち，スイスにおいては，第1章で

表3-1　税源の各政府水準間での配分（1990年）

税源	単位 1,000フラン	単位；%		
		連邦政府	カントン	自治体
所得・財産課税	48,526,064	26.5	41.0	32.5
関税	4,267,329	100.0	0.0	0.0
商品売上税 個別消費税	11,374,734	100.0	0.0	0.0
支出課税	1,285,896	0.0	94.3	5.7
税収入合計	65,781,831	43.8	32.1	24.1

（資料）*Öffentliche Finanzen der Schweiz,* 1992, S.106, S.109, S.113 より作成。

検討したように，政治分権というスイス財政連邦主義の枠組みが財政運営の在り方に強く反映してくる。すなわち，課税局面における政治分権の現れ方をみると，特に，課税ベースの選択をも含んで広い範囲にわたってカントンの裁量が発揮されている，という点にスイスの特徴点を認めることができる。これは，後述するように，課税立法権が連邦政府に限らずカントンにも帰属していることに因る。このことが，一つにはカントン間の税制度の相違となって現れてくるものと考えられる。

こうしたスイスにおける税構造と税制度上のカントン間の相違は，やはり所得・財産課税のカントン間の相違となって現れてくるものと考えられる。従って，本章では，カントン・自治体の所得・財産課税の分析にあたって，特にカントン間の比較を中心にして検討することにする。

そこで，以下，次の手順で論を展開することにする。まず，第1節では，所得・財産課税の地域偏在性，及びカントンと自治体の間の税源配分のカントン間の差異について検討する。次に，第2節では，カントン・自治体において，所得・財産課税，更に，個人所得税と法人税のそれぞれに対して，税収入全体においてどの程度依存しているのか，という点をやはりカントン間で比較する。また第3節では，所得・財産課税における課税負担の程度を取り上げ，「負担指数」を用いることによってカントン間の相違を検討する。この場合，個人所得税の負担指数と法人税の負担指数について，それぞれカン

第3章　所得・財産課税　　81

トン間で比較してみる。

1. 地域偏在性と税源配分

(1) 所得・財産課税の地域偏在性

　まず，カントン・自治体の所得・財産課税の税収について，その地域上の偏在の状況を検討しておこう。表3-2は，1991年の場合で，所得・財産課税の税収について，カントンと自治体を合計して，カントン別にみたものである（カントン名は「はしがき」v頁をみよ）。この場合，最も多額の税収を挙げているのは，ZHの約69兆7,600万フランであり，これは全体の19.0％を占めている。また，上位5カントン（ZH, BE, GE, VD, AG）の小計でみてみると，全体の57.3％を占めていることが判る。

　次に，所得・財産課税の内，個人所得税の税収についてみてみよう。個人所得税は，上述した所得・財産課税の傾向と全く同様である。すなわち，まず地域の偏在性については，最も多額の個人所得税の税収を挙げているのは，ZHの約43兆6,000万フランであり，これは全体の17.0％を占めている。また，上位5カントン（ZH, BE, GE, VD, AG）の小計でみてみると，全体の57.6％を占めていることが判る。

　また，所得・財産課税の内，法人税の税収についてみてみる。この場合，最も多額の法人税の税収を挙げているのは，やはりZHの約13兆5,000万フランで，全体の25.1％を占めている。上位5カントン（ZH, GE, VD, BS, BE）の小計では，全体の58.0％を占めていることが判る。

　この法人税の税収の場合を，所得・財産課税あるいは個人所得税の場合と比較してみよう。ZHへの集中の度合が，所得・財産課税では全体の19.0％，また個人所得税では17.0％であることを考えると，法人税の税収のZHへの偏在性がより高いといえる。ただし，上位5カントンの小計でみた限りでは，集中の度合は，所得・財産課税，個人所得税，そして法人税のいずれの場合においても，57％強でほとんど同じ程度である。

　さて，以上にみるような所得・財産課税の地域偏在性は，基本的には経済力の地域偏在性を反映しているものと予想されよう。そこで，地域の経済力

表 3 - 2 所得・財産課税の地域偏在性 (1991年)

カントン	所得・財産課税		個人所得税		法人税	
	1,000フラン	%	1,000フラン	%	1,000フラン	%
ZH	6,975,956	19.0	4,360,756	17.0	1,349,926	25.1
BE	4,715,849	12.8	3,681,228	14.4	344,058	6.4
LU	1,417,777	3.9	1,056,038	4.1	142,305	2.6
UR	120,235	0.3	91,147	0.4	9,118	0.2
SZ	385,096	1.0	275,375	1.1	42,992	0.8
OW	103,361	0.3	79,779	0.3	9,167	0.2
NW	129,647	0.4	87,673	0.3	20,485	0.4
GL	166,463	0.5	124,319	0.5	21,435	0.4
ZG	519,519	1.4	256,496	1.0	176,662	3.3
FR	961,456	2.6	658,338	2.6	99,421	1.8
SO	1,120,911	3.0	882,887	3.4	124,285	2.3
BS	1,705,013	4.6	1,133,604	4.4	365,066	6.8
BL	1,101,214	3.0	815,229	3.2	130,150	2.4
SH	347,806	0.9	265,782	1.0	41,189	0.8
AR	197,356	0.5	129,720	0.5	24,824	0.5
AI	48,324	0.1	34,845	0.1	5,792	0.1
SG	1,702,762	4.6	1,130,852	4.4	248,600	4.6
GR	840,701	2.3	512,544	2.0	149,264	2.8
AG	2,244,148	6.1	1,705,772	6.7	321,578	6.0
TG	874,555	2.4	608,083	2.4	105,300	2.0
TI	1,766,432	4.8	1,123,070	4.4	338,506	6.3
VD	3,429,263	9.3	2,404,110	9.4	434,762	8.1
VS	1,077,877	2.9	799,736	3.1	123,835	2.3
NE	831,068	2.3	614,864	2.4	113,098	2.1
GE	3,715,810	10.1	2,593,509	10.1	623,861	11.6
JU	265,817	0.7	216,417	0.8	22,178	0.4
全体	36,764,416	100.0	25,642,173	100.0	5,387,857	100.0

(資料) *Öffentliche Finanzen der Schweiz*, 1994, S.146, S.147 より作成。

第3章 所得・財産課税　　83

表3-3 所得の地域偏在性（1991年）

	所得（100万フラン）	全体に占める割合(%)		所得（100万フラン）	全体に占める割合(%)
ZH	62,828	21.3	AI	438	0.1
BE	35,632	12.1	SG	16,013	5.4
LU	12,384	4.2	GR	7,126	2.4
UR	1,211	0.4	AG	21,224	7.2
SZ	4,603	1.6	TG	7,877	2.7
OW	1,040	0.4	TI	10,525	3.6
NW	1,482	0.5	VD	25,145	8.5
GL	1,690	0.6	VS	8,421	2.8
ZG	6,585	2.2	NE	6,075	2.1
FR	8,372	2.8	GE	20,466	6.9
			JU	2,131	0.7
SO	8,938	3.0			
BS	10,483	3.5			
BL	10,107	3.4			
SH	2,900	1.0			
AR	1,896	0.6	全体	295,590	100.0

（資料）*Statistisches Jahrbuch der Schweiz,* Bundesamt für Statistik, Verlag Neue Zürcher Zeitung, 1995, S.127 より作成。

を示す指標として，ここではカントン毎の所得水準を取り上げて，上述した所得・財産課税と所得水準の関連性を検討しておこう。表3-3は，1991年の場合で，所得水準をカントン別に示したものである。所得水準が最も高いのはZHの628億2,800万フランであり，これは全体の21.3％を占めている。更に，上位5カントンの集中の程度は，56.0％である。こうした所得水準の地域偏在性の傾向は，前述した所得・財産課税の税収の地域偏在性と同じ傾向を示しているといえよう。

なお，こうした全体的な傾向にあって，カントン別での特徴点を拾ってみると，次のような諸点を指摘することができよう。

まず，所得水準が第2位の高さを示しているBEについてである。BEは，所得・財産課税の税収（12.8％）及び個人所得税の税収入（14.4％）のいずれの場合も，やはり第2位の高さを示している。しかし，法人税の税収に関しては，全体の6.4％でこれは第5位の高さに落ちている。他方で，このBE

の場合とは逆に，BS と TI は，それぞれ所得水準の高さは第9位（3.5％）と第8位（3.6％）であるが，法人税の税収に占める高さはそれぞれ第4位（6.8％）と第6位（6.3％）であり，所得水準の順位と比較してより法人税の税収の比重が高いことが判る。また，所得水準での順位は更に落ちるが，ZG の場合をみてみると，所得・財産課税の税収と個人所得税の税収の順位がそれぞれ第16位と第18位であるのに対して，法人税の税収の順位は第9位である点が注目される。

以上のように，カントン別にみた特徴を勘案すると，単に地域の所得水準の高低だけでは説明できない税収入の構造が存在していることが窺われる。すなわち，基幹税である個人所得税と法人税に占めるシェアをみただけでも，カントンの順位が少なからず変動していることから，税構造に対する選好に関して，カントン間での地域差が存在しているといえる。

(2) 所得・財産課税のカントンと自治体の間の税源配分

「はじめに」で言及したように，スイスにおいては所得・財産課税の税収の重点が連邦政府よりもむしろカントン・自治体の方に存在している。本項では，このカントン・自治体の所得・財産課税，更に個人所得税と法人税について，カントンと自治体のどちらに比重があるのか，というカントンと自治体の間の税源配分について検討する。

（所得・財産課税）

まず，カントン・自治体の所得・財産課税の税収において，カントンと自治体の間の税源配分の在り方を，1991年の場合でみてみよう。表3-4にみられる通り，まず平均では，カントンが55.3％を，また自治体が44.7％をそれぞれ占めており，カントンが10.6％ポイント上回っていることが判る。

ただし，この税源配分の在り方をカントン別にみてみると，カントン間でかなりの相違が認められる。すなわち，カントンが占める割合をカントン別にみてみると，BS の95.7％から，OW の30.7％までの開きが存在しており，平均とはかなり逸脱した場合がみられる。また，自治体が占める割合が50％を超えているカントンは，13カントン存在する。従って，カントンの数からいえば，カントンが自治体を上回っている場合と，逆に自治体がカント

第3章 所得・財産課税　　85

表 3-4 所得・財産課税のカントンと自治体の間の税源配分（1991年）

（単位；％）

	所得・財産課税		個人所得税		法人税	
	カントン	自治体	カントン	自治体	カントン	自治体
ZH	45.9	54.1	47.6	52.4	47.8	52.2
BE	47.5	52.5	47.1	52.9	46.6	53.4
LU	45.1	54.9	46.3	53.7	44.7	55.3
UR	61.6	38.4	61.6	38.4	43.6	56.4
SZ	44.9	55.1	40.6	59.4	38.9	61.1
OW	30.7	69.3	28.9	71.1	27.6	72.4
NW	43.7	56.3	37.4	62.6	39.1	60.9
GL	80.8	19.2	79.3	20.7	82.4	17.6
ZG	44.3	55.7	45.6	54.4	48.0	52.0
FR	51.2	48.8	50.5	49.5	50.1	49.9
SO	46.8	53.2	44.5	55.5	47.2	52.8
BS	95.7	4.3	93.9	6.1	99.6	0.4
BL	64.3	35.7	61.3	38.7	61.4	38.6
SH	51.6	48.4	49.8	50.2	52.0	48.0
AR	44.7	55.3	40.9	59.1	40.9	59.1
AI	48.6	51.4	44.8	55.2	45.5	54.5
SG	50.1	49.9	37.0	63.0	100.0	0.0
GR	48.7	51.3	49.6	50.4	53.8	46.2
AG	52.8	47.2	47.0	53.0	74.2	25.8
TG	48.7	51.3	42.5	57.5	42.5	57.5
TI	59.3	40.7	55.0	45.0	56.1	43.9
VD	58.2	41.8	57.8	42.2	57.0	43.0
VS	50.4	49.6	49.0	51.0	49.1	50.9
NE	53.1	46.9	50.4	49.6	49.4	50.6
GE	77.2	22.8	73.8	26.2	82.5	17.5
JU	48.2	51.8	47.3	52.7	49.8	50.2
平　均	55.3	44.7	53.4	46.6	60.9	39.1

（資料）*Statistisches Jahrbuch der Schweiz,* Bundesamt für Statistik, Verlag Neue Zürcher Zeitung, 1995, S.146, S.147, S.150 より作成。

ンを上回っている場合とが，拮抗しているのである。

（個人所得税）

　次に，所得・財産課税の内，個人所得税の税源配分についてみてみよう。まず平均では，カントンが53.4％を，また自治体が46.6％をそれぞれ占めており，カントンが6.8％ポイント上回っていることが判る。

　カントンが占める割合をカントン別にみてみると，BSの93.9％から，OWの28.9％までの開きが存在している。また，自治体が占める割合が50％を超えているカントンは，17カントン存在しており，従って，カントンの数の上ではむしろ自治体中心の税源配分となっている。

（法人税）

　また，所得・財産課税の内，法人税の税源配分についてみてみよう。まず平均では，カントンが60.9％を，また自治体が39.1％をそれぞれ占めており，カントンが21.8％ポイント上回っていることが判る。このカントンが占める割合は，先にみた所得・財産課税の場合よりも5.6％ポイント，また個人所得税の場合よりも7.5％ポイント，それぞれ上回っており，全体的には法人税の税収はカントンに対してより比重を移して配分されているといえる。

　カントンが占める割合をカントン別にみてみると，SGの100％から，OWの27.6％までの開きが存在している。この開きは，所得・財産課税あるいは個人所得税の場合と比較してみると，一層大きくなっているといえる。また，全体的に税源配分が，カントンに比重が移っているとはいえ，自治体が占める割合が50％を超えているカントンは15カントン存在している点は注目される。

　更に，カントン別にみた税源配分について，個人所得税の場合と法人税の場合を比較してみると，次のように指摘できよう。

　すなわち，カントンと自治体の間の税源配分の在り方は，全体的には，概ね個人所得税と法人税はいずれの場合も，幾分カントンに比重が置かれている。また，こうした全体的な傾向にあって，いくつかのカントンは，税目によってカントンと自治体の間ではっきりとした配分の相違を示している。例えば，URは個人所得税はカントン中心に，他方で法人税はむしろ自治体に比重が置かれている。また，逆に，SGの場合には，個人所得税はむしろ自治体

に比重が置かれ，他方で法人税はカントンにのみ帰属させている。また，SGほどには極端ではないが，やはりAGにおいても，個人所得税は幾分かは自治体に，また法人税はかなりの割合でカントンに，それぞれ比重が置かれている。

（カントン・自治体間の税源配分の特徴点）

以上みてきたように，カントン・自治体の所得・財産課税は全体的にみて，自治体よりもむしろカントンに比重の掛かった税源配分になっているが，これは所得・財産課税の税収全体に占める割合が第3位から第8位のカントンがいずれもカントンに比重を置いた税源配分を有していることが強く反映しているためである。これらのカントンに比重の掛かった税源配分を有するカントンは，フランス語を公用語とするカントンが中心となっている点が注目される。

こうした全体的な傾向にあって，カントンの数の上では，自治体の比重がカントンを上回っているカントンの数がその逆のカントンの比重が自治体を上回っているカントンの数と拮抗あるいは幾分上回っている（特に個人所得税の場合がそうである）ことも，スイスの特色であることに注意する必要がある。

なお，前節で，カントンと自治体を合計した場合の所得・財産課税の税収全体に占める各カントンの割合をみたが，これと本節で検討している税源配分との関連について言及しておこう。結論からいえば，この所得・財産課税の各カントンの規模の大きさと，本節で検討しているカントン・自治体の所得・財産課税の内カントンの占める割合との間には，必ずしも密接な関連は認められない。むしろ注意しなければならない点は，平均的な姿がこれまで検討してきた税源配分のカントン間の相違が大きいという特徴点を覆い隠しているということである。

スイスの自治体制度，更に自治体の税制度については，大半のカントンにおいて，各カントンの法律によって規定付けられている[1]，ということを考えるならば，ここでみたカントンと自治体の間の税源配分のカントン間の差異は，カントン間の税制度の差異を反映しているものと考えられる。この点は，後の第Ⅲ部で検討する。

2．所得・財産課税への依存度

　本節では，カントン・自治体の所得・財産課税，更に個人所得税と法人税に対して，カントンと自治体がどの程度依存しているのか，またその依存度についてカントン間でどの程度の差異があるのか，という点を検討することにする。

(1) カントン別の依存度
（所得・財産課税）
　表3-5は，カントン・自治体において所得・財産課税の税収が税収全体に占める割合を，1991年の場合で示したものである。平均でみてみると，カントンでは94.1％，自治体では99.6％，そしてカントンと自治体の総計では96.5％の割合であり，スイスの州・地方政府は全くの所得・財産課税中心の税構造となっていることが判る。

　これをカントン別にみてみると，カントンの水準では，最も高い割合を示しているのはBSの98.2％，逆に最も低い割合を示しているのはOWの87.9％である。また，自治体の水準では，いずれのカントンにおいても98％から100％の割合を示しており，全く所得・財産課税に依存している。カントンと自治体の総計でみても，95％を下回るカントンは存在しない。

　こうした状況は，「はじめに」の表3-1から既に窺われていたことである。すなわち，スイスの税構造は，消費税を中心とした間接課税は連邦政府に，他方で所得・財産課税はカントン・自治体に，という基本的な税源配分上の構図が存在している。問題となるのは，この所得・財産課税の内訳について，カントン間でどのように異なっているのかという点である。そこで，次に，税収入全体に占める個人所得税と法人税のそれぞれの割合について検討してみよう。

（個人所得税）
　まず，税収入全体に占める個人所得税の税収の割合について，1991年の場合でみてみる（表3-6を参照）。平均でみてみると，カントンでは63.3％，

第3章 所得・財産課税

表3-5 税収入全体に占める所得・財産課税の割合（1991年） （単位；％）

	カントン	自治体	カントンと自治体		カントン	自治体	カントンと自治体
ZH	93.6	99.5	96.7	AI	90.9	99.6	95.2
BE	92.6	99.6	96.1	SG	91.0	99.6	95.1
LU	93.3	99.6	96.7	GR	91.4	99.7	95.5
UR	94.0	99.9	96.2	AG	93.4	100.0	96.4
SZ	89.7	99.9	95.0	TG	92.8	99.9	96.3
OW	87.9	100.0	95.9	TI	93.5	100.0	96.1
NW	90.8	100.0	95.7	VD	93.4	98.2	95.3
GL	95.5	99.8	96.3	VS	94.9	99.8	97.3
ZG	93.4	100.0	97.0	NE	94.2	99.4	96.6
FR	92.4	99.6	95.8	GE	97.8	100.0	98.3
				JU	91.7	99.8	95.7
SO	93.1	99.8	96.6				
BS	98.2	99.9	98.3				
BL	92.6	99.8	95.0				
SH	94.9	99.9	97.2				
AR	90.7	100.0	95.6	平均	94.1	99.6	96.5

（資料）*Statistisches Jahrbuch der Schweiz*, Bundesamt für Statistik, Verlag Neue Zürcher Zeitung, 1995, S.142-143, S.144-145, S.146-147 より作成。

表3-6 税収入全体に占める個人所得税の割合（1991年） （単位；％）

	カントン	自治体	カントンと自治体		カントン	自治体	カントンと自治体
ZH	60.7	60.3	60.5	AI	60.4	77.2	68.6
BE	71.6	78.4	75.1	SG	44.6	83.6	63.2
LU	71.3	72.7	72.0	GR	56.8	59.7	58.2
UR	71.2	75.7	72.9	AG	63.2	85.3	73.3
SZ	57.9	77.1	67.9	TG	56.2	78.0	67.0
OW	63.8	79.2	74.0	TI	55.2	70.3	61.1
NW	52.4	75.3	64.7	VD	64.9	69.6	66.8
GL	70.0	80.3	71.9	VS	68.5	76.1	72.2
ZG	47.5	48.2	47.9	NE	66.2	77.8	71.5
FR	62.4	69.1	65.6	GE	65.3	80.2	68.6
				JU	73.2	82.8	78.0
SO	69.7	82.1	76.1				
BS	64.1	93.8	65.3				
BL	65.4	80.1	70.4				
SH	70.0	79.1	74.3				
AR	54.5	70.2	62.8	平均	63.3	72.4	67.3

（資料）表3-5と同じ。

自治体では72.4％，またカントンと自治体の総計では67.3％であり，いずれの水準においても個人所得税が基幹税を形成していることが判る。

また，カントン別にみてみるならば，カントンと自治体の総計で，最も高い割合を示しているのはJUの78.0％であり，逆に最も低い割合を示しているのはZGの47.9％であり，両者の間には30.1％ポイントもの開きが存在している。この開きは，後にみる法人税に対する依存度の相違となって現れてくる。

カントンの水準でみてみると，JUの73.2％からSGの44.6％までの28.6％ポイントの，また自治体の水準では，BSの93.8％からZGの48.2％までの45.6％ポイントの，それぞれの開きが存在している。

以上のようにみてくると，スイスのカントン・自治体においては，基幹税の個人所得税についての依存度において，カントン間で大きな差異が認められるといえる。

（法人税）

次に，税収入全体に占める法人税の税収の割合をみてみよう（表3－7を参照）。平均でみてみると，税収入全体に占める法人税の税収の割合は，カントンでは15.2％，また，自治体では12.8％，更にカントンと自治体の総計では14.1％であり，いずれの水準においても決して高い依存度を示しているとはいえない。

ただし，カントン別にみてみるならば，例えば，カントンと自治体の総計で，ZGの33.0％，BSの21.0％，ZHの18.7％，そしてTIの18.4％，等と比較的高い比重を占めている場合がある。

(2) **カントン別の一人当たり税額**

さて，これまで，所得・財産課税に対する依存度について，カントン別に検討してきた。所得・財産課税全体でみてみると，カントンの水準また自治体の水準のいずれにおいても，90％以上を示していた。ただし，この依存度は税収入全体に占める割合についていっているのであり，従って，所得・財産課税の依存度が高いからといって，このことが所得・財産課税に対して高い負担を示しているというわけではない。そこで，本項では，住民一人当た

第3章 所得・財産課税

表 3-7　税収入全体に占める法人税の割合（1991年）　　　　　　　　（単位：%）

	カントン	自治体	カントンと自治体		カントン	自治体	カントンと自治体
ZH	18.9	18.6	18.7	AI	10.2	12.7	11.4
BE	6.6	7.4	7.0	SG	26.5	0.0	13.9
LU	9.3	10.1	9.7	GR	17.9	15.9	17.0
LR	5.0	11.1	7.3	AG	18.8	7.8	13.8
SZ	8.7	12.4	10.6	TG	9.7	13.5	11.6
OW	7.0	9.3	8.5	TI	16.9	20.7	18.4
NW	12.8	17.1	15.1	VD	11.6	12.8	12.1
GL	12.5	11.8	12.4	VS	10.6	11.8	11.2
ZG	34.4	31.7	33.0	NE	11.9	14.6	13.1
FR	9.3	10.5	9.9	GE	17.5	12.9	16.5
				JU	7.9	8.1	8.0
SO	10.4	11.0	10.7				
BS	21.9	1.8	21.0				
BL	10.4	12.8	11.2				
SH	11.3	11.7	11.5				
AR	10.4	13.4	12.0	平均	15.2	12.8	14.1

（資料）表 3-5 と同じ。

りでみて，どれだけの税額が各カントンにおいて課せられているのか，という点を検討することにする。

　表 3-8 に示されている通り，1991 年の場合，所得・財産課税の住民一人当たり税額について，カントンと自治体の総計でみてみると，平均では 5,177.3 フランである。これをカントン別にみてみると，最大が GE の 9,606.7 フランであり，逆に最少の場合が SZ の 3,216 フランであり，この両者の間には約 3 倍の開きが存在している。

　こうした開きが存在する一つの理由として考えられるのは，各カントンの経済力の差異が反映しているということであろう。ここで各カントンの経済力を住民一人当たりの所得水準で捉えるものとしよう。この場合，例えば個人所得税の課税ベースと税率がカントン間で仮に同じであったとするならば，この住民一人当たりの所得水準が高ければ，住民一人当たりでみてより高い税額を担うことになる。このように考えるならば，従って，より高い経済力を有するカントンにおいては，より高い住民一人当たりの税額が示されるこ

表 3-8 所得・財産課税の住民一人当たりの税額（1991年）

(単位；フラン)

	カントン	自治体	カントンと自治体
ZH	2,741.0	2,997.4	5,738.4
BE	2,334.0	2,414.5	4,748.5
LU	1,963.1	2,135.9	4,099.0
UR	2,134.6	1,155.0	3,289.6
SZ	1,531.5	1,684.5	3,216.0
OW	1,066.2	2,175.5	3,241.8
NW	1,697.8	1,936.9	3,634.7
GL	3,495.6	525.7	4,021.2
ZG	2,679.1	3,093.9	5,773.0
FR	2,315.5	2,039.7	4,355.2
SO	2,276.1	2,363.6	4,639.7
BS	8,181.2	196.3	8,377.5
BL	3,067.2	1,563.2	4,630.4
SH	2,486.8	2,161.3	4,648.1
AR	1,693.3	1,898.0	3,591.3
AI	1,678.4	1,546.1	3,224.5
SG	1,996.0	1,725.1	3,721.0
GR	2,267.8	2,199.4	4,467.2
AG	2,353.5	1,811.5	4,165.0
TG	2,028.6	1,906.1	3,934.8
TI	3,664.0	2,495.2	6,159.2
VD	3,331.3	2,388.9	5,720.2
VS	2,120.4	2,076.7	4,197.1
NE	2,712.9	2,330.2	5,043.1
GE	7,441.2	2,165.5	9,606.7
JU	1,939.0	1,921.5	3,860.5
スイス全体	2,955.6	2,221.7	5,177.3

(資料) *Öffentliche Finanzen der Schweiz,* 1991, S.62, S.92, S.120 より作成。

とになる。

そこで，まず，一人当たり所得水準をスイス全体を100として，カントン別に指数化したものをみてみよう。表3-9の通り，最も高い指数はZGの178.4，逆に最も低い指数はAIの72.9であり，ZGとAIの間には2.4倍強の開きが存在しており，経済力のカントン間の差異が大きいことが窺える。また，26カントンの内，指数が100を上回っているのは，7カントンに留まっており，経済力の地域的な偏在性も高いといえよう。

しかし，図3-1にも窺われるように，この一人当たりの所得水準の指数と所得・財産課税の住民一人当たりの税額との間には，必ずしも相関は認められない。例えば，120台の指数を示しているZH(125.1)，BS(122.4)，そしてGE(123.5)を比較してみると，それぞれの一人当たりの税額が，5,738.4

表3-9 カントン別の所得水準（1991年）

カントン	一人当たりの所得水準指数（全体100）	カントン	一人当たりの所得水準指数（全体100）
ZH	125.1	AI	72.9
BE	86.3	SG	87.2
LU	88.4	GR	91.9
UR	81.3	AG	98.1
SZ	94.9	TG	87.3
OW	81.3	TI	85.6
NW	103.3	VD	97.6
GL	102.2	VS	76.5
ZG	178.4	NE	86.9
FR	91.8	GE	123.5
		JU	75.0
SO	90.2		
BS	122.4		
BL	101.9		
SH	93.6		
AR	84.6	スイス全体	100.0

（資料）*Statistisches Jahrbuch der Schweiz* Verlag Neue Zürcher Zeitung, 1995, S.31, S.127 より作成。

94　第Ⅰ部　分権化された財政

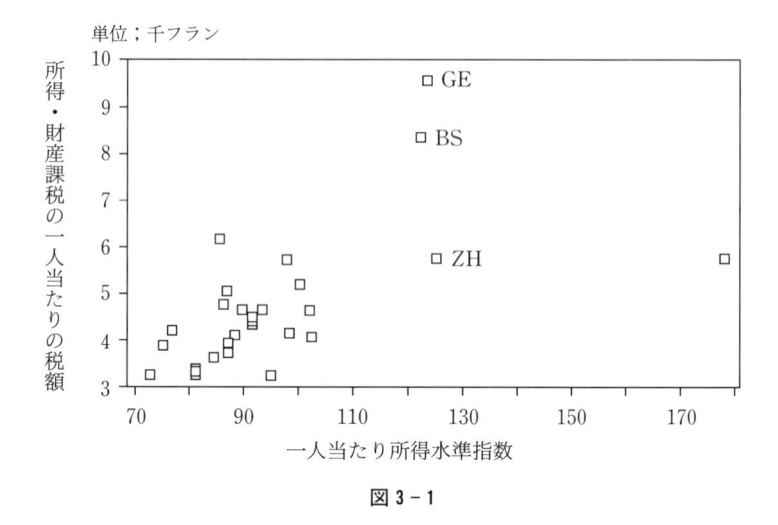

単位：千フラン

図3－1　所得・財産課税の一人当たりの税額／一人当たり所得水準指数

フラン，8,377.5 フラン，そして 9,606.7 フラン，とかなりの相違が見て取れるのである。

　スイスにおけるカントン・自治体，それも特にカントン間で所得・財産課税に関する負担の比較を行う場合，税制度の相違が存在していることに留意しておく必要がある。すなわち，個人所得税の場合には，給与所得が一定であったとしても，それに対する課税所得がカントン間で異なっており，また各カントンで適用されている税率表も異なっている。従って，本項で検討した住民一人当たり税額がカントン間で同じであったとしても，それは経済力すなわち住民一人当たりの所得水準の大きさが同じであることを必ずしも意味しない。また，一人当たり税額が他のカントンに比較してより高いからといって，そのことが所得・財産課税に関する負担がより重いことを必ずしも意味しないことになる。

　住民一人当たりの税額という指標は，その水準の高低が住民一人当たりの政府支出水準の高低に直接結び付いている。この限りでは，この指標は，政府部門に対する依存の程度あるいは選好の程度についてカントン間で比較するのに有用であるといえる。しかし，上述したように，特に所得・財産課税に関する負担の程度を示すには必ずしも適切な基準ではない，という点に注

意する必要がある。

3. 課税負担

スイスのカントン・自治体におけるように，所得・財産課税の税制度がカントン毎に異なっている場合には，課税所得，税率表等の相違を考慮した指標を用いない限り，課税負担についてのカントン間の適切な比較は困難である。本節では，この所得・財産課税に関する課税負担について検討する。

(1) 主要都市別にみた課税負担

表 3-10 は，カントンの主要都市別に，カントンと自治体の個人所得税の負担について，子供 2 人を持つ既婚者で給与所得が 300,000 フランの場合で，1991 年の時点でみたものである。この場合の税額は，GE の 73,703 フランから ZG の 33,248 フランまで，2.2 倍の開きが存在している。給与所得に占める税額の割合をみてみると，両者の間には 24.57％から 11.08％まで，13.49％ポイントの開きが存在している。

また，法人所得税に該当する収益税（Ertragssteuern）について，やはり主要都市別にみてみよう。表 3-11 は，この収益税について，資本金・準備金が 200 万フラン，純益が 160,000 フランの場合で，1991 年の時点でみたものである。まず，課税収益について，カントン間で比較してみると，NE における 111,900 フランから，LR, OW, AR, AI(A), GR, TI, VS における 160,000 フランまでの開きが存在している。また，税額については，ZG における 13,305 フランから，AI(B) における 42,770 フランまで，この間，3.21 倍の開きが存在している。

以上に示したカントン間の比較は，各カントンの主要都市において，個人所得税の場合は給与所得を，また収益税の場合は資本金・準備金と純益を，それぞれ特定して初めて可能となるものである。また，これらの比較は，各カントンの主要都市の間の比較であって，各カントンにおける自治体全体の個人所得税，収益税を基礎としたものではないことに注意しなければならない。

表 3-10 カントンの主要都市別にみるカントン・自治体の個人所得税（1991年）
　　　　―子供2人を持つ既婚者，給与所得300,000フランの場合―

（都市名）	税額（フラン）	税率（%）
ZH （Zürich）	54,401	18.13
BE （Bern）	65,211	21.74
LU （Luzern）	57,015	19.00
LR （Altdorf）	52,834	17.61
SZ （Schwyz）	43,478	14.49
OW （Sarnen）	42,563	14.19
NW （Stans）	39,513	13.17
GL （Glarus）	61,545	20.52
ZG （Zug）	33,248	11.08
FR （Freiburg）	67,147	22.38
SO （Solothurn）	72,009	24.00
BS （Basel）	65,482	21.83
BL （Liestal）	56,482	18.83
SH （Schaffhausen）	63,879	21.29
AR （Herisau）	45,858	15.29
AI （Appenzell）	50,736	16.91
SG （St. Gallen）	55,635	18.54
GR （Chur）	55,200	18.40
AG （Aarau）	59,907	19.97
TG （Frauenfeld）	60,024	20.01
TI （Bellinzona）	67,902	22.63
VD （Lausanne）	59,542	19.85
VS （Sitten）	63,488	21.16
NE （Neuenburg）	66,424	22.14
GE （Genf）	73,703	24.57
JU （Delsberg）	70,403	23.47
連邦直接税	25,015	8.34

（注）教会税を含む。
（出所）*Steuerbelastung in der Schweiz,* Bern, 1992, S.21.

表3-11 カントンの主要都市別にみる株式会社[a]に対するカントン・自治体の収益税（1991年）
―資本・準備金200万フラン，純益160,000フラン[b]の場合―

（都　市　名）	課税収益（フラン）	税　額[c]（フラン）
ZH（Zürich）	127,200	24,861
BE（Bern）	128,800	23,045
LU（Luzern）	124,900	27,284
LR（Altdorf）	160,000	32,800
SZ（Schwyz）	126,100	25,949
OW（Sarnen）	160,000	27,550
NW（Stans）	125,100	27,110
GL（Glarus）	120,400	32,069
ZG（Zug）	137,900	13,305
FR（Freiburg）	128,500	23,409
SO（Solothurn）	122,700	29,669
BS（Basel）	122,800	29,592
BL（Liestal）	123,400	28,868
SH（Schaffhausen）	125,500	26,587
AR（Herisau）	160,000	34,218
AI（Appenzell）[d] A	160,000	42,770
B	129,000	22,848
SG（St. Gallen）	127,200	24,828
GR（Chur）	160,000	42,011
AG（Aarau）	124,400	27,765
TG（Frauenfeld）	127,800	24,133
TI（Bellinzona）	160,000	34,989
VD（Lausanne）	125,900	26,242
VS（Sitten）	160,000	29,029
NE（Neuenburg）	111,900	41,303
GE（Genf）	128,500	23,389
JU（Delsberg）	118,600	34,000

（注）　a　持ち株を有しない商業，工業，銀行を対象。
　　　　b　事業年度に支払われた税を含めた純益。
　　　　c　教会税を含む。
　　　　d　株式会社は，次の内，いずれかを選択できる。
　　　　　　A：個人所得税に沿った課税。
　　　　　　B：収益税に沿った課税。
（出所）*Steuerbelastung in der Schweiz,* Bern, 1991, S.68.

(2) 「個別指数」のカントン間比較[2]

　所得・財産課税について，各カントンの主要都市間の比較に留まらずに，カントンと自治体全体でみたカントン間の比較を試みるためには，次に検討する課税負担に関する「個別指数 (Einzelindizes)」を用いる必要がある。以下，個人所得税と法人税のそれぞれの個別指数について検討することにする。

　(個人所得税)

　まず，個人所得税の負担に関する「個別指数」の算出の仕方についてである。この算出方法を概観すれば，第一に，「個別指数」の直接の対象となる「指数自治体」が各カントン毎に抽出され，第二に，この「指数自治体」における個人所得税の税額に基づいて，当該カントンの総計税額としての「カントンの数値」が算出され，第三に，この「カントンの数値」を指数化することによって「個別指数」が最終的に示されることになる。以下，各算出の段階を更に具体的に説明することにする。

　第一段階として，自治体の中で，住民数が2,000人以上のすべての自治体が「指数自治体 (Indexgemeinden)」として，各カントン毎に抽出される。ただしこの場合，1カントン当たりで，少なくとも5自治体が対象として抽出される。仮に住民数が2,000人以上に達していなくとも，その住民数を次第に小さくしていき，当該カントンの住民数の少なくとも50％に達するまで，自治体が捕捉される。この場合の住民数は，最新の統計値が使用される。なお，1991年の課税負担に関する個別指数の算出にあたっては，スイス全体で，646の「指数自治体」が抽出されている。

　指数計算の要素は，独身者，子供なしの既婚者，子供2人の既婚者，年金受給者である既婚者の総給与所得に関する税額である。

　第二の算出段階では，「カントンの数値 (Kantonsziffern)」として，カントン毎に，また，課税主体別（カントンと自治体），課税対象別に，「指数自治体」における税額が加重平均で示される。この場合，各自治体での税額は，連邦直接税の最新の統計に基づいてウェイト付けされる。ここで連邦直接税とは，連邦政府に課税権が帰属する所得・財産課税である。

　第三の「個別指数」を算出するにあたって，まず「スイス平均値」が示される。この平均値は，課税主体別，課税対象別に，「カントンの数値」の加重

第3章 所得・財産課税

表 3-12　個人所得税の負担格差（子供2人の既婚者）[a]：1991年

給与所得 単位：フラン	給与所得に占める スイス平均値%	個別指数[b]		最大の個別 指数／最少 の個別指数
		最　少	最　大	
7,500	0.21	—[b]（8カントン）	297.9（AG）	
10,000	0.19	—[b]（8カントン）	350.7（FR）	
12,500	0.18	—[b]（8カントン）	535.7（VS）	
15,000	0.19	—[b]（8カントン）	669.0（VS）	
17,500	0.25	—[b]（6カントン）	615.5（VS）	
20,000	0.18	—[b]（6カントン）	1,092.7（VS）	
25,000	0.62	—[b]（2カントン）	496.5（UR）	
30,000	1.62	3.8（VD）	260.2（UR）	68.47
35,000	2.67	8.3（GL）	187.7（UR）	22.61
40,000	3.65	34.4（GL）	155.3（UR）	4.51
45,000	4.52	40.9（ZG）	142.0（UR）	3.47
50,000	5.27	42.7（ZG）	139.8（JU）	3.27
60,000	6.68	46.1（ZG）	142.8（JU）	3.10
70,000	8.00	49.0（ZG）	139.6（JU）	2.85
80,000	9.15	51.8（ZG）	135.7（JU）	2.62
90,000	10.17	53.8（ZG）	132.6（JU）	2.46
100,000	11.08	55.1（ZG）	131.5（JU）	2.39
150,000	14.38	57.3（ZG）	127.3（GE）	2.22
200,000	16.47	59.0（ZG）	126.3（GE）	2.14
300,000	19.69	60.7（ZG）	124.7（GE）	2.05
400,000	21.53	58.0（ZG）	125.1（GE）	2.16
500,000	22.47	56.9（ZG）	126.5（GE）	2.22
1,000,000	24.60	54.3（ZG）	128.1（GE）	2.36

（注）a　カントン税，自治体税，及び教会税を含む。
　　　b　非課税を意味する。
（資料）*Steuerbelastung in der Schweiz,* Bern, 1992, S.52-53 より作成。

平均を示したものである。ここでは，まず所得に関しては，各カントンについて，納税者と所得形態に応じて，連邦直接税の最新の統計に基づく当該純所得によってウェイト付けされる。また財産に関しては，各カントンについて，財産形態に応じて，1981年の財産評価統計値に基づいて，当該純資産によりウェイト付けされる。「個別指数」は，納税者・課税対象別に，「スイス平均値」を100として，各カントンの数値を指数化したものである。

さて，この「個別指数」を用いて，個人所得税の負担は具体的にカントン

によってどの程度異なっているのか，という点を検討してみよう。

表3-12は，カントンと自治体の個人所得税の負担について，1991年の場合でみたものである。ここでは，子供2人を持った既婚者を課税対象にした場合で，給与所得の各階層毎に，カントン別の個別指数の最少と最大の値が示してある。また，最大の個別指数／最少の個別指数の比率，及び平均的な課税負担の比率が示されている。

例えば，給与所得が5万フランの場合をみてみると，スイス平均値は，当該給与所得の5.27％であり，また最少の個別指数を示しているZGと最大の個別指数を示しているJUの間には，3.27倍の開きが存在していることが判る。

給与所得が3万フランの階層までは，各給与所得に対して非課税の扱いをしているカントンが存在しており，最大の個別指数／最少の個別指数の比率をみることはできない。しかし，この3万フランの給与所得水準までの各階層におけるスイス平均値の給与所得に対する比率は，カントン全体でみて，いずれも1％未満である。

平均的な課税負担の比率（表中の「給与所得に占めるスイス平均値」）については，100万フランの給与所得に対応する24.60％まで，全体的にみて累進的な構造になっていることが判る。また，課税負担の最大の個別指数／最少の個別指数の比率についてみてみると，給与所得が30万フランの階層に対応する2.05まで減少傾向にあり，それを超える階層においてはむしろ増大する傾向にある。

（法人税）

次に，法人税の負担に関する「個別指数」についてみてみる。これは，個人所得税の場合と同様に，第一に，「指数自治体」の抽出，第二に，「カントンの数値」の算出，そして第三に，最終的に「個別指数」が示される。以下，具体的に各算出の段階を説明しよう。

第一の算出段階として，法人に関する連邦直接税で20万フラン以上の税収を挙げているすべての自治体が「指数自治体」として，各カントン毎に抽出される。ただし，この場合，1カントン当たりで，少なくとも5自治体が抽出されなければならない。仮に，当該連邦直接税が20万フランよりも少ない

税収入を挙げている自治体であっても，1カントン当たりで当該法人税の税収の少なくとも80％に達するまで「指数自治体」が抽出される。

　ここで，指数計算の要素は，課税資本金・準備金が200万フランの法人純益に関する税額，及び法人の課税資本金（準備金を含む）に関する税額である。

　第二の算出段階においては，「カントンの数値」として，カントン毎に，「指数自治体」の税額の加重平均が示される。これは，カントン毎に課税対象別（純益と資本金）に示される。この場合，各自治体での税額は，連邦直接税の最新の統計に基づいてウェイト付けされる。

　第三に，まず「スイス平均値」が算出される。これは，純益と資本金の課税対象別に，「カントンの数値」の加重平均を採ったものである。この場合，まず純益に関しては，各カントンについて，収益率別に，連邦直接税の最新の統計に基づく株式会社と協同組合を併せた純益で，ウェイト付けされる。また資本金に関しては，各カントンについて，資本の形態別に，連邦直接税の最新の統計に基づく株式会社と協同組合を併せた課税資本金でウェイト付けされる。そして，「個別指数」は，課税対象別に，「スイス平均値」を100として，各カントンの数値を指数化したものである。

　さて，以上のようにして算出された法人税の「個別指数」を用いて，法人税の負担は具体的にカントンによってどの程度異なっているのかという点を，収益税の場合で検討してみよう。

　なお，ここで注意しておかなければならない点は，スイスの法人所得税に該当する収益税は，大半のカントンにおいては，収益率（資本金・準備金に対する課税収益の比率）に応じて法定上の税率が決定されるという方式が採用されている[3]ということである。従って，収益税の負担をカントン間で具体的に比較するためには，収益率毎に判断する必要がある。

　表3-13は，カントンと自治体の収益税の負担について，1991年の場合でみたものである。ここでは，資本金・準備金が200万フランの株式会社を対象にして，各収益率毎に，スイス平均値，カントン別の個別指数の最少と最大の値，更にその最大の個別指数／最少の個別指数の比率が示してある。

　例えば，収益が16万フラン，従って収益率が8％の場合でみてみると，ス

表 3-13 収益税の負担格差(資本金・準備金200万フランの株式会社)：1991年

収益率 %	スイス平均値 フラン	%	個別指数 最少	個別指数 最大	最大の個別指数／最少の個別指数の比率
2	2,643	6.6	44.41 (NE)	172.98 (AR)	3.90
4	6,385	8.0	63.76 (ZG)	192.79 (GR)	3.02
6	10,993	9.2	56.88 (ZG)	199.91 (GR)	3.51
8	17,000	10.6	49.48 (ZG)	186.13 (GR)	3.76
12	31,189	13.0	56.90 (ZG)	173.57 (NE)	3.05
16	42,666	13.3	70.30 (ZG)	177.96 (NE)	2.53
20	65,035	16.3	61.06 (ZG)	146.33 (NE)	2.40
25	85,444	17.1	57.98 (ZG)	139.51 (NE)	2.41
30	105,892	17.6	56.12 (ZG)	135.30 (NE)	2.41
40	147,214	18.4	53.98 (ZG)	130.28 (NE)	2.41
50	178,206	17.8	55.84 (ZG)	137.67 (GR)	2.47

(資料) *Steuerbelastung in der Schweiz,* Bern, 1992, S.74 より作成。次を参照した。
注6 Dafflon, p.11.

イス平均値は17,000フランであり，これは収益の10.6％の負担率を意味する。これをカントン別にみてみるならば，最少の個別指数はZGの49.48，最大の個別指数はGRの186.13である。ZGとGRの間には，実に3.76倍の開きが存在している。

各スイス平均値の当該収益に対する比率は，全体的にみて累進的な構造を有しているといえよう。ただし，収益率が40％から50％にかけて，この比率は18.4％から17.8％へと0.6％ポイント低下している。また最大の個別指数／最少の個別指数の比率は，収益率2％での3.90から，同じく20％での2.40までの開きが存在している。また，この比率が3を超えているのは，収益率が2～12％の間に限られており，収益率が16％以上の場合には2.04から2.50の間に落ち着いていることが判る。

以上，個人所得税については子供2人の既婚者の場合で，また法人税の内，収益税については資本金・準備金200万フランの株式会社の場合で，それぞれカントン間の課税負担の程度の差異をみてきた。いずれの場合も，スイス平均値の課税ベースに対する比率は，全体的には累進的な構造を有している

が，その中にあって，カントン別でみた最大の個別指数／最少の個別指数の比率は，課税の階層にも拠るが，概ね2～3倍の開きが存在している。

(3) 総合指数のカントン間比較

さて，前項では，カントン間の比較とはいっても，課税対象と課税ベースを個別に特定した場合での比較であった。個人所得税全体あるいは法人税全体でみた場合の，カントン間の比較を試みるためには，「個別指数」を更に総合化した指数（「総合指数（Index）」）を用いる必要がある。そこで，以下，この個別指数の総合化について検討する。

（個人所得税の総合指数）

まず，個人所得税の「総合指数」の算出の仕方について概観する。個人所得税の「個別指数」を総合化するにあたっては，ウェイト付けする必要がある。この場合，カントン別に，また課税対象別（独身者，子供なしの既婚者，子供2人の既婚者，年金受給者の既婚者）に，連邦直接税の最新の統計に基づく純所得でウェイト付けされる。こうして，カントン別，課税対象別にみた，個人所得税の「負担指数」が得られる。また，この負担指数が更に統合されたものが「個人所得税の総合指数」である。この場合，課税対象が，カントン別に，連邦政府の最新の統計値に基づく純所得でウェイト付けされる。

なお，財産に関しては，カントン別に，1981年の財産評価統計値に基づく純資産でウェイト付けされることによって財産税の「総合指数」が得られる。

また，「個人所得・財産税の負担指数」として，カントン別に個人所得税の「総合指数」と財産税の「総合指数」が統合される。この場合，これらの二つの総合指数は，カントン別に，最近4年間の平均で，財政統計に基づく所得・財産課税からのカントンと自治体の収入でウェイト付けされる。

以上のようにして算出された個人所得税の負担指数，個人所得税の総合指数，財産税の総合指数，及び個人所得・財産税の負担指数が，1991年の場合で表3-14に示されている。

まず，個人所得税の負担指数を課税対象別にみてみよう。この場合，独身者，既婚者（子供なしと子供2人）の場合は，いずれも，最大の指数はJUが，また最少の指数はZGが示している。ただし，年金受給者の既婚者の場合

表 3-14 個人所得・財産税の負担指数[a] (1991年)

	個人所得税の負担指数				個人所得税の総合指数	財産税の総合指数	個人所得・財産税の負担指数
	独身者	既婚者					
		子供なし	子供2人	年金受給者			
ZH	82.6	82.7	77.9	66.3	79.4	47.9	76.6
BE	118.4	128.0	124.6	111.8	122.4	90.6	120.3
LU	100.7	105.8	106.4	98.9	103.7	164.1	109.0
UR	103.7	100.7	129.6	317.8	141.1	119.7	137.8
SZ	74.9	76.9	91.1	142.5	88.4	61.4	86.0
OW	94.8	92.2	114.1	238.6	119.8	248.8	132.3
NW	73.8	68.6	81.5	85.2	76.3	154.4	83.4
GL	102.8	99.5	111.3	130.2	108.6	101.5	107.7
ZG	63.0	54.2	49.8	59.9	55.9	75.9	59.1
FR	122.2	113.8	114.4	160.3	121.4	204.1	128.6
SO	115.0	106.1	119.9	67.6	106.5	108.9	106.7
BS	115.8	106.7	104.8	77.5	101.6	106.0	102.0
BL	74.5	88.0	80.0	49.7	76.0	73.4	75.8
SH	103.1	98.4	103.4	151.2	110.0	68.6	107.5
AR	101.4	93.9	109.6	123.7	105.9	107.6	106.2
AI	105.1	99.7	114.9	151.0	113.0	69.8	107.6
SG	88.2	86.5	87.2	56.0	82.3	74.6	81.5
GR	84.7	77.4	83.1	131.9	87.7	127.9	94.3
AG	91.3	93.7	102.0	145.9	101.3	84.8	100.1
TG	98.9	97.4	109.3	69.2	97.3	127.6	100.5
TI	102.5	100.7	92.5	92.6	98.1	83.6	97.1
VD	93.9	108.9	94.5	124.7	103.8	145.6	107.5
VS	107.4	108.2	126.2	276.1	138.4	375.8	155.8
NE	130.2	113.3	122.9	159.5	126.3	150.9	127.9
GE	128.7	114.2	119.1	63.5	112.6	104.4	112.0
JU	150.5	131.6	144.9	145.2	142.0	148.4	142.3
スイス全体	100.0	100.0	100.0	100.0	100.0	100.0	100.0

(注) a カントン税,自治体税,そして教会税を含む。
(出所) *Steuerbelastung in der Schweiz* 1991, S.62-63.

には，最大の指数は UR，また最少の指数は BL が示している。最大の指数と最少の指数の差異は，独身者の場合が 2.39 倍，子供なしの既婚者の場合が 2.42 倍，子供 2 人の既婚者の場合が 2.91 倍，そして年金受給者の既婚者の場合が 6.39 倍，となっている。

また，個人所得税の総合指数でみてみると，最大の指数は JU の 142.0，最少の指数は ZG の 55.9 であり，この差は 2.52 倍の開きとなっている。

次に，財産税の総合指数は，最大が VS の 375.8，最少が ZH の 47.9 であり，この差は 7.85 倍の開きである。そして，個人所得・財産税の負担指数についてみてみると，最大が VS の 155.8，最少が ZG の 59.1 であり，この差は 2.64 の開きである。

（法人税の総合指数）

次に法人税の「総合指数」について検討してみよう。この場合，まず，純益に関しては，各カントンについて，収益率別に，連邦直接税の最新の統計に基づく株式会社と協同組合を併せた純益でウェイト付けされる。また，資本金に関しては，各カントンについて，各課税資本別に，連邦直接税の最新の統計に基づく株式会社と協同組合を併せた課税資本金でウェイト付けされる。こうして，カントン別に，収益税と資本税のそれぞれの「負担指数」が得られる。

法人税の「総合指数」は，これらの「負担指数」が更に統合されたものである。この場合，負担指数は，各カントンについて，最近 4 年間の平均で示された統計値に基づくカントンと自治体の収益税と資本税からの税収入でウェイト付けされる。

以上のようにして算出された収益税と資本税の「負担指数」及び法人税の「総合指数」が，1991 年の場合で表 3－15 に示されている。

まず，収益税の負担指数についてみてみると，最大が 152.2 の GR であり，また最少が 59.0 の ZG である。この双方の負担指数の間には，2.58 倍の開きが存在している。資本税の負担指数については，最大が 184.0 の GL であり，また最少が 55.5 の NW であり，この双方の負担指数の間には 3.32 倍の開きが存在している。

法人税の総合指数についてみてみると，最大が 149.3 の NE であり，また

表 3-15 法人税の負担指数（1991年）

カントン	負担指数		総合指数	カントン	負担指数		総合指数
	収益税	資本税			収益税	資本税	
ZH	106.3	80.7	101.8	AI	115.2	105.1	113.1
BE	87.5	101.0	91.2	SG	92.6	89.8	92.1
LU	88.5	90.6	89.0	GR	152.2	140.6	147.5
UR	105.8	155.7	122.2	AG	103.4	107.0	104.3
SZ	92.6	92.3	92.5	TG	97.1	104.3	98.7
OW	107.2	87.0	103.1	TI	130.5	125.3	129.5
NW	100.6	55.5	91.6	VD	106.2	99.0	104.6
GL	106.9	184.0	141.1	VS	103.3	138.3	114.8
ZG	59.0	60.1	59.3	NE	148.6	152.2	149.3
FR	102.8	107.8	104.3	GE	113.6	102.2	111.5
				JU	104.3	105.4	104.5
SO	103.2	111.7	105.3				
BS	109.6	126.8	114.9				
BL	94.6	169.2	111.6				
SH	106.5	76.5	101.2				
AR	108.2	109.4	108.3	スイス全体	100.0	100.0	100.0

（出所）*Steuerbelastung in der Schweiz* 1991, S.76.

最少が59.3のZGであり，双方の総合指数の間には2.52倍の開きが存在している。

（問題点）

以上にみるように，個人所得税・財産税の場合も，また法人税の場合も，負担指数は，まず指数化の対象となる「指数自治体」が抽出され，次に「カントンの数値」と「スイス平均値」が，またこの各数値をスイス全体を100として指数化した「個別指数」が，それぞれ算出される。更に，この「個別指数」を総合化することによって「負担指数」及び「総合指数」が算出される。

なおこの負担指数ないしは総合指数に関しては，K. Cornevin-Pfeifferによって次のような問題点が指摘されている。――「［負担指数ないしは総合指数は；引用者による，以下同様］集合的な手法が問題となっているのであって，そこで得られた数値は，統計数値の選択，集計方法，及び算出の仕方に由来

する。しかし，各カントンで採用されている税率表の固有な累進の程度は，こうした指数とは特に関連はないのである。この指数に基づくカントン間の格差によっては，特定の［異なるカントンに住む］二人の個人の状況を比較することはできない。他方で，この指数が，公共サービスの質と水準についてカントン間で存在する相違を一部反映しているのならば，なお一層，この指数でもってはカントン間の比較は実際に不可能となる。すべてのカントンが同一の公共サービスを提供しているときに限って，カントンの課税負担の客観的な比較が初めて可能となるのである。」[4] すなわち，負担指数ないしは総合指数によっては，各カントンの税率表の累進の程度を現すものではないこと，個人の水準での課税負担の公平性の判断基準とはならないこと，また公共サービスの質と水準のカントン間の相違が考慮されていないことが指摘されているのである。

4．課税戦略

(1) 戦略性について

　さて，これまで所得・財産課税について，カントン・自治体における税源配分，税収入全体に占める割合，及び課税負担を，それぞれカントン間の比較の視点から検討してきた。これらの検討から判ったことは，カントンによって実に多様性に富んでいるという点であった。

　こうした多様性が現れてくる基本的な要因としては，カントンの課税自主権が連邦憲法上，また実際上も保障されているために，この所得・財産課税においてもカントン毎の高度な裁量権が発揮されているということが考えられる。

　また，「はじめに」でも簡単に触れていたように，スイスの所得・財産課税の特徴点はカントン・自治体にその税源の比重が存在するということであったが，その所得・財産課税は，特に個人所得税は，いずれのカントンにおいても税収入の内で最も比重の高い税源として位置付けることができた。

　こうしたカントンにおける課税自主権と基幹税としての所得・財産課税を結合させることによって，戦略的な課税政策を展開することが可能であると

考えられる。すなわち，個人所得税にしても，また法人税にしても，課税負担を他のカントンあるいは他の自治体との比較で相対的に軽減することによって，経済力の集積を図る上で比較優位を発揮し，これを誘因に一層の税収入を見込もうとする政策展開を考えることができよう。こうした戦略的な課税政策が，果たしてスイスのカントン・自治体の水準，特にカントンの水準において展開されているのかどうか，という点を以下検討することにする[5]。

なお，所得・財産課税に関して，上記のような戦略的な展開がなされているのかどうかを判断するにあたっては，どのような検討事項を考えることができるのであろうか。この点に関しては，カントンにおける住民一人当たりの所得水準と課税負担指数の間に相関が認められるのかどうか，ということが一つの検討事項として考えることができよう。すなわち，戦略的な課税政策が展開されている場合には，カントンにおける住民一人当たりの所得水準が高い程，納税者に対する課税負担が低くなるであろう，ということが想定できよう。

(2) 一人当たり所得水準と課税負担指数の相関

（個人所得税）

スイスのカントンにおいては，この住民一人当たり所得水準と課税負担指数の間には，どの程度の相関が認められるのであろうか。この点に関して，まず，一人当たり所得水準の指数と個人所得税の総合指数の間の相関についてみてみよう。1991年の場合で得られた結果は，次の通りである。

$$PIT_i = 168.55 - 0.66\, GNP_i$$

ここで PIT_i とは，各カントンの個人所得税の総合指数を，また GNP_i とは，スイス全体の一人当たり所得水準を100とした場合の各カントンの一人当たり所得水準の指数を現すものとする。この場合，相関係数は0.680であり，有意水準を示している。すなわち，住民一人当たり所得水準が高い程，個人所得税の総合指数が，従って個人所得税の負担の程度がより低くなっていることを意味している。

なお，図3-2から判る通り，ZGが極端に高い住民一人当たり所得水準指

第3章 所得・財産課税

[図3-2: 横軸「一人当たり所得水準指数」、縦軸「個人所得税の総合指数」の散布図。ZGが右下に位置する]

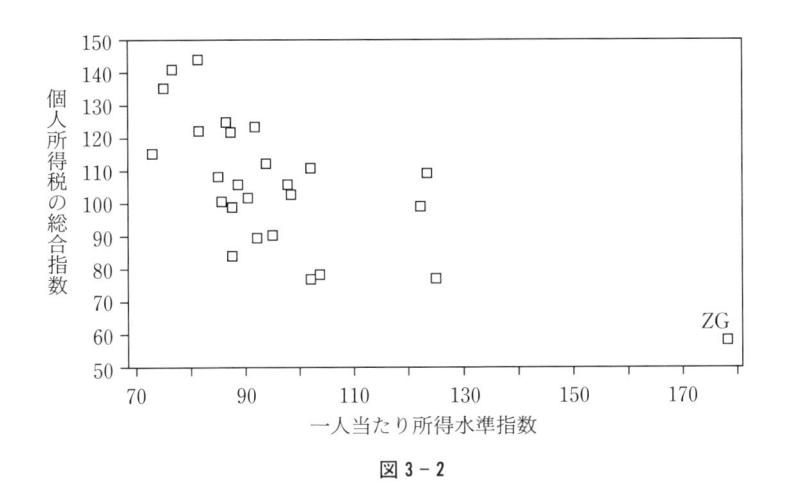

図3-2

数と極端に低い個人所得税の総合指数を示しており，これが相関に強い影響を及ぼしていることが予想される。しかし，このZGを除いた場合でも，前述した関係式での相関係数は0.564で，依然として有意な水準の相関を示している。

以上から判断して，個人所得税の場合には，高い経済力と個人所得税の低い負担を結合した課税政策の展開がなされていることが窺われるといえよう。

（法人税）

次に，法人税の内，収益税に関する負担について検討してみよう。これを，1991年の場合で得られた結果は，次の通りである。

$$CPT_i = 139.45 - 0.35\, GNP_i$$

ここで，CPT_iとは，各カントンの収益税の負担指数を現す。この場合，相関係数は0.419であり，統計上は5％水準で有意である。これは，一人当たり所得水準が高い程，収益税の負担指数が低下することを意味している。

しかし，図3-3に見られる通り，ZGが極端に高い一人当たり所得水準指数と極端に低い収益税の負担指数を示しており，これが全体の相関に強い影響を与えていることが予想される。そこで，このZGを除いた場合でみてみると，相関係数は0.025となり，有意性はなくなる。更に個別に検討してみる

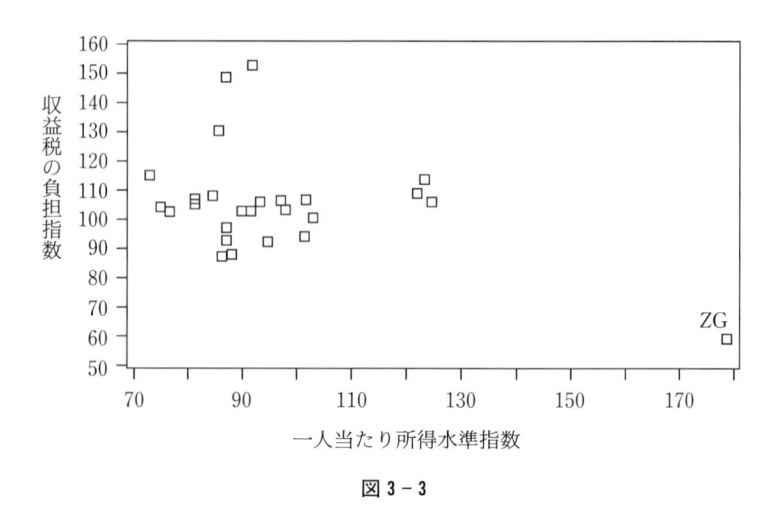

縦軸: 収益税の負担指数
横軸: 一人当たり所得水準指数

図 3-3

と，収益税の負担指数が極端に低い ZG と，逆に比較的高い三つのカントン（GR の 152.2, TI の 130.5, NE の 148.6）を除くと，いずれのカントンも一人当たり所得水準指数の如何にかかわらずに，87.5 から 115.2 の間に位置している。

以上から判断する限り，全体的には一人当たり所得水準指数と収益税の負担指数の間には負の相関があるようにみえるが，個別に検討するならば，ZG を除いて，高い経済力と低い収益税負担を結合した戦略的な法人税政策の展開は確認できないといえよう。

なお，Dafflon はかつて，「企業収益に対する課税負担指数と個人所得税に関する課税負担指数の間に相関が存在しているのかどうか」という点を検討している[6]。この場合，企業に対する課税の負担指数と個人所得税の負担指数の間に負の相関が認められるならば，納税者個人は法人税の軽減の代償を支払わされているのかもしれない，と想定されているのである。

Dafflon 自身は，1989 年の時点で，双方の負担指数の間には相関は認められないという結論を出している。ちなみに，1991 年の場合で，個人所得税の総合指数と収益税の負担指数の相関をみてみると，相関係数が 0.279 となり，統計上の有意性は認められない。すなわち，Dafflon の想定に沿って判断する

第3章 所得・財産課税　111

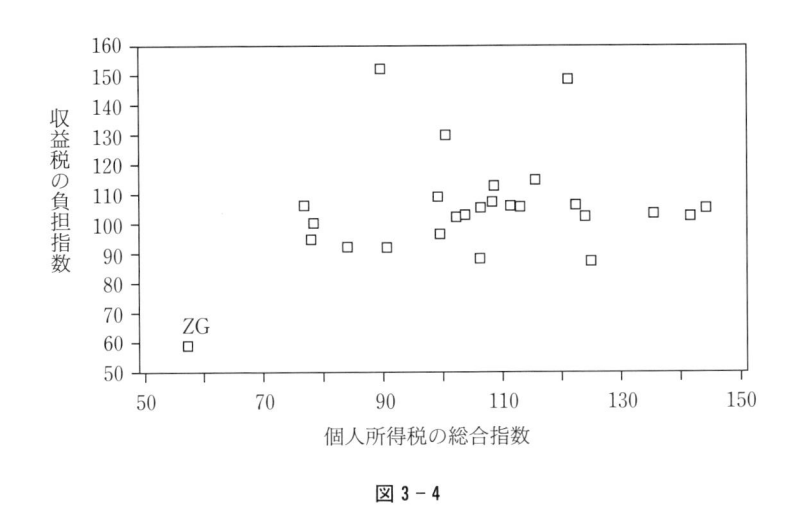

図 3-4

ならば，法人税を個人所得税によって肩代わりしようとする意図が窺えるわけではない，ということになろう。

　個人所得税の総合指数と収益税の負担指数の関係について，更に敷えんしてみよう。図3-4から，特徴的な点をいくつか指摘することができよう。すなわち，一つは，ZGは個人所得税の総合指数と収益税の負担指数のいずれにおいても極端に低い水準に位置していることが判る。もう一つは，収益税の負担指数については，極端に低いZGと比較的高い3カントン(GR, NE, TI)を除いて，他のカントンにおいてはすべて100に収斂する傾向があるのに対して，個人所得税の総合指数については，全体的に分散していることが判る。

　以上検討してきたように，個人所得税と収益税は，異なった結論が得られた。すなわち，個人所得税の場合には高い経済力と低い総合指数の対応がカントン全体において確認できるのに対して，収益税の場合にはごく限られたカントン（ZG）にのみこの対応関係が認められるに過ぎない。

　こうした個人所得税と収益税の相違は，基本的には，個人と企業の移動性の程度の相違があることに拠るものと考えられる。すなわち，スイスにおいては宗教と言語によって，カントンの水準でまとまりがあり（第9章を参照），個人の居住地としてのカントン間での移動性は相対的に困難であること

が予想される。これに対して，企業の場合は，産業，企業の立地上の比較優位の確保という点が重要であるために，少なくとも個人の居住地の場合に比較して，移動性が相対的に高いことが予想される。このため，収益税の負担指数がある一定の範囲内に収斂していることにも窺えるように，カントン間の企業に対する課税負担も政策上極端に差異を創り出すことが困難であるものと考えられる。

しかし，こうした状況が予想されるにもかかわらず，ZG の場合には，収益税においても極端に低い負担指数を示しており，他のカントンと比較して特異な存在となっている。

おわりに

本章の目的は，税構造において国際比較の視点からも高度に分権化されているスイスを対象に，その州・地方政府の所得・財産課税について，特にカントン間の比較を中心にして検討することにあった。

本章における検討によって次の諸点が明らかになった。

第一に，所得・財産課税の地域上の偏在性の点では，26 カントンの中でも，特に ZH への集中度が高く，また上位 5 カントンで 6 割弱が占められている。この所得・財産課税の地域上の偏在性は，必ずしも地域の所得水準の高低だけで説明できるわけではない。また，所得・財産課税について，カントンと自治体の間の税源配分をみると，所得・財産課税全体，個人所得税，及び法人税のいずれにおいても，カントン間の差異が大きく，カントンの税制度の相違が反映していることが窺える（第 1 節）。

第二に，スイスの州・地方政府は，カントン，自治体のいずれの水準においても，所得・財産課税中心の税構造を有しており，また個人所得税を基幹税としている。ただし，税収入全体に占める個人所得税と法人税のそれぞれの割合をみると，カントンの水準及び自治体の水準のいずれの場合においても，カントン間の差異が大きく，特に個人所得税に対する依存度に関して，この点が顕著である。また，住民一人当たりの所得・財産課税の税額は，カントン間で最大約 3 倍の開きが存在している。ただし，この一人当たり税額

と，カントンの住民一人当たり所得水準との間には必ずしも相関は認められない（第2節）。

　第三に，カントン間の税制度の相違を考慮した課税負担については，「個別指数」あるいは「負担指数」及び「総合指数」を用いることによってカントン間の比較を試みた。まず「個別指数」でみてみると，個人所得税に関しては給与所得水準別に，また収益税に関しては収益率別に，カントン間の比較を試みたが，平均的な課税の負担率が全体的に累進的な構造を有していること，また最大と最少の指数の比率が個人所得税と法人税のいずれの場合も，概ね2～3倍の開きが存在していることが判った。また，「負担指数」あるいは「総合指数」をカントン間で比較すると，個人所得税，法人税のいずれの場合でも，カントン間の最大の差異では，およそ2.5～2.6倍の開きが存在していることが判った（第3節）。

　第四に，課税の戦略性という視点から，カントンの所得・財産課税の負担の程度（負担指数あるいは総合指数）と経済力（一人当たり所得水準の指数）の相関をみた。この場合，個人所得税においては，全体的に両者の間に負の相関が存在するため，高い経済力と低い税負担が結合した展開が窺えるが，収益税においてはZGを除いてはこうした課税政策の存在は窺えないといえる。個人所得税の負担指数と比較して，収益税の負担指数はいくつかのカントンを除いて一定水準に収斂する傾向にあることから，戦略的な課税政策の展開が困難であることが窺える（第4節）。

　以上にみるように，スイスのカントン・自治体における所得・財産課税は，個人所得税を基幹税とするという共通点が認められる程度で，むしろカントン間でいかに異なっているのか，また何故そのような相違が生じるのかという点を指摘・検討することが分析上の主な課題になるといえよう。また，そのカントン間の差異がカントンの経済力だけでは充分な説明が付かない，という点も注目される。

[注]

1）特に，第6章を参照。

2) 本項，及び次項（3.「総合指数」のカントン間比較）の「個別指数」及び「総合指数」あるいは「負担指数」の各算出方法の説明は，次に拠った。
   Steuerbelastung in der Schweiz, Bern, 1991, S.46-47, S.73.
3) 第4章を参照。
4) K. Cornevin-Pfeiffer, "La dynamique du fédéralisme suisse", *Les Finances Publiques d'un Etat Fédératif : La Suisse,* ECONOMICA, 1992, pp.249-250.
5) スイスの自治体の水準での戦略的な課税政策についての検討は，別の機会に譲る。
6) B. Dafflon, *Local Business Taxation in Switzerland,* Working Papers Nr.194, Institute of Economics and Finance, University of Ferrara (Italy). Revised 23rd May 1991, p.12.

第4章

法 人 税 制

はじめに

　第3章では，カントン・自治体の基幹税である所得・財産課税について，カントン間の比較の視点から分析した。そこでは，所得・財産課税に対する依存度，住民一人当たり税額，課税負担について，カントン間の差異がいかに大きいかという点が明らかになった。また，その他，カントン間の差異は単にカントン間の経済力の差異だけでは十分には説明が付かない，という点が注目された。そこで，カントン間での制度面の相違について，更に分析を深める必要がある，と考えられる。本章では，この点を検討するために，法人税制を取り上げることにする。

　なお，スイスにおいては，法人税制を含め，統一された税法が存在しない。そのため，スイスの税制度については，その複雑性，断片性がよく指摘されている。例えば，「スイスにおける税制を語ることは，ほとんど言葉の乱用でしかない。というのは，税制度についての考え方を裏付けている全体の論旨が一見して欠如しているかのように思われるからである」[1]あるいはまた，「スイスの税体系は，極端な寄せ集めという特徴で際だっている」[2]等といった指摘がそれである。

　税制を考察する場合，様々な視点からの接近が可能であろう。しかし，こうした「寄せ集め」という特徴は，分析のための適切な視点を据えることが一見して困難であるかのように思われる。しかし，スイス税制のこうした断片性は，基本的には，スイス財政連邦主義を枠付けている政治分権が税制面

に反映したものである，と考えられる。本章で取り上げる法人税制についてもこのことが当てはまるといえる。後述するように，カントン・自治体に法人税に関する課税権が帰属しており，それも法人実在説に基づく累進税率表が適用されている。こうした面は，スイスの法人税制は，税制上いかに高度に分権化されているか，あるいは税制度のカントン間での多様性という点をみるのに格好の対象であるといえる。

以下，次の手順で論を展開することにする。第一に，国際比較の視点から，スイス法人税の特徴点を明らかにしておく（第1節）。次に，スイスの法人税に対する課税権について検討する。ここでは，連邦政府，カントン，そして自治体の各政府水準における課税権の内容が異なることを明らかにする（第2節）。更に，政治分権の法人税制における現れ方について，特に課税期間制度（第3節）と税率表（第4節）に的を絞って検討することにする。

1．スイス法人税制の位置付け

本節では，スイスの法人税制の特徴を国際比較の視点から明らかにしておく。ここではまず，法人税収について，次に，法人税率について，スイスが国際的にどのような特徴点を有しているのか，という点を検討してみよう。

(1) 法人税収

（税収入に占める法人税収の割合）

法人税収については，税収入全体に占める法人税収の割合と法人税収の各

表4-1 税収入全体に占める法人税収の割合　　（単位；%）

	1980年	1989年
スイス	5.8	6.5
OECD 全体	7.5	7.8
OECD 欧州	6.0	6.6

（出所）*Revenue Statistics 1965-1990*, OECD, 1991, p.78.

表4-2 法人税収全体に占める各政府水準の割合　　　　　　　　　（単位：％）

	1980年			1988年		
	中央/連邦政府	州	地方政府	中央/連邦政府	州	地方政府
オーストラリア	100.0	—	—	100.0	—	—
オーストリア	81.6	4.4	13.9	72.6	8.5	18.9
ベルギー	92.1		7.9	89.5		10.5
カナダ	69.1	30.9	—	65.3	34.7	—
デンマーク	85.0		15.0	88.6		11.4
フィンランド	50.2		49.8	40.8		59.2
フランス	100.0		—	100.0		—
ドイツ	38.5	38.4	23.1	37.8	37.8	24.4
ギリシャ	100.0		—	100.0		—
アイスランド	67.9		32.1	65.3		34.7
アイルランド	100.0		—	100.0		—
イタリア	95.3		4.7	98.0		2.0
日本	65.5		34.5	65.4		34.6
ルクセンブルク	67.9		32.1	67.8		32.2
オランダ	100.0		—	100.0		—
ニュージーランド	100.0		—	100.0		—
ノルウェー	92.1		7.9	70.6		29.4
ポルトガル	n.a.		n.a.	n.a.		n.a.
スペイン	97.4		2.6	93.6		6.4
スウェーデン	32.9		67.1	100.0		—
スイス	26.0	43.1	31.0	31.2	42.5	26.3
トルコ	95.0		5.0	87.8		12.2
イギリス	100.0		—	100.0		—
アメリカ合衆国	82.2	16.9	0.8	79.9	18.4	1.7
OECD 全体	80.0	5.6	14.2	80.6	5.9	13.2
OECD 欧州	79.1	4.5	16.2	85.8	4.7	14.9

（注）n.a.＝利用不可能。
（資料）*Revenue Statistics of OECD Member Countries 1965-1989*, Paris 1990.
（出所）*The Role of Tax Reform in Central and Eastern European Economies*, p.356.

政府水準への配分の状況をみておこう。

　表4-1は，税収入全体に占める法人税収の割合を示したものである。表から判るように，スイスにおいては，国際的には平均的か，むしろそれよりも若干低い水準であることが判る。例えば，1989年の場合，スイスでは，この

割合が6.5％であり，OECD欧州とほぼ同じ水準であり，決して特徴的な比重を示しているわけではないといえる。

（法人税収に占める各政府水準の比重）

次に，法人税収が複数の政府水準にどのように配分されているのか，という点をみてみよう。

表4-2に示されているように，すべてのOECD諸国において，中央政府あるいは連邦政府の水準に法人税が配分されており，また，ほぼ半分のOECD諸国において，州・地方政府の水準にも法人税が配分されている。更に，連邦制国家の内，州・地方政府の水準で，州と地方の双方の水準に法人税収が充てられているのは，オーストリア，ドイツ，スイス，およびアメリカ合衆国に限られている。

また，大半の国において，法人税収は，たとえ複数の政府水準に配分されていたとしても，それは中央／連邦政府に比重があり，州・地方政府はむしろ補完的な位置を占めているに留まるといえよう。例えば1988年の場合は，OECD諸国全体では，中央／連邦政府が80.6％，州が5.9％，地方政府が13.2％をそれぞれ占めている。これに対して，スイスにおいては，むしろ州・地方政府に比重が存在している，という特徴点がある。すなわち，三つの政府水準の内，州の占める比重が最も高く，42.5％を示している。これは，表中で，州の占める割合としては，最も高い水準である。また，地方政府の占める比重も26.3％を示しており，これもやはり表中で，地方政府の占める割合としては連邦国家の中では最も高い水準である。

以上のように，スイスの法人税収の特徴としては，次のような諸点を挙げることができる。すなわち，第一に，スイスにおいては，法人税収がすべての政府水準(連邦政府，州すなわちカントン，及び地方政府すなわち自治体)に配分されていること，第二に，大半の諸国が中央／連邦政府に比重があるのに対して，スイスではむしろ州・地方政府に比重があり，州と地方政府のいずれの水準においても国際的に最も高い比重で法人税収が配分されていること，等である。

(2) 法人税率

次に，法人税率についてみてみよう。表4-3では，24ヵ国の法人税率について，政府水準別に示されている。表に示されている通り，24ヵ国中，12ヵ国で州・地方政府においても法人税が課せられている。スイスもこの12ヵ国に含まれるが，法人税率にみるスイスの特徴は，次の点に求められよう。

第一に，中央／連邦政府における法人税率については，スイスの場合，極端に低いという点が目立つ。スイスを除けば，23％から50％の範囲内であるのに対して，スイスでは3.63～9.80％である[3]。また，累進税率が採用されていることも特徴的である。

第二に，スイスでは，カナダ，アメリカ，等の諸国と同様に，地域によって州・地方政府の法人税率が異なっている。また，州・地方政府の段階でも累進税率が法人税に適用されている，という点も特徴的である。

なお，中央／連邦政府と州・地方政府の法人税率を合計した水準についてはどうであろうか。スイスの場合，連邦政府と州・地方政府は累進税率を採用しているため，他の国と比較することは難しい。しかし，表中の最高税率で比較してみても，24ヵ国中で7番目の高さであり，決して極端に高い水準を示しているわけではないといえよう。

さて，表から判る通り，OECD諸国の大半が単一税率を採用しているが，この理由はOECDの報告書によれば，「累進税率ならば，企業が税負担全体を抑えようとして，その活動を分裂させかねない」からであり，また「単一税率制は管理し易い」からである，といわれる。他方で，累進税率を法人税に適用した場合のメリットは「小規模な企業が中規模な企業に発展していく誘因となるかもしれない」，という点が挙げられている[4]。スイスにおいては，累進税率が採用されているとはいえ，その累進度は後にみるように（第4節の(3)を参照），「収益率」によって決定されるために，ここで指摘されているメリットは必ずしも該当しない。

(3) 留意点

さて，本節では，スイスの法人税について，国際比較の視点から，その特徴点を明らかにした。すなわち，法人税収の比重については，連邦政府，州，

表4-3　法人税率[a]　　　　　　　　　　　　　　　　　　　　　　　　　（単位；%）

国　名	中央／連邦政府	州	地方政府	地方税の控除[b]	税率総計[c]	配当総額に占める控除分[d]
オーストラリア	39	−	−		39	39
オーストリア	30	−	12.9	有	39	0
ベルギー[e]	39	−	−		39	0
カナダ[e]	28.84 (23.84)[f]	12.9 (11.9)	−	否	41.74(35.74)	20
デンマーク	38	−	−		38	0
フィンランド[e]	23	−	17.2	否	40.2	40
フランス	34	−	−		34	
	42[g]	−	−		42[g]	33.3
ドイツ	50	−	13	有	56.5	
	36[g]	−	13	有	44.3[g]	36
ギリシャ	46 (40)	−	−		46 (40)	0
アイスランド	45	−	−		45	0
アイルランド	43 (10)[h]	−	−		43 (10)[h]	28 (5.3)
イタリア	36	−	16.2	有[i]	47.83	36
日本[e]	37.5	−	12+6.49	有	49.98	0
ルクセンブルク	33.33	−	9.09	有	39.39	0
オランダ	35[j]	−	−		35	0
ニュージーランド	33	−	−		33	33
ノルウェー	27.8	−	23	否	50.8	0
ポルトガル	36	−	3.6	否	39.6	0
スペイン	35[k]	−	−[k]	有	35.34	0
スウェーデン	30	−	−		30	0
スイス	3.63-9.80[l]	4.32-12.96[l]	5.20-15.60[l]	有	13.15-38.36	0
トルコ	49.2	−	−		49.2	0
イギリス[e,m]	34	−	−		34	25
アメリカ合衆国[e,n]	34	6.5[o]	−	有	38.3	0

（注）a　1991年1月1日現在。
　　　b　国税としての法人税を計算する際には，州・地方税が控除されるのか否かということを示している。
　　　c　例えばドイツの場合では，(1−0.5)×0.13+0.50=0.565 という要領で算出されている。
　　　d　控除額を含む配当金額に占める控除額分の比率が示してある。
　　　e　低利潤の法人または小規模な事業に対して，軽減税率を採用。
　　　f　製造部門に対しては23.84%，その他の部門に対しては28.84%。
　　　g　配当利益に対する課税。
　　　h　主に製造部門に対しては10%，その他の部門に対しては43%。ただし，1991年4月1日の時点では40%に軽減。
　　　i　地方税の75%に適用。
　　　j　250,000オランダギルダーまでの所得に対しては40%。
　　　k　更に，商業会議所による1.5%の付加税。
　　　l　累進税率表が適用。
　　　m　ただし，1991/1992年には33%に軽減。
　　　n　ただし，州・地方税の平均税率。
　　　o　地方政府の平均税率を含む。
（出所）*Taxing Profits in a Global Economy,* OECD, Paris, 1991, p.71.

そして地方政府のすべての政府水準に法人税収が配分されていること，また，連邦政府よりもむしろ州・地方政府の水準に比重があること，等が重要である。法人税率については，すべての政府水準において累進的な税率が採用されていること，また特に，州・地方政府の水準において累進的な税率が採用されていることは国際的にも極めて例外的な存在であること，等が重要である。いずれの特徴点も，スイスの州・地方政府の重要性という点で，分権が強く法人税に反映していることが窺える。

ただし，以上の特徴点は，分権の表面的な現れにすぎないといえよう。すなわち，例えば，税収入全体に占める州・地方政府の法人税収の割合が高いといっても，それが必ずしも，州・地方政府が法人税の徴収，税率決定，税額の決定等に対して裁量権を発揮していることを意味するものではない。また，法人税率について州・地方政府の水準で累進的な税率が採用されているとはいっても，これが直接的に政治分権を反映したものとはいえない。というのも，もし州・地方政府の間で統一的な税率構造が採用されているならば，個々の州・地方政府の裁量は税率決定には及ばないからである[5]。

さて，以上のような留意点があることを考慮すれば，法人税制を政治分権という視点から考察するためには法人税に対する課税権の中身を詳しく検討する必要があろう。すなわち，法人税収が税収入に占める比重の高低に拘らず，法人税のどういう課税局面に対して，州・地方政府の裁量の発揮が保障されているのか，という点の検討が必要である。そこで，次節では，この州・地方政府の課税権について検討することにしよう。

2．課　税　権

前節においては，国際比較の視点から，スイスの法人税収が連邦政府，州，そして地方政府のすべての政府水準に配分されていること，それも州・地方政府の水準にその比重があること，また，三つの政府水準のいずれにおいても累進的な税率が採用されていること，等の特徴点があることをみてきた。本節では，こうした表面的な州・地方政府の重要性について，それが果たして州・地方政府の裁量が発揮されたものであるのかどうかという点を検討す

ることにする。これは，法人税に対する州・地方政府の課税権の中身を検討することを意味する。

(1) 州・地方政府の残余権と課税権

　カントンの課税権は，基本的には，連邦憲法上のカントンの権限によって保障されているといえる。この点で，カントンの位置を決定する基底的・網羅的な法律上の根拠として，次の連邦憲法の条文が重要である[6]。——「カントンは，その主権が連邦憲法によって制限されない限りで主権を有し，かつ，連邦権力に委ねられないすべての権利を主権者として行使する。」(第3条) この条文によれば，連邦政府の権限は連邦憲法上の規定が必要であり，他方で，その他の権限についてはカントンに属している，ということになる。

　この連邦憲法第3条は，課税権にも及ぶことになる。すなわち，連邦政府は連邦憲法に規定してある税目に限って，その課税権を発揮することができるのであり，他方で，カントンの場合は，連邦憲法が連邦政府に留保していないあらゆる税目に対してその課税権を行使することができるのである[7]。

　従って，スイスにおいては，この連邦憲法第3条の規定を根拠として，カントンの政府主体としての存在を税制面においても発揮することが保障されているといえよう。この点に関しては，例えばBieriが次のように指摘している。すなわち，「多分，[スイス以外の；引用者による，以下同様]他の工業国の中で，法律上の構成が税制度の形成で下位水準に対して，それほどまでに自由を許しているところはない」[8]。

　カントンの課税権に関連して，更に敷えんすれば，次のようなDafflonの指摘が重要である。——スイスにおいては「課税方法における立法機関の分担と政府水準による財政収入の分担との区分は存在しない」[9]。すなわち，カントンに充てられている財政収入に関しては，その各税目の課税ベースの選択，税率表の決定，等の課税の諸局面に関しても，それらを決定する権限を有しているのである。そのため，カントンに充てられている税目に関しては，カントンの裁量権が保障されていることを意味しているといえよう。

　ただし，自治体の課税権については，カントンの課税権と区別しなければならない。すなわち，自治体に対しては，通常，「派生的課税権 (abgeleitete

Steuerhoheit)」が与えられており，この場合，自治体はカントンの法律の規定に従って課税するのである[10]。表4-4には，個人分と法人分を含む所得・財産課税に関するカントンと自治体の制度が示されている。表から判る通り，大半のカントンにおいて，カントンと同じ課税ベースと税率表が，自治体によって採用されている。

ここで注意しなければならない点は，自治体がカントンと同じ税率表を採用していても，実際の課税の段階ではこの税率表が適用された後に更に自治体毎に異なった「年間係数（annual coefficient）」が乗ぜられることである。そのため，課税所得額がたとえ同じでも，同じカントンに属する自治体によって税額は異なってくるのである。こうした課税計算の仕方については，第4節において具体的に検討する。また，表4-4から判る通り，6カントンにおいては，自治体の水準において，カントンの水準とは別の固有の税率表と固有の課税規則が採用されている点も注目される。

以上のように，三つの政府水準のそれぞれにおいて認められている課税権の内容は，異なることに注意しなければならない。この点について敷えんしておこう。例えば，Dafflonは課税権の内容を次の(a)～(h)のように区分している[11]。

(a) 支払能力に応じた原則（課税）と便益原則に応じた原則（料金）の選択
(b) 課税対象
(c) 納税者の範囲
(d) 課税ベースの算定
(e) 税率表（及び控除額）
(f) 課税の年間係数
(g) 徴収方法
(h) 課税に関する訴訟上の規則

この内，(a)から(h)に関する決定権がすべて認められている場合を「完全な課税権（full fiscal sovereignty）」，(a)から(e)に関する決定権が認められている場合を「部分的な課税権（partial fiscal sovereignty）」，また少なくとも(f)が認められている場合を「課税弾力性（tax flexibility）」，更に(a)から(f)のいずれに

表4-4 カントンと自治体の課税制度

カントン (略称)	所得・財産課税			
	カントンに よる課税	自治体による課税		
		カントンと 同じ課税 ベースと税 率表	カントンと 同じ課税 ベース，固 有の税率表	固有の課税 規則
ZH	○	○		
BE	○	○		
LU	○	○		
UR	○		○	
SZ	○	○		
OW	○	○		
NW	○	○		
GL	○a	○a		
ZG	○	○		
FR	○	○		
SO	○	○		
BS	○			○
BL	○	○		
SH	○	○		
AR	○	○		
AI	○	○		
SG	○	○		
GR	○			○
AG	○	○		
TG	○	○		
TI	○	○		
VD	○	○		
VS	○		○	
NE	○		○	
GE	○	○		
JU	○	○		

(注) a　カントンGLの一般自治体，学校特別区，社会福祉特別区は，カントン
によ る分与税が充てられている。更に，これらの自治体及び教会特別区
は，カントン課税に対する付加税を課すことができる。
(出所) *Steuer der Schweiz,* Allgemeines Nr.4, 1992, S.2.

ついても上位段階の政府水準の規則に従って課税が行われる場合を「強制的課税」，として区別している。

　この区分に従うならば，「完全な課税権」は，連邦憲法上規定されている税目に関しては連邦政府に対して保障されており，また連邦憲法上，連邦政府に留保されていない税目に関してはカントンにも保障されている。また，自治体は基本的には課税の年間係数に対する決定権のみが認められている「課税弾力性」が保障されているといえよう[12]。

　以上に述べてきた連邦政府とカントン・自治体のそれぞれの課税権の在り方が，当然に法人税にも及ぶことになる。従って，法人税制に対しても，分権あるいは政治分権という視点からの検討が重要であると考えられる。後にみるように，法人税制における政治分権の在り方は，結局は，特にカントンの水準における法人税制の多様性となって現れてくることになる。

(2)　税源配分と法人税収の比重

　次に，各政府水準に帰属する税目と法人税収の比重についてみておこう。なお，連邦政府とカントンの水準に限って言えば，いずれの場合も，それぞれの政府水準に帰属する税目は，これまでの検討から判る通り，当該政府水準の課税権が及ぶ範囲を意味していることに注意する必要がある。

（連邦政府）

　まず，連邦政府によって徴収されている税目をみてみよう（表4-5を参照）。連邦政府にのみ課税権が留保されている税目としては，関税（連邦憲法第28条），印紙税，源泉税（利子・配当，宝くじ賞金，年金・恩給，そして保険金給付に対する課税），タバコ税（第41条の2），取引高税，その他個別消費税（第41条の3）に限られている。この内，タバコ税，取引高税，その他個別消費税は，表中では消費課税の項目に一括してある。

　また，連邦政府に対しては，連邦直接税（Direkte Bundessteuer）（個人所得・財産と法人所得に対する課税）の課税についても連邦憲法上規定されている（第41条の2）。この場合，連邦政府は，連邦直接税の法人分として「法人の純益，資本および準備金から，これ（連邦直接税）を徴収することができる」（連邦憲法第41条の3⑤a）と規定してある。連邦政府によって課税され

表4-5　連邦政府の税収入　　　　　（単位；％）

	1980年	1990年	1991年
所得・財産課税	37.0	44.6	44.2
連邦直接税	23.6	23.3	23.5
―個人所得	17.4	15.4	15.5
―個人財産	―	―	―
―法人収益	5.4	6.7	6.8
―法人資本	0.6	1.0	1.0
―財産所得	0.2	0.2	0.2
源泉税	8.6	14.0	14.1
印紙税	4.8	7.3	6.6
消費課税	63.0	55.4	55.8
関税	21.8	14.8	15.2
税収入合計	100.0	100.0	100.0

（出所）*Öffentliche Finanzen der Schweiz*, 1991, S.140-141.

る法人税は，この規定に基づいて徴収された表中の「法人収益」と「法人資本」が該当する。

　ただし，スイスにおいては，法人税を含む直接税は本来カントンの課税権に属するものと考えられている。そのため，連邦直接税は，連邦憲法上期限付きでしか認められておらず，またその最高税率も連邦憲法に規定されている[13]。すなわち，スイスにおいては，連邦政府の課税権が連邦憲法によって厳しく制限されている，という点が特徴的である（第Ⅲ部第10章も参照）。

　さて，税収全体に占める法人税収の割合をみておこう。連邦政府の水準においては，法人税に該当する税目は，前述した通り，連邦直接税としての法人分，すなわち「法人収益」と「法人資本」がこれに該当する。近年では，「法人収益」が税収全体の7％弱，及び「法人資本」が1％を占めている。合計で，8％に満たない状況であり，決して高い水準ではないといえる。

　（カントン・自治体）

　次に，カントンの水準において徴収されている税目をみてみよう。カントンにおいては，前述した通り，連邦政府に連邦憲法上その課税権が留保され

第 4 章　法人税制

表 4-6　カントンの税収入　　　　（単位；％）

	1980年	1990年	1991年
所得・財産課税	92.7	94.3	94.1
個人所得税	63.8	60.5	63.3
財産税	6.3	5.8	5.7
収益税	10.5	12.1	11.7
資本税	3.7	3.6	3.5
その他	8.4	12.3	9.9
消費課税	7.3	5.7	5.9
税収入合計	100.0	100.0	100.0

（資料）*Öffentliche Finanzen der Schweiz,* 1991, S.142-143 より作成。

ない限りは，あらゆる税目に対して課税権を発揮することができる（表 4-6 を参照）。

　カントンにおいては，法人税として収益税(Ertragsteuer)と資本税(Kapitalsteuer)が徴収されている。税収入全体に占めるその割合は，近年においては，収益税が約 12 ％，また資本税が 3 ％強を示している。収益税と資本税を合わせて 15 ％強であり，個人所得税に比較すると比重は大きく下回るが，基幹税の一つとして位置しているといえる。

　最後に，自治体についてみてみる。前述したように，自治体の水準においては，基本的に，カントンの法律の規則に従って，カントンと同じ課税ベースが採用されている。そのため，自治体に帰属している税目は，カントンに帰属している税目と重なっている（表 4-7 を参照）。

　自治体においても，カントンと同様に，法人税として収益税と資本税が徴収されている。税収入全体に占める割合は，近年においては，収益税が 10 ％，資本税が 3 ％弱の割合を示しており，カントンの場合に比べて，いずれも 1 〜 2 ％下回っていることが判る。従って，収益税と資本税を合計すると，自治体においてはカントンの場合を更に下回り，13 ％の水準を示しているに過ぎない。

　（補論）法人概念と課税対象
　さて，これまでの検討では，法人税の課税対象である「法人」概念と課税

表4-7　自治体の税収入　　　　（単位；%）

	1980年	1990年	1991年
所得・財産課税	99.6	99.5	99.6
個人所得税	73.3	70.7	72.4
財産税	7.0	6.5	6.4
収益税	9.5	10.1	10.0
資本税	3.1	2.8	2.8
その他	6.7	9.4	8.0
消費課税	0.4	0.5	0.4
税収入合計	100.0	100.0	100.0

（資料）*Öffentliche Finanzen der Schweiz,* 1991, S.144-145 より作成。

対象あるいは課税ベースについては特に触れることはなかった。しかし，第1節で国際比較した場合の法人税の課税対象と課税ベースが必ずしもいずれの国においても同じであるというわけではない。そこで，法人税制を考察するには，「法人」の中身と法人税の課税対象についてみておく必要がある。

スイスにおいては，前述した通り，カントンに対して「完全な課税権」が保障されており，また従ってカントン毎に固有の税法が存在する。この点は，法人税制についても例外ではない。従って，スイスにおける法人税制を正確な意味で検討するためには，カントンの税法の数だけ詳しく点検する必要がある，といわなければならないであろう。

しかし，実際は，連邦政府においても，またカントンにおいても，「法人は，民法における場合と同様に，経済的・法律的な単位として扱われ，また固有の権利実体（eigene Rechtssubjekte）として課税されなければならない」という考え方が普及している[14]。これは，スイスにおいては，学説上は法人実在説の立場から法人税制が設けられていることを意味しているといえよう。この点は，第4節でみるように，連邦政府の段階でも，また大半のカントンにおいても，法人税率として累進税率が課せられている点にも窺うことができる。

（法人の概念）

連邦政府による法人税は，前述した通り，連邦直接税として徴収されてい

るが，この場合の「法人」の中身については，「1940 年 12 月 9 日の連邦直接税の徴収に関する連邦参事会の議決（Bundesratsbeschluss über die Erhebung einer direkten Bundessteuer；以下，BdBSt と略称）」で言及されている。すなわち，そこでは，法人が「資本会社（Kapitalgesellschaften）」と「協同組合（Genossenschaften）」，及び「その他の法人」の三つに区分されている。

ここで，「資本会社」といった場合は，具体的には，株式会社（Aktiengesellschaft），株式合資会社（Kommanditaktiengesellschaften），及び有限会社（Gesellschaften mit beschränkter Haftung）を意味している[15]。

以上の法人の各分類に対応して各種の法人税が課せられているといえる。すなわち，資本会社と協同組合に対しては，「純益（Reinertrag）」に基づく税（すなわち収益税）と「資本（Kapital）」に基づく税（すなわち資本税）が課せられる（BdBSt，第48条，第50条）。これに対して，「その他の法人」に対しては，個人所得として税が課せられる[16]。

以上のように，基本的には，資本会社と協同組合が法人税の課税対象になっているのであり，本書においては，法人といった場合には，直接にはこの二つを指しているものとする。

（課税対象）

次に，課税対象についてみておく。まず，収益税の課税対象は，会計期間に得られた法人の収益の総額である。この場合，連邦政府の段階にあっても，また大半のカントンの税法においても，「商法上の規定に従って作成された損益計算表の残高」が，課税収益の計算の出発点となっている[17]。

例えば，連邦政府の段階にあっては，BdBSt に次のように示してある。すなわち，連邦直接税としての収益税の課税対象として，次の要素が考慮される，と規定してある（BdBSt，第49条第1項）。

a 損益計算の残高（Saldo der Gewinn- und Verlustrechnung）。この場合，前年度からの残高繰越を含む。

b 事業に直接結びつきはしないで，損益計算の残高から除外されたすべての経費（例えば，固定資産の購入と更新のための経費，資本への払込，寄付金）。

c 事業に直接結びつかない減価償却と引当金。なお，施設の価格上昇は，

償却率を増加させることで，考慮することができる。

また，課税負担，福利厚生施設の経費，専ら公益目的のために支出される寄付金は，控除が認められている（BdBSt，第49条第2項）。

また，資本税の課税対象としては，自己資本が充てられ，これは，株式資本，資本金，あるいは出資分，そして準備金が含まれる。この資本税の課税対象は，収益税の場合がそうであったように，連邦政府の段階においても，またカントンの税法においても，共通に定着している[18]。

例えば，連邦政府の段階では，資本税は収益税の「補完税（Ergänzungssteuer）」として位置付けされ，その課税対象は「現金払いの株式資本と，収益税の計算に含まれている準備金」（BdBSt，第60条）である。ここで，「課税計算の基礎は，納税義務の年度当初における株式資本，あるいは資本金，及び準備金の金額である」と規定されている。

3．課税期間制度

さて，本章の目的は，分権の視点から，スイスの法人税制を検討することにある。第2節でみたように，法人税制に限らず，スイスの税制は，カントンに対して「完全な課税権」が保障されているために，高度な分権の在り方が色濃く反映したものとなっている，ということが予測される。すなわち，特に課税ベースの算定，税率表（及び控除額），課税の年間係数，等について，カントン毎に異なってくることが考えられる。

そこで，まず本節では，課税ベースの算出の相違につながる課税期間制度について，また第4節では，法人税率の決定の仕方について，それぞれ検討することにする。

(1) 納税・査定・会計期間
（三期間の区分）

スイスの法人税制においては，収益税であれ，また資本税であれ，法人税の課税対象として，連邦政府の段階で採用されている課税対象が大半のカントンにおいても採用されているということを（補論）で簡単に触れておいた。

第4章 法人税制

しかし，スイスにおいては，課税対象の段階では必ずしも基本的に異なっていないとしても，課税ベースの算出の段階では実に多様な制度が採用されている，という点が重要である。

すなわち，スイスにおいてはまず，次の三つの期間を区分しなければならない。つまり，「納税期間（Steuerperiode）」，「査定期間（Veranlagungsperiode）」，そして「会計期間（Bemessungsperiode）」の三つの期間である。以下，各期間について説明を加えよう。

まず，「納税期間」とは，「納税の義務がある期間」であり，この期間において「納税主体としての要件が満たされなければならない」とされている[19]。すなわち，この期間においていわば公法上の債権債務関係が生じるものと考えられる。この場合，暦年で，1年間に限らず，2年間の期間がスイスにはみいだされる。収益税の場合，後にみるように，連邦政府と12のカントンにおいては，実際に2年間の納税期間が採用されている[20]。

次に，「査定期間」であるが，ここで「査定（Veranlagung）」とは，「課税所得を確定する方法」と理解することができる。すなわち，これは，納税義務者による自己申告の義務から始まり，税務当局による課税所得の決定にあたっての申告額の査定にまで及ぶ。また，この期間は，ある納税期間に対しての査定の当初から，次期の納税期間に対する査定の当初までの期間を意味する[21]。なお，後に述べるように，前述した納税期間とここでいう査定期間が必ずしも重なっていないことに注意しなければならない。

最後に，「会計期間」とは，「課税所得（課税計算の根拠 Berechnungsgrundlage）の算定にあたって対象となる期間」である。スイスにおいては，この会計期間が納税期間と必ずしも一致するわけではない，ということに注意しなければならない。スイスの税法においては，大勢としては，むしろ会計期間と納税期間がずれている[22]。

Katrin Cornevin-Pfeiffer と Antonio Manzi は，スイスの所得課税の特徴として，これらの各期間の組み合わせが多様であることを挙げている[23]。この多様性の結果，課税ベースの算出の段階でみた場合に，連邦政府とカントン，あるいはカントン間での相違を生じさせているのである。

（前払い課税と後払い課税）

しかし，こうした納税，査定，会計の各期間の組み合わせの多様性は，納税期間を中心にしてみれば，査定期間との関係によって，あるいはまた会計期間との関係によってある程度整理・区分することができる（表4-8を参照）。

まず，納税期間と査定期間の関係によって，課税制度を次のように二つに区分できる[24]。すなわち，一つは，「前払い課税（Pränumerandobesteuerung）」の制度であり，これは，納税期間と査定期間が一致している場合である。もう一つは，「後払い課税（Postnumerandobesteuerung）」の制度であり，これは，査定期間が納税期間の後に続く場合である。現在，スイスにおいては，後にみるように，収益税の場合には，前払い課税の制度が比較的多く採用されている。

また，納税期間と会計期間の関係によっても，課税制度を次のように区分できる[25]。すなわち，一つは，「現在計算（Gegenwartsbemessung）」の制度であり，これは，会計期間と納税期間が一致している場合である。この場合は従って，納税期間に生じた所得が計算上の基礎となる。もう一つは，「過去計算（Vergangenheitsbemessung）」の制度であり，これは，会計期間が納税期間に先行している場合である。この場合は従って，納税期間において納付される税額は，それに先行する期間に生じた所得を基礎にして計算される。

さて，以上にみてきた前払い課税あるいは後払い課税は，現在計算あるいは過去計算とどのような関係にあるのであろうか。この点に関しては，次のように関係付けることができる[26]。すなわち，まず，後払い課税にあっては，納税期間と会計期間が一致（従って現在計算の制度）している場合が，通常の形態である。というのは，納税期間は，査定が開始された時には，既に経過しているためである。例えば，1987年の納税年度（期間）に対して1988年に査定を受ける税額は，この納税年度（期間）の1987年の所得に基づいて算出することができる。

他方で，前払い課税にあっては，納税期間の所得は，査定期間の当初では，まだ判っていない。ここでもし，現在計算が採用されたとするならば（従って，この場合，納税期間，査定期間，及び会計期間が一致する），課税所得は

表4-8 スイスの課税制度

基　準	概　　　念	
納税期間と査定期間の関係	「前払い課税」 納税期間＝査定期間 　　　　　納税期間 　　　　　査定期間	「後払い課税」 納税期間が査定期間に先行 納税期間 　　　　⇒　査定期間
納税期間と会計期間の関係	「過去計算」 会計期間が納税期間に先行 　　　　　　　納税期間 会計期間　⇒	「現在計算」 納税期間＝会計期間 納税期間 会計期間

制　　　度	
「過去計算を伴う前払い課税」 　　　　　　納税期間 　　　⇒　査定期間 会計期間	「現在計算を伴う後払い課税」 納税期間 　　　　　⇒　査定期間 会計期間

（出所）注7）Höhn, S.316.

既に見積もられている必要がある。この場合の現在計算は，実際上は例外的な制度であって[27]，通常行われているのは，むしろ過去計算の制度である。というのは，納税期間すなわちこの場合は査定期間が始まった時点では，それ以前の年の所得が判っている必要があるからである。なお，この過去計算を伴う前払い課税の制度においては，会計期間が納税期間と査定期間に先行しているために，課税計算は「当該期間の可処分所得が前の期間に実際に生じた所得に等しい」という一種の虚構に基礎を置いて課税されていることになる[28]。

(2) 収益税の課税期間制度

以上にみてきた通り，実際上は基本的に，「過去計算を伴う前払い課税」

表4-9 収益税の査定期間と会計期間

カントン 連邦政府	収　益　税	
	査定期間　…年間	会計期間
	後払い課税	
NW, ZG, BS, GR, SG, TI, VS, JU	1	納税年度
	前払い課税	
ZH, SO, BL, TG, NE, GE	1	前年度
BE, LU, UR, SZ, OW, GL, FR, SH, AR, AI, AG, VD 連邦政府	2	前2年間の平均

(出所) *Steuer der Schweiz,* Allgemeine Übersichten, Nr.3, 1987, S.2.

と「現在計算を伴う後払い課税」の二つの制度を考えることができる。

まず，連邦政府による収益税についてみてみると，会計期間については，BdBst 第58条第1項に「査定期間に先行する2年間が会計期間を形成する」と規定してある。また，「会計期間に属する年の収益の平均が課税純益とみなされる」(第2項)。更に，「納税義務は査定期間において初めて生じるため，つまり，納税義務は会計期間には存在しないので，ある年に計算された所得を基礎にして課税できるのは納税義務の要件が発生した後のことである」(第4項)。すなわち，これは，過去計算を伴う前払い課税に該当する。

次に，カントンの段階をみてみると(表4-9を参照)，この過去計算を伴う前払い課税を採用しているカントンが比較的多いことが判る。すなわち，過去計算を伴う前払い課税は，現在のところ，18のカントンにおいて採用されている。しかし，NWをはじめ8カントンが，後払い課税を採用している点も注目される。

前払い課税について，更に詳しく検討してみると，納税期間と査定期間は，連邦政府と12のカントンが，2年間であり，この場合，奇数の暦年の1月1日から始まるのである。また，6カントンにおいては，納税・査定期間が1

年間である。2年間の納税・査定期間が採用されている連邦政府とカントンにおいては，会計期間として，納税期間に先行する2年間が充てられている。この場合，計算の基礎となるのは，前述した連邦政府の場合と同様に，この2年間の収益の平均額である。なお，6カントンにおいては，納税・査定期間の前年度が会計期間となっている。

(3) 問題点

　以上，スイスの法人税制における課税期間制度を検討してきた。ここで，連邦政府とカントン，あるいはカントン間の課税期間制度の相違は，第2節でみたカントンの課税権が実際上保障されていることを示しており，法人税制における政治分権の一つの現れであるといえよう。しかし，前払い課税と後払い課税という視点からいえば，国際的に広く採用されているのは後者の制度であり，前払い課税の制度を中心としているスイスはむしろ例外的な存在である。この前払い課税に対しては次のような欠陥を指摘することができる。

　すなわち，まず，前払い課税にあっては，会計期間と査定期間の間にギャップが存在しているために，所得の変化の結果がその分遅れて現れてくる，という点が問題となる[29]。従って，例えば，好況期の所得を基礎にして不況期に課税がなされる可能性がある。この場合には，納税者にとって課税負担が過重になる。あるいは不況期の所得を基礎にして好況期に課税がなされる，という場合も考えられる。そのために，スイスの法人税制にあっては，景気の自動安定装置としての機能が損なわれることになるといえよう。

　また，スイス法人税制の課税期間制度の多様性に関しては，税制の調和という問題が生じてくる。すなわち，収益税の場合には，現在のところ，連邦政府と全く同じ制度を採用しているのは，BE をはじめ12カントンに留まり，カントン全体の半分にも満たない状態である。こうした状態は，企業活動の歪みをもたらし兼ねないために税制の中立性という点で問題が残り，調整の必要が求められることになる。

　実際に，1990年12月14日に成立した「カントン・自治体の直接課税の調和に関する法律」及び「連邦直接税に関する連邦法律」の二つの法律におい

て，連邦直接税とカントン・自治体の直接課税の税法上の統一性を強める目的で，簡便さ，公平性を追求することが意図されている。しかし，これらの法案の段階では，納税期間に関しては，後払い課税の制度が提案されていたのが，最終的には，カントンの段階で多数を占める前払い課税による調和が選択され，また，カントンが欲するならば後払い課税の採用も認められることになった[30]。このように，課税期間制度の調和に関しては，全く成功をみていないのである。カントンの課税権の保障と税制の調和が二律背反の関係にあるものと考えるならば，スイスにおいては前者に対して強い選好を示していることが窺えるといえよう。

4．税率の決定方法

次に，スイスの法人税制において分権が具体的にどのように現れてくるのか，という点で，前節の課税期間制度に引き続き，本節では特に収益税に関する税率の決定の仕方について検討する。この場合も，以下にみるように，課税期間制度の場合と同様，スイスにおいては実に多様な決定方法が，連邦政府とカントンの水準で採用されているといえる。

(1) 連邦直接税の課税計算

まず，連邦直接税としての収益税について，その課税計算を検討することによって，連邦政府の段階での税率の決定の仕方をみておくことにしよう。

まず，資本会社の場合，納税期間における純益に対して，次のように税率が課せられる（BdBSt 第57条第1項と第1項の二）[31]。

—「基本的な課税（Grundsteuer）」として，3.63％。
—「収益率」が4％を上回っている純益の分に対して，あるいは，資本金・準備金が50,000フランを下回る場合は，2,000フランを上回る純益の分に対して，更に3.63％の追加課税。
—「収益率」が8％を上回っている純益の分に対して，あるいは，資本金・準備金が50,000フランを下回る場合は，4,000フランを上回る純益の分に対して，更に4.84％の追加課税。

表4-10 資本金50,000フランを上回る場合（600,000フラン）

	純　益	税　率	税　額
総純益	90,000フラン	3.63%	3,267フラン
控除　資本金600,000フランの4%	24,000フラン		
収益率4%を上回る純益	66,000フラン	3.63%	2,395.80フラン
控除　資本金600,000フランの4%	24,000フラン		
収益率8%を上回る純益	42,000フラン	4.84%	2,032.80フラン
純益からの課税総額 （ただし最高税率は9.8%）			7,695.60フラン

(出所) Vallender/Herzog, Schweiz. Steuer-Lexikon, 2, 1991, S.111.

――最高税率は，純益全体の9.8%。

ここで，「収益率」とは，「資本金（Grundoder Stammkapitals）と準備金の平均的な金額――これは課税の会計期間中に決算される事業年度における金額である――に対する課税純益の百分比率」（BdBSt第57条第2項）を意味する。

協同組合についても，この第57条が適用される（BdBSt第61条）。上記に基づいた事例を表4-10に示しておく。

(2) カントンの法人税率

次に，カントンの水準における法人税率の決定の仕方を検討しよう。この場合も，課税期間制度の場合と同様に，カントン間で実に多様である。しかし，基本的には，表4-11に示すように，四つの制度に区分することができる。すなわち，制度Iは，収益率に一定の比率を乗ずることで税率を決定する場合，制度IIは，複数の段階の税率が累進的に適用される場合，制度IIIは，個人所得税の規則が適用される場合，制度IVは，比例税が適用される場合である。

まず，制度Iは，現在，10のカントンにおいて採用されている（その内の一つ，カントンAIでは，制度IIIと選択可能となっている）。この制度Iは，表から判る通り，1980年には16カントンが採用していたのに対して，1989年には10カントンに減少している。

表4-11 収益税の税率の計算方法

制度Ⅰ 収益率に基づく課税
　　　（ここで収益率とは課税収益／資本金・準備金の比率）
　　　1980年 ─ 税引前：ZH, UR, BE, JU, OW, SO[a], TG, ZG
　　　　　　　─ 税引後：LU, SZ, FR, BS, BL, [AI], GE, VD
　　　1989年 ─ 税引前：ZH, UR
　　　　　　　　税引後：LU, SZ, XG, FR, BS, BL, [AI], GE

制度Ⅱ 累進税（graduated tax）
　　　（[　] は，税率の段階の数）
　　　1980年（a）収益率を基礎
　　　　　　　　税引前：連邦政府 [3], TI [3], VS [3]
　　　　　　　　税引後：AG [2][b], GL [3]
　　　　　（b）収益額に応じた税率の段階を基礎
　　　　　　　　税引前：GR [複数]
　　　　　　　　税引後：NE [4], SG [3][c], SH [3]
　　　1989年（a）収益率を基礎
　　　　　　　　税引前：OW [2], TI [3], VS [3]
　　　　　　　　税引後：AG [2][b], 連邦政府 [3], BE [3], GL [3],
　　　　　　　　　　　　SO [3][c], SG [3][c], TG [3][c], VD [3]
　　　　　（b）収益額に応じた税率の段階を基礎
　　　　　　　　税引前：GR [複数]
　　　　　　　　税引後：SH [3], NW [3], NE [4]

制度Ⅲ 個人に対する累進税
　　　1980年 ─ 税引前：AR, NW
　　　　　　　─ 税引後：AI（制度Ⅰとの選択）
　　　1989年 ─ 税引前：AR
　　　　　　　　税引後：AI（制度Ⅰとの選択）

制度Ⅳ 比例税
　　　（収益の％として）
　　　1980年 ─ 税引前：─
　　　　　　　─ 税引後：─
　　　1989年 ─ 税引前：─
　　　　　　　　税引後：JU

(注) a　自治体課税の計算は，係数原則（年間係数による課税）には基づかない。自治体は，その独自の収益率に基づく（複数の段階の税率を有した）課税を行っている。
　　　b　純収益を基礎。法定準備金の要請（5％）に関する支払を含む。
　　　c　支払われた収益は，それが当該カントンでの課税資本の6％を超えないならば，より低い税率で課税される。
(資料) Y.Amman, *Taux marginaux d'imposition du bénéfice des sociétés anonymes,* Office fédéral des questions conjuncturelles, Etude No.11, Bern, 1989.
(出所) OECD, *OECD Economic Surveys Switzerland,* 1990, p.117.

第4章 法人税制　　139

　この制度Ⅰの税率の決定方法について検討しておこう[32]。まず，収益率 r は，資本金と準備金 K に対する課税収益 B の比率，すなわち $r=B/K$ を意味しており，これに一定の百分比率 h を乗じた値，すなわち $r \cdot h$ が税率 t となる。従って，標準式は次のようになる。

$$t = h \cdot r = h\,(B/K)$$

このようにして算出された税率が課税収益 B に乗ぜられるのである。ただし，ここで，最低税率 t_{min} と最高税率 t_{max} が税法に定められている。この点を考慮すれば，「基本税額」 T を決定する関数式は，次のようになる。

$t < t_{min}$ のとき　　　　　　$T = t_{min} \cdot B$

$t_{min} < t < t_{max}$ のとき　　$T = t \cdot B = h(B/K) \cdot B$

$t > t_{max}$ のとき　　　　　　$T = t_{max} \cdot B$

　ここで，カントン ZH の事例を引けば，次の通りである[33]。

　すなわち，カントン ZH においては，最低税率 $t_{min}=3.45\%$，最高税率 $t_{max}=10\%$，という制限の中で，$h=0.5$，と定められている。従って，

　$t = h \cdot r < t_{min} = 0.0345$ のとき（すなわち収益率が $r < t_{min}/h = 0.0345/0.5 = 0.069$ のとき）は，税額は $T = 0.0345 \cdot B$．

　$t = h \cdot r > t_{max} = 0.10$ のとき（すなわち $r > t_{max}/h = 0.10/0.5 = 0.2$ のとき）は，$T = 0.10 \cdot B$．

　$0.0345 < t < 0.10$ のとき（すなわち $0.069 < r < 0.2$ のとき）は，$T = t \cdot B = 0.5 \cdot r \cdot B$．

　実際の税額の決定にあたっては，こうして算出された基本税額に更にカントン ZH の係数 1.08 とカントン ZH の例えば主要都市である Zürich 市の係数 1.18 の合計，すなわち 2.26 が乗ぜられる。

　次に，制度Ⅱを検討する。この制度にあっては，複数の段階の税率が累進的に適用される。この場合の収益税は更に二つに区分することができる。一つは，収益率を基礎にして収益税が算出される場合で（表中では(a)で示されている），これは既に検討した連邦政府（連邦直接税としての収益税）と11のカントンで実施されている。もう一つは，収益額を基礎にして複数の税率が採用されている場合で（表中では(b)で示されている），これは表によれば，GR,

SH, NW, NE の4カントンで実施されている。

また，制度Ⅲは，個人所得税の規定が適用される場合であり，これは，カントンAIにおいて制度Ⅰとの選択で採用されている他，カントンARにおいても採用されている。最後に，制度Ⅳについてであるが，これは収益額に対して比例税率が適用される制度であり，カントンJUにおいて採用されている。

さて，表中より，1980年から1989年までの10年間における変化の方向を窺うことができる。すなわち，1980年においては，四つの制度の内，中心を成していたのは制度Ⅰの収益率に基づく制度であった。この制度Ⅰを当時採用していたのは，16カントンであった。他方で，複数の段階の税率を採用した制度Ⅱの累進税の制度は，当時は連邦政府と8カントンであった。しかし，1989年になると，制度Ⅰを採用しているのは10カントンに減少したのに対して，制度Ⅱは連邦政府と14カントンによって採用されており，この間，制度Ⅰから制度Ⅱに変更したのが5カントン，また個人に対する累進税の制度Ⅲから制度Ⅱに変更したのが1カントン，となっている。更に，制度Ⅱにおいては，収益率を基礎にした制度が，1980年の連邦政府と4カントンから，1989年の連邦政府と10カントンへと増大しているのであり，それも，税引後に税率を乗ずる場合がこの間に2カントンから連邦政府と10カントンへと増大している。

従って，この10年間の趨勢としては，収益率を基礎にして税率を乗ずる制度から，税引後の課税ベースに複数の段階の税率を有した制度に課税制度が調整されてきたといえる。

あるいはまた，次のようにもいえよう。すなわち，制度Ⅰと制度Ⅱの中の(a)の制度は，直線的な税率を採用するかあるいは複数の段階の税率を有するかの違いはあるが，いずれも税率の算定にあたっては収益率を基礎にしているという共通点がある。この点に注目すれば，直線的な税率の場合と複数の段階の税率を採用した場合とを含めて，収益率に基礎を置いた制度は，1980年と1989年のいずれも連邦政府と20カントンによって採用されている。従って，スイスの収益税は，連邦政府と大半のカントンが収益率に基礎をおいて税率を決定しているのであり，その税率構造は直線的な税率から特に三

つの段階の税率を有した制度へと調整されてきているといえる。

(3) 問題点

さて，以上検討してきた通り，スイスの収益税においては，連邦政府と大半のカントンが，税率の決定にあたっては，収益率を基礎にしている。これは，「企業の負担能力は，収益の増加関数である」ことを含意している。しかし，これには，次のような問題点を指摘できる[34]。

第一に，収益率は収益／資本金で示されるが，ここで資本金の値が大きくなる程，収益率はより小さくなり，従って，課税負担は一層軽減されることになる。そのため，資本化された企業を優遇する効果を発揮するが，他方で，事業活動に相当の労働力を必要とする企業には不利となる。ここで，収益率の相違によって出てくる課税負担の相違は，負担能力の差異を反映しているのではなく，「全く技術上の要素」でしかない。

第二に，納税者は，税額を裁量によって調整することができる。つまり，自己資本によって財源を調達する場合には，収益率，従ってまた税率を軽減することになるが，収益を配分しないで得られた準備金を増大させることによっても，同じ効果を発揮することができる。

第三に，大きなリスク要素を含んでいる事業経費を抱え，多額の収益が得られないような新規の企業にとっては，資本化の程度がしばしば低いため，不利になる。これとは対照的に，自己資本に依存できる在来の企業（特に銀行がそうであるが）にとっては有利である。技術革新を担うのはしばしば新規の企業であることを考えるならば，この税制度は，スイス経済の負の誘因になり得るものである。

第四に，この収益率に基づく税制は，大企業と比較して，自己資本を調達するのにより困難な小企業にとっても不利に働く。

第五に，この税制のように，三つの変数（収益，資本金，準備金）を含む手段に基礎を置いている課税は，当然ながら，収益額の一つの変数に依存する課税よりも，より統制しにくく，また見通しがより効かないものとなる。

おわりに

　本章の目的は，スイス法人税制における分権の現れ方を検討することにあった。これまでの検討によって，以下の諸点が明らかになった。

　第一に，国際比較の視点から，スイス法人税制の特徴点を指摘した。すなわち，三つのすべての政府水準に対して法人税収が配分されていること，また，法人税収全体に占める州・地方政府の比重が高いこと，更に，三つの政府水準において，それも累進的税率構造によって法人税が賦課されている，という点でスイスは特異な存在であること，等が判った（第1節）。

　第二に，州・地方政府の法人税については，カントンに広い範囲の課税権が認められていること，また自治体に対しても年間係数の決定権が与えられていることが判った。スイスの法人税の最大の特徴は，特にこの州・地方政府の段階において広い範囲にわたってその裁量を発揮できることにある，といえよう（第2節）。

　第三に，カントンに保障された課税権は，法人税の課税の諸局面におけるカントン間の多様性となって具体的に現れてくる。すなわち，例えば，課税期間に関する制度（第3節），及び税率の決定の仕方（第4節）が，連邦政府とカントンの間で，あるいはカントン間によって実に多様であることである。

　さて，以上の検討は，分権の具体的な現れ方を法人税制に具体的にみてきたのである。本章で明らかにした法人税のカントンにおける多様性は，基本的には，スイス財政連邦主義を特徴づけている政治分権が保障されているために生じてくるのである。

　なお，この場合，カントン間の法人税制の相違は，必然的に，課税協調，課税調和の問題を引き起こす。この点に関しては，既に第4節において，税率の決定方法にあってはある程度の共通な方向性を示している，ということを指摘しておいた。しかし，この他にも，カントンと連邦政府の間に存在する課税の重複をどのように調整しようとしているのか，また，カントン間の二重課税の問題をどのように解消しようとしているのか，等の問題が検討されないままである。この点については，第Ⅲ部で更に詳細に検討する。

第4章　法人税制　　　　　　　　　　143

[注]

1) *Dossiers Internationaux,* Francis Lefebvre Suisse, 1992. p.127.
2) S.Bieri, *Fiscal federalism in Switzerland,* Center for Research on Federal Financial Relations, The Australian National Univ. Camberra, 1979, p.51.
3)「基本的な課税」として3.63％の税率が，また最高税率として9.8％の税率が課せられている。第4節の(1)を参照。
4) *Taxing Profits in a Global Economy,* OECD, Paris, 1991, p.174.
5) 例えば，わが国の法人税率の場合，累進税率の体裁をとっているが，これは全国一律に適用されている。
6) スイス連邦憲法の各条文については，次に拠った。小林武『現代スイス憲法』法律文化社，1989年。
7) E. Höhn, *Steuerrecht, Ein Grundriss des schweizerischen Steuerrechts für Unterricht und Selbststudium,* Haupt, 7., überarbeitete Auflage, 1993, S.82.
8) Bieri, *op. cit.,* p.50.
9) B. Dafflon, *Fédéralisme, coordination et harmonisation fiscales : Etude du cas suisse,* Recherches Economiques de Louvain, vol. 52, n.1 mars 1986, p.27.
10) Höhn, *a.a.O.,* S.344.
11) B.Dafflon, *Public Revenues and The Swiss Public Sector,* Working Paper, Nr. 190, Konferenz über den Föderalismus, Lucerne, 18-22 février 1991, pp.11-12.
12) ただし，自治体には，料金の選定に際して，(b)〜(f)の決定権が認められている。
13) B.Dafflon, *Federal Finance in Theory and Practice with Special Reference to Switzerland,* Paul Haupt Berne, 1977, p.83.
14) Ferdinand Zuppinger, Peter Böckli, Peter Locher, Markus Reich, *Steuerharmonisierung,* Verlag Stämpfli & Cie AG Bern, 1984, S.213.
15) Vallender/Herzog, *Schweiz.* Steuer-Lexikon, 1, 1989, S.204-205.
16) ただし，「その他の法人」であっても，例えば，営利目的で事業を行っている場合には，収益税，資本税が課せられる。
17，18) Zuppinger, *a.a.O.,* S.213-214.
19) Höhn, *a.a.O.,* S.312-313.
20) 例えば，連邦直接税で「納税期間1987/88年」といった場合には，1987年と1988年を含み，1987年1月1日から1988年12月31日までの期間を意味する。
21) Höhn, *a.a.O.,* S.313.
22) Höhn, *a.a.O.,* S.313. 例えば，連邦直接税では，納税期間1987/88年の税額は，この両年に先行する1985年と1986年に生じた所得の平均が基礎となっている。
23) K. Cornevin-Pfeiffer et Antonio Manzini, "Le financement de l'Etat", *Les Finances Publiques d'un Etat Fédératif : La Suisse,* ECONOMICA, 1992, pp.122-123.
24) Höhn, *a.a.O.,* S.314.
25，26) Höhn, *a.a.O.,* S.315.
27) Höhn, *a.a.O.,* S.317, S.321 を参照。

28, 29) K. Cornevin-Pfeiffer et Antonio Manzini, *op. cit.*, p.123.
30) K. Cornevin-Pfeiffer, "La dynamique du fédéralisme suisse", *Les Finances Publiques d'un Etat Fédératif : La Suisse,* ECONOMICA, 1992, p.223.
31) BdBSt 第57条第1項によれば，基本的な課税は3.3％，追加課税は3.3％（収益率が4％を上回っている純益に対して）と4.4％（収益率が8％を上回っている純益に対して）と明記してあるが，第1項の二において，第1項の税率はそれぞれ「10％だけ引き上げられる」と規定してある。
32, 33) 次に拠った。OECD, *OECD Economic Surveys Switzerland,* 1990, pp.116-118.
34) 次を参照した。K. Cornevin-Pfeiffer et Antonio Manzini, *op. cit.*, pp.138-139.

第Ⅱ部

自治体財政

第 5 章

自治体の財政構造

はじめに

　第Ⅰ部「第1章　分権化された財政構造」でも指摘するように，政府部門に占める州・地方政府の財政上の比重に関しては，国際比較の視点から，スイスにあっては特に地方政府の比重が高い，という点が特徴点であった。この点をみても，スイスの高度に分権化された財政構造・税財政制度を解明するためには，自治体財政の分析は不可欠である。そこで「第Ⅱ部　自治体財政」では，以下，第5章〜第8章の四つの章を設けて，この自治体財政に焦点を当てて分析している。

　まず本章では，スイス自治体全般について，国際比較の視点，あるいはカントン間の比較の視点から，特に財政の数量面を検討し，第6章では，やはりスイス自治体全般について，税財政制度に焦点を据えて分析している。

　なお，行財政運営上の裁量に関して，カントンと自治体のそれぞれの裁量の在り方は異なってくるものと考えられる。連邦国家にあっては，通常，州の権限が連邦憲法によって保障されており，その権限の最終的な決定権は州に委ねられている。他方で，自治体に認められている権限はというと，こうした州レベルの権限とは性格が異なってくる。すなわち，自治体は，連邦憲法による制約に加えて，各自治体が属する州の州憲法あるいは州の法律による制約を受ける。こうした基本的な性格は，スイスも例外ではないが，こうした枠内にあって，スイス自治体に固有にみられる財政構造・税財政制度について，以下，検討することにする。

まず本章では，次の手順で論を展開することにする。第1節では，スイス自治体財政を検討するための予備的段階として，自治体の基本的な枠組みを概観しておく。ここでは，「モザイク国家」と自治体制度の一般的な仕組みについて概観している。次に，第2節では，政府部門全体において，財政上，自治体がどの程度の位置を占めているのか，という点を検討する。そして第3節では，自治体の財政構造について，カントン間の差異という視点から，支出面，収入面，更に財政移転について検討する。

1．スイス自治体の基本的枠組み

スイス自治体の財政構造を理解し，分析するためには，まず，スイス自治体の基本的な枠組みを検討しておく必要がある。そこで，本節では，まず，スイス連邦国家が，多言語，そして宗教はプロテスタント，ローマカトリック等から成る「モザイク国家」という点を，次に，スイスの自治体制度，具体的には，スイス自治体の種類，構成，及び組織について，それぞれ検討しておく。

(1)「モザイク国家」

スイスは，多言語，そして宗教はプロテスタント，ローマカトリック等から成るいわば「モザイク国家」である。まず，言語別の人口割合をみると(表5-1を参照)，例えば1980年の場合では，ドイツ語が全人口の72.4％，フランス語が22.8％，イタリア語が4.4％，そしてラテン系のロマンシュ語が0.4％を占めている。また，これらの割合は，1888年以来，大きな変化はない。

また，宗教別で人口割合をみてみると(表5-2を参照)，例えば1980年の場合では，プロテスタントが全人口の44.3％，ローマカトリックが47.6％をそれぞれ占めており，両宗教がほぼ拮抗していることが判る。これ以外にも，旧カトリック，ユダヤ教，「その他」の宗教が存在する。1950年から1980年までの30年間では，プロテスタントが12ポイント減少，他方でローマカトリックが6ポイント，「その他」が6.4ポイント，それぞれ増大している点が

第5章　自治体の財政構造

表 5-1　言語別の人口割合

	合計		言　語　圏			
			ドイツ語	フランス語	イタリア語	ロマンシュ語
1888年	2,918千人	100%	69.3%	24.7%	4.7%	1.3%
1910年	3,753	100	70.2	24.2	4.5	1.1
1930年	4,066	100	71.8	23.0	4.2	1.0
1950年	4,715	100	72.8	22.3	4.0	0.9
1970年	6,270	100	72.7	22.7	4.1	0.5
1980年	6,366	100	72.4	22.8	4.4	0.4

（出所）*Conflict and Compromise in Multilingual Societies : Switzerland*, 1983.

表 5-2　宗教別の人口割合　　　　　　　　　　　　　　　　（単位；%）

	プロテスタント	ローマカトリック	旧カトリック	ユダヤ教	その他
1950年	56.3	41.6	0.6	0.4	1.1
1960年	52.7	45.4	0.5	0.4	1.0
1970年	47.8	49.4	0.3	0.3	2.2
1980年	44.3	47.6	0.3	0.3	7.5

（出所）*Statistisches Jahrbuch der Schweiz*, 1991.

注目される。

　次に，カントン別に，それぞれの公用語と宗教についてみてみると，表5-3に示してある通りである。公用語と宗教の組合せでみると，ドイツ語とカトリック（または多数のカトリック）の組合せが8カントン，ドイツ語とプロテスタント（または多数のプロテスタント）が9カントン，となっている。従って，ドイツ語が主体に使用されているカントンでは，カトリックとプロテスタントが数の上で拮抗している，といえる。

　また，フランス語とカトリックは1カントン，フランス語とプロテスタントは2カントン，そしてフランス語と両宗教の組合せが1カントン，となっている。フランス語が使用される場合は，この他に，ドイツ語との共存とカトリックが2カントン，ドイツ語との共存とプロテスタントが1カントン，となって幾分複雑化してくる。この他に，ドイツ語・イタリア語・ロマンシュ語とカトリックが1カントン，イタリア語とカトリックが1カントン，となっている。

表 5-3 スイスのカントン

カントン	加盟年次	人口(千人)	公用語	宗教
UR	1291	34	ドイツ語	カトリック
SZ	1291	97	ドイツ語	カトリック
OW	1291	26	ドイツ語	カトリック
NW	1291	29	ドイツ語	カトリック
LU	1332	296	ドイツ語	カトリック
ZH	1351	1,123	ドイツ語	プロテスタント
GL	1352	37	ドイツ語	プロテスタント
ZG	1352	76	ドイツ語	カトリック
BE	1353	912	ドイツ語 フランス語	プロテスタント
FR	1481	185	フランス語 ドイツ語	カトリック
SO	1481	218	ドイツ語	少数のカトリック 多数のプロテスタント
BS	1501	204	ドイツ語	プロテスタント
BL	1501	220	ドイツ語	プロテスタント
SH	1501	69	ドイツ語	プロテスタント
AI	1513	13	ドイツ語	カトリック
AR	1513	48	ドイツ語	プロテスタント
SG	1803	392	ドイツ語	少数のカトリック 多数のプロテスタント
GR	1803	165	ドイツ語 イタリア語 ロマンシュ語	少数のプロテスタント 多数のカトリック
AG	1803	453	ドイツ語	少数のプロテスタント 多数のカトリック
TG	1803	184	ドイツ語	プロテスタント
TI	1803	266	イタリア語	カトリック
VD	1803	529	フランス語	プロテスタント
VS	1815	219	フランス語 ドイツ語	カトリック
NE	1815	158	フランス語	プロテスタント
GE	1815	349	フランス語	ほぼ均等
JU	1979	65	フランス語	カトリック

(出所) *Government and Opposition*, Vol.23, No.1, 1988, p.72.

さて，言語と宗教は，カントン及び自治体の存立基盤の一つである。その言語と宗教については，以上にみるように，スイス全体では混在していても，カントン別にみると，地域上のまとまりを確認することができる。すなわち，「モザイク」性は，言語・宗教上の地域差を意味するのであり，これが更に行財政運営上の在り方の地域差となって現れてくるものと考えられる。

(2) 自治体制度

スイス自治体の基本的な枠組みとして，次に，自治体制度を検討する。ここで注意しなければならない点は，例えば次のような Benani の指摘である。──「連邦国家であるスイスにあっては，コミューン［自治体：引用者による，以下同様］制度が州の統治権下にあることを強調しておかなければならない。例えば各々の州［カントン］は，その州の認める様々なタイプのコミューン［自治体］，それらコミューン［自治体］の構成，及びその権限などを自由に規定する」[1]。すなわち，自治体制度は，カントンの管轄下にあるため，カントン間で必ずしも一様ではないのである。この点に留意しながら，以下，自治体の種類，構成，及び組織について概観しておく。

1）自治体の種類

自治体の種類としては，第一に，すべてのカントンが有しているいわば「一般的自治体」が存在する。これは，小林武に拠れば「政治ゲマインデ (Politische Gemeinde)」または「住民ゲマインデ (Einwohnergemeinde)」と呼ばれ，「一定の地域を基盤として，当該地域全体の住民から成る，一般的な自治体」[2]と説明されている。また「一般的自治体」は，Benani に拠れば「その一般的使命によって特徴付けられ，活動領域が制限されていないという意味で，このコミューン［自治体］だけが剰余的一般権限(general residual legislative authority) を付与されている」[3]と説明されている。「一般的自治体」は，わが国のいわば普通地方公共団体である市町村に該当する概念であり，小林は地域と住民の対応性の視点から，また Benani はそれが有している権限の一般性という視点から，それぞれこの「一般的自治体」を定義付けているのである[4]。

スイス自治体には，この他に，「特別自治体 (Spezialgemeinde, special communes)」が存在する。これには様々な種類が存在する。例えば，市民権の授与と共通財産の運営を目的とする「市民自治体（communes bourgeoises ou bourgeoisies)」(20カントンがこれを有する)，祭礼を目的とする「教会自治体 (communes ecclésiastiques ou paroisses)」(20カントン)，公教育を目的とする「学校自治体 (communes scolaires)」(6カントン) などが存在する[5]。

さて，「一般的自治体」と「特別自治体」の相違点について整理すれば，次の通りである。第一に，前者がすべてのカントンにみられるのに対して，後者はすべてのカントンで様々なタイプが存在するとは限らない[6]。第二に，前者では「剰余的一般権限」が与えられているのに対して，後者ではこれが認められていない。従って，第三に，前者が広い範囲にわたる権限が発揮できるのに対して，後者には特定の権限の発揮が認められているに過ぎない。

2）自治体の構成

さて，次に，スイス自治体の内，「一般的自治体」について，その構成と組織について概観しておく。以下，特に断らない限り，自治体と言った場合には，直接には「一般的自治体」を指すことにする。

表5-4は，カントン別に，自治体数，自治体の平均的住民数，及び自治体住民数の規模別でみた自治体数の割合について示したものである。まず，自治体数についてであるが，最少がBSの3から，最多がBEの410まで，その広がりが大きい。自治体の平均的住民数については，最少がFRの696人から，最多がBSの67,972人まで，その差は約98倍の格差となっている。この格差は，平均的住民数を採っているのであって，実際の各自治体の住民数でみてみると更に拡大することになる。

各カントンにおける自治体住民数の規模別でみた自治体数の割合については，スイス全体の平均でみると，自治体の45.1％が住民数499人以下の規模であり，また，自治体の63.9％が999人以下の規模である。他方で，住民数が10,000人以上の自治体は自治体全体の僅か3.2％を占めるに過ぎない。全体的にみると，スイス自治体は実に小規模であることが判る。

しかし，カントン別にみてみると，自治体住民数の規模が10,000人以上の自治体が66.7％を占めるBSから，逆に499人以下の自治体が71.6％を占めるGRまで，自治体構成が実に多様である。こうした自治体構成の相違は，

第 5 章　自治体の財政構造　　153

表 5-4　スイスの自治体

カントン	自治体数	自治体の平均住民数	住民数規模別の自治体の割合（単位；%）					
			499人以下	500～999人	1,000～1,999人	2,000～4,999人	5,000～9,999人	10,000人以上
ZH	171	6,566	12.2	17.0	17.0	28.0	12.9	12.9
BE	410	2,224	37.1	20.7	18.8	17.1	3.9	2.4
LU	107	2,768	18.7	24.3	26.2	23.4	2.8	4.6
UR	20	1,694	20.0	35.0	20.0	20.0	5.0	—
SZ	30	3,245	10.0	20.0	23.3	23.3	20.0	3.4
OW	7	3,695	—	—	14.3	71.4	14.3	—
NW	11	2,602	—	9.1	27.3	54.5	9.1	—
GL	29	1,266	48.3	17.2	10.3	20.7	3.5	—
ZG	11	6,903	—	9.1	—	45.5	27.3	18.1
FR	266	696	71.0	16.2	7.5	3.4	1.5	0.4
SO	130	1,678	34.6	24.6	20.8	13.8	3.9	2.3
BS	3	67,972	—	—	33.3	—	—	66.7
BL	73	3,011	32.9	23.3	16.4	9.6	6.8	11.0
SH	34	2,042	55.9	14.7	14.7	8.8	—	5.9
AR	20	2,381	5.0	25.0	35.0	25.0	5.0	5.0
AI	6	2,141	—	—	66.7	33.3	—	—
SG	90	4,356	33.3	13.3	23.3	37.8	17.8	4.5
GR	215	766	71.6	11.6	9.3	5.1	1.4	1.0
AG	231	1,963	22.5	29.9	17.8	20.3	7.8	1.7
TG	181	1,015	58.0	22.6	10.5	5.5	1.7	1.7
TI	247	1,077	57.1	18.6	13.8	6.1	3.2	1.2
VD	385	1,373	67.5	13.0	8.1	7.5	1.6	2.3
VS	163	1,342	47.9	18.4	18.4	11.0	1.8	2.5
NE	62	2,554	35.5	17.7	21.0	19.4	1.6	4.8
GE	45	7,756	13.3	22.2	26.7	8.9	15.6	13.3
JU	82	793	63.4	17.1	12.2	4.9	1.2	1.2
全体	3,029	2,102	45.1	18.8	15.1	13.3	4.5	3.2

（資料）*Recensement fédéral de population*, 1980.
（出所）B. Dafflon, *Organisation et Fonction des Collectives Locales : Le Cas Suisse*, 1990, p. 4.

表5-5　自治体議会と議員数

カントン	自治体議会	議員数
BE	任意	最少30
FR	住民数600を超えると任意 ＋8自治体は法律で列記	30-80
TI	住民数300を超えると任意	15-60
VD	強制	30-100
VS	住民数700を超えると任意	20-60
NE	強制	9-40
GE	強制	9-80
JU	任意	最少30

(出所) 注8のDafflon, p.4.

また，カントン別にみた自治体の財政構造上の差異となって現れてくるものと考えられる。

3）自治体の組織[7]

（議決機関）

最後に，自治体の組織について言及しておこう。スイスのすべての自治体は，議決機関と執行機関を有しているが，まず議決機関についてみておこう。

GE, NE, VDを除いて，大半のカントンでは，有権者をもって主要機関と見なされている。この場合，通常は「住民集会 (assemblée de commune, Gemeindeversammlung)」と呼ばれている議決機関[8]が，その有権者全体によって形成されている。

他方で，GE, NE, VDにおいては，議決機関は「自治体議会 (parlement communal)」から成り，これは投票によって選出された議員によって構成される[9]。この制度は，GEとNEにおいては，すべての自治体に義務として課せられている。またVDにおいては，住民数が800を超える自治体に義務として課せられている[10]。ただし，表5-5にみられる通り，BE, FR, TI, VS, そしてJUにおいても，任意ではあるが，自治体議会の制度を有している。更に，議員数も，カントンごとに様々である。

（執行機関）

執行機関については，スイスの自治体のすべてが，「参事 (collégial)」のタ

表 5-6　自治体の組織

	小規模な自治体	大規模な自治体
議決機関	住民集会 　「集会民主主義」のタイプ。 　　自治体の全有権者が集会での参政権を持つ。 　全市民の集会では，自治体の行政委員会と市民による提議について決議する。自治体にとって重要なすべての問題が議論の対象となり得る。	自治体議会 　住民による投票。「半直接民主主義」のタイプ。 重要な決定事項は，住民による投票によって承認されなければならない（義務的住民投票）。他の決定は，任意的住民投票にかけることができる。大半のカントンにおける自治体では，住民投票を求める発案権が認められている。
執行機関	住民の直接選出による参事会 （例外：NE では自治体議会が参事会を任命する。）	
	パートタイムによる構成員から成り，通常は無報酬。党派の影響はほとんど無力である。	専門家によるフルタイムの構成員から成る。党派の影響力はかなり強い。
行政	部分的に，あるいは全般的に，非専門家によるボランティア活動に依存する。	財源充当のもとで，専門家による行政が行われる。

(注)　いくつかのフランス語圏のカントンでは，「集会民主主義」の伝統はなく，また，住民投票と住民発案はほとんど行われていない。従って，小規模の自治体にあっても，参事会と議決議会を伴う代表制民主主義のタイプに依存している。

(出所)　W.Linder, *Swiss Democracy*, 1994, p.53.

イプの機関を有しており，この構成員は住民の投票によって選出される[11]。この参事は，議決機関での決定事項を実施に移し，地方行政の遂行を確保するものである。この執行機関の構成は，カントンによって，また自治体によっても異なっている。カントンは，法律でその構成員数の下限と上限を規定しているが，その規模は通常 5 人から 7 人である，とされる。参事の就任期間は，慣習としてカントンの場合と同じであり，通常は 4 年間である，とされる。

　なお，Linder は，自治体制度は，基本的には小規模な自治体と大規模な自治体に大別することができるとして，表 5-6 のような整理を行っている。

表 5-7 先進連邦諸国における政府部門の構造（1984年）

	オーストラリア	オーストリア	カナダ	旧西ドイツ	スイス	アメリカ合衆国
州の占める比率%						
自主財源	20.6	10.0	41.6	21.6	24.9	23.8
税収	15.9	8.7	40.9	21.1	22.7	20.7
経常支出	41.4	14.7	47.3	24.7	32.1	24.6
総支出	43.9	14.8	46.6	26.2	34.4	24.9
地方の占める比率%						
自主財源	5.6	16.4	11.1	13.1	22.2	16.0
税収	3.9	12.6	9.5	7.5	17.0	12.7
経常支出	5.5	15.5	17.8	15.0	23.2	21.5
総支出	7.1	18.2	18.9	17.6	26.0	22.6
州と地方の占める比率%						
自主財源	26.2	26.5	52.7	34.8	47.1	39.8
総支出	51.1	33.0	65.4	43.7	60.4	47.6
総支出に占める自主財源%						
州レベル	41.6	63.8	76.4	77.9	73.4	86.9
地方レベル	69.8	84.8	50.4	70.5	86.8	64.1
州・地方	45.6	75.4	68.9	74.9	79.2	76.1

（資料）IMF, *Government Finance Statistics Yearbook,* Vol.13 (1989), Washington, D.C. より作成。

2．政府部門における自治体の位置

本節では，自治体が政府部門全体において，財政上どれだけの比重を占めているのか，という点を検討する[12]。第一に，国際比較の視点から自治体財政の比重を比較する。第二に，連邦政府あるいはカントンという他の政府水準との比較から，自治体財政を特徴付けることにする。

(1) 国際比較の視点から

まず，国際比較の視点から自治体の比重の程度を検討してみる。

表5-7は，先進連邦諸国において，政府部門全体の財政に占める州・地

方政府の比重について，州レベルの政府と地方レベルの政府に分けて，国際比較したものである。州・地方政府が政府部門全体に占める比重をみてみると，自主財源では，スイスでは47.1％で，これはカナダの52.7％に次ぐ高さである。また，総支出に占める比重は，スイスでは60.4％で，これはやはりカナダの65.4％に次ぐ高さである。また，更に地方（スイスでは自治体がこれに該当する）に限定してみると，政府部門全体に占める比重は，スイスの場合，自主財源で22.2％，税収で17.0％，経常支出で23.2％，そして総支出で26.0％であり，いずれの場合もスイスが最も高い比率を示している。

第1章でも指摘した通り，政府部門全体に占める州・地方政府，特に地方政府の占める比率が高い，という意味で，スイスは国際的にも高度に分権化された財政構造を有しているといえよう。

更に，総支出に占める自主財源についてみてみると，地方レベルでは，やはりスイスが最も高い86.8％の比率を示している。このことから，スイスの自治体が単に財政上の比重という点に限らず，財政上の自律性という点でみても国際的に非常に高いということが窺われる。

(2) 支出面

1) 機能別分類

次に，他の政府水準との比較から自治体財政を特徴付けることにする。まず，支出面について，機能別分類と経済的分類に沿って自治体財政を検討することにする。

表5-8は，連邦政府，カントン，そして自治体の各政府水準の支出を，1990年の場合で，機能別にみたものである。各政府水準について概観すると，まず連邦政府においては，社会福祉，国防の比重が特に高く，何れも連邦政府の支出全体の約20％を占めている。続いて，交通・通信，公債費等，産業振興が10％台の比重を占めている。

カントンにおいては，特に教育・研究の比重が高く，27.1％を占めている。また，これに，保健（17.5％），社会福祉（11.7％），交通・通信（11.1％）と続く。自治体においても，カントンと同様に，やはり教育・研究の比重が最も高く（22.1％），これに保健（16.0％），社会福祉（11.1％）が

表 5-8　各政府水準の支出割合（機能別分類）：1990年

(単位；％)

	連邦政府	カントン	自治体
一般行政	3.4	5.3	9.5
司法・警察・消防	1.1	8.2	4.5
国防	19.1	1.3	1.9
外交	5.0	0.0	0.0
教育・研究	7.7	27.1	22.1
文化・スポーツ・余暇	0.7	2.3	6.6
保健	0.4	17.5	16.0
社会福祉	21.7	11.7	11.1
交通・通信	14.8	11.1	8.7
環境・地域開発	1.6	2.9	9.2
産業振興	10.7	6.2	3.4
公債費等	13.7	6.2	7.1
合　　計	100.0	100.0	100.0

（資料）*Finances publiques en Suisse 1990,* AFF 18/1992, Berne, p.14, 33, 56.
（出所）注 8 の Dafflon, p.8 より作成。

続く。ただし，自治体においては，一般行政（9.5％），文化・スポーツ・余暇（6.6％），環境・地域開発（9.2％）の比重が，他の政府水準と比較して相対的に高い，という点が特徴である。

ちなみに，各政府水準において比重の高い分野を合計してみる。まず，各政府水準の支出全体に占める上位3分野の合計は，連邦政府では55.6％，カントンでは56.3％，自治体では49.2％である。また，同様に上位5分野の合計は，連邦政府では80.0％，カントンでは75.6％，自治体では67.9％となる。これより，自治体においては比較的広い範囲にわたって支出が行われているといえよう。前節でみた通り，Benani は剰余的一般権限をもって自治体を特徴付けていたが，この点が機能別分類にも反映しているといえよう。

次に，各支出分野に占める各政府水準の比重をみてみよう（表5-9を参照）。外交が連邦政府に特化されている点を除くと，他のすべての分野においていずれの政府水準も支出を担当しており，大半が「共有された任務」[13]であるといえる。

表 5-9　各支出分野に占める各政府水準の割合（1990年）　　　（単位：％）

	連邦政府	カントン	自治体	合　計
一般行政	17.6	35.8	46.6	100.0
司法・警察・消防	6.9	66.4	26.7	100.0
国防	84.6	7.6	7.8	100.0
外交	100.0	0.0	0.0	100.0
教育・研究	12.0	55.2	32.8	100.0
文化・スポーツ・余暇	7.3	30.3	62.3	100.0
保健	1.1	59.4	39.5	100.0
社会福祉	45.5	32.2	22.3	100.0
交通・通信	39.2	38.6	22.2	100.0
環境・地域開発	11.1	26.9	62.0	100.0
産業振興	48.4	36.9	14.7	100.0
公債費等	47.8	28.4	23.8	100.0
合　計	30.6	40.1	29.3	100.0

（注）表5-8と同じ。

　ただし，連邦政府が主に支出を担当している分野としては，外交の他に，国防（84.6％），産業振興（48.4％），公債費等（47.8％），社会福祉（45.5％），そして交通・通信（39.2％）を挙げることができる。また，カントンが主に支出を担当している分野としては，司法・警察・消防（66.4％），保健（59.4％），そして教育・研究（55.2％）を挙げることができる。自治体については，文化・スポーツ・余暇（62.3％），環境・地域開発（62.0％），一般行政（46.6％）を挙げることができる。

　なお，機能別でみた各政府水準で担当される支出分野は，その支出がすべて当該政府水準によって財源が調達されているわけではなく，他の政府水準からの財政移転の受入れが含まれている，という点に注意する必要がある。

2）経済的分類

　次に，各政府水準の支出を，経済的分類でみてみることにしよう。経済的分類は，政府支出の経済的な性質に関する情報を提供するものであり，この分類にあっては，先の機能別分類とは異なって，政府水準間の財政移転に伴う重複分は，それを支払う政府水準において調整されている。

　表5-10から判る通り，1989年の場合，連邦政府は総支出の64.0％を財政

表5-10 経済的分類による経費割合 (1989年) (単位；%)

	連邦政府	カントン	自治体	合計
人件費	10.6	38.6	35.5	35.0
財・サービスの購入	21.6	15.1	26.2	24.2
利　払	3.2	3.0	4.8	4.3
その他	18.4	12.1	21.4	19.9
自主的投資	2.2	10.3	18.6	12.4
自主的支出	34.4	64.0	80.3	71.6
財政移転	64.0	35.2	19.5	27.4
対民間	17.4	18.1	9.8	18.2
対公企業	20.0	3.9	0.6	9.2
対公共部門	26.6	13.2	9.1	—
貸付・出資	1.6	0.8	0.2	1.0
合　計	100.0	100.0	100.0	100.0
投資的経費	12.0	16.9	20.0	15.4
経常的経費	88.0	83.1	80.0	84.5

(注) 重複分は調整済み。
(資料) *Finances publique en Suisse 1989*, AFF, 1991, Berne.
(出所) K.Cornevin-Pfeiffer, "La dynamique du fédéralisme suisse", *Les Finances Publiques d'un Eta Fédératif : La Suisse*, ECONOMICA, 1992, p.189.

移転に充てており，それも特に他の公共部門に対して26.6％を充てている。このため，連邦政府は，自主的支出（人件費，財・サービスの購入，自主的投資の小計）には34.4％を充てているに過ぎない。これに対して，カントン・自治体においては自主的支出が高い比重を占めており，特に自治体においては80.3％が自主的支出に充てられている。

　経済的分類から窺われる自治体の特徴点としては，自主的支出の割合が高いという点に加えて，更に，投資的経費の割合（20.0％）も相対的に高い，という点を挙げることができよう。この点より，自治体においては，新規の政策分野に対して比較的弾力性が高いことが窺われる。

(3) 収　入　面
1) 収入構造
　次に，収入面について検討する。まず，収入の内訳をみてみると，連邦政

表 5-11 各政府水準の収入 (1990年)　　　　　(単位；％)

	連邦政府	カントン	自治体
税収入	93.5	53.4	50.2
直接課税	41.7	47.4	50.0
消費課税	51.8	6.0	0.2
税外収入	6.5	46.6	49.8
資本収益	2.2	3.2	6.4
使用料・手数料	0.1	13.6	22.3
分与税	0.0	6.3	3.7
補助金	0.0	10.8	11.3
その他	4.2	12.7	6.1
計	100.0	100.0	100.0

(資料) Öffentliche Finanzen der Schweiz, 1992, より作成。

府，カントン，そして自治体のいずれの政府水準も，税収入が最も高い比重を占めている（表5-11を参照）。

　しかし，各政府水準によって，その比重の大きさには大きな差異がみられる。すなわち，1990年の場合，収入全体に占める税収入の割合は，連邦政府では93.5％で，税収入によって大半を調達している。これに対して，カントン・自治体においては50％強にとどまる。カントン・自治体の税外収入についてみてみると，資本収益と使用料・手数料の占める比重は，カントンでは16.8％，自治体では更に高く28.7％を示している。また，財政移転（分与税と補助金）の占める比重は，カントンでは17.1％であるのに対して，自治体ではこれを下回る15.0％を示している。

2）所得・財産課税

　次に，税収入の内，各政府水準の基幹税を形成している所得・財産課税について，1989年の場合で検討してみよう。表5-12にみる通り，所得・財産課税の全収入の内，連邦政府の占める割合は25.4％であり，むしろカントン・自治体に重点があることが判る。ここで，カントンが42.9％，自治体が31.7％をそれぞれ占めており，自治体の比重はカントンに次ぐ高さである。

　更に，所得・財産課税の内，その税目ごとにみてみると，個人所得税，法人収益税，法人資本税の三つの税目については，すべての政府水準が賦課し

表 5-12 所得・財産課税（1989年）　　（単位：100万フラン，％）

	連邦政府	カントン	自治体
所得・財産課税	11,175,778 (25.4%)	18,823,875 (42.9%)	13,929,658 (31.7%)
－個人所得	4,194,670 (16.3%)	11,954,075 (46.4%)	9,630,578 (37.4%)
－個人財産	－	1,151,271 (55.6%)	917,817 (44.4%)
－法人収益	1,570,763 (29.9%)	2,310,345 (44.0%)	1,372,794 (26.1%)
－法人資本	221,074 (16.8%)	700,204 (53.2%)	394,572 (30.0%)
－財産所得	－	1,009,230 (54.9%)	828,803 (45.1%)
－不動産	－	116,997 (27.4%)	309,974 (72.6%)
－相続	－	695,395 (92.5%)	56,151 (7.5%)
－譲渡	－	878,136 (76.0%)	276,601 (24.0%)
－消防	－	8,222 (5.5%)	142,468 (94.5%)
－源泉税	2,666,607 (100.0%)	－	－
－印紙税	2,379,012 (100.0%)	－	－
－兵役免除税	143,652 (100.0%)	－	－

（出所）注14の pp.212-213.

ている。これらの税収の内，規模が最も大きいのが個人所得税であり，この個人所得税の税収全体に占める割合は，やはりカントン・自治体に重点がある。この場合，カントンが最も高く46.4％，自治体がこれに次ぐ高さで37.4％を占めている。

　税目の種類についてみてみると，連邦政府に帰属する税目としては，個人所得税，法人収益税，法人資本税の他に，連邦政府に専属している源泉税，印紙税，兵役免除税と，以上の6税目を挙げることができる。他方で，カントン・自治体に帰属している税目としては，連邦政府と共有している税目を

含めて9税目からなり，多様性を特徴としているといえる。

　なお，自治体で採用されている税目は，カントンのそれと全く重なっているが，これは，基本的に付加税制度が採用されているためである。すなわち，一般的には，自治体はカントンと同じ課税規則が採用されており，自治体においてはそれが属するカントンで適用されている課税ベースと税率表が採用されている[14]。なお，ここで注意する必要があるのは，自治体にとって，課税ベースと税率表は所与であるが，前節でも指摘した通り，税率の決定権は保障されているという点である。この税率の決定権が保障されているために，「需要に応じた」財政運営が可能となり[15]，また自主財源に対する依存度が国際比較においても非常に高くなっているといえる。

(4) 財政移転

　さて，これまでは，各政府水準の支出面と収入面について別々に検討してきたが，次に支出と収入の両面を結び付けて考えてみよう。この点に関しては，財政移転の在り方が特に重要である。財政移転は，それを支払う政府水準にとっては支出を意味し，またそれを受け取る政府水準にとっては収入を意味する。

　表5-13において，「総支出－財政移転の支払分」とは，当該政府水準自体においてその支出がどの程度行われているのかを示しており，いわば支出主体としての程度を意味するものといえよう。これに対して，「総支出－財政移転の受取分」は，当該政府水準が他の政府水準に依存しないで，どの程度の支出を賄っているのかという，いわば財源調達主体としての程度を示すものといえよう。

　連邦政府は，約26％の支出と約35％の財源調達を担当し，これとは対照的に，カントンは，40％強の支出と約35％の財源調達を担当している。これから，連邦政府は財政移転の支払主体として，またカントンは財政移転の受取主体として，それぞれ特徴付けることができるようにみえる。

　これに対して，自治体は，政府部門全体の30％強の支出と30％弱の財源調達とを担当している。自治体は，財源調達の主体の程度としては，連邦政府とカントンを5％程下回っているが，支出主体の程度としては，連邦政府

表 5-13 政府水準別の支出割合（1989年） （単位；100万フラン）

	総　支　出 （重複分を含む）		総支出―財政 移転の支払分		総支出―財政 移転の受取分	
連邦政府	27,449	29.5%	20,033	25.7%	27,425	35.1%
カントン	37,619	40.5%	32,654	41.8%	27,470	35.2%
自 治 体	27,863	30.0%	25,341	32.5%	23,133	29.7%
合　　計	92,931	100.0%	78,028	100.0%	78,028	100.0%

（資料）*Finances publiques en Suisse 1989,* Administration fédérale des finances, Berne, 1991.
（出所）注14の p.186.

表 5-14 財政移転と財源依存（1989年） （単位；%）

	自主的支出 ／総支出	財政移転 の支払 ／総支出	財政移転 の受取 ／総支出	自主財源 ／総支出
連 邦 政 府	73.0	27.0	0.1	99.9
カ ン ト ン	86.8	13.2	27.0	73.0
自　治　体	90.9	9.1	17.0	83.0

（資料）表5-13に同じ。
（出所）注14の p.187.

を上回り，カントンに次ぐ割合を示している。財政移転の受取あるいは支払という視点からみれば，財政移転の受取主体とみなすことができようが，規模としてはカントン程の大きさではないといえる（表5-14も参照）。

3．自治体財政構造

さて，前節では，スイスの自治体財政について，特に地域差を考慮することなく，自治体全体の場合で検討したのである。しかし，第1節でみたように，「モザイク」性と自治体の構成についてはいずれも，カントン間でかなりの差異を確認することができた。これらの地域差は，また，自治体の財政構造にも反映してくるものと考えられる。そこで，以下，カントン間の差異という視点から，自治体財政構造を検討することにする。

第 5 章　自治体の財政構造　　　165

(1) 支 出 構 造
　1) カントン・自治体に占める位置
　州・地方政府は，カントンと自治体から成るが，その内，自治体財政の占める比重についてみておくことにしよう。
　表 5-15 は，カントン・自治体の支出総計に占める自治体の比重を，1990 年の場合で，カントン別にみたものである。表から判る通り，自治体がカントン・自治体の総支出に占める割合は，全体で 47.9％であるが，これはカントン間で大きな開きが存在する。最少は BS の 3.0％で極端に低く，これを除いたとしても，GE の 18.8％から AR の 60.8％までの開きが存在している。こうした点から，カントンによって，カントンと自治体の間の責任分担の在り方が相当に異なっていることが窺われる。
　次に，分野別にみてみると，自治体全体では，特に環境・地域開発(80.2％)，文化・余暇 (68.1％)，公債費等 (62.9％)，そして一般行政 (58.1％) に占める自治体の比重が高いことが判る。しかし，仮に，カントン・自治体の支出に占める自治体の割合が平均的な 40〜50％台の中でみてみても，かなり地域差が存在しているといえる。
　ここで，カントン・自治体の総支出に占める自治体の割合がほとんどおなじであるカントン，例えば GL (55.5％)，ZG (55.3％)，GR (55.0％) の 3 カントンを取り上げてみよう。これら 3 カントンでの自治体の各分野に占める割合をみてみると，一般行政で 21.2 ポイント (42.9〜64.1％)，文化・余暇で 17.7 ポイント (56.7〜74.4％)，保健で 73.4 ポイント (1.9〜75.3％)，社会福祉で 21.2 ポイント (42.0〜63.2％)，産業振興で 38.9 ポイント (25.3〜64.2％)，それぞれの開きがある。すなわち，カントン・自治体の支出総額に占める自治体の比重に限らず，自治体の支出構成においても，カントン間で相当な差異があることを確認することができる。
　2) 支 出 構 造
　次に，自治体の支出の構成について，機能別，経済別，そして規模別の各分類に沿って検討してみよう。
　(機能別)
　まず，機能別分類でみてみる(表 5-16 を参照)。自治体全体では，前述した

表 5-15 カントン・自治体の総支出に占める自治体の割合（1990年）

(単位；%)

	一般行政	司法・警察・消防	教育	文化・余暇	保健	社会福祉	交通	環境・地域開発	産業振興	公債費等	総計
ZH	65.7	45.4	47.7	77.9	51.9	72.7	51.9	88.9	23.0	78.4	58.1
BE	53.8	38.4	48.0	59.2	89.3	60.8	51.6	85.8	54.8	66.5	60.5
LU	66.8	35.1	65.3	74.8	17.3	63.2	59.3	82.2	7.1	51.6	52.2
UR	42.8	14.3	62.9	61.8	2.1	53.6	3.7	50.0	2.7	45.0	27.2
SZ	65.7	46.8	69.8	71.5	83.4	65.8	37.0	79.6	4.6	68.1	56.7
OW	36.3	36.1	74.0	78.8	11.0	56.2	24.5	72.8	24.2	64.7	43.1
NW	66.0	19.3	72.5	59.0	3.1	41.5	19.1	82.0	3.7	66.2	45.1
GL	54.0	33.3	78.1	74.4	1.9	63.2	32.8	88.7	64.2	78.3	55.5
ZG	42.9	35.4	60.9	67.3	55.3	60.8	35.8	87.4	25.3	80.1	55.3
FR	49.1	32.7	40.6	59.7	47.2	50.5	45.3	81.0	17.7	55.2	45.8
SO	59.0	30.4	63.9	69.8	56.2	54.6	66.9	88.5	34.7	75.7	59.4
BS	8.0	0.1	0.4	4.9	2.4	2.2	5.2	2.3	22.7	8.2	3.0
BL	46.8	21.0	47.9	63.1	3.2	48.0	49.3	61.1	31.7	37.2	40.4
SH	59.8	39.4	43.5	79.7	2.3	65.0	31.8	93.2	48.0	59.5	42.8
AR	66.1	40.6	74.7	78.1	71.1	69.0	36.4	87.0	13.3	52.3	60.8
AI	32.7	28.8	82.1	37.8	12.7	12.1	35.6	12.7	5.4	35.1	35.0
SG	69.7	44.6	70.1	69.4	28.7	62.8	49.0	84.7	66.0	76.6	59.0
GR	64.1	31.7	67.3	56.7	75.3	42.0	29.9	89.8	44.4	72.2	55.0
AG	63.3	34.5	35.6	74.0	38.9	57.4	39.4	87.2	66.2	72.3	48.6
TG	53.1	27.1	75.0	76.9	7.6	53.8	42.8	83.7	7.0	58.3	47.9
TI	55.4	29.1	31.4	70.0	84.8	33.9	21.4	81.7	34.6	65.2	46.7
VD	63.2	39.3	40.3	68.8	31.5	24.5	47.9	87.8	21.1	75.2	44.0
VS	64.8	37.7	32.0	82.6	83.4	37.4	38.4	94.5	25.2	72.3	51.6
NE	54.6	35.7	62.2	84.1	90.4	30.5	18.0	71.3	23.2	68.6	53.0
GE	53.6	17.8	6.9	88.1	0.1	9.5	20.3	47.6	6.6	35.6	18.8
JU	45.7	52.5	43.6	44.5	97.6	46.2	9.8	82.5	16.9	76.2	43.9
平均	58.1	34.7	44.1	68.1	45.3	46.8	38.7	80.2	33.6	62.9	47.9

(資料) *Öffentliche Finanzen der Schweiz*, 1992, より作成。

第 5 章　自治体の財政構造

表 5-16　自治体における各分野の支出割合（カントン別）：1990年（単位；%）

	一般行政	司法・警察・消防	教育	文化・余暇	保健	社会福祉	交通	環境・地域開発	産業振興	公債費等	総計
ZH	9.5	8.3	19.6	7.2	14.5	15.0	7.7	8.3	1.2	8.7	100.0
BE	6.9	5.5	20.0	3.7	27.7	12.2	7.3	6.1	5.7	4.8	100.0
LU	11.5	5.5	32.9	5.5	4.9	16.5	9.6	6.8	0.7	6.0	100.0
UR	10.7	3.6	37.8	3.5	0.5	14.5	3.7	20.3	1.3	4.1	100.0
SZ	7.7	6.6	32.2	3.0	15.8	13.6	5.6	7.8	1.2	6.4	100.0
OW	9.0	5.6	32.8	5.5	2.4	8.6	8.9	11.8	10.4	5.1	100.0
NW	12.8	3.6	40.1	7.9	0.7	6.5	4.8	15.3	0.8	7.5	100.0
GL	9.4	4.8	27.2	6.6	0.4	13.1	6.4	11.3	16.0	4.7	100.0
ZG	8.8	5.7	28.3	5.1	16.5	10.1	5.7	10.1	1.5	8.2	100.0
FR	8.6	6.6	22.9	4.9	14.6	11.5	10.5	12.6	2.4	5.4	100.0
SO	10.1	4.9	28.9	4.7	14.2	8.9	9.5	10.0	2.8	6.1	100.0
BS	13.9	0.3	2.4	12.8	22.1	9.7	9.3	2.9	11.2	15.5	100.0
BL	12.1	3.7	33.3	6.2	1.2	11.2	11.4	13.9	1.9	5.2	100.0
SH	11.2	8.0	20.3	9.0	1.0	19.8	11.2	9.8	4.5	5.2	100.0
AR	10.7	5.1	25.9	3.1	19.6	10.9	7.7	12.1	1.7	3.2	100.0
AI	5.3	5.3	59.2	1.0	4.0	3.2	11.7	2.4	2.8	5.1	100.0
SG	8.7	5.9	31.1	4.8	8.0	12.1	9.1	8.4	6.0	5.9	100.0
GR	8.2	4.0	20.8	4.5	17.6	4.3	10.3	13.4	12.9	4.1	100.0
AG	12.7	5.8	19.4	4.5	13.2	9.6	10.1	13.3	5.4	6.0	100.0
TG	9.1	5.5	38.1	5.9	2.4	9.8	11.6	11.4	0.9	5.3	100.0
TI	10.5	4.7	12.3	5.5	25.8	9.9	7.7	10.6	2.5	10.4	100.0
VD	10.6	7.4	21.6	9.4	14.5	6.4	9.5	9.8	2.0	8.8	100.0
VS	7.7	5.7	12.5	7.7	20.5	5.5	14.9	13.8	3.8	8.0	100.0
NE	6.4	4.8	25.7	7.9	28.6	5.6	6.7	5.8	1.6	6.6	100.0
GE	17.0	8.2	9.8	24.9	0.0	7.7	9.5	8.5	0.2	14.1	100.0
JU	6.3	10.1	17.5	2.4	31.8	8.1	6.0	9.1	3.4	5.3	100.0
平均	9.5	6.3	22.1	6.6	16.0	11.1	8.7	9.2	3.4	7.1	100.0

（資料）表 5-15 に同じ。

通り，広い範囲にわたって支出されているといえるが，就中，教育(22.1％)，保健(16.0％)，一般行政(9.5％)が比較的高い比重を占めている。カントン別にみてみても，概ね，自治体全体と同じ傾向を示しているといえる。

しかし，より詳しく検討してみると，ドイツ語圏のカントンと，フランス語圏のカントンとは，それぞれの特徴点があることが窺える。すなわち，ドイツ語圏のカントンでは，BSを除いたすべてのカントンにおいて，教育が最も高い比重を占めているのに対して，フランス語圏あるいはドイツ語圏とフランス語圏とが重なっているカントンでは，最も高い支出分野は，教育ではなく，保健（BE, VS, NE, JU）あるいは文化・余暇（GE）によって占められている。ただし，例外的にフランス語圏のVDでは，ドイツ語圏と全く同様な支出配分を示している。

（経済別）

次に，経済的分類によって支出の構成をみてみよう（表5-17を参照）。まず，自主的支出についてはBSの72.9％からURの90.6％まで，いずれも高い比率を示している。また，財政移転については，対民間と対公共部門のいずれも，平均でみると10％未満であるが，カントン別にみると，対公共部門がJUの19.7％，FRの16.3％，そしてBEの14.3％など，無視できない割合を示しているカントンが存在している。

（規模別）

さて，以上にみてきた支出構成でのカントン間の差異は，一つには自治体の規模に関するカントン間の差異によるものと考えることができる。そこで，自治体の支出構成を，自治体の住民数規模別に区分して検討してみよう。

表5-18から判る通り，特に一般行政と交通は，それぞれ8.3〜10.6％，8.3〜11.3％，と規模によってあまり割合の差異は存在しない。しかし，司法・警察・消防（4.8〜10.7％），文化・余暇（3.7〜11.9％），社会福祉（8.7〜16.3％），公債費等（5.8〜10.4％）は，概ね規模が大きくなるに従って比重が高くなる傾向を示している。この要因の一つとして考えられるのは，都市化が自治体の支出構造に反映して，これらの支出構成比を引き上げている，という点である。

表 5-17　自治体の支出（経済的分類）：1989年　　　　　　　　　（単位；%）

	人件費	財・サービス購入	投資	財政移転			貸付・出資	合計
				対民間	対公共部門	対公企業		
ZH	33.8	29.1	13.4	12.8	9.1	1.7	0.2	100.0
BE	36.8	24.0	12.3	11.7	14.3	0.8	0.1	100.0
LU	42.6	23.1	19.2	8.6	5.6	0.9	0.0	100.0
UR	34.6	18.6	37.4	5.8	3.7	0.0	0.0	100.0
SZ	42.1	26.3	20.2	5.9	5.6	0.0	0.0	100.0
OW	32.4	24.8	23.5	6.0	13.3	0.0	0.0	100.0
NW	33.0	20.5	34.4	6.9	5.2	0.0	0.0	100.0
GL	33.3	24.7	30.5	6.4	5.1	0.0	0.0	100.0
ZG	42.5	22.4	20.2	8.6	6.4	0.0	0.0	100.0
FR	28.2	26.0	20.3	8.6	16.3	0.0	0.6	100.0
SO	42.5	24.6	19.0	8.4	5.1	0.0	0.3	100.0
BS	38.4	22.6	11.9	23.4	2.1	1.6	0.0	100.0
BL	40.0	23.4	16.6	7.5	12.5	0.0	0.0	100.0
SH	39.6	25.8	22.7	7.9	4.0	0.0	0.0	100.0
AR	38.4	26.4	25.1	4.6	5.5	0.0	0.0	100.0
AI	27.2	29.2	26.0	4.5	13.0	0.0	0.0	100.0
SG	39.1	24.8	20.7	11.0	2.7	1.7	0.0	100.0
GR	34.5	24.1	24.9	12.4	4.1	0.0	0.0	100.0
AG	30.2	29.5	25.2	8.8	6.3	0.0	0.0	100.0
TG	38.7	26.0	23.4	8.5	3.5	0.0	0.0	100.0
TI	37.3	26.5	20.9	6.7	8.6	0.0	0.0	100.0
VD	33.8	24.9	21.0	7.9	12.0	0.0	0.4	100.0
VS	25.9	25.4	32.4	5.7	10.2	0.0	0.3	100.0
NE	47.6	26.1	13.9	5.2	7.1	0.0	0.1	100.0
GE	28.4	30.8	24.2	9.9	6.4	0.0	0.4	100.0
JU	30.6	24.9	19.6	5.2	19.7	0.0	0.0	100.0
平均	35.5	26.2	18.6	9.9	9.1	0.6	0.2	100.0

（資料）*Kantone und Städte der Schweiz*, 1992, より作成。

表 5-18 人口規模別にみた自治体の支出構造（機能別分類）：1990年　　（単位；％）

	10,000人未満	10,000人〜19,999人	20,000人〜49,999人	50,000人〜99,999人	100,000人以上	計
一般行政	9.2	10.6	9.5	8.3	10.0	9.4
司法・警察・消防	4.8	6.2	6.8	9.2	10.7	6.3
教育	22.1	27.7	25.9	24.5	15.0	22.1
文化・余暇	3.7	8.9	9.9	9.0	11.9	6.6
保健	22.1	5.0	9.8	7.4	9.4	16.0
社会福祉	8.7	12.8	12.4	14.6	16.3	11.1
交通	8.3	8.8	9.6	11.3	8.8	8.7
環境・地域開発	10.2	10.1	7.0	7.7	6.5	9.2
産業振興	5.0	1.5	1.2	1.5	1.0	3.4
公債費等	5.8	8.3	8.0	6.4	10.4	7.1
総　　　計	100.0	100.0	100.0	100.0	100.0	100.0

（資料）*Öffentliche Finanzen der Schweiz*, Bern, 1992, S.58-59 より作成。

なお，規模が10,000人未満の自治体は，他の自治体と比較して，保健の比重が著しく高い点が特徴的である。この保健と教育，及び環境・地域開発の3機能だけで54.4％を占めている。他方で，規模が100,000人以上の自治体では，比重の高い順に，社会福祉（16.3％），教育（15.0％），文化・余暇（11.9％），司法・警察・消防（10.7％），公債費等（10.4％），一般行政（10.0％），等と支出が広い範囲に散在しており，行政需要がかなり多様化している点が窺える。

(2) 収入構造

1）カントン・自治体に占める位置

次に，自治体の収入構造について検討する。まず，カントン・自治体に占める自治体の比重についてみておくことにしよう。表5-19は，カントン・自治体の税収入総額に占める自治体の比重を，1990年の場合で，カントン別にみたものである。

表5-19から判る通り，自治体がカントン・自治体の税収入総計に占める比重は，全体では42.9％を示している。この比重の高さは，カントン・自治体

第5章 自治体の財政構造

表 5-19 カントン・自治体の税収入全体に占めるカントンと自治体の割合（1990年）

(単位；%)

	カントン	自 治 体		カントン	自 治 体
ZH	45.9	54.1	AI	53.1	46.9
BE	49.7	50.3	SG	55.0	45.0
LU	46.7	53.3	GR	50.2	49.8
UR	62.4	37.6	AG	55.4	44.6
SZ	48.6	51.4	TG	52.2	47.8
OW	31.2	68.8	TI	62.0	38.0
NW	46.1	53.9	VD	60.8	39.2
GL	85.1	14.9	VS	52.5	47.5
ZG	44.7	55.3	NE	57.8	42.2
FR	54.6	45.4	GE	78.1	21.9
			JU	50.4	49.6
SO	48.1	51.9			
BS	95.7	4.3			
BL	67.7	32.3			
SH	52.5	47.5			
AR	49.6	50.4	平均	57.1	42.9

(出所) *Öffentliche Finanzen der Schweiz 1990*, Eidgenössische Finanzverwaltung 1992.

の支出総額に占める自治体の比重よりも5ポイント下回っている。カントン別にみると，最少はBSの4.3％で極端に低く，これを除いたとしても，GLの14.9％からOWの68.8％まで，50ポイントを上回る開きが存在している。

なお，カントン・自治体に占める自治体の比重について，前節で検討した支出に占める比重と税収入に占める比重の間には，相関が認められる（相関係数は0.625）。すなわち，支出に占める比重が高い場合には税収入に占める比重も高くなる傾向があるといえる。

しかし，カントン別に検討してみると，例えばGLの場合，支出では55.5％を占めているが，税収入では14.9％を占めているに過ぎず，相当に不均衡である。これは，後に示すように，他の政府水準からの財政移転の受け入れの比重が高いためである。他方で，OWの場合のように，支出では43.1％を占め，税収入では68.8％を占めており，税収入での比重が支出での比重を上

表 5-20 自治体の収入 (1989年) (単位;%)

	税収入			資本収益	使用料・手数料	カントン分与税	補助金・負担金	合計
	小計	所得・財産課税	消費課税					
ZH	55.7	55.2	0.4	7.3	25.1	0.0	11.9	100.0
BE	47.4	47.2	0.2	5.5	29.7	0.3	17.1	100.0
LU	53.7	53.5	0.2	5.5	23.8	0.0	17.0	100.0
UR	37.5	37.3	0.2	3.6	17.1	1.9	39.9	100.0
SZ	42.1	42.0	0.1	3.4	32.3	7.0	15.1	100.0
OW	59.3	59.3	0.0	3.1	23.7	2.5	11.5	100.0
NW	60.7	60.7	0.0	1.9	16.6	6.3	14.5	100.0
GL	9.0	8.9	0.0	7.2	31.1	28.1	24.7	100.0
ZG	51.6	51.5	0.0	5.8	23.3	0.2	19.1	100.0
FR	57.9	57.6	0.3	3.9	21.1	1.5	15.6	100.0
SO	52.2	52.1	0.1	4.3	27.6	0.0	15.9	100.0
BS	57.4	57.4	0.0	6.6	18.4	0.0	17.7	100.0
BL	52.3	52.2	0.1	5.1	19.3	8.3	14.9	100.0
SH	56.5	56.4	0.0	5.3	28.9	0.2	9.1	100.0
AR	42.4	42.4	0.0	2.7	34.3	6.6	14.1	100.0
AI	64.0	63.7	0.3	6.9	6.6	0.5	21.9	100.0
SG	40.0	39.8	0.2	5.5	28.3	8.0	18.1	100.0
GR	37.6	37.5	0.1	6.4	29.6	0.0	26.4	100.0
AG	50.0	50.0	0.0	5.4	31.0	0.6	13.0	100.0
TG	50.7	50.6	0.0	2.7	19.8	10.6	16.2	100.0
TI	49.5	49.5	0.0	5.5	23.5	4.1	17.4	100.0
VD	54.4	53.8	0.6	8.2	25.7	3.8	7.9	100.0
VS	43.9	43.8	0.1	4.4	32.3	1.5	18.0	100.0
NE	40.2	40.0	0.2	5.8	24.7	3.9	25.3	100.0
GE	73.5	73.5	0.0	12.6	6.4	4.1	3.4	100.0
JU	42.4	42.3	0.1	3.7	37.9	1.5	14.5	100.0
平均	50.7	50.4	0.2	6.2	26.0	2.2	14.9	100.0

(資料) 表 5-17 と同じ。

回っている場合が存在する。

2）収入構造

収入の構成についてカントン別にみてみると（表5-20を参照），支出の場合と同様に，カントン間で大きな差異が認められる。自治体全体でみて，税収入が収入の中心であるとはいっても，中にはGLのように9.0％と極端に低い場合があり，またUR（37.5％）やGR（37.6％）も40％を下回っている。逆に，AI（64.0％）やGE（73.5％）の場合があり，税収入の比重の差異が大きいことが判る。

こうした収入に占める税収入の比重の差異は，税外収入の比重の差異となって現れる。その内，資本収益と使用料・手数料の合計でみた比重では，AIの13.5％からJUの41.6％までの28.1ポイントの開きが，また財政移転の比重では，GEの7.5％からGLの52.8％までの45.3ポイントの開きが，それぞれ存在する。

(3) 財政移転

第2節でみた通り，カントン程の程度の高さではないが，自治体は財政移転の受取主体として特徴付けることができた。なお，自治体が受け取る財政移転は，使途が特定されない分与税と使途が特定されている補助金とに区分することができる。この内，表5-21にみるように，自治体が受け取る財政移転は，常に補助金が中心であった。そこで，この補助金について，更に検討しておくことにしよう。

まず，自治体が受け取った補助金について，自治体の総支出に占める割合でみてみる（表5-22を参照）。自治体全体では18.4％であるが，分野別にみると，産業振興（52.2％），公債費等（50.4％）などが特に高い割合を示している。また，保健（24.7％）も，総計を上回っている。他方で，文化・余暇（1.7％）と一般行政（3.4％）は特に低く，自治体がほぼ自主財源によって運営しているといえる。

次に，カントン別にみてみよう。補助金への依存が最も高いのは，GLの自治体で61.4％と依存財源を中心にして行政が維持されている。この他に，依存度が高いカントンとしては，UR（37.8％），GR（28.6％），NE

表 5-21　自治体の財政移転

(A) カントンの自治体に対する財政移転

(単位；100万フラン)

	補助金[a]	分与税	合　計
1950年	108.2	9.5	117.7
1955年	155.7	21.7	177.4
1960年	342.5	35.2	377.7
1965年	515.5[b]	68.0	583.5
1970年	1,001.9	109.6	1,111.5
1975年	1,870.0	151.6	2,021.7
1980年	2,507.2	209.6	2,716.8
1985年	3,339.6	303.0	3,642.6

(B) 自治体の総収入に占める割合　　（単位；％）

	補助金[a]	分与税	合　計
1950年	8.8	0.8	9.6
1955年	9.8	1.4	11.2
1960年	15.5	1.6	17.1
1965年	13.6	1.8	15.4
1970年	15.6	1.7	17.3
1975年	14.4	1.2	15.6
1980年	14.8	1.2	16.0
1985年	15.0	1.4	16.4

(注)　a　連邦政府からカントンを通じて交付される連邦補助金も含まれる。
　　　b　自治体間の補助金も含まれる。
(資料)　*Öffentliche Finanzen der Schweiz,* Bern, 1987, S.80-81 より作成。

(27.3％)，SG(26.4％)などを挙げることができ，逆に，依存度が低いカントンとしては，GE (6.2％)，SH (8.4％)，OW (9.7％)，BS (11.2％)，ZH (12.2％)などを挙げることができる。

ただし，依存度が高いからといって，すべての分野において高いというわけではない。例えばGLは，保健で0.0％，社会福祉で0.1％，交通で0.0％，と殆ど補助金に依存していない分野が存在しており，補助金は産業振興，公債費等，環境・地域開発といった，むしろ産業基盤に関連する分野に

表 5-22 連邦・カントン補助金が自治体の総支出に占める割合（1990年）

(単位；%)

	一般行政	司法・警察・消防	教育	文化・余暇	保健	社会福祉	交通	環境・地域開発	産業振興	公債費等	総計
ZH	4.7	5.2	5.9	3.1	23.5	16.7	19.6	10.6	5.6	17.7	12.2
BE	3.9	23.2	12.3	0.0	27.9	20.6	17.1	20.8	87.9	25.6	23.0
LU	4.9	17.2	32.4	1.7	16.2	2.6	9.6	19.3	0.0	40.6	18.2
UR	8.5	52.3	42.3	24.4	20.1	5.1	18.9	48.9	70.2	100.0	37.8
SZ	0.9	20.7	20.5	5.9	2.5	4.6	10.0	11.7	0.2	100.0	18.7
OW	6.8	40.0	2.0	0.3	23.3	2.2	29.0	11.0	0.0	30.8	9.7
NW	5.2	31.5	6.7	3.0	0.0	1.5	0.0	27.8	0.0	100.0	17.5
GL	3.5	26.2	43.9	0.6	15.7	0.1	0.0	31.4	82.5	100.0	61.4
ZG	0.0	9.8	32.4	3.0	3.5	7.1	0.3	20.2	22.3	87.7	20.8
FR	0.0	25.3	25.5	0.5	17.4	9.0	4.5	40.0	37.7	31.1	19.5
SO	0.6	9.7	26.4	0.9	27.0	17.7	1.1	16.0	9.6	36.8	17.9
BS	0.0	0.0	0.0	0.4	50.1	1.2	0.0	0.0	0.0	0.0	11.2
BL	1.4	12.9	21.6	0.0	8.9	0.0	0.1	3.4	10.1	100.0	21.6
SH	6.1	7.0	1.2	3.6	25.1	10.0	13.0	10.1	14.0	25.4	8.4
AR	0.0	35.6	20.3	3.5	16.7	1.6	8.6	12.6	0.7	100.0	20.9
AI	5.0	3.2	27.3	2.6	38.0	0.0	31.3	12.0	0.0	10.9	22.7
SG	15.6	17.9	16.3	0.3	15.4	7.8	18.9	13.2	63.1	100.0	26.4
GR	7.0	26.0	31.0	0.0	27.7	5.9	3.4	39.5	64.3	36.6	28.6
AG	0.3	9.5	14.8	0.0	23.2	6.9	0.1	6.1	27.3	75.7	14.0
TG	7.5	18.8	30.1	1.2	14.5	8.8	3.2	18.1	41.5	100.0	26.8
TI	0.3	16.8	25.6	0.9	25.5	12.3	2.8	38.5	73.6	47.0	22.8
VD	0.0	11.7	16.3	1.2	18.0	6.6	5.1	9.0	11.3	39.1	12.6
VS	0.1	15.9	9.0	1.2	38.1	5.5	2.5	26.7	31.6	29.6	17.9
NE	2.2	15.8	44.7	6.8	29.0	8.2	2.7	17.8	26.0	58.8	27.3
GE	0.1	11.1	5.5	0.3	0.0	0.0	12.3	5.2	0.5	21.7	6.2
JU	3.5	56.6	6.4	23.8	23.8	1.7	8.5	30.6	27.2	40.4	21.7
平均	3.4	14.3	17.7	1.7	24.7	12.3	10.2	17.5	52.2	50.4	18.4

(資料) *Öffentliche Finanzen der Schweiz*, 1992, より作成。

集中している。

　さらに，分野別にみてみると，例えば産業振興では LU 等の 0.0％から BE の 87.9％まで，また司法・警察・消防では BS の 0.0％から JU の 56.6％まで，それぞれの広がりが非常に大きい。逆に，一般行政では，0.0％から SG の 15.6％，社会福祉では 0.0％から BE の 20.6％と，比較的に広がりが小さい。

おわりに

　本章の目的は，スイス自治体の基本的な枠組みとその財政構造上の特徴を明らかにすることにあったが，本章の検討で明らかにした諸点を要約しておく。

　第一に，スイス自治体の基本的な枠組みを検討しておいた。すなわち，スイス連邦国家は，多言語，そして宗教はプロテスタント，ローマカトリック等から成る「モザイク」国家であるが，言語と宗教の地域分布をみるとカントンにおいてまとまりがみられる。自治体制度は，特に言語と宗教の共通性を基盤としたカントンの管轄下にあり，その結果，カントン間では実に多様な自治体の構成と組織が認められる（第1節）。

　第二に，スイス自治体の財政を相対化して特徴付けた。まず，国際比較の視点からは，政府部門に占める比重が非常に高く，財政上，高度に分権化されている。また，連邦政府とカントンという他の政府水準との比較の視点からみると，支出面では，支出分野が広範囲にわたること，特に文化・スポーツ・余暇，環境・地域開発等の比重が高いこと，自主的支出あるいは投資的支出の構成比が高いこと，等が特徴点である。収入面では，税収入を中心としているが，手数料・使用料といった税外収入の構成比が高いこと，所得・財産課税が基幹税であり，また一般的に付加税制度が採用されているが，税率の決定権が認められていること，財政移転に対する依存度はカントン程には高くはなく，自主的財源の比率が高いこと，等が特徴点として挙げられる（第2節）。

　第三に，スイス自治体の財政をカントン間の差異という視点で検討して，

第5章　自治体の財政構造　　177

相当な地域差が存在することを明らかにした。すなわち，支出面では，カントン・自治体に占める自治体の比重，及びカントン・自治体の支出の各分野に占める比重において，また収入面では，カントン・自治体の税収入に占める自治体の比重，及び自治体の収入構成において，更に自治体支出の補助金・負担金への依存の程度において，それぞれカントン間で相当な地域差を認めることができる（第3節）。

　以上のように，本章で検討してきたスイス自治体の特徴点は，財政の数量面に限っていえば，政府部門に占める高い比重と財政構造上の多様性にあるといえよう。

［注］

1) カトリーヌ・ベナニ(C.Benani)「スイスに於けるコミューンの制度と責務」『Home Rule & Civil Society 自治と市民社会』No.2, 1991年，中央学院大学，1頁。
2) 小林武『現代スイス憲法』法律文化社，1989年，36頁。
3) Benani, 前掲書，1頁。
4) この種の自治体の呼称は，実に様々である。Politische Gemeinde, Einwohnergemeinde, といった呼称の他にも，communes d'habitants, inhabitant communes, Munizipalgemeinde 等とも称される。
5) J.Meylan, "Les communes", *Handbuch Politisches System der Schweiz*, 1986, p. 140.
6) 例えば，GL, SG, TG 等では，種類の異なる六つの自治体が存在し，他方で，GE, NE, VD では「一般的自治体」のみが存在する。次を参照。Meylan, *op.cit.,* p. 140.
7) ここでは，主に次に拠った。Meylan, *op.cit.,* pp.140-143.
8) この「住民集会」は，スイスの自治体の80％強が有する機関であり，また年に少なくとも2回開催される，といわれている。(Dafflon, *La Gestion des Finances Publiques Locales,* ECONOMICA, 1994, p.4.)
9) この呼称も，カントンによって様々である。例えば，VD では，「自治会（Conseil communal）」，また NE では「一般会議（Conseil général）」等と呼ばれている。
10) FR の八つの自治体も，自治体議会の設置が義務付けられている。(Dafflon, *op.cit.,* p.5.)
11) VD では Municipalité と呼ばれ，また NE では Conseil communal 等と呼ばれている。
12) 第2節及び第3節では，「一般的自治体」に限らず，「特別自治体」をも含んだ財政統計が用いられている。
13) Dafflon, *op.cit.,* p.6.

14) K. Cornevin-Pfeiffer, "La dynamique du fédéralisme suisse", *Les Finances Publiques d'un Eta Fédératif : La Suisse,* ECONOMICA, 1992, p.121.
15) W. Linder, *Swiss Democracy,* 1994, p.50.

第6章

自治体の税財政制度

はじめに

　第5章では，スイス自治体の財政構造について分析を加えた。そこでは，政府部門に占める自治体の比重が国際比較の視点からみても非常に高いこと，また，支出面と収入面のいずれにおいても政府部門全体に占める自治体の比重が高いこと，またカントン間で比較してみると自治体財政構造が多様であること，等といった特徴点を明らかにした。

　ただし，これらの自治体の特徴点は，いずれも財政の数量面についていっているのである。たとえこの数量面で自治体の比重が高いことを認めることができても，そのことが自治体が行財政運営上の自律性が高いことを必ずしも意味するものではない，という点に注意する必要がある。従って，次の点を検討する必要があろう。すなわち，スイス自治体はその裁量権を制度面において，それも就中，その税財政制度においてどのように保障されているのか，という点である。本章の目的は，制度面，特に税財政制度における自治体の在り方について考察することである。

　なお，第5章の第2節でみたように，スイスにおいては，様々な種類の自治体が存在する。そこで，本章の直接の対象となる「自治体」の中身について，限定しておく必要がある。スイスにおいては，自治体は通常，「一般的自治体」と「特別自治体」に区分することができる[1]。「一般的自治体」は，Benaniによれば，すべてのカントンが有しており，また「その一般的使命によって特徴付けられ，活動領域が制限されていないという意味で，このコミューン

［自治体；引用者］だけが剰余的一般権限（general residual legislative authority）を付与されている」[2]と説明されている。これに対して「特別自治体」は，剰余的一般権限ではなく，特定の権限のみが付与されている。スイス全体でみると，特別自治体の種類は多様である。しかし，すべてのカントンで多様な特別自治体が存在するとは限らない[3]。本章では，いずれのカントンの自治体にも共通した特徴点を踏まえた上で，スイス自治体の裁量の在り方について検討することを目的としている。従って，以下の検討において本章の直接の対象となる自治体は，いずれのカントンにも存在する一般的自治体に限定しておきたい。以下，本章で自治体といった場合には，特に断らない限り，一般的自治体を指すことにする。

　以下，次の手順で論を展開することにする。第一に，スイス自治体の一般的な特徴点を検討することによって，自治体がどのようにその地方政府としての性格を保障されているのか，という点について明らかにする（第1節）。次に，税財政制度におけるスイス自治体の一般的な特徴点について検討する（第2節）。最後に，その税財政制度について，自治体の裁量権がどの程度発揮できるのかどうか，という視点から検討する（第3節）。

1．スイス自治体の特徴点

(1) Benani と Linder の見解

　さて，分権という視点からみた場合，スイス自治体はどのような特徴付けが可能であろうか。この点については，Benani と Linder がいくつかの特徴点を挙げている。そこで，論の出発点として，これら両者の見解についてみておこう。

　まず，Benani は，「コミューン（commune）」すなわち本章でいう自治体には「独自の地位を与えるべきで，国家行政組織図と同列に扱うべきではない」として，次の五つの特徴点を挙げている[4]。第一に，「コミューン［自治体］の先在性」であり，すなわち，歴史上，自治体は連邦政府とカントンに先行して存在していた，という点である。第二に，「コミューン［自治体］の負う責務の数の多さと多様性」である。第三に，「至る所でこの［自治体の］組織は

民主的」であること。第四に,「コミューン［自治体］の存在とその自治権の保障」である。第五に,「コミューンの立法権」であり,すなわち,自治体には「一般的かつ抽象的な条例」を発布する権限が認められているという点である。

　また,Linder が示すスイス自治体の特徴点は,次の通りである[5]。すなわち,第一に,自治体は,他の自治体と合併するか否かという決定の自由をも含めて,その存在権が認められていること。第二に,カントン法律の範囲内で,適切な政治構造・行政を選択する自由を有していること。第三に,自治体は,自らの需要に応じて課税する権利を有していること。第四に,カントンまたは連邦政府の権限に属さない事項に関して,自治体の裁量が保障されていること。

　両者による特徴点を更に整理すると,次のようになろう。すなわち,①自治体の先在性 (Benani による第一の特徴点),②自治体の存在権・自治権が保障されていること (Linder による第一の特徴点と Benani による第四の特徴点),③民主的な自治体組織 (Benani による第三の特徴点),④自治体の活動範囲の広さ (Linder による第二と第四の特徴点と Benani による第二と第五の特徴点),⑤課税権の保障 (Linder による第三の特徴点),以上の5項目になろう。以上の項目はいずれも,スイス自治体が地方政府として存在していることの根拠として重要であるといえよう。そこで,以下,この整理に沿って,スイス自治体の特徴点を更に敷えんしながら,スイス自治体の自治の在り方について検討していくことにしよう。なお,⑤課税権の保障については,税財政制度における特徴点に係わる内容であるため,第2節において検討することにする。

(2) 自治体の先在性

　現在のスイス連邦国家は,1848 年の連邦憲法に基礎付けられている,といえる。これに対して,自治体の起源については中世に始まる,といわれている。すなわち,当時,既に都市部 (Stadtgemeinden) と農村部 (Landgemeinden) において自治体の存在が認められる[6],という。このように,自治体がカントンあるいは連邦政府に歴史上,先だって存在していたという先

在性によって，自治体が「単なる分権化された公共団体以上のもの」[7]とみなされることになる。

　さて，連邦憲法においては，自治体の自治に関する明文規定はない。このことは，連邦憲法が自治体の自治を保障していないことを意味するのであろうか。この点については，小林武によると，「自治体が邦国家［カントン］の成立に先立って存在し，邦［カントン］権力に対する永年に亘る自治の主張を経て発展してきたという歴史的事実を背景にして，地方自治の保障が憲法の構成原理の不可欠の一部として尊重されるべきであることを前提にしたものである」[8]と述べられている。すなわち，「地方自治の保障」は，「憲法の構成原理の不可欠の一部」であり，自治体の自治の保障はむしろ連邦憲法上の前提である，という指摘である。また，その根拠として，自治体の先在性が挙げられている点が注目される。

　なお，Hertzog は国家の成立の仕方を基準にして，「国家の構成単位の自治の上に建てられたか，自治によって建てられた国家」と「地方自治に対抗して築かれた」国家を区分している。これまで述べてきたスイス自治体の先在性は，スイスが前者に分類される国家であることを意味するといえる。Hertzog によれば，スイスを含めて前者に分類される国々では「地方民主主義の実践はほとんど自然で断絶のない形で政治機構の総体に波及している。」[9]と述べられている。このことは，自治体の先在性が認められる結果，民主主義的な政治機構を有することを示唆している。

　以上にみるように，スイス自治体の先在性という特徴点は，スイス自治体の他の特徴点と強い関連性があることが窺える。すなわち，小林が指摘するように，先在性が連邦憲法の上で自治体の自治の保障の根拠となっていること，また Hertzog が示唆するように，自治体の先在性が結局は民主的な政治機構を実際のものとすること，等の点が重要である。

(3) 存在権・自治権の保障

　自治体の存在権・自治権（Linder による第一の特徴点と Benani による第四の特徴点）については，カントンに応じて様々な形態で保障されている。
　まず，存在権については，例えばカントン憲法において自治体の存在を明

文化して保障している場合がある。この場合にも，自治体の名称を列記する場合(UR，OW，GL，AR，AI)[10]，自治体数を言及する場合(ZG)，あるいは関係自治体の同意を義務付けている場合（NW，BS）等と様々である。他方で，自治体を廃止する場合には，議決機関に訴える必要があり，多くのカントン法律において，当該自治体の同意が必要とされている。たとえ自治体議会による同意が必要でない場合でも，住民投票を必要とする[11]。

また，自治体の自治権については，各カントンのカントン憲法において明記して保障されている。例えば，カントン ZH の場合，その ZH 憲法において「自治体は，憲法と連邦法律の制限内で，独自にその業務について規定する権限を有する」(第48条)と明記されている。また，スイス自治体の中でも比較的その自治権の範囲が制限されているといわれるカントン GE の場合でも，その GE 憲法において「自治体の自治は，法律上の定め，また特にカントンと連邦政府の権限及び自治体が服する監督権の制限内で行われる」(第2条)と規定してある[12]。いずれの場合も，自治体の自治権を，法律(具体的にはカントン憲法・法律と連邦法律）の範囲内において保障したものである。更に，仮に自治体の自治権が侵害されたとしても，その場合は，当該自治体は最終的に「憲法訴訟（Verfassungsbeschwerde）」という形態で連邦裁判所に救済を求めることができる[13]。これも，自治体の自治権を保障するための一つの形態であるといえる。

(4) 民主的な自治体組織

スイスにおいては，自治体制度についてはカントン憲法及び法律において規定されている（Linder による第二の特徴点）。従って，スイスの自治体制度といった場合，それは26のカントンの諸自治体制度の混合物でしかない。この点に関連して，Benani は次のように述べている。「例えば，コミューン制度［自治体制度］が州［カントン］の中で占める地位を規定し，コミューン［自治体］の活動領域に入る責務を決定することは州の権限である。従って，スイス全土のコミューンに帰属する責務を一通り検討するとなると，26にのぼる州の法体系を詳細に調査する必要がでてくるだろうが，その規模からしても，またコミューンに関係する規定が分散していることからしても，その

ような調査はほとんど実現不可能である」[14]。

　しかし，カントン毎に自治体制度が異なるとはいっても，自治体は「民主的」に組織されている（Benaniによる第三の特徴点）という点では，いずれのカントンにおいても共通している。ここで「民主的」というのは，次のような内容のことを指している[15]。すなわち，スイス自治体のすべてが議決機関と執行機関を有しており，議決機関は有権者全員で——「住民集会（assemblée de commune, Gemeindeversammlung）」の場合——，あるいは住民の投票によって選出された議員で——「自治体議会（parlement communal）」の場合——構成されており，また執行機関は住民の投票によって選出された構成員から成ること。また，自治体議会の制度が採用されている場合にあっても，住民による発議と住民投票権という直接参加を経ることができること，等である。

　自治体の地方政府としての存在がたとえ保障されていても，その行財政運営が住民の意向とは無関係に展開されるならば，住民の選好の充足という視点からいえば問題が残る。「民主的」な自治体組織が保障されていることは，住民の選好を自治体の行財政運営に反映させる機能を発揮するという点で重要であるといえよう。

(5)　活動範囲の広さ

　さて，スイスの自治体はカントン法律の範囲内で適切な政治構造・行政を選択する自由を有していること（Linderによる第一の特徴点），自治体に対してはカントンまたは連邦政府の権限に属さない事項に関して裁量が保障されていること（Linderによる第四の特徴点），また「一般的かつ抽象的な条例」を発布する権限が認められていること（Benaniによる第五の特徴点），これらの特徴点はいずれも，「はじめに」でも触れたように，自治体に「剰余的一般権限」が与えられていることに拠るものと考えられる。また，このことは結局は，「コミューン［自治体］の負う責務の数の多さと多様性」（Benaniによる第二の特徴点）となって現れてくる。これは，自治体の裁量権が広い範囲にわたって発揮されていることを意味するといえる。

　実際に行われている自治体の活動範囲については，Meylanによれば，通

表 6-1 各政府水準の支出の割合　　　　　　　　　　　　　　　　　　（単位：％）

	1980年			1991年		
	連邦政府	カントン	自治体	連邦政府	カントン	自治体
一般行政	3.1	5.2	9.1	3.4	5.3	9.3
司法・警察・消防	1.0	7.8	4.3	1.1	8.3	4.6
国防	20.3	1.8	1.7	17.5	1.2	1.6
外交	3.8	0.0	0.0	5.0	0.0	0.0
教育・研究	7.7	27.1	23.5	7.5	26.8	22.7
文化・余暇	0.6	2.2	5.5	0.8	2.4	6.3
保健	0.3	17.1	12.9	0.4	17.8	15.6
社会福祉	20.3	10.8	8.7	22.8	12.4	11.5
交通	15.3	13.5	10.4	15.3	11.0	8.6
環境・地域開発	2.0	3.3	11.1	2.1	3.0	9.2
産業振興	11.6	4.4	2.6	11.1	6.0	3.3
公債費等	13.9	6.6	10.2	12.9	5.9	7.3
合　計	100.0	100.0	100.0	100.0	100.0	100.0

（注）カントンは，1991年の場合，カントン間の重複分を除いてある。自治体は1980年と1991年ともに自治体間の重複分を除いてある。自治体の1980年の公債費等には，公共財産が含まれている。

（資料）*Statistisches Jahrbuch der Schweiz,* 1995, S.392, 396, 397 より作成。

常，次のような事項に及んでいる[16]，とされる。すなわち，内部組織（役員，職員の任免等），公共財産の管理，財源（税率決定，財務管理等），市民権（droit decitè），初等・中等公教育，広義の規制（公安，交通規制，公有財産の運用，商業活動の規制，消防，民間防衛，建設規制，等），社会保障（公的扶助，社会保険），地域開発計画，社会資本整備（道路整備，上下水道整備，等），環境保全（処理水の浄化，廃棄物の処理），公営事業（電気，ガス，水道等），スポーツ・文化活動支援。

　こうした自治体の活動範囲の広さは，財政支出においても認められる。表6-1は，各政府水準における分野別の支出の割合を，1980年と1991年の場合で示したものである。当表から，自治体における支出は，カントンとともに，国防と外交を除いた大半の分野にわたっていることが窺える。更に，表6-2から判るように，政府部門全体に占める各政府水準の割合は，国防と外交を除いた他のすべての分野において，カントンと自治体の水準にむしろ比

表 6-2 支出分野別にみた各政府水準の割合　　　　　　　　　　（単位：％）

	1980年				1991年			
	連邦政府	カントン	自治体	合計	連邦政府	カントン	自治体	合計
一般行政	17.2	35.9	46.8	100.0	18.0	36.1	45.9	100.0
司法・警察・消防	7.1	65.6	27.3	100.0	7.0	66.0	27.1	100.0
国防	84.3	9.3	6.5	100.0	85.1	7.6	7.2	100.0
外交	100.0	0.0	0.0	100.0	100.0	0.0	0.0	100.0
教育・研究	12.3	53.2	34.6	100.0	11.8	54.5	33.7	100.0
文化・余暇	7.2	32.4	60.4	100.0	8.5	31.8	59.7	100.0
保健	0.9	63.2	35.9	100.0	1.1	60.3	38.5	100.0
社会福祉	48.8	31.8	19.3	100.0	46.1	32.1	21.8	100.0
交通	36.8	40.0	23.2	100.0	40.9	37.7	21.4	100.0
環境・地域開発	12.4	25.0	62.6	100.0	14.3	26.5	59.2	100.0
産業振興	59.6	28.0	12.3	100.0	50.8	35.0	14.2	100.0
公債費等	44.2	25.9	29.9	100.0	47.3	27.7	25.0	100.0
合計	31.7	39.0	29.3	100.0	31.0	39.9	29.1	100.0

（資料）表6-1と同じ。

重が置かれており，自治体の重要性が窺える。

　以上，BenaniとLinderの見解の再整理に沿って，スイス自治体の一般的な特徴点について検討してきた。この場合，①自治体の先在性，②自治体の存在権・自治権の保障，③民主的な自治体組織，④自治体の活動範囲の広さ，いずれの特徴点に関しても，スイス自治体が地方政府として存在していることの根拠として重要であるといえる。

2．税財政制度における特徴点

　前節では，スイス自治体の一般的な特徴点を検討したが，いずれの特徴点もスイス自治体が地方政府として存在していることの根拠とみなすことができる。本章の目的は，特に税財政制度において，その自治体の地方政府としての在り方がどのように保障されているのか，という点を明らかにすることである。この点をみるために，まずスイス自治体の税財政制度における一般的な特徴点について考えることにする。

(1) 多様性

　スイス自治体の税財政制度にみられる第一の特徴点として，その多様性を挙げることができる。以下，この点について検討しよう。

　自治体の税財政制度に関しては，自治体制度の場合と同様に，カントンにその決定権がある。そのため，一般的にはカントン法律によって自治体が徴収できる税が規定されている[17]。カントンに対して自治体の税財政制度を決定する権限が与えられているならば，カントン毎に自治体の税財政制度も異なってくることが考えられる。このことは，自治体の税財政制度の多様性となって現れてこよう。税財政制度においては，多くの局面があるが，ここでは，自治体レベルで徴収されている税目を例に採ってこの点をみてみよう。

　表6-3は，スイスのカントン・自治体において実際に徴収されている税目について示したものである。当表から判るように，すべてのカントンにおける自治体が，所得・財産課税を徴収している。更に詳しくみると，人頭税が16カントン（内，4カントンが任意），土地取得税が11カントン（内，3カントンが任意），家屋税が7カントン（内，4カントンが任意），相続・贈与税が4カントン（いずれも任意），富くじ税が10カントン，犬税が23カントン（内，15カントンが任意），娯楽税が14カントン（いずれも任意），その他が10カントン（いずれも任意）となっている。

　以上に挙げた10税目に関してみると，2税目が2カントンにおいて，3税目が2カントンにおいて，4税目が7カントンにおいて，5税目が5カントンにおいて，6税目が5カントンにおいて，7税目が1カントンにおいて，8税目が2カントンにおいて，9税目が2カントンにおいて，それぞれ徴収されている。

　以上のように，所得・財産課税がすべてのカントンにおける自治体で徴収されている点を除けば，税目の種類と数においてカントン間でかなり異なっているといえる。自治体の税財政制度における多様性は，税目に限らない。すべてのカントンの自治体で徴収されている所得・財産課税についても，その課税ベース，税率表等がカントン毎に異なっているために，その課税ベースと税率表についても多様性が指摘できる。更に，税目の選択，税額の決定等について，自治体の裁量の程度がカントン毎に異なってくることが考えら

表 6-3 スイスにおける各政府水準の税目　　　　　　　　（1991年1月1日現在）

課税主体	人頭税	所得・財産税	土地取得税	不動産税	土地移転税	相続・贈与税	富くじ税	資本収益税 1)	印紙税	関税・売上税	タバコ・酒税	自動車税	犬税	娯楽税	カントン印紙税	広告税	その他 2)	課税主体
連邦政府	—	B 3)	—	—	—	—	4)	—	B	B	B	—	—	—	—	—	—	連邦政府
ZH	G	KG	G	—	G	K	4)	—	—	—	—	K	K(G)	K	—	—	—	ZH
BE	—	KG	KG	G	K	K	KG	—	—	—	—	K	(G)	(G)	—	—	K	BE
LU	KG	KG	K	G	K	K(G)	KG	—	—	—	—	K	G	(G)	K	K	K(G)	LU
UR	KG	KG	K	—	K 7)	K	KG	—	—	—	—	K	(G)	K	—	K	—	UR
SZ	KG	KG	K	—	G	—	KG	—	—	—	—	K	G	—	—	—	(G)	SZ
OW	KG	KG	KG	—	K	K	KG	—	—	—	—	K	(G)	—	—	K	K	OW
NW	KG	KG	—	—	K	K	KG	—	—	—	—	K	K	—	—	—	K	NW
GL	G	KG	K	—	K 7)	K	4)	—	—	—	—	K	K(G)	—	—	—	K(G)	GL
ZG	KG	KG	(G)	K	K	K	KG	—	—	—	—	K	(G)	—	—	—	—	ZG
FR	(G)	KG	KG	K(G)	K(G)	K(G)	4)	—	—	—	—	K	K(G)	(G)	—6)	—	K(G)	FR
SO	K(G)	KG	KG	—	K	K	—	—	—	—	—	K	K(G)	(G)	—	—	(G)	SO
BS	—	KG	K(G)	(G)	K	K	—	—	—	—	—	K	K	K	K	—	K	BS
BL	—	KG	K	(G)	K	K	—	—	—	—	—	K	G	—	—	—	—	BL
SH	KG	KG	KG	—	K 7)	K	—	—	—	—	—	K	K(G)	K	—	—	—	SH
AR	KG	KG	K	—	(G)	K	—	—	—	—	—	K	KG	(G)	—	—	K(G)	AR
AI	—	KG	K	(G)	K	K	4)	—	—	—	—	K	G	—	—	—	K	AI
SG	—	KG	KG	G	G	K	—	—	—	—	—	K	G	(G)	—	—	(G)	SG
GR	K(G)	KG	K(G)	(G)	(G)	K(G)	4)	—	—	—	—	K	(G)5)	(G)	—	—	K	GR
AG	—	KG	K	—	K	K	KG	—	—	—	—	K	KG	—	K	K	K(G)	AG
TG	—	KG	K	K	K	K	4)	—	—	—	—	K	K(G)	—	—	—	—	TG
TI	G	KG	K	KG	K	K	KG	—	—	—	—	K	K(G)	K	K	—	K	TI
VD	(G)	KG	K	K(G)	K(G)	K(G)	KG	—	—	—	—	K	K(G)	(G)	K	K	K(G)	VD
VS	G	KG	K	KG	K	K	—	—	—	—	—	K	KG	(G)	K	K	K	VS
NE	—	KG	K	K(G)	K	K	—	—	—	—	—	K	(G)	(G)	K	—	K	NE
GE	K	KG	K	K	K	K	4)	—	—	—	—	K	K	K6)	—	K(G)	—	GE
JU	—	KG	KG	G	K	K	—	—	—	—	—	K	(G)	(G)	—	—	K	JU

（注）B＝連邦政府，K＝カントン，G＝自治体，(G)＝自治体による選択
1）個人の動産による資本収益のみ。
2）宿泊税，上水道税，娯楽税，等。
3）連邦政府は，個人の財産課税は徴収していない。
4）経常的所得税としてその他の所得と合算して課税。
5）郡による強制課税，自治体の選択による課税。
6）登録税。
7）土地登記簿料金。

（出所）*Handbuch Politisches System der Schweiz*, Bd.4. Politikbereiche/hrsg. von Gerhard Schmid, 1993, S.32.

第6章 自治体の税財政制度

表6-4 各政府水準の収入（1991年）

	連邦政府		カントン		自 治 体	
	1,000フラン	%	1,000フラン	%	1,000フラン	%
税収入	29,169,350	92.7	21,606,329	51.2	15,357,563	48.2
専売収益	439,440	1.4	504,353	1.2	103,464	0.3
資本収益	784,750	2.5	1,298,053	3.1	2,084,427	6.5
使用料・手数料	967,260	3.1	5,921,442	14.0	7,058,165	22.2
分与税	4,215	0.0	2,742,864	6.5	1,041,652	3.3
補助金・負担金	22,749	0.1	7,349,485	17.4	4,549,465	14.3
金融資産売却・その他	69,847	0.2	2,750,742	6.5	1,666,836	5.2
合　計	31,457,611	100.0	41,844,697	100.0	31,088,028	100.0

（注）カントンあるいは自治体の合計値は，カントン間あるいは自治体間の重複分を除いてある。
（資料）*Öffentliche Finanzen der Schweiz,* Bern, 1994, S.22, 42, 77 より作成。

れる。こうした諸点を勘案すると，多様性が，従ってまた自治体の税財政運営における裁量の程度がカントン毎に異なっていることが，スイス自治体の税財政制度の特徴点であるともいえよう。

(2) 基 幹 税

さて，既に述べたように，所得・財産課税がすべてのカントンの自治体において徴収されている。従って，特に税制度における自治体の特徴は，この所得・財産課税を中心としたものとなる。スイス自治体の税財政制度にみられる第二の特徴点としては，自治体における基幹税はその所得・財産課税であり，特に所得課税が中心をなしている，という点を挙げることができる。

表6-4は，各政府水準の収入の内訳について，1991年の場合でみたものである。表から，次の諸点を指摘できよう。すなわち，連邦政府の段階にあっては，ほぼ税収入にその財源が特化されており(92.7％)，それ以外の財源はほとんど無視できる程度でしかない。また，カントンの段階にあっては，連邦政府の場合と比較してかなり比重は落ちるのであるが，やはり税収入を中心としており（51.2％），これ以外には，財政移転が23.9％（すなわち，補助金・負担金が17.4％，分与税が6.5％）と無視できない比重を占めている

190　第Ⅱ部　自治体財政

表6-5　各政府水準における税収入全体に占める割合
（1991年）　　　　　　　　　　　　　　（単位；％）

	連邦政府	カントン	自治体
所得・財産課税	44.2	94.1	99.6
個人所得	15.5	63.3	72.4
個人財産	—	5.7	6.4
法人収益	6.8	11.7	10.0
法人資本	1.0	3.5	2.8
財産取得	0.2	3.5	4.5
不動産	—	0.6	2.0
譲渡	—	2.2	1.0
相続・贈与	—	3.5	0.5
源泉税	14.1	—	—
印紙税	6.6	—	—
消費課税	55.8	5.9	0.4
売上税	34.3	—	—
個別消費税	5.2	—	—
関税	15.2	—	—
通行税	1.2	—	—
自動車税	—	5.6	—
娯楽税	—	0.1	0.2
犬税	—	0.0	0.1
その他	—	0.1	0.1
合　　計	100.0	100.0	100.0

（資料）*Öffentliche Finanzen der Schweiz* 1991, S.140-141, S.142-143, S.144-145 より作成。

点が注目される。自治体においては，他の政府水準と同様に，税収入を中心として，使用料・手数料の22.2％と，財政移転の17.6％（すなわち，補助金・負担金が14.3％，分与税が3.3％）が無視できない比重を占めている。

　表6-5と表6-6は，政府水準別にみた税収入の状況について示したものである。税源配分の在り方については，次の諸点を指摘できる。すなわち，連邦政府には消費課税がほぼ独占的に充てられており，消費課税について政府部門全体に占める連邦政府の割合は92.4％を占めている。連邦政府の税収入全体に占める消費課税の割合も55.8％を示し，連邦政府の基幹税を形成し

表6-6 政府部門全体の税収入に占める各政府水準の割合（1991年） (単位；％)

	連邦政府	カントン	自治体
所得・財産課税	26.0	41.0	33.1
個人所得	15.0	45.4	39.6
個人財産	—	54.0	46.0
法人収益	32.2	41.0	26.8
法人資本	18.7	50.7	30.6
財産取得	4.2	48.3	47.5
不動産	—	28.4	71.6
譲渡	—	74.8	25.2
相続・贈与	—	90.7	9.3
源泉税	100.0	—	—
印紙税	100.0	—	—
消費課税	92.4	7.2	0.4
売上税	100.0	—	—
個別消費税	100.0	—	—
関税	100.0	—	—
通行税	100.0	—	—
自動車税	—	100.0	—
娯楽税	—	39.4	60.6
犬税	—	29.9	70.1
その他	—	56.2	43.8
合　　計	43.4	32.1	24.5

（資料）表6-5と同じ。

ていることが判る。

　これに対して，カントン・自治体の段階では，自動車税がカントンに特化されていることを除けば，他のすべての税目に関してカントンと自治体が重複していることが判る。カントンと自治体のそれぞれの税収入全体に占める各税目の割合をみてみると，ほとんど同じ傾向を示しているといえよう。すなわち，カントン，自治体のいずれの政府水準にあっても，個人所得税を中心とした所得・財産課税にほぼ特化した税収入構造となっている。

　また，自治体の政府部門全体に占める割合をみてみると，まず，全体では24.5％を占めている。この割合は，カントン（32.1％）及び連邦政府

（43.4％）の場合を下回ってはいるが，国際比較の視点からはむしろ最も高い水準を意味することに注意する必要がある[18]。更に，税目毎にみてみると，所得・財産課税のどの税目も，不動産税を除いて，カントンの割合を下回るとはいえ，個人所得税が39.6％，個人財産税が46.0％，等と高い比重を占めていることが判る。

(3) 付加税制度

スイス自治体の税財政制度にみられる第三の特徴点は，カントンの税制度と結合された付加税制度が採用されていることである。この点は，表6-5においても，カントンと自治体の各税収入がほとんど重なっていることからも窺われる。この点について，更に検討してみよう。

第4章の表4-4において，所得・財産課税に関する「カントンと自治体の課税制度」を示しておいた。当表から判るように，まず，すべてのカントンにおいて，カントン及び自治体のいずれの段階においても所得・財産課税が徴収されていることが判る。また，自治体による課税においては，表では，「カントンと同じ課税ベースと税率」を採用しているカントンが21存在し，スイス自治体の課税制度がカントン課税を基礎にして課税される付加税制度が基本であることが判る。

ただし，例外が5カントン存在している。すなわち，UR，VS，そしてNEの各カントンにおける自治体課税は，課税ベースはカントンと同じであっても，自治体固有の税率表が採用されている。また，税率表に留まらず，課税規則それ自体も自治体固有に定めているGRとBSも存在する。ただし，GRは1956年以降，法人関係税については徴収できなくなっている。BEは法律がなくても徴収できるが，それはカントンが既に徴収している税目に限られている。法律によって自治体が徴収できる税が列挙されている場合でも，税制度の中身を自由に決定できるわけではない[19]。また，GRの税率表の累進は，カントン税の累進の度合を上回ってはいけないという条件が付されている[20]。NEもGRと同様に，カントンとは別に固有の税率表を採用しているが，最高税率が法律によって決められている[21]。

以上のように，例外の場合にあっても，カントン課税と全く無関係に自治

体課税が展開されているわけではない，という点に注意する必要があろう。ここでは，カントンと自治体の間で共通の税制度を適用することによって税務行政上の運営コストの削減が図られているといえる。

3．税財政制度における裁量

前節では，税財政制度におけるスイス自治体の一般的な特徴点を概観しておいた。そこで，本節では，前節で検討した自治体の税財政制度を，自治体の裁量がどの程度発揮できるのかどうか，という視点から検討したい。

(1) 課 税 権

第1節で示したように，Linderは，自治体の第三の特徴点として，自らの需要に応じて課税する権利を有していること，という課税権の保障を挙げていた。しかし，Linderの指摘する自治体の課税権の内容は，カントンの有する課税権の内容とは区別する必要がある。カントンの課税権は，前述したように，税目の数，課税ベース，税率構造の決定という広い範囲にわたっている。しかし，税制度における自治体の裁量権は，カントンのレベルでの裁量権が発揮できる範囲と比較すると，かなり制限されているものといえる。すなわち，自治体に対しては通常，「派生的課税権 (abgeleitet Steuerhoheit)」が与えられており，この場合，自治体はカントンの法律の規定に従って課税するのである[22]。これは，前節で述べた付加税制度の下で自治体の「課税権」が発揮できる，ということを意味している。

また，第4章第2節でも指摘したように[23]，課税のすべての局面(支払能力に応じた原則と便益原則に応じた原則の選択，課税対象，納税者の範囲，課税ベースの算定，税率表及び控除額，課税の年間係数，徴収方法，課税に関する訴訟の規定) に関して決定権が認められる「完全な課税権」は，連邦憲法上規定されている税目に関しては連邦政府に対して保障されており，また連邦憲法上，連邦政府に留保されていない税目に関してはカントンにも保障されているといえる。自治体に対しては，基本的には課税の年間係数，すなわち本章でいう課税係数に対する決定権のみが認められている「課税弾力性」

が保障されているといえる。

　以上のように，スイス自治体は，カントンの課税権と比較するとかなり裁量の発揮が制限されることになるが，自治体に対して課税係数の決定権が与えられている。このことは，税額の最終的な決定権が自治体に与えられていることを意味する。また，料金の決定権の範囲が広いことも重要である[24]。既に表6-4で示したように，例えば1991年の場合，自治体の収入の22.2％は使用料・手数料によるものである。これは，48.2％を占めている税収入に次ぐ収入項目であり，分与税（3.3％）あるいは補助金・負担金（14.3％）の比重を大きく上回っており，自治体の重要な収入源となっている。課税係数と料金の選定に対する決定権は，自治体の剰余的一般権限と結びついて，自治体の需要に応じた財政収入を，従ってまた，広い活動範囲を実際のものとしている，と考えられる。

(2) 課税係数

　さて，前節において，スイス自治体の税財政制度の特徴点として，カントンの税制度と結合された付加税制度である，という点を挙げておいた。この付加税制度の下で，これまで述べてきた課税係数がどのように適用されているのか。この点について，個人所得課税を例に採って以下簡単に説明しておく（表6-7を参照）。

　大多数のカントンにおいては，個人所得課税の計算は，二段階からなる。

表6-7　カントン・自治体の所得課税制度

カントンの税率表に基づく基本課税	6,500フラン
乗数：	
―カントン　（115％）	7,475フラン
―自治体　　（125％）	8,125フラン
―教会税　　（ 11％）	715フラン
課税総額	16,315フラン

(出所) K. Cornevin-Pfeiffer et Antonio Manzini, "Le financement de l'Etat", *Les Finances Publiques d'un Etat Fédératif : La Suisse,* ECONOMICA, 1992, p. 121.

第一に、カントンの「基本課税（impôt de base）」が算出される。ここでは、法律によって定められた税率表を可処分所得に適用して計算する。第二に、この基本課税は、カントンと自治体の各政府水準において、毎年規定されている何らかの数値によって乗数化される。この第二の段階で課せられる乗数が課税係数である。自治体は、それが属するカントンと同じ規則（同じ課税ベースと同じ税率表）を有しているが、固有の乗数（tauz de mulutiple）、すなわち課税係数をカントンの基本課税に適用することができるのである[25]。

次に、自治体によって実際に適用されている課税係数についてみてみることにしよう。ここでは、表6-8によって、カントンZHとカントンGEの両カントンにおける主要都市で適用された課税係数を、1991年の場合でみてみる。当表から次のような諸点を指摘することができよう。すなわち、カントンZHでは、カントンの段階での課税係数は108％、主要都市Zürich市は118％である。主だった表中の自治体の中で、課税係数が最も高いのはPfäffikon市の119％、逆に最も低いのはWallisellen市の80％であり、両者の間には約1.5倍の開きがある。他方で、カントンGEの場合は、カントンの段階での課税係数は147.5％、主要都市Genève市では45.5％である。主だった表中の自治体の中で、最も高い課税係数を示しているのはOnex市の52％、他方、最も低いのはCarouge市の36％であり、両者の間には約1.4倍の開きが存在している。

以上は、ZHとGEの主だった自治体に限ってみたのであるが、課税係数の決定にみられる自治体の裁量の幅の大きさが窺える。

(3) カントンの監督権

第1節で述べたように、スイス自治体の特徴点として、存在権・自治権の保障を始め、その裁量権を発揮するための多くの根拠が認められる。ただし、再三指摘してきたように、自治体制度及び自治体の税財政制度の決定権はカントンに帰属する。そのため、実際上、自治体がその裁量権を発揮できるのは、これらの制度面での枠内においてである。この場合、特に、カントンがどの程度まで自治体の特に税財政運営に関与することができるのか、という点が重要であろう。以下、この点について検討しておこう。

表6-8　ZHとGEの課税係数　　　　　　　　　　　　　　　　　　（単位；％）

カントン・自治体	課税係数（1991年）		
カントン ZH	カントン税：108		
	自治体税	教会税	
	（特別自治体税を含む）	プロテスタント	カトリック
Zürich	118	11	13
Adliswil	115	10	12
Affoltern am Albis	111	14	16
Bassersdorf	117	10	13
Bülach	116	11	15
Dietikon	117	11	15
Dübendorf	94	10	12
Egg	108	11	13
Hinwil	114	9	16
Horgen	94	10	13
Illnau-Effretikon	112	14	16
Kilchberg	91	8	12
Kloten	92	11	13
Küsnacht	90	7	9
Männedorf	106	12	16
Meilen	82	9	11
Oberengstringen	100	11	13
Opfikon	87	7	10
Pfäffikon	119	14	13
Regensdorf	108	11	14
Richterswil	114	14	15
Rümlang	100	12	14
Rüti	110	14	14
Schlieren	108	11	12
Stäfa	100	12	13
Thalwil	90	9	12
Urdorf	111	12	14
Uster	112	10	11
Volketswil	105	10	11
Wädenswil	110	10	14
Wald	112	14	16
Wallisellen	80	7	11
Wetzikon	113	13	16
Winterthur	116	14	16
Zollikon	97	7	10
カントン GE	カントン税：147.5		
	自治体税		
Genève	45.5		
Carouge	36		
Chêne-Bougeries	38		
Chêne-Bourg	48		
Lancy	48		
Le Grand-Saconnex	44		
Meyrin	48		
Onex	52		
Thônex	46		
Vernier	50		
Versoix	50		

（出所）*Die Steuern der Schweiz,* Allgemeines Nr.2, 1991, Verlag für Recht und Gesellschaft AG, Basel, S.5, S.12.

例えば，カントン ZH では，自治体の決定が「自治体の目的を明らかに逸脱し，同時に納税義務者のかなりの負担を招き，あるいは不適切にも正当な配慮を欠いている」場合には，自治体の決定権は否決され得る[26]。自治体の行財政運営は，「郡参事会 (Bezirksrat)」を通して，カントン当局の監督の下にあり，「郡参事会は自治体主体と自治体当局がその任務を誠実に，また法律上の規定に従って遂行しているかを監視する。」[27]としてある。この場合, ZH を始め，スイスにおいては一般的に，カントン当局の監督権は，自治体の行政行為の法律上の合法性の点検に留まっている，といわれている[28]。

こうしたカントン当局の監督権について，税財政運営により引きつけて検討してみる。Meylan によると，スイスにおいては，カントンが自治体に関与する場合，「特定の規定を明示することなく，また一般的監督権に基づいてのみ」行われる。ただし，何の理由もなく監督権が発揮されるのではなく，その目的は「実際上，自治体の健全な財政運営を保障すること」[29]にある，とされている。また，そのより具体的な保障の仕方としては，例えば次のような制約がカントンによって自治体に課せられている[30]。

一つは，経常予算が均衡していることである。つまり，カントンと同様に，自治体はその経常予算に関して，赤字を累積することはできない。赤字が累積している場合には，増税を図らなければならない。自治体がこの制約を守らなければ，カントンは，当該自治体に替わって，課税係数を決定することができる。

もう一つの制約は，公債に関してである。自治体の公債が認められるのは，投資支出の財源に充てられる場合に限られ，また，自治体がその経常予算から元利償還が可能な財政力を有している場合に限られる。

こうした制約事項は，自治体の裁量権を制約するものというよりも，やはり「自治体の健全な財政運営を保障すること」にその目的があるといえよう。

以上のように，カントンの自治体に対する関与は，自治体の行政行為の合法性の点検，そして税財政運営においては「健全な財政運営の保障」にその目的がある。従って，こうした関与の在り方は，第1節でみたような自治体の裁量権の発揮を損なうものではないといえよう。ただし，（スイス自治体においてはむしろ例外的な事例ではあるが）カントン GE のように，そのカ

ントンの自治体に対する関与の在り方がかなり後見的，集権的な性格を持った場合も実際に認められる。Meylanによれば，「カントンGEの法律によれば，カントン当局によって求められる情報はすべて，提供する義務が自治体にある。また，カントンGEのみが，自治体に対して，その議決のすべてをカントン当局に伝えることを義務付けている。」[31] 実際に，GEにおいては，次の事項についての自治体による決定はカントン当局（参事会）によって同意されて初めて執行可能となる[32]。すなわち，ａ）年予算と決算，ｂ）自治体債務，ｃ）自治体財の抵当，ｄ）自治体保障，ｅ）不動産の売買，自治体財の交換・分割，ｆ）自治体の不動産と公営事業に関する創設・変更，あるいは廃止の企画，ｇ）道路・街路の開設と中止，ｈ）土地利用，区画計画，ｉ）自治体の公益のための収用，ｊ）緊急事項，ｋ）審議手続を設定した自治体議会の規則，ｌ）民間企業に与えられる財源保障，ｍ）自治体間連合の創設・規則，及び当該連合への自治体の加盟と撤退。以上のように，GEにおいては，自治体の税財政運営はほとんど全般にわたって，カントン当局の同意が必要になる。

こうした後見的，集権的な性格を持った自治体への関与が認められるのは，税財政制度の多様性の一断面とみることもできよう。こうした多様性は，税財政制度における自治体の裁量権を考える場合，個別のカントン毎に検討する必要がある，ということを示しているといえよう。

おわりに

本章の目的は，スイス自治体の特に税財政制度における裁量について検討することにある。これまでの検討から，次の諸点が明らかになった。

第一に，スイス自治体には，次のような特徴点を認めることができる。すなわち，①自治体が，連邦政府あるいはカントンに歴史上先行して存在していたこと，②自治体の存在権と自治権がカントン憲法・法律において明記して保障されていること，③自治体が民主的に組織化されていること，そして④自治体には剰余的一般権限が認められており，このことが広い活動範囲となって現れていること。これらのいずれの特徴点も，スイス自治体が地方政

府として存在していることの根拠とみなすことができる（第1節）。

　第二に，スイス自治体の税財政制度には，次のような特徴点を認めることができる。すなわち，①自治体制度と同様に税財政制度の決定権がカントンに帰属しているため，採用されている税目を始め，カントン毎に多様な税財政制度が存在している。②スイス自治体の基幹税は，所得・財産課税，特に所得課税が中心を成している。③自治体の所得・財産課税は，カントンで採用されている税制度と結合された付加税制度の下にある。そのため，課税ベースと税率表については，カントンの水準で採用されている課税ベースと税率表が自治体の水準でも適用されている（第2節）。

　第三に，スイス自治体は，以上の税財政制度の諸特徴点の下で，更に，次のような裁量を発揮することができる。すなわち，①自治体の「課税権」は，カントンの法律規定内で発揮される。この点，カントンの課税権と比較するとかなり制限されているが，課税係数の決定権を有している。②課税係数は，付加税制度の下で，カントンの水準で決定された「基本課税」に対して適用される乗数であり，自治体毎に異なる係数を定めることができる。このことは，自治体が税額の最終的な決定権を有していることを意味する。③カントンの自治体に対する監督権は，基本的に，その行政行為の法律上の合法性を点検することに留まっており，自治体の財政運営に対しても「健全な財政運営を保障すること」が主旨であり，自治体の裁量権を損なうものではないといえる（第3節）。

[注]

1) 自治体の区分についての説明は，次に拠った。カトリーヌ・ベナニ（C.Benani）「スイスに於けるコミューンの制度と責務」『Home Rule & Civil Society 自治と市民社会』No.2，1991年，中央学院大学，1-3頁。J.Meylan, "Les communes", *Handbuch Politisches System der Schweiz,* 1986, S.140.
2) Benani, 前掲書, 1頁。
3) 例えば，カントンZHが有している特別自治体は，教会自治体，学校自治体，市民自治体，と多様である。他方で，カントンGEでは特別自治体は存在しない。
4) Benani, 前掲書, 12-14頁。
5) W. Linder, *Swiss Democracy,* St. Martin's Press, 1994, pp.49-52.
6) 次を参照。Benani, 前掲書, 4-10頁。

7) Benani, 前掲書, 12頁。ここで「分権化された公共団体」とは,「国土の一定部分の範囲内で自己の権限を行使する」ものと説明されている。
8) 小林武『現代スイス憲法』法律文化社, 1989年, 38頁。
9) Robert Hertzog「ヨーロッパの地方分権のモデル」『Home Rule & Civil Society 自治と市民社会』No. 2, 1991年, 中央学院大学, 80頁。
10) カントンの名称については, 略称で示す(「はしがき」を参照)。
11) J.Meylan, "Les communes", *Handbuch Politisches System der Schweiz,* 1986, p. 143.
12) ZH憲法は, Zürcher Gesetzessammlung 1981, Band Ⅰ所収の「チューリヒ州憲法(Verfassung des eidgenössischen Standes Zürich)(1860年4月18日)」を, また GE憲法は, LÉGISLATION GENEVOISE RECUEIL SYSTÉMATIQUE 所収の「ジュネーヴ共和国・カントン憲法(Constitution de la République et canton de Genève)(1847年5月24日)」をそれぞれ参照した。
13) 小林武, 前掲書, 39頁。
14) Benani, 前掲書, 45頁。
15) Benani, 前掲書, 13-14頁。次も参照。Meylan, *op. cit.,* pp.140-143.
16) Meylan, *op. cit.,* p.142.
17) J.Meylan, *Problèmes actuels de l'autonomie communale,* Verlag Helbing & Lichtenhahn Basel, 1972, p.121.
18) 第5章を参照。
19) Meylan, *op.cit.,* p.121.
20) 次を参照。Meylan, *op. cit.,* p.124.
21) 次を参照。Meylan, *op. cit.,* p.123.
22) Höhn, *a.a.O.,* S.344.
23, 24) B.Dafflon, *Public Revenues and The Swiss Public Sector,* Working Paper Nr.190, Departement fédéral des affaires etrangeres, Konferenz über den Föderalismus, Lucerne, 18-22, fevrier 1991, pp.11-12.
25) K. Cornevin-Pfeiffer et Antonio Manzini, "Le financement de l'Etat", *Les Finances Publiques d'un Etat Fédératif : La Suisse,* ECONOMICA, 1992, pp.120-121. 付言すれば, 下位段階の政府水準の個人所得課税として, カントン税と自治体税の他に, 特別自治体である教会自治体によって徴収される教会税(impôt ecclésiastique)が一般的に存在する。
26) ZH憲法第48条。
27) ZH自治体法第141条。ここで, ZHの自治体法は, Zürcher Gesetzessammlung 1981, Band Ⅰ所収の「自治体制度に関する法律(Gesetz über das Gemeindewesen)(1926年6月6日)」を用いている。
28) Meylan, *op. cit.,* p.138.
29) Meylan, *op. cit.,* p.124.
30) Dafflon, *op. cit.,* pp.12-13.
31) Meyland, *op. cit.,* p.124.
32) GE自治体法第70条。ここで, GEの自治体法は, LÉGISLATION GENEVOISE

RECUEIL SYSTÉMATIQUE 所収の「自治体行政に関する法律（Loi sur l'administration des communes）(1984 年 4 月 13 日)」を用いている。

第7章

自治体の財政構造の多様性
――カントン・ジュネーヴとカントン・チューリヒの比較――

はじめに

　第5章でみたように，スイス自治体の財政上の特徴点は，数量面に限って概観してみると，政府部門に占めるその高い比重とカントン間での財政構造上の多様性に求めることができる。ここで，財政構造上の多様性とは，カントン間でかなりの差異を認めることができる，という意味についていっている。すなわち，支出面では，カントン・自治体の合計に占める自治体の比重，及び自治体の支出構成において，また収入面では，カントン・自治体の税収入に占める自治体の比重，及び自治体の収入構成において，更に自治体支出の財政移転への依存の程度において，それぞれカントン間で相当な差異を認めることができる[1]。

　本章の目的は，このスイス自治体の財政構造上の多様性について，カントン・チューリヒとカントン・ジュネーヴ（以下，それぞれZH，GEと略称で示す）の各自治体を比較することによって，更に詳しく検討することにある。

　なお，本章において，ZHとGEを事例として比較の対象に挙げたのは，次のような諸点を勘案したためである。すなわち，一つは，ZHとGEは，かなり異なった自治体制度，特に税財政制度を有しており，これが財政構造上の差異となって現れてくる，と考えられることである。スイス自治体の税財政制度[2]にあっては，カントンによって多様であるが，一般的にはZHに代表されるように，自治体の裁量権の発揮が広い活動範囲にわたって保障されている。ZHの自治体の税財政制度はこの一般的な特徴点を最も具現した事例

表7-1 カントン別の一人当たり所得水準指数（1991年）

カントン	所得水準指数	ランク	カントン	所得水準指数	ランク
ZH	125.1	2	AI	72.9	26
BE	86.3	19	SG	87.2	17
LU	88.4	15	GR	91.9	12
UR	81.3	22	AG	98.1	8
SZ	94.9	10	TG	87.3	16
OW	81.3	22	TI	85.6	20
NW	103.3	5	VD	97.6	9
GL	102.2	6	VS	76.5	24
ZG	178.4	1	NE	86.9	18
FR	91.8	13	GE	123.5	3
			JU	75.0	25
SO	90.2	14			
BS	122.4	4			
BL	101.9	7			
SH	93.6	11			
AR	84.6	21	全体	100	―

（資料）*Statistisches Jahrbuch der Schweiz,* 1995, S.31, S.127 より作成。

としてみなすことができる。これに対してGEの場合は，自治体制度及び税財政制度において自治体の活動範囲がかなり制限されており，また，カントンの自治体に対する関与の在り方が集権的・後見的な性格が強いものとなっている。従って，GEはスイスの自治体財政の多様性を検討する場合には無視できない存在であるといえる。ZHとGEのこうした制度面での相違が，財政構造上の数量面にも反映してくるものと考えられる。

ただし，税財政制度が異なっていたとしても，経済力の差異が大きければ，それがまた財政構造にも反映してくる。この場合，財政構造上の多様性について，それを特に制度上の相違の結果としての多様性として検討する際には，比較検討が難しくなってくる。しかし，ZHとGEの両カントンは，スイスの26カントンの内，経済力の点でほぼ同じ水準に位置している。表7-1は，カントン別にみた一人当たり所得水準について，全体を100とした指数で，1991年の場合でみたものである。ZHは125.1でZGに次いで2位の水準であり，

GE は 123.5 で ZH と拮抗していることが判る。両カントンの間で財政構造上の差異があるとすれば，それは経済力の差異の結果ではなく，特に税財政制度上の相違が強く反映した結果である，と考えることができる。

　こうした諸点をみてみると，ZH と GE の自治体の財政構造を比較することは，特に自治体の税財政制度上のカントン毎の選好の相違が財政構造の数量面にどのように現れてくるのか，という点を明らかにする上で，十分な意義があるものと考えられる。なお，ZH と GE の両カントンにおける自治体制度・税財政制度と財政構造上の数量面との対応関係を検討する必要があるが，この点は第 8 章で展開することにして，本章ではまず，財政構造上の数量面での比較を試みる。

　そこで，以下，次の手順で論を展開する。ZH と GE の両カントンの自治体の財政構造についてスイス自治体全体の平均との比較を交えながら，まず支出構造について比較検討する。ここでは，一人当たり支出額及びカントン・自治体の合計に占める自治体の比重についてみてみる（第 1 節）。次に，収入構造について，特に一人当たり収入額及び収入内訳についてみてみる（第 2 節）。最後に，財政移転について検討する。ここでは，一人当たり財政移転の受取額，財政移転に対する依存度，そして自主的支出の程度について比較検討する（第 3 節）。

1．支出構造

(1) 一人当たり支出額

　表 7-2 は，1991 年の場合で，カントン・自治体の一人当たり支出額について，カントン別に示したものである。まず，カントンと自治体の合計でみてみると，平均が 10,185.1 フランであるのに対して，ZH は 11,186.7 フランで 26 カントン中の 7 位の水準を，また GE は 15,790.7 フランで最も高い水準を，それぞれ示しており，いずれのカントンも平均を大きく上回っている。カントンと自治体の合計でみる限りでは，ZH と GE はいずれも比較的大きな支出を展開している。

　しかし，カントンと自治体に区別して検討すると，ZH と GE の各カントン

表7-2 カントン・自治体の一人当たり支出額（1991年）

(単位；フラン)

	自治体	カントン	カントンと自治体
ZH	6,401.8	6,031.0	11,186.7
BE	6,050.0	5,983.4	9,851.5
LU	4,279.7	5,102.7	8,398.3
UR	3,160.3	9,966.2	11,763.7
SZ	4,273.1	3,978.1	7,310.4
OW	3,944.0	6,069.2	9,191.5
NW	3,481.9	5,015.1	7,599.4
GL	4,943.1	7,499.6	9,225.9
ZG	5,363.4	5,853.3	9,629.8
FR	3,665.4	6,718.0	9,124.9
SO	5,063.7	4,474.3	8,379.7
BS	373.9	14,430.4	14,786.6
BL	3,397.3	6,226.2	8,616.1
SH	4,001.4	5,726.0	9,295.5
AR	4,917.5	4,578.7	8,252.6
AI	2,820.6	5,953.9	7,733.4
SG	4,792.6	4,917.0	8,291.9
GR	5,969.4	6,990.1	11,295.5
AG	3,712.7	4,789.5	7,816.5
TG	3,520.6	4,858.4	7,428.6
TI	4,653.8	7,122.2	10,343.4
VD	4,687.8	7,185.4	10,732.7
VS	5,074.4	6,398.8	9,910.7
NE	6,345.7	7,695.6	11,811.6
GE	2,911.0	13,192.1	15,790.7
JU	5,301.3	9,107.2	12,305.0
平均	4,831.2	6,631.6	10,185.1

(注) 重複分は調整済み。
(出所) *Öffentliche Finanzen der Schweiz* 1991, S.61, S.97, S.119.

の特徴が明らかとなる。すなわち，カントンの水準での一人当たり支出額では，平均が 6,631.6 フランに対して，ZH はこれを下回る 6,031.0 フランで，14 位の水準に留まっている。他方，GE は BS に次ぐ 13,192.1 フランの高い水準を示している。また，自治体の水準での一人当たり支出額では，平均が 4,831.2 フランであるのに対して，ZH は最高額の 6,401.8 フランを示している。一人当たり支出額について，自治体がカントンを上回っているのは，ZH, BE, SZ, SO, AR の 5 カントンに限られ，その中にあっても ZH は特に自治体の比重が高いといえる。他方，GE の自治体は，2,911.0 フランで 24 位の低い水準を示しており，ZH と GE の間には約 2.2 倍の開きが存在する。

　以上のように，カントンと自治体の合計でみた一人当たり支出額は，他のカントンと比較して，ZH と GE はいずれも高い水準を示しているが，ZH では自治体での支出が大きいのに対して，GE ではむしろカントンでの支出が圧倒的であるといえる。

　次に，一人当たり支出額について，自治体の水準に限って，支出分野別にみてみることにしよう。表 7-3 は，各分野毎にスイス自治体全体の平均を 100 とした支出指数で，ZH と GE を比較したものである。当表から窺われるように，ZH の自治体では，大半の分野において，平均を上回った支出が展開されている。これに対して，GE の自治体では，文化・余暇で比較的高い水準を示していること，また，一般行政，消防，ゴミ処理，埋葬の各分野で平均的な支出活動が窺われることを除けば，概ね，極めて抑制的な支出水準を示していることが判る。

(2) カントン・自治体全体に占める自治体の割合

　表 7-4 は，カントンと自治体の合計でみた支出に占める自治体の割合について，支出分野別に，1991 年の場合を示したものである。当表によって，カントンと自治体の間の事務配分の在り方を窺うことができる。まず，平均でみてみると，総計で 42.1 ％であるが，環境・地域開発の 69.1 ％から産業振興の 28.9 ％までの 40 ％ポイント以上の開き（小区分では，ゴミ処理の 73.8 ％から農業の 19.9 ％までの 53.9 ％ポイントの開き）がみられる。概ね，一般行政，小学校，文化・余暇，等の政府活動が比較的狭い範囲に留ま

表 7 - 3 支出分野別にみた自治体の一人当たり支出指数
(1991年)　　　　　　　　　　　　　　　　(全体＝100)

	平均	ZH	GE
一般行政	100.0	134.2	102.4
公安	100.0	167.6	75.5
司法	100.0	218.7	26.3
警察	100.0	221.1	76.3
消防	100.0	106.7	129.5
国防	100.0	109.8	75.5
教育	100.0	116.4	24.1
小学校	100.0	125.8	27.4
職業訓練	100.0	58.8	2.6
文化・余暇	100.0	135.6	250.5
保健	100.0	131.4	0.2
社会福祉	100.0	190.5	43.0
交通	100.0	115.7	71.7
環境・地域開発	100.0	112.5	51.2
汚水処理	100.0	130.2	29.9
ゴミ処理	100.0	103.5	104.3
埋葬	100.0	140.0	90.6
地域開発	100.0	114.0	46.6
産業振興	100.0	42.4	1.6
農業	100.0	7.4	0.0
林業	100.0	46.3	0.0
公債費等	100.0	156.6	122.2
総　　計	100.0	132.5	60.3

(注) 自治体間の重複分は調整済み。
(資料) *Öffentliche Finanzen der Schweiz* 1991, S.94-97 より作成。

表 7-4 支出分野別にみたカントンと自治体の合計に占める自治体の割合(1991年) (単位；%)

	平均	ZH	GE		平均	ZH	GE
一般行政	56.0	61.2	48.9	社会福祉	40.4	64.8	9.1
公安	32.4	42.2	16.2	交通	36.3	50.1	20.6
司法	24.3	36.7	4.9				
警察	26.4	42.7	11.1	環境・地域開発	69.1	81.4	44.2
国防	48.6	58.3	40.7	汚水処理	72.4	86.6	37.5
				ゴミ処理	73.8	80.9	57.6
教育	38.2	39.9	6.5	地域開発	59.0	87.7	29.9
小学校	54.4	60.3	14.8				
職業訓練	27.9	48.7	0.5	産業振興	28.9	24.3	3.2
				農業	19.9	5.5	0.0
文化・余暇	65.3	71.7	90.0	林業	50.8	68.3	0.0
保健	37.9	45.8	0.0	公債費等	47.4	59.9	30.8
				総計	42.1	51.5	18.1

(資料) *Öffentliche Finanzen der Schweiz* 1991, S.64-67, S.94-97 より作成。

る分野では自治体が，また，産業振興のように比較的広い範囲にわたって政府活動の効果が波及する分野あるいは保健，福祉等の社会保障分野ではカントンが，それぞれ重点的に支出活動を担っているといえよう。

これをZHの場合でみてみると，総計では平均を9.4％ポイント上回っている。支出分野別では，産業振興の農業を除いて，他のすべての分野において，平均を上回っている。それも，社会福祉（24.4％ポイント増），職業訓練（20.8％ポイント増），地域開発（28.7％ポイント増）等の比重が相対的に高い比重を示している。これに対して，GEの場合でみてみると，総計では平均を24％ポイントも下回っている。支出分野別にみると，唯一，文化・余暇が平均を上回っているに留まり，他の分野においてはすべて，平均を下回り，職業訓練，保健，産業振興（農業，林業），警察は，カントンの政府水準にほぼ特化されていることが窺われる。

これまでみてきたように，自治体の一人当たり支出額及びカントンと自治体の合計に占める自治体の割合のいずれの事項をみても，ZHの自治体がよ

り高い水準で支出を担当しているのに対して，GE の自治体はむしろ極めて限定的な水準と範囲でしか支出展開がみられないといえよう。

表 7-5 は，カントンと自治体の合計でみた支出内訳を 1991 年の場合で示したものであるが，平均，ZH 及び GE の間には，必ずしも大きな差異は認められない。従って，ZH と GE は，カントンと自治体の合計に関していえば，いずれも比較的高い水準の支出展開を示しながらも，支出内訳は極めて平均的な構造を有しているといえる。しかし，自治体の政府水準に限って，その支出内訳をみてみると（表 7-6 を参照），ZH の場合は平均的であるのに対して，GE の場合は，一般行政と文化・余暇に極端に偏った支出構造を有しているといえよう。

2．収入構造

(1) 一人当たり収入額

次に，収入構造について，ZH と GE を比較してみることにしよう。表 7-7 は，カントン・自治体の一人当たり収入額について，1991 年の場合でカントン別に示したものである。まず，カントンと自治体の合計でみてみると，平均の 9,322.8 フランに対して，ZH は 9,793.8 フランで 26 カントン中の 8 位の水準を，また GE は 13,927.7 フランで最も高い水準を，それぞれ示している。カントンと自治体の合計でみる限りでは，一人当たり支出額の場合と同様に，一人当たり収入額は ZH と GE のいずれのカントンも平均を大きく上回っている。

しかし，カントンと自治体に区分して検討すると，支出構造の場合と同様に，ZH と GE は対称的であるといえる。すなわち，まずカントンの一人当たり収入額については，平均が 6,082.0 フランであるのに対して，ZH はこれを下回る 5,361.6 フランで 16 位であるのに対して，GE は BS に次ぐ 11,366.1 フランの高い水準である。また，自治体の場合でみてみると，平均が 4,518.5 フランであるのに対して，ZH はこれを上回る 5,678.3 フランで 4 位の水準である。自治体がカントンの水準を上回っているカントンは，ZH を含み，BE, ZG, SO, AR の 5 カントンに限られている。これに対して，GE の自治

第7章 自治体の財政構造の多様性

表7-5 カントンと自治体の合計でみた支出内訳（1991年）　　　（単位；%）

	平均	ZH	GE		平均	ZH	GE
一般行政	7.7	8.6	5.6	社会福祉	11.8	12.8	16.6
公安	8.7	10.5	8.4	交通	10.7	8.2	8.9
司法	2.5	3.4	2.2				
警察	3.5	4.5	4.0	環境・地域開発	5.5	5.1	3.1
国防	1.3	1.1	0.7	汚水処理	2.4	2.7	1.0
				ゴミ処理	1.1	1.0	0.9
教育	24.1	24.0	25.6	地域開発	0.5	0.4	0.3
小学校	13.7	13.3	11.1				
職業訓練	3.7	3.4	3.7	産業振興	4.6	2.5	0.5
				農業	2.6	0.8	0.2
文化・余暇	4.5	4.8	5.3	林業	4.2	0.5	0.0
保健	16.9	17.2	17.6	公債費等	5.5	6.3	8.1
				総計	100.0	100.0	100.0

（注）連邦補助金を含む。
（資料）*Öffentliche Finanzen der Schweiz* 1991, S.122-125 より作成。

表7-6 自治体の支出内訳（1991年）　　　（単位；%）

	平均	ZH	GE		平均	ZH	GE
一般行政	9.3	9.5	15.9	社会福祉	11.5	16.5	8.2
公安	6.2	7.9	7.8	交通	8.6	7.5	10.2
司法	1.3	2.2	0.6				
警察	2.0	3.3	2.5	環境・地域開発	9.2	7.8	7.8
国防	1.6	1.3	1.9	汚水処理	4.5	4.4	2.2
				ゴミ処理	2.0	1.5	3.4
教育	22.7	20.0	9.1	地域開発	0.7	0.6	0.5
小学校	19.7	18.7	8.9				
職業訓練	2.5	1.1	0.1	産業振興	3.3	1.1	0.1
				農業	1.3	0.1	0.0
文化・余暇	6.3	6.4	26.1	林業	1.6	0.6	0.0
保健	14.9	14.8	0.0	公債費等	7.3	8.6	14.8
				総計	100.0	100.0	100.0

（注）連邦補助金とカントン補助金を含む。
（資料）*Öffentliche Finanzen der Schweiz* 1991, S.94-97 より作成。

第Ⅱ部　自治体財政

表7-7 カントン・自治体の一人当たり収入額（1991年）

(単位；フラン)

	自　治　体	カ　ン　ト　ン	カントンと自治体
ZH	5,678.3	5,361.6	9,793.8
BE	5,855.4	5,422.8	9,095.8
LU	4,109.3	4,707.6	7,832.8
UR	3,020.0	10,126.0	11,783.1
SZ	3,870.9	3,981.3	6,911.2
OW	3,364.7	5,760.0	8,303.0
NW	3,081.6	5,030.0	7,214.0
GL	4,845.9	6,975.1	8,604.1
ZG	5,729.8	5,611.3	9,754.1
FR	3,583.3	6,398.3	8,723.0
SO	4,625.1	4,319.0	7,785.9
BS	328.9	13,257.8	13,569.0
BL	3,104.4	5,767.5	7,864.5
SH	3,762.8	5,349.5	8,680.4
AR	4,493.9	4,232.6	7,483.1
AI	2,450.0	5,942.6	7,351.4
SG	4,423.3	4,549.5	7,555.2
GR	5,549.3	6,823.0	10,708.4
AG	3,532.8	4,730.4	7,577.6
TG	3,370.8	4,344.7	6,765.1
TI	4,774.0	7,047.2	10,388.6
VD	4,215.1	6,449.4	9,524.1
VS	4,927.7	5,838.4	9,203.6
NE	5,857.3	6,961.2	10,588.8
GE	2,874.0	11,366.1	13,927.7
JU	4,793.1	8,437.5	11,127.0
平均	4,518.5	6,082.0	9,322.8

（注）重複分は調整済み。
（出所）*Öffentliche Finanzen der Schweiz* 1991, S.63, S.93, S.121.

表7-8 収入項目別にみた自治体の一人当たり収入指数
（1991年） （全体＝100）

	平均	ZH	GE
税収入	100.0	135.0	97.0
所得・財産課税	100.0	134.0	97.5
消費課税	100.0	160.6	0.0
税外収入	100.0	115.2	29.6
資本収入	100.0	163.6	142.0
使用料・手数料	100.0	136.7	9.8
分与税	100.0	73.3	40.2
補助金	100.0	85.8	11.3
その他	100.0	49.2	31.3
総　　計	100.0	125.7	63.6

（注）総計の自治体間の重複分は調整済み。
（資料）*Öffentliche Finanzen der Schweiz* 1991, S.92-93 より作成。

体は，2,874.0 フランで24位の水準であり，ZH と GE の間には 2 倍の開きが存在する。

　以上のように，一人当たり収入額は，前項でみた一人当たり支出額と全く同じ傾向を示している。すなわち，カントンと自治体の合計でみた一人当たり収入額は，ZH と GE はいずれも高い水準を示しているが，ZH では自治体での収入が相対的に大きく，GE ではカントンでの収入が圧倒的に大きいといえる。

　次に，一人当たり収入額について，自治体の水準に限って，収入項目別にみてみることにしよう。表7-8は，各収入項目毎にスイス自治体全体を100とした収入指数で，ZH と GE を比較したものである。当表から窺われるように，ZH の自治体では，所得・財産課税，資本収入，使用料・手数料のいずれも平均を大きく上回り，逆に分与税，補助金の指数が低いこと，等を指摘できる。GE の自治体では，所得・財産課税は平均とほとんど変わらないが，資本収入を除きその他の項目が平均の半分にも満たないこと，等を指摘できる。

表7-9 カントンと自治体の合計でみた収入内訳(1991年)

(単位;%)

	平均	ZH	GE
税収入	49.9	53.0	68.2
所得・財産課税	48.1	51.2	67.1
消費課税	1.8	1.8	1.2
税外収入	50.1	47.0	31.8
資本収入	4.6	5.8	5.7
使用料・手数料	17.5	20.8	12.8
分与税	5.1	4.6	3.4
補助金	21.4	15.0	9.0
その他	1.6	0.8	0.8
総　　計	100.0	100.0	100.0

(注) 総計は、重複分を含む。
(資料) *Öffentliche Finanzen der Schweiz* 1991, S.120-121 より作成。

(2) 収入内訳

次に、収入内訳をみておこう。表7-9は、カントンと自治体の合計の収入内訳について、1991年の場合でみたものである。当表にみられるように、まず平均では、所得・財産課税が48.1％を占め、これに補助金の21.4％と使用料・手数料の17.5％が続き、これら三項目の小計で87％を占めている。これに対して、ZHでは、所得・財産課税が51.2％、これに使用料・手数料の20.8％、補助金の15.0％が続き、これらの小計でやはり87％を占めている。GEの場合は、所得・財産課税が67.1％と、平均よりも19％ポイントも上回っている。これに、使用料・手数料の12.8％と補助金の9％が続き、これら三項目の小計は88.9％となる。

以上のように、ZHとGEはいずれも、上位三項目の順位と小計は、平均とほぼ同様の傾向を有しているといえよう。ただし、ZHとGEのいずれの場合も、所得・財産課税の比重が平均を上回っていること、特にGEにおける所得・財産課税の比重の高さが顕著であることが注目される。

次に、カントン・自治体における収入内訳を、1991年の場合で、カントンと自治体に区分して検討してみよう(表7-10、表7-11を参照)。平均の場合で

第7章 自治体の財政構造の多様性   215

表7-10 カントンの収入内訳（1991年）　　　（単位；％）

	平均	ZH	GE
税収入	51.2	54.0	66.5
所得・財産課税	48.2	50.6	65.0
消費課税	3.0	3.4	1.4
税外収入	48.8	46.0	33.5
資本収入	3.1	2.8	3.4
使用料・手数料	14.0	17.1	15.1
分与税	6.5	7.5	3.8
補助金	23.7	17.5	10.5
その他	1.5	1.0	0.8
総　　計	100.0	100.0	100.0

（注）総計は，カントン間の重複分を含む。
（資料）*Öffentliche Finanzen der Schweiz* 1991, S.62-63 より作成。

表7-11 自治体の収入内訳（1991年）　　　（単位；％）

	平均	ZH	GE
税収入	48.1	52.0	75.2
所得・財産課税	47.9	51.8	75.2
消費課税	0.2	0.3	0.0
税外収入	51.9	48.0	24.8
資本収入	6.5	8.6	14.9
使用料・手数料	22.1	24.2	3.5
分与税	3.3	1.9	2.1
補助金	18.3	12.6	3.3
その他	1.7	0.7	0.9
総　　計	100.0	100.0	100.0

（注）総計は，自治体間の重複分を含む。
（資料）表7-8と同じ。

みてみると，カントンのレベルでの収入内訳は，カントンと自治体の合計でみた平均の場合の収入内訳とほとんど同じ傾向をみることができるが，自治体のレベルでの収入内訳では補助金の構成比を使用料・手数料が上回っている点が注目される。

他方で，ZH は，平均と比較して，カントンでの収入内訳，また自治体での収入内訳のいずれの場合でも，上位三項目の構成比の高さの順位は同じであるが，使用料・手数料の比重が幾分高くなり（カントンでは 17.1％，自治体では 24.2％），また逆に補助金の比重がかなり低くなっている（カントンでは 17.5％，自治体では 12.6％）という点が注目される。GE の場合は，カントンでの収入内訳及び自治体での収入内訳，共に上位三項目の構成比の高さの順位が，平均と異なっている。すなわち，カントンでの収入内訳は，所得・財産課税に次いで高いのは，平均と異なり，使用料・手数料（15.1％）であり，これに補助金（10.5％）が続いている。自治体での内訳では，所得・財産課税に次ぐのが資本収入（14.9％）であり，また所得・財産課税の比重が 75.2％で平均を 27.3％ポイントも上回った比重を示している点が注目される。

3．財政移転

(1) 一人当たり財政移転の受取額

最後に，財政移転についてみてみよう。まず，一人当たりでみた財政移転の受取額について，1991 年の場合でみてみる（表 7-12 を参照）。カントンと自治体の合計では，平均が 2,852.1 フランであるのに対して，ZH は 2,197.6 フランで 26 カントン中の 20 位の水準を，また GE は 1,785.3 フランで 24 位の水準を，それぞれ示している。ZH と GE のいずれも，一人当たりでみて，スイスのカントンの中でも財政移転の受取額が低い水準であることが判る。

次に，カントンと自治体に区分してみてみると，まず，カントンのレベルでは，平均が 1,342.6 フランであるのに対して，ZH は 715 フランで最も低い水準を，また GE は 1,340.5 フランでほぼ平均的な水準を，それぞれ示している。自治体のレベルで，一人当たりの財政移転の受取額についてみてみると，平均の 1,001.9 フランに対して，ZH は 840.7 フランで 18 位の水準を，他方で GE は 156.9 フランで 25 位の水準を，それぞれ示している。

以上のように，一人当たりでみた財政移転の受取額については，次のような諸点が注目される。すなわち，カントンと自治体の合計では ZH と GE のい

第7章 自治体の財政構造の多様性

表7-12 一人当たりでみた財政移転の受取額（1991年）

(単位；フラン)

	自　治　体	カ ン ト ン	カントンと自治体
ZH	840.7	715.0	2,197.6
BE	1,496.1	1,497.3	3,886.8
LU	887.0	1,316.3	2,488.0
UR	1,333.6	5,499.9	6,981.9
SZ	928.5	1,445.3	2,636.4
OW	457.2	2,845.7	3,833.0
NW	785.3	1,627.3	2,733.8
GL	3,113.0	1,688.5	5,133.2
ZG	1,215.0	1,304.1	2,997.3
FR	800.0	2,006.3	3,715.7
SO	1,126.3	806.5	2,260.2
BS	2.1	862.3	1,154.3
BL	746.7	774.3	1,999.7
SH	478.7	1,147.6	1,760.1
AR	1,173.8	1,271.4	2,880.3
AI	680.7	2,143.1	3,391.4
SG	1,510.5	1,101.5	2,840.1
GR	1,606.3	2,810.3	4,617.5
AG	610.1	971.4	1,804.9
TG	933.1	937.1	2,018.0
TI	1,317.6	1,713.4	3,448.0
VD	708.3	1,085.3	2,436.4
VS	1,281.2	2,400.5	4,247.2
NE	2,137.5	2,856.5	5,558.6
GE	156.9	1,340.5	1,785.3
JU	1,280.6	4,838.5	7,149.3
平　　均	1,001.9	1,342.6	2,852.1

(注) 重複分は調整済み。
(出所) *Öffentliche Finanzen der Schweiz* 1991, S.68-69, S.92-93, S. 120-121.

表 7-13 カントンの総収入に占める財政移転の割合（1991年）

(単位；％)

	特定目的補助金	カントン分与税	連邦政府からの財政移転
ZH	7.6	5.8	13.3
BE	19.4	8.2	27.6
LU	19.7	8.3	28.0
UR	48.5	5.8	54.3
SZ	27.0	9.4	36.3
OW	40.9	8.5	49.4
NW	23.8	8.6	32.4
GL	18.3	5.9	24.2
ZG	7.2	16.0	23.2
FR	24.5	6.8	31.4
SO	11.8	6.9	18.7
BS	3.9	2.6	6.5
BL	8.2	5.2	13.4
SH	16.4	5.1	21.5
AR	21.8	8.2	30.0
AI	28.2	7.9	36.1
SG	18.4	5.8	24.2
GR	35.3	5.9	41.2
AG	14.8	5.7	20.5
TG	15.6	6.0	21.6
TI	18.5	5.8	24.3
VD	11.6	5.2	16.8
VS	32.8	8.3	41.1
NE	34.0	7.1	41.0
GE	8.0	3.8	11.8
JU	50.5	6.9	57.3
平均	16.0	6.1	22.1

(注) 重複分は調整済み。
(資料) *Öffentliche Finanzen der Schweiz* 1991, S.68, S.69 より作成。

ずれも低い水準の受取額であること，カントンのレベルではZHが最も低い水準の受取額であったのに対して，自治体のレベルではそれほどには低くはないこと，また，GEはカントンのレベルではむしろ平均的であるのに対して，自治体のレベルでの財政移転額の低さが注目されること，等である。

(2) 財政移転への依存度

次に，カントン・自治体における財政移転に対する依存度について検討してみよう。表7-13は，カントンにおける総収入に占める財政移転の比重について，1991年の場合で示したものである。まず，カントンの総収入に占める連邦政府からの財政移転の比重をみてみる。これは，当表にみられるように，平均では22.1％であるのに対して，ZHは13.3％で26カントン中の24位の水準を，GEは11.8％で25位の水準をそれぞれ示しており，いずれのカントンにおいても連邦政府とカントンの間の財政上の連携は依存度という点では平均を大きく下回っている。前項でみたように，GEの場合，カントンのレベルでは，一人当たりでみた財政移転の受取額が平均的な水準であった点を考えると，かなり低い依存度となっているが，これは，他の収入項目，特に所得・財産課税の比重が非常に高いことによる。なお，連邦政府からの財政移転は，特定目的補助金とカントン分与税に区分できるが，ZHはそれぞれ7.6％(24位)と5.8％(20位)，他方，GEは同様に8.0％(23位)と3.8％(23位)であり，いずれの場合も平均を大きく下回っている。

次に，自治体の総収入に占める財政移転の割合を，1991年の場合でみてみる（表7-14を参照）。スイス自治体全体の平均は22.2％であり，その内訳は，使途が特定されている補助金が18.8％，使途が特定されていない分与税が3.4％を，それぞれ占めており，補助金が主な財政移転であることが判る。ZHの財政移転に対する依存度は14.8％であり，26カントン中で21位の水準である。その内訳は，補助金が12.9％，分与税が2.0％である。GEの財政移転に対する依存度は，5.5％で24位の水準であり，その内訳は，補助金が3.3％，分与税が2.1％である。

表 7-14 自治体の総収入に占める財政移転の割合（1991年）

(単位；%)

	補 助 金	分 与 税	財 政 移 転
ZH	12.9	2.0	14.8
BE	24.3	1.2	25.6
LU	18.7	2.9	21.6
UR	40.3	3.9	44.2
SZ	16.0	8.0	24.0
OW	10.5	3.0	13.6
NW	16.3	9.2	25.5
GL	34.1	30.1	64.2
ZG	14.5	6.7	21.2
FR	20.8	1.6	22.3
SO	22.4	1.9	24.4
BS	0.6	0.0	0.6
BL	13.3	10.8	24.1
SH	12.0	0.7	12.7
AR	19.8	6.3	26.1
AI	27.0	0.7	27.8
SG	24.5	9.6	34.1
GR	2.7	0.2	2.9
AG	12.7	10.2	22.9
TG	20.1	7.6	27.7
TI	23.4	4.2	27.6
VD	14.8	2.0	16.8
VS	23.8	2.2	26.0
NE	32.7	3.8	36.5
GE	3.3	2.1	5.5
JU	24.0	2.7	26.7
平 均	18.8	3.4	22.2

（注）重複分は調整済み。
（資料）*Öffentliche Finanzen der Schweiz* 1991, S.93 より作成。

(3) 自主的支出比率

　最後に，支出額を分野別に分けて，各分野における自主的支出比率についてみてみたい。ここで，自主的支出比率とは，支出総額に対して上位段階の政府水準から受け取る補助金を除いた支出額が占める比率をいう。従って，カントンと自治体の合計の場合には，連邦政府からの補助金を含む支出額に対して連邦補助金を除いた支出額が占める比率を，また自治体の場合には，連邦補助金とカントン補助金を含む支出額に対して連邦補助金とカントン補助金を除いた支出額が占める比率を，それぞれ意味する。

　まず，カントンと自治体の合計の場合で，この自主的支出比率をみてみる（表7-15を参照）。平均では，一般行政，公安（ただし国防を除く），教育，文化・余暇，保健，社会福祉，環境・地域開発の各分野で，いずれも90％前後，あるいはそれ以上の高い比率を示している。逆に，交通（65.2％），産業振興（54.2％），国防（65.8％），公債費等（33.8％）の四分野では相対的に比率が低くなっており，これらの分野に連邦補助金に対する依存が集中していることが窺われる。以上のように，カントンと自治体の合計でみても，概ね，自律性の高い財政構造を示しているといえよう。ZHとGEの両カントンはいずれも，平均の場合と同様に，国防，交通，産業振興，公債費等の四分野で連邦補助金に対する依存が相対的に高いことが判る。ただし，平均と比較して，ZHとGEのいずれも，これらの分野においても自主的支出比率がより高くなっている。

　次に，自主的支出比率を自治体の場合でみてみる（表7-16を参照）。平均では，交通と公債費等を除いて，大半の分野において，カントンと自治体の合計の場合を下回っている。これは，カントンが主に連邦補助金にのみ依存しているのに対して，自治体の場合は，連邦補助金に対する依存に，更にカントン補助金に対する依存が加わるためと考えられる。自主的支出比率が80％未満を示す分野は，国防（63.5％），職業訓練（57.3％），汚水処理（77.5％），産業振興（48.0％），公債費等（56.9％）である。こうした平均の場合に対して，ZHは，国防（76.0％），職業訓練（74.3％），公債費等（79.8％）を除いて，またGEは，国防（65.4％）を除いて，それぞれカントンと自治体の合計の場合と同様に自律的な支出構造が図られているといえよ

表 7-15 カントンと自治体の合計でみた支出分野別の自主的支出比率（1991年）

(単位；％)

	平均	ZH	GE		平均	ZH	GE
一般行政	99.8	99.8	99.9	社会福祉	89.6	95.7	93.9
公安	93.7	97.1	96.1	交通	65.2	86.8	73.1
司法	98.1	99.0	99.1				
警察	99.1	99.6	97.0	環境・地域開発	91.5	98.0	96.0
消防	99.9	100.0	100.0	汚水処理	89.8	97.0	95.8
国防	65.8	81.2	73.0	ゴミ処理	96.2	98.8	98.1
				埋葬	100.0	100.0	100.0
教育	94.4	95.5	93.6	地域開発	98.9	100.0	100.0
小学校	99.7	99.8	99.8				
職業訓練	87.1	92.3	95.1	産業振興	54.2	84.4	85.5
				農業	30.2	51.1	64.7
文化・余暇	98.8	99.8	100.0	林業	75.2	96.4	0.0
保健	99.4	99.4	99.2	公債費等	33.8	56.4	66.4
				総計	86.8	93.6	91.5

(資料) *Öffentliche Finanzen der Schweiz* 1991, S.122-129 より作成。

表 7-16 支出分野別にみた自治体の自主的支出比率（1991年）　　(単位；％)

	平均	ZH	GE		平均	ZH	GE
一般行政	96.3	95.1	100.0	社会福祉	85.8	81.5	99.9
公安	87.3	95.3	86.1	交通	92.4	91.5	90.0
司法	95.0	98.2	100.0				
警察	95.0	100.0	100.0	環境・地域開発	83.4	93.2	94.3
消防	97.3	98.5	84.5	汚水処理	77.5	91.1	84.0
国防	63.5	76.0	65.4	ゴミ処理	96.4	95.1	100.0
				埋葬	99.4	98.0	100.0
教育	82.5	94.9	96.7	地域開発	94.3	99.7	89.7
小学校	85.7	96.1	97.0				
職業訓練	57.3	74.3	96.8	産業振興	48.0	96.9	96.2
				農業	12.1	80.9	—
文化・余暇	96.8	90.3	99.8	林業	65.3	99.4	—
保健	81.0	85.8	100.0	公債費等	56.9	79.8	85.8
				総計	82.5	89.4	95.0

(資料) *Öffentliche Finanzen der Schweiz* 1991, S.94-101 より作成。

う。

　ZH の自治体の場合，カントンと自治体の合計でみた場合と比較して，大半の分野で下回ってはいるが，ただし，交通と産業振興，及び公債費等ではむしろ自治体のレベルの方が自主的支出比率が高くなっている。また，GE の自治体の場合，大半の分野でむしろカントンと自治体の合計でみた場合を上回っており，外見上は極めて自主的な支出構造の様相を呈している[3]。

おわりに

　本章では，スイス自治体の財政構造上の多様性をみるために，ZH と GE の各カントンの自治体を事例に比較検討してきた。これまでの検討から明らかになった諸点を以下，要約しておく。

　まず，支出面についてみてみると，次の諸点を指摘できる。すなわち，

　(1)　カントンと自治体の合計の場合でみてみると，ZH は産業振興の相対的な低さを除けば，平均的な支出構造を有しているといえる。これに対して，GE の場合は，平均を大きく上回る支出水準を有しており，教育，文化・余暇，社会福祉，等において特にこれが顕著である。GE においては，比較的積極的な政府活動が求められていることが窺える。

　(2)　自治体の支出構造について，一人当たり支出水準をみてみると，ZH においては産業振興を除いて，すべての分野で平均を上回る水準を示している。これに対して，GE では，文化・余暇が平均を大きく上回っていること，また一般行政，消防，ゴミ処理でほぼ平均的な水準が維持されていること，以上を除けば，一般的に平均を大きく下回る支出しか維持していない。上記(1)と照らし合わせると，事務配分が極端にカントンに集中していることが窺える。

　以上にみるように，支出面について，ZH はカントンと自治体の合計でみると平均的であり，また自治体の段階では平均を上回る支出水準を示している。これに対して，GE は積極的な政府支出の展開が，特にカントンの段階でみられるが，自治体の段階では平均を大きく下回る水準でしかない。

　次に，収入面についてみてみると，次の諸点が判った。すなわち，

(1) カントンと自治体の合計でみた収入構造は，ZH と GE は同様な構造を有しているといえる。すなわち，ZH と GE のいずれのカントンにおいても，高い経済力（一人当たり所得水準）を背景にして，自主的財源，特に所得・財産課税の比重が高い。このことは，特に GE の場合で顕著である。

(2) 収入構造について，カントンと自治体に区分してみてみると，両カントンの対称性を指摘できる。すなわち，ZH の場合，むしろ自治体の水準の方が自主的財源においてカントンの水準を若干凌駕した比重を示している。これに対して，GE の場合，カントン中心の財源配分となっている。

以上のように，収入面に注目するならば，ZH が自治体に幾分比重が置かれた構造を有しているのに対して，GE はカントン中心の構造を有しているといえる。

財政移転についてみてみると，次の諸点を指摘できる。すなわち，

(1) ZH と GE のいずれのカントンでも，高い経済力を反映した所得・財産課税の比重が高い水準に位置するために，財政移転の収入全体に占める比重は低い水準に留まっている。これは，カントンと自治体の合計，そしてカントンあるいは自治体のいずれの段階においてもそうである。敢えていえば，GE では，ZH と比較して，カントンの段階で補助金への依存度がより高く，また自治体の段階ではこれが逆により低いといえる。

(2) 一人当たりでみた財政移転の受取額については，ZH ではカントンと自治体のいずれの段階でも低い水準である。これに対して，GE では，カントンの水準ではむしろ中位に位置する。従って，GE の場合，財政移転が収入全体に占める比重が低かったのは，所得・財産課税の相対的な高さのためであるといえる。

最後に，支出面と収入面を結合して，カントンと自治体の合計の場合で，連邦補助金に依存しない自主的支出が支出総額に占める比率についてみてみると，ZH と GE ともに 90 ％を超える自律的な財政構造を示している。産業振興と公債費等を除き，このことが大半の支出分野で指摘できる。自治体の場合で，連邦補助金とカントン補助金に依存しない自主的支出の比率をみてみると，やはり，ZH と GE のいずれも平均を上回る自律的な構造となっているが，特に GE においてこれが顕著である。

以上のように，全般的に，ZHとGEは，ともに上位段階の政府水準との財政上の連携が相対的に低いといえる。この結果，カントンそして自治体の各段階で高い自主的支出比率を維持している。

　なお，本章では，ZHとGEの両カントンにおける自治体の財政構造上の数量面に限って検討してきた。しかし，本章で明らかにした両カントン間の相違は，自治体の税財政制度上の相違が強く反映したものであると考えられる。そこで，両カントンにおける自治体制度，特に自治体の税財政制度について比較検討し，併せて，財政構造との対応関係を明らかにする必要がある。この点は次の第8章で展開することにする。

[注]

1) 第5章を参照。
2) スイス自治体の税財政制度の特徴点の検討については，第6章を参照。
3) ただし，GEの自治体のすべての支出項目はカントン当局の承認が得られて初めて執行可能となる，という点に注意する必要がある。第6章を参照。

第8章

自治体の税財政制度の多様性
——カントン・ジュネーヴとカントン・チューリヒの比較——

はじめに

　本章の目的は，第7章に引き続き，カントンGE（ジュネーヴ）とカントンZH（チューリヒ）の自治体財政を比較検討することにある。第7章にあっては，自治体の財政構造の数量面について検討を加えたが，本章では，制度面，特に税財政制度について検討する。

　以下，次の手順で論を展開する。第一に，ZHとGEの両カントンの自治体制度の中身について比較・検討する。ここでは，自治体の存在権・自治権がどのように保障されているのかという点，自治体組織の在り方，そして自治体の活動範囲について，それぞれ比較してみることにする（第1節）。第二に，特に税制度について，比較・検討することにする。ここでは，まず，両カントンの自治体において徴収されている税目の種類，付加税制度の在り方，等の基本的な仕組みについて概観しておく（第2節）。最後に，その税財政制度において，ZHとGEの各カントンの自治体がどの程度の裁量を発揮することが認められているのかどうか，という点を明らかにする（第3節）。

1．自治体制度

　本節では，ZHとGEの両カントンの自治体制度について比較・検討する。ここでは，自治体の存在権・自治権，自治体組織の在り方，そして自治体の活動範囲について取り上げ，ZHとGEの両カントンにおいて，自治体がどの

ように位置付けられ，また自治体の裁量がどのように保障されているのかどうか，という視点から検討することにする[1]。

(1) 存在権・自治権の保障
1) 存 在 権
(ZH)

まず，ZHとGEの各カントンにおいて，自治体の存在権あるいは自治権がどのように扱われているのか，という点をみてみよう。

ZHにおいては，ZH憲法上の自治体区分として，「政治自治体(Politischegemeinden)」，「教会自治体（Kirchgemeinden）」及び「学校自治体（Schulgemeinden）」が挙げられている。ただし，政治自治体の行政区域内にあって，「特殊な，また局地的な業務の運営」に関しては，「市民自治体（Zivilgemeinden）」が存続し得る，としている[2]。なお，ZH自治体法には，ZHのこれらの自治体に関して具体的に一覧表が示されている[3]。

ここで，政治自治体とは，ZHに限らずすべてのカントンが有しているいわば「一般的自治体」，すなわち一般的な政府活動に従事する自治体を意味する。他方で，教会自治体，学校自治体，市民自治体は，いずれも特定の権限の発揮のみが認められているいわば「特別自治体」を意味する[4]。

また統廃合に関しては，ZH憲法において「政治自治体の新設・統廃合については法律に拠らなければならない」と規定してある[5]。ZH自治体法は，この点について「政治自治体の統合は，すべての関係する政治自治体が統合に同意した限りにおいて，カントン議会(Kantonsrat)の決定に従う」と規定している[6]。またZH憲法では，「他の自治体の新設・統廃合及び政治自治体の自発的な統合の許可に関しては，法律に基づき，カントン議会あるいはカントン参事会（Regierungsrat）に委任することができる」とされている。ただし，「新たな市民自治体を設けることは認められない」[7]。

ここで，カントン議会とは，カントンの水準の議決機関であり，その議員は選挙民の中から選出され，また180人の構成員から成る[8]。他方で，カントン参事会とは，「執行・行政上のカントン当局」であり，選挙民によってカントン議会議員と同時に選出された7人の構成員から成る[9]。

第8章　自治体の税財政制度の多様性　　229

(GE)

次に，GEの場合についてみてみよう。まず，自治体の存在権については，GE憲法において，「自治体の境界は法律によってしか変更され得ない」と規定されている[10]。また，GEの自治体法では，自治体名がすべて (45) 列記してあり，また「自治体の境界は，法律によってのみ変更できる」と明記されている[11]。ここでは，ZHの場合と異なり，特別自治体に関する言及はなく，一般的自治体の存在のみが前提とされている。

なお，自治体の境界変更については，GE自治体法で自治体議会の「議決職務（fonctions délibératives）」の一つとして挙げられている[12]。ただし，この場合，後にも言及する通り，自治体議会の議決の執行にはカントン議会の承認を得る必要がある。

以上のように検討した限りでは，自治体の存在権については，次のように指摘することができよう。すなわち，ZHとGEのいずれのカントンの自治体に関しても，カントン憲法と自治体法で，自治体の存在と具体的な自治体名称・自治体数が規定されており，この点で個別自治体の存在権が保障されているといえる。また，統廃合あるいは地理的境界の変更のときには，法律に拠った手続きが求められる，という点でZHとGEのいずれのカントンの自治体に関しても同様である。なお，自治体の種類に関しては，GEが一般的自治体のみが存在しているのに対して，ZHの自治体では特別自治体の種類が多様であるといえる。

2）自 治 権

また，自治体の自治権については，ZHの場合，そのZH憲法において「自治体は，憲法と連邦法律の制限内で，独自にその業務について規定する権限を有する」と明記されている[13]。また，スイス自治体の中でも比較的その自治権の範囲が制限されているといわれるGEの場合でも，そのGE憲法において「自治体の自治は，法律上の定め，また特にカントンと連邦政府の権限及び自治体が服する監督権の制限内で行われる」と規定してある[14]。いずれの場合も，自治体の自治権を，法律（具体的にはカントン憲法・法律と連邦法律）の範囲内において保障したものである。ただし，自治権が法律上でたとえ保障されているとはいっても，自治体の裁量が認められる範囲に関しては，両

カントンの間でかなり異なっている、という点に注意する必要がある。この点は、第3節において検討する。

(2) 自治体組織

(ZH)

次に、ZH と GE の各カントンにおける自治体組織に関する規定について検討してみる。

まず、ZH の自治体組織は、ZH 憲法において、「住民集会（Gemeindeversammlung）」、「自治体参事会（Gemeindevorsteherschaft）」——これには「自治体協議会（Gemeinderat）」、「教会世話会（Kirchenpflege）」、「学校世話会（Schulpflege）」、「市民協議会（Zivilvorsteherschaft）」が含まれる——、及びその他の自治体当局、と三区分してある[15]。ここで、住民集会が議決機関に、また自治体参事会とその他の自治体当局が執行機関に、それぞれ該当する。

ZH 自治体法では「住民集会は、自治体の最高機関である。住民集会は、投票権のあるスイス市民全体から成る」[16]とされている。住民集会は、この規定から、直接民主制の形態を採る議決機関であることが判る。また、「住民集会は、自治体の存続（Bestand）と組織、及び個別機関の職務について決議する。政治自治体と学校自治体は、このために、カントン参事会の許可を必要とする自治体規則を発布する」[17]としている。

ただし、ZH では、すべての自治体が必ずしも住民集会という直接民主制を採用する必要はない。すなわち、ZH の主要都市である Zürich 市と Winterthur 市及び「住民数が 2,000 人以上の大規模な政治自治体」の場合に限って、「自治体規則によって、住民集会に替えて、自治体議会（Grossen Gemeinderat）にその権限を、有権者に留保されていない限りにおいて、委譲することができる」[18]としている。この場合、「この自治体規則は、カントン参事会の許可を必要とする。自治体規則の合法性が審査されたならば、許可されなければならない」[19]。以上の規定は、比較的規模の大きな自治体は、任意によって代議制度を採用することができる、というものである。

(GE)

他方で、GE の議決機関として、すべての自治体が義務として、「自治体議

会（parlement communal）」を有し，これは投票で選出された議員によって構成される。GE の自治体組織については，まず，GE 憲法において次のように明記されている。すなわち，「Genève 市を除き，住民 3,000 人以上の自治体では，自治体行政は自治体の選挙民全体によって選出された構成員から成る自治体参事会（conseil administratif）に委任される」。また，「他の自治体は，自治体行政は市長（maire）と 2 人の助役（adjoints）に委任され」，「自治体行政の権限は，法律によって決定される」[20]。

自治体議会については，自治体議会議員の 4 年毎の選挙と再選が可能であることが述べられている[21]。また，「参事会会員，市長及び助役は，4 年毎に，多数決に応じて自治体の選挙民全体によって選出される」[22]。

GE 自治体法では，自治体組織については「自治体議会」と「自治体参事会あるいは市長と 2 人の助役」を有すると規定してある[23]。また，Genève 市の場合は，「80 人の構成員からなる自治体議会を有する」[24]と規定してある。

なお，Linder は，スイスの自治体組織について「小規模な自治体」と「大規模な自治体」とに区分して，議決機関については，前者は住民集会を，後者は自治体議会を有するとしている[25]。前述したように，ZH も 2,000 人以上の比較的「大規模な」自治体は，自治体議会を選択する余地が残されている。ただし，「大規模な」自治体にあっても，そのすべてが議会制度を採用しているわけではない[26]。また，GE においては，その平均的な人口規模，及び人口構成が ZH とほとんど同じ程度であるといえるが[27]，「小規模」であるか「大規模」であるかにかかわらず，すべての自治体が議会制度を採用するように規定されている。

以上のように，自治体組織については，ZH と GE 共に，自治体の投票権のある市民全体から成る住民集会あるいはその構成員が選挙民全体から選出された自治体議会が議決機関であり，この点で民主的な意思決定機関を備えているといえる。また，その議決機関の形態については，ZH では住民集会を基本とするが，2,000 人以上の自治体では任意で自治体議会を採用できる。これに対して，GE ではすべての自治体が自治体議会を有することが義務づけられている。議決機関の形態を選択できるという点が ZH の特徴である。

(3) 自治体の活動範囲

(ZH)

次に，住民集会あるいは自治体議会の権限についてみておこう。この権限の範囲によって，自治体の活動範囲が法律上規定されることになる。まず，ZH においては，ZH 憲法で次の項目が列記してある。すなわち，「自治体行政の管轄部署に対する監督，予算見積の設定，決算の査定，課税に関する決定，設定されていた金額を上回る支出分の承認，及び参事会会員の選出——市民・永住民に関するその条件は法律によって規定される——」[28]。

また，これらの権限について，ZH 自治体法においては更に具体的な決議の対象が列挙してある。すなわち，「1．境界の変更，2．自治体業務の引き継ぎと主務機関の決定，3．新規の［支出］，継続的［支出］及び年間の支出に対する公債の承認，予算を上回る支出に対する公債の追加発行，4．自治体財産の構成の変更のみを伴う民間企業の財源の配分，5．不動産の売買，6．貸付金の借入，7．担保の保証と支払の承認」[29]。これらの事項は，自治体規則によって他に属しない限りは住民集会が決議するとしてある。

(GE)

他方で，GE の自治体議会の権限については，GE 自治体法で，「自治体議会は，議決手続き (la procédure des délibérations) を取り決めた規則を決定する」としながらも，「この規則は，カントン議会 (Conseil d'Etat) によって承認されなければならない」[30]と明記してある。自治体議会によるその議決の対象としては，次の事項が列挙してある。すなわち，「a）自治体予算，b）課税係数 (le nombre des centimes additionnels communaux á percevoir)，c）自治体職業税，d）追加公債の発行等，e）公債等，f）決算と会計報告，g）自治体の借入金等，h）民間企業あるいは公法上の法人に与えられる財源保障，i）執行あるいは監督が自治体に帰せられる諸制度の年間報告，j）自治体に対する贈与の受領と遺贈等，k）不動産の購入あるいは販売，自治体財産の交換あるいは分割，先買法の実施等，l）制限のある自治体財産等，m）自治体建造物の創設，改築，あるいは取り崩し，道路・街路，公共交通機関の開設あるいは廃止に関する計画，n）自治体の公益のための収用，o）自治体の境界の変更，p）土地利用の計画とその適用規則，q）自

治体の建造物の区域境界の変更に係わる予告，r）区画計画・規則案に係わる予告，s）居住可能な床面積が土地面積の25％を超える第5区域での建築計画の許可についての協定，t）自治体の公共利益のための財団，私法による財団，あるいは自治体が参加できる会社の創設，u）自治体連合の創設，自治体の加入と脱退，v）自治体参事会会員，首長，助役に充てられる処遇と手当金，及び自治体議会議員に充てられる出席手当と手当金，w）自治体職員の地位，処遇と給与の等級，x）25歳以上の外国国籍者の要求，y）自治体のイニシャティヴの有効性」[31]。

　自治体議会あるいは住民集会の権限について比較すると，一般的自治体の性格を反映して，ZHとGEのいずれにおいても，自治体に対して広い範囲にわたる議決事項が与えられているといえる。ただし，その実効性については，カントンによる関与の在り方を検討する必要がある。この点は，第3節において検討する。

2．課税制度

　本節では，ZHとGEの各カントンにおける自治体の課税制度について検討する。第6章でも検討したように，スイス自治体の課税制度の一般的な特徴点として，自治体制度と同様に，カントンにその決定権が帰属していること，また自治体の基幹税は所得・財産課税であり，特に所得課税が中心を成していること，所得・財産課税は付加税制度の下にあること，等を挙げることができる。これらの諸点は，ZH，GE，共に例外ではない。本節では，これらの課税制度上の一般的な特徴点に照らして，ZHとGEを比較してみることにする。

(1) 税　目

　第6章の表6-3では，スイスのカントン・自治体において実際に徴収されている税目について示しておいたが，いま一度，ここで整理しておこう。ZHとGEを含め，すべてのカントンにおいて，カントンと自治体が所得・財産税を徴収している。表6-3に示された税目の内，この所得・財産税を含め，10

税目（「その他」を含む））が自治体によって徴収されている。税目数毎にみてみると，2税目が2カントンにおいて，3税目が2カントンにおいて，4税目が7カントンにおいて，5税目が5カントンにおいて，6税目が5カントンにおいて，7税目が1カントンにおいて，8税目が2カントンにおいて，そして9税目が2カントンにおいて，それぞれ自治体によって徴収されている。以上のように，自治体によって徴収されている税目数に限ってみても，カントンによってかなりの差異があるといえる。

こうした中で，ZHの自治体においては，10税目の内，5税目（人頭税，所得・財産税，土地取得税，土地移転税，犬税）が徴収されている。これに対して，GEの自治体においては，所得・財産税以外には，「その他」が任意で徴収されているに留まる。以上のように，税目数に関しては，他のカントンの場合と比較して，ZHがほぼ中位に位置するのに対して，GEにおいては非常に限定されているといえる。

ちなみに，カントンの水準で徴収されている税目についてみてみると，ZHでは所得・財産税，相続・贈与税，自動車税，犬税，及び娯楽税，の5税目に限られている。これは，他のカントンと比較しても，SZとBLのカントンと並んで最も少ない税目数である。他方で，GEの場合は，所得・財産税の他に，人頭税，土地取得税，不動産税，土地移転税，相続・贈与税，自動車税，犬税，娯楽税，カントン印紙税，「その他」，と11税目に上り，TIとVDのカントンと並んで，最も多い税目数である。以上のように，ZHとGEは，税目数に関していえば，カントンの水準と自治体の水準とが極めて対照的であるといえる。

(2) カントンの課税制度

第6章で検討したように，スイス自治体の基幹税である所得・財産課税は，カントンの水準で採用されている課税制度と結合されている。この点は，ZH，GE，共に例外ではない。従って，自治体の課税制度は，カントンの水準の課税制度によってその特徴点が規定付けられているものと考えられる。そこで，本項では，特に所得課税に限定してカントンの課税制度について簡単に検討しておく。

1）課税対象

まず課税対象についてみてみると，ZH の場合，カントンに居住している個人，またカントンに居住していない個人であっても，その所得と財産が当該カントンに位置する不動産ないしは事業所に帰属する限りで対象となる[32]。GE の場合も基本的に同様であり，すなわち，カントンに住所を有しているか，あるいは3ヵ月以上居住している個人，また当該カントンに居住していなくとも，GE に位置する恒常的施設と不動産から生じた所得と財産に関しては，課税対象となる[33]。

なお，所得の「査定（Veranlagung）」については，次の通りである。すなわち，ZH と GE のいずれの場合も，査定期間と納税期間が一致している「前払い課税（Pränumerandobesteuerung）」[34]が採用されている。ここで，「査定」とは「課税所得を確定する方法」を意味し，納税義務者による自己申告から始まり，税務当局による課税所得の決定にあたっての申告額の査定にまで及ぶ期間を査定期間と呼んでいる。また，納税期間とは「納税の義務がある期間」を意味する。ただし，その査定期間（すなわち，ここでは納税期間と一致する）は，ZH では2年間であるのに対して，GE では1年間となっている。ちなみに，財産に関する査定期間についても，ZH では2年間であるのに対して，GE では1年間となっている[35]。

個人所得税の課税対象について更に検討すれば，ZH と GE のいずれにおいても，一般的な規定として次の項目が個人所得税の課税対象として挙げられている[36]。すなわち，納税義務者の稼得する所得，代替所得（Ersatzeinkommen），自家賃貸料，離婚あるいは別居している配偶者に帰属する扶養手当，財産所得（特許，認可を含む），雇用契約に伴う特別手当（ZH では，少なくとも15年間の雇用契約の後になされる勤務年数手当で，9,000 フランを上回る分となっている）。

以上のように，課税対象に関しては，査定期間が2年間と1年の違いがあるが，個人所得税の対象となる所得要素が基本的に同一であることから，ZHと GE の間で基本的な違いは認められないといえよう。

2）課税計算

次に，課税所得の算出にあたって，主だった控除項目を概観してみる[37]。

ZH と GE のいずれにおいても，一般的な控除項目としては，債務利子，離婚あるいは別居している配偶者に支払われる扶養手当，の二項目が挙げられている。ただし，ZH にはこれらの他に「財産管理の経費」の控除項目が加わる。

次に，保険料に関しては，ZH，GE，共に，社会保険料の全額，及び年金の全額が，いずれも控除の対象になる。

人的控除に関しては，ZH では，既婚及び別居している納税者，離婚者，寡婦，及び独立の世帯で子供を有する未婚者に対しては 8,600 フランが，その他の納税義務者に対しては 4,300 フランが，それぞれ控除額となっている。これに対して，GE では，これらの項目は控除対象にはなっていない。

また，扶養控除に関しては，ZH では，一人当たりの未成年者に対して 4,500 フランが控除額となるが，GE では一人目の未成年者に対して 2,600 フラン，二人目の未成年者に対しては 2,900 フラン，等と 300 フランが追加されていく。

以上のように，主だった控除項目を概観する限りでは，特に人的控除と扶養控除に関して，ZH と GE の相違が出ているといえよう。

3）税率表

以上のような控除項目が適用されて，課税所得が算出される。この課税所得に対しては，カントンの水準の税率表が適用されることによって「基本課税」が算出される。ここで適用される税率表としては，ZH と GE のいずれのカントンにおいても，既婚者と独身者を区別した税率表が適用されている。例えば，既婚者を対象にした税率表でみてみると（表 8-1 を参照），同じ課税所得に対して，29,600 フランを境にして，それまで GE の方がより低い税率を示していたが，それ以降は，ZH の場合を上回るようになる。GE の場合，より累進度の高い税率構造を有しているといえよう。

スイスの課税制度にあっては，ZH あるいは GE に限らず，大半のカントンにおいて，以上のようにカントンの水準で課税所得が算出されると同時に税率表が適用されることによって「基本課税」が算出される。ただし，この「基本課税」は，カントンあるいは自治体の各レベルにおける税額を算出するための課税ベースに該当する指標であることに注意する必要がある。

第8章 自治体の税財政制度の多様性

表8-1 税率表（1991年）—既婚者の場合—

ZH

課税所得（単位；フラン）	税率（単位；％）
4,500以下	2
4,500超 ～ 10,200	3
10,200 ～ 17,000	4
17,000 ～ 25,000	5
25,000 ～ 35,200	6
35,200 ～ 57,900	7
57,900 ～ 80,600	8
80,600 ～ 114,600	9
114,600 ～ 155,500	10
155,500 ～ 199,800	11
199,800 ～ 250,800	12
250,800	13

GE

課税所得（単位；フラン）	税率（単位；％）
19,000以下	—
19,000超 ～ 21,200	3.41
21,200 ～ 23,300	3.85
23,300 ～ 25,400	4.55
25,400 ～ 29,600	5.90
29,600 ～ 33,900	8.15
33,900 ～ 38,100	11.20
38,100 ～ 42,300	14.50
42,300 ～ 46,600	14.70
46,600 ～ 55,000	14.90
55,000 ～ 63,500	15.00
63,500 ～ 84,600	15.10
84,600 ～ 105,800	15.20
105,800 ～ 127,000	15.40
127,000 ～ 148,100	16.20
148,100 ～ 169,300	16.60
169,300 ～ 190,400	17.00
190,400 ～ 211,600	17.10
211,600 ～ 232,800	17.40
232,800 ～ 253,900	18.10
253,900 ～ 275,100	18.50
275,100 ～ 317,400	18.60
317,400 ～ 423,200	18.70
423,200 ～ 529,000	18.80
529,000 ～ 1,058,100	18.90
1,058,100	19.00

(出所) *Die Steuern der Schweiz,* I. Teil, Einkommens- und Vermögenssteuern natürlicher Personen, Nr.1, Kanton Zürich, S.9, No. 25, Canton de Genève, p.11, Verlag für Recht und Gesellschaft AG, Basel, Ausgabe April, 1991.

(3) 付加税制度——課税計算の事例——

（基本課税）

ZHとGEの両カントンの税制を比較してみたが，所得概念に関しては基本的な相違があるわけではないといえる。また，控除項目に関しても，債務利子，扶養手当，保険料についても，基本的に同じであるといえる。ただし，人的控除と扶養控除に関しては，ZHとGEの相違が出ているといえる。また，ZHにおいてのみ，必要経費（Berufsauslagen）が充てられているという点も注目される。

これらの結果，同額の給与所得に対して，ZHとGEの間で課税所得に差異が生じることになる。表8-2は，夫婦2人，20歳未満の子供2人で夫婦の一方が給与を稼得し，その所得が80,000フランの場合を事例にして，ZHとGEを比較したものである。本表に示すように，ZHでは46,800フランが，またGEでは60,540フランが，それぞれ課税所得となっており，GEはZHの1.29倍となっている。

スイスにおいては，前述したように，カントンの水準で算出された課税所得に対して，やはりカントンの水準の税率表が適用されることによって「基本課税」が算出される。ZHでは超過累進によって税率表が適用され，46,800フランの課税所得に対しては，まず4,500フランまでが2％，それを超える1,800フランに対しては3％の税率がそれぞれ乗ぜられ，合計で2,357フランとなる。これに対して，GEでは，ZHと同様に，超過累進の税率表が適用されるが，ZHと比較して，税率の刻みが多いという点が特徴的である。このGEでは，4,643.75フランの基本課税が算出されている。ここでは，GEはZHの場合の1.97倍であり，先の課税所得の場合での開きが更に拡大していることが判る。

（付加税制度）

さて，スイス自治体の所得・財産課税は，基本的に，カントンで採用されている課税制度と結合された付加税制度の下にあり，カントンの水準で決定された基本課税が自治体の水準でも適用されることになる。この点では，ZHとGEのいずれのカントンも例外ではない。すなわち，ZHの自治体税法では「カントンの基本課税の％で税額を設定する」[38]と規定され，また

表 8-2 課税計算の比較(1991年)
—夫婦2人,20歳未満の子供2人で給与所得80,000フランの場合—
(単位；フラン)

	ZH		GE	
給与所得	80,000		80,000	
控除				
社会保険料	4,040		4,040	
失業保険料	160		160	
必要経費	2,400			
保険料				
年金	4,000		4,000	
その他	5,000		5,760	
人的控除	8,600		—	
扶養控除	9,000		5,500	
課税所得	46,800[a]		60,540	
基本課税	2,357		4,643.75	
税額	課税係数	税額	課税係数	税額
カントン	108%	2,545.55	147.5%	6,849.55
自治体[b]	118%	2,781.25	45.5%	2,112.90
教会自治体[b]	11%	259.25	—	
人頭税[c]		12		25
合　　計	5,598.05		8,987.45	

(注) a 100フラン以下の残額は切り捨て。
　　 b それぞれ,ZH の主要都市である Zürich 市と GE の主要都市である Genève 市の場合で示してある。
　　 c ZH では自治体に,GE ではカントンに,それぞれ帰属する。
(資料) *Die Steuern der Schweiz*, I. Teil, Band 1, 2. 1991, Verlag für Recht und Gesellschaft AG. Basel より作成。

　GE の自治体税法でも所得・財産課税は「課税係数(付加税制度)」によって徴収される[39]と規定されている。従って,これまで検討してきた ZH と GE の各カントンの水準での基本課税は,各カントンの自治体の個人所得税の算出に当たっても適用されることになり,従って,ZH と GE の間の基本課税の差異が,各カントンの自治体の水準での個人所得税の差異としても反映してくることが考えられる。そこで,これまで検討してきた事例に沿って,この点について検討してみよう。

基本課税に対して，カントン，自治体，そして特別自治体の各課税係数が乗ぜられて税額は算出される。カントンの水準で適用される課税係数は，ZHでは，カントン議会（Kantonsrat）が3年毎に基本課税に対する%で決定している[40]。これに対して，GEでは，毎年の単年度法（la loi annuelle）によって規定されている[41]。また，自治体の水準で適用される課税係数は，ZHでは住民集会によって毎年決定されている[42]。またGEでは，自治体議会の議決事項としてこの課税係数が含まれている[43]。

1991年の場合でみてみると，表8-2に示されているように，カントンの水準で適用された課税係数は，ZHでは108%，GEでは147.5%，自治体の水準で適用された課税係数は，ZHの主要都市である Zürich 市では118%，GEの主要都市である Genève 市では45.5%となっている。

課税係数は，基本課税の如何にかかわらず一定であるために，この係数によってカントンと自治体の間の税源の配分が決定されることになる。ZHで採用されている係数は，自治体の方が10%ポイント，カントンを上回っているのに対して，GEで採用されている係数は，102%ポイントだけカントンが自治体を上回っており，この点でZHとGEは対照的であるといえる。

なお，給与所得80,000フランに対するこれらの税額が占める割合，すなわち個人所得税の実質的な負担率でみてみると，カントンの水準では，ZHは3.18%，GEは8.56%を示している。ここでは，GEはZHの2.69倍の負担率となっている。また，自治体の水準では，ZHは3.4%，GEは2.6%であり，ここではむしろZHの方がより高い負担率となっている。

カントン，自治体，教会自治体の各税額と，人頭税を合計した場合での負担率についてみてみると，ZHで7.00%，GEは11.23%であり，GEはZHの1.61倍の負担率となっている。

3．税財政制度における裁量

さて，ZHとGEのいずれのカントンの自治体においても，第1節でみたように広い範囲にわたる議決事項が与えられているが，その実効性については特に上位段階の政府の関与の程度によって異なってくると考えられる。そこ

で，最後に，自治体に対するカントンの関与について検討することにする。

(1) **一般的規定**
(ZH)

まず，ZH においては，ZH 憲法で「自治体は，憲法と法律の制限内で，独自にその業務について規定する権限を有する」と明記してある。ただし，その自治体の決定が，「自治体の目的を明らかに逸脱し，同時に納税義務者のかなりの負担を招き，あるいは，不適切にも正当な配慮を欠いている」場合には，事実上これが否決され得る[44]。

また，「カントンは郡（Bezirk）に区分される。既存の単位の変更は，法律に拠る」[45]とされている。ここで，郡は，カントンの行政単位であり，その「郡行政は，郡参事会（Bezirksrat）によって行われる」とされる。ここで郡参事会は「代表者としての知事（Statthalter）」と原則として「2人の郡参事会会員」から構成され，後者は必要があれば増やすことができる。郡参事会会員の選挙は，郡の有権者に属する[46]。

郡参事会の権限としては，「自治体行政の監視」が充てられている[47]。また，これを受けて，ZH 自治体法には「自治体とその機関は，郡参事会の監視の下にある。郡参事会は自治体と自治体当局がその任務を誠実に，また法律上の規定に従って遂行しているかを監視する」[48]としてある。

ZH 自治体法ではまた，「郡参事会は，自治体行政において無秩序（Unordnung），濫用（Missbräuche），法律・義務違反（Gesetzes- oder Pflechtverletzungen）を認めた限りで，直ちに是正に適切な手段を採り，これについて内務局（Direktion des Innern）に通知しなければならない」「義務に反し，あるいは怠慢な事情を認めたならば，郡参事会は，過誤を起こした議員あるいは自治体職員に秩序罰（Ordnungsstrafen）を下し，また必要な場合にはそれに対して，告発しなければならない」[49] 等と規定してある。

以上にみるようなカントン当局による自治体に対する監督権の性格は，基本的には自治体の行政行為の法律上の合法性の点検に留まっているといわれる[50]。

(GE)

　GEの場合も，GE憲法において「自治体の自治は，法律上の定め，また特にカントンと連邦政府の権限及び自治体が服する監督権の範囲内で行われる」[51]と断ってある。さらに，GE自治体法においては，「自治体はカントン参事会の監督に服し」[52]，また「カントン参事会は，自治体議会に助言を与えることができる」[53]と規定してある。ここで，自治体の直接の監督権は，カントン参事会に属していることが判る[54]。

　GE自治体法の第5部の特に第II章で「権限の統制」が明記してある。これを以下みてみると，次に挙げられる事項に関して，自治体議会の議決はカントン参事会によって同意されて初めて執行可能となるとしてある[55]。すなわち，a）年予算と決算，b）自治体債務，c）自治体財の抵当，d）自治体保障，e）不動産の売買，自治体財の交換・分割，f）自治体の不動産と公営事業に関する創設・変更，あるいは廃止の企画，g）道路・街路の開設と中止，h）土地利用，区画計画，i）自治体の公益のための収用，j）緊急事項，k）審議手続を設定した自治体議会の規則，l）民間企業に与えられる財源保障，m）自治体間連合の創設・規則，及び当該連合への自治体の加盟と撤退。

　第1節において自治体議会の議決事項を挙げておいたが，自治体の本予算を始めとして，その大半の議決事項に関する執行についてはカントン参事会の同意を必要とする，ということが判る。こうしたGEにおける自治体に対するカントンの監督権について，Meylanは次のように述べている。すなわち，「カントンGEの法律によれば，カントン当局によって求められる情報はすべて提供する義務が自治体にある。また，カントンGEのみが，自治体に対して，その議決のすべてをカントン当局に伝えることを義務づけている」[56]。例えば，GR，OW，VD等のカントンのように，自治体予算はカントンの特別の統制に何ら従属していない[57]ことを考えると，ZHとの比較に限らず，他のカントンとの比較においても，GEは自治体に対してより強い統制がカントンによって加えられているといえる。

　以上をみる限りでは，次の諸点を指摘することができよう。すなわち，① ZH，GEのいずれのカントンにおいても，自治体に対するカントンの監督権

がカントン憲法および法律に明記してあること，②ZH と GE のいずれのカントンにおいても，直接にはカントン当局としての郡参事会が自治体に対する監督権を行使していること，③ZH のカントンによる自治体の統制は，基本的には，自治体行為の法律上の合法性の点検に留まるのに対して，GE においては，自治体のすべての行為に関してカントンによる承認が求められ，後見性の高い自治体制度となっていること。

(2) 税財政制度における統制
(ZH)

カントンの自治体に対する統制について，更に，税財政運営に限定してみてみよう。まず，ZH においてであるが，ZH 憲法には，公債規定がある。すなわち，「自治体財・サービスについては，自治体課税を徴収しないで，計画的な公債償還計画を伴う自治体支出全体で賄うことができる」[58]。

ZH 自治体法では，「自治体は毎年，次年度の遅くとも 6 月下旬までに，決算委員会の報告書（Anträger）を添付して，また住民集会あるいは自治体議会の審査と承認を経た上で，郡参事会に提出しなければならない」[59]と規定してある。

(GE)

次に，GE におけるカントンの自治体に対する税財政運営上の統制についてみてみる。まず，GE 憲法の第 3 章では予算と決算に関する統制が規定してある。

また，「予算は遅くとも，11 月 15 日までに自治体議会によって承認されなければならない。それはカントン省庁（département）に伝えられる」，「それはカントン参事会の規則（arrêté）によって，12 月 31 日までに承認される」，「Genève 市の予算は，遅くとも 12 月 31 日までに自治体議会によって承認されなければならない。それは，遅くとも 2 月 20 日までにカントン参事会の規則によって承認される」，「予算が 12 月 31 日までにカントン参事会によって承認されなければ，自治体議会は暫定算定を決定しなければならない」，「カントン参事会は，規則によって，予算執行に必要な，自治体の課税係数を承認する」[60]。

更に,「法律によって自治体に義務づけられている経費が予算に登録されていなければ,カントン参事会は自治体議会にそれを載せる」,「拒否した場合には,カントン参事会は規則により公式に自治体予算にこの経費を登録する」[61]と規定してある。

以上のように,自治体の税財政事項のすべてにわたって,カントン参事会の承認が求められ,また場合によってはカントン参事会の議決が自治体財政を決定することになる。なお,「自治体によって課せられる課税係数の税率は,カントン参事会の承認を条件に,自治体によって決められる」[62]として,課税係数に関してもカントンの関与が明記されている点が注目される。

公債については,次のように規定してある。すなわち,「自治体予算は均衡しなければならない」,「しかしながら,自治体は負担超過を求める予算を示すことができる。(これは)その最大償還に見合って,その超過がその自治体の純資産をカバーしている限りである」,「自治体が理由なくして,予算の均衡を拒否したときには,カントン参事会は規則によって,削減の容易な経費,それ自身の余剰分で,あるいはカントン議会（Grand Conseil）に自治体の追加額を増やすよう提案することで,補足分を充てる」[63]と規定してある。

以上のように,カントン憲法と自治体法あるいは自治体税法を検討する限りでは,自治体の税財政運営に対するカントンの関与については,ZH では公債発行の規定が明記してあるに留まっているのに対して,GE では自治体の予算決議を始めとして税財政事項のすべてにわたってカントン参事会が強く関与しているといえる。

(3) 課税係数と課税負担

さて,第2節でみたように,スイス自治体の課税は,付加税制度が採用されており,ZH と GE の両カントンもその例外ではない。重要なのは,この制度の下で,自治体に対して税額の決定権が認められている,という点である。具体的に,その裁量は,課税係数によって発揮することができる。従って,この課税係数の裁量の幅をみることは,自治体の税財政運営上の実際の裁量の程度を検討するのに欠かせない事項であるといえる。そこで,最後にこの課税係数について検討してみよう。

第 8 章　自治体の税財政制度の多様性　　245

表 8-3　個人所得税の給与所得に対する負担率（子供 2 人の既婚者）[a]：1991年

給与所得 1,000フラン	ZH				GE			
	平均 %	最大 %	最少 %	最大/最少	平均 %	最大 %	最少 %	最大/最少
10	0.12	0.12	0.12	1.00	0.25	0.25	0.25	1.00
15	0.08	0.08	0.08	1.00	0.17	0.17	0.17	1.00
20	0.06	0.06	0.06	1.00	0.13	0.13	0.13	1.00
25	0.23	0.24	0.20	1.20	0.10	0.10	0.10	1.00
30	0.95	1.00	0.82	1.22	0.14	0.14	0.14	1.00
35	1.62	1.71	1.39	1.23	0.95	0.98	0.89	1.10
40	2.34	2.47	2.00	1.24	1.88	1.94	1.74	1.11
50	3.60	3.80	3.08	1.23	4.14	4.28	3.83	1.12
60	4.60	4.85	3.93	1.23	7.06	7.30	6.54	1.12
70	5.65	5.96	4.83	1.23	9.43	9.75	8.73	1.12
80	6.74	7.12	5.76	1.24	11.23	11.61	10.39	1.12
100	8.41	8.88	7.18	1.24	14.20	14.69	13.15	1.12
150	11.52	12.17	9.85	1.24	18.30	18.93	16.94	1.12
200	13.72	14.49	11.73	1.24	20.80	21.52	19.25	1.12
500	21.74	22.96	18.58	1.24	28.41	29.39	26.30	1.12
1,000	24.96	26.35	21.32	1.24	31.50	32.58	29.15	1.12

（注）　a　カントン税，自治体税，及び教会税を含む。
（資料）　*Steuerbelastung in der Schweiz,* Natürliche Personen nach Gemeinden, Bern, 1992, S.27, S.34 より作成。

　先に，給与所得が 80,000 フランの場合で，ZH と GE のカントン・自治体のそれぞれの税額及び負担率をみてみた。表 8-3 は，給与所得を 10,000 フランから 1,000,000 フランまでに拡大して，両カントンにおける負担率を比較したものである。本表ではまた，カントン税，自治体税，及び教会税を含んだ税額の負担率について，平均，最大，そして最少の値を示す各自治体の負担率が示してある。

　負担率について，まず平均でみてみると，ZH では給与所得が 20,000 フランを超えると 0.06％から 1,000,000 フランまでの 24.96％まで増大している。GE では，25,000 フランを超えると 0.10％から 1,000,000 フランでの 31.5％へと増大している。25,000 フランから 40,000 フランの間は，ZH での負担率の方が GE の場合を上回っているが，50,000 フランを超えると GE の

方が一貫して高く，特に150,000フランを超える給与所得に対しては，ZHよりも常に9％ポイント上回る負担率となっていることが判る。

また，負担率について，最大／最少の比率をみてみると，ZHの方がGEの場合よりも幅が広く，先にみた自治体レベルでの課税係数の幅の差異が反映しているといえる。負担率において，ZHの自治体の裁量の幅の大きさが窺える。

おわりに

本章の目的は，ZHとGEを比較することによって，スイス自治体の税財政制度の多様性を具体的に明らかにすることにあった。本章での検討で明らかになった諸点は，次の通りである。

第一に，自治体制度においては，ZH，GE，共に，自治体の存在権・自治権がカントン憲法において保障されている。また，自治体の組織に関しても，ZHでは住民集会あるいは自治体議会が，GEでは自治体議会がそれぞれ住民から選出された議員から構成されている。また，自治体参事会の構成員も，選出の対象となる。自治体の活動範囲については，一般的自治体の性格を反映して，ZHとGE，共に広い範囲にわたる議決事項が与えられている。

第二に，課税制度について検討すると，ZHとGEの間でかなりの対照性が認められる。すなわち，税目数では，ZHがむしろ自治体において多様であるのに対して，GEの自治体は極めて制限された税目しか徴収が許されていない。

また，カントンの水準の課税制度が自治体の課税制度と結合した付加税制度が両カントンにおいて採用されている。本章では，これを個人所得税に限定して比較してみた。カントンの課税制度上の特徴としては，控除項目に関して，ZHは特に人的控除と扶養控除額について，また仕事上の必要経費が含まれている点でGEと異なっている。このため，ZHにおいては，同じ課税対象に対して，課税所得がGEと比較してより抑制されている。また，税率表に関しては，課税所得が29,600フランを境にして，GEの税率がZHのそれを上回り，これが更に基本課税の差異となって現れてくる。また，課税

係数に関しては，ZH ではむしろ自治体に，また GE においてはカントンに対して，税源配分における比重がより高くなる係数が適用されている。

　第三に，自治体の裁量についてみてみると，ZH と GE，共に，カントン憲法・法律と連邦法律の範囲内で，その裁量の発揮が保障されている。自治体の直接の監督権はカントン当局としての郡参事会が行使している。ただし，その監督あるいは干渉の程度は，ZH では基本的に自治体活動の合法性の点検に留まるとされている。これに対して GE では，自治体のすべての行為に対してカントンによる承認が求められる，という点で後見性が窺われる。課税制度上の自治体の裁量の幅はまた，課税係数あるいは課税負担の自治体間の差異となって現れてくると考えられるが，ZH においては GE におけるよりもより広い差異を認めることができる。

[注]

1）ZH 憲法は，Zürcher Gesetzessammlung 1981, Band I 所収の「チューリヒ州憲法（Verfassung des eidgenössischen Standes Zürich）（1860 年 4 月 18 日）」を，また GE 憲法は，LÉGISLATION GENEVOISE RECUEIL SYSTÉMATIQUE 所収の「ジュネーヴ共和国・カントン憲法（Constitution de la République et canton de Genève）（1847 年 5 月 24 日）」をそれぞれ参照した。ZH の自治体法は，Zürcher Gesetzessammlung 1981, Band I 所収の「自治体制度に関する法律（Gesetz über das Gemeindewesen）（1926 年 6 月 6 日）」を，また GE の自治体法は，LÉGISLATION GENEVOISE RECUEIL SYSTÉMATIQUE 所収の「自治体行政に関する法律（Loi sur l'administration des communes）（1984 年 4 月 13 日）」を用いている。
2）ZH 憲法第 47 条。ZH 自治体法第 1 条も同じ趣旨。
3）ZH 自治体法・補遺。
4）次を参照。カトリーヌ・ベナニ（C. Benani）「スイスに於けるコミューンの制度と責務」『Home Rule & Civil Society 自治と市民社会』No.2，1991 年，中央学院大学，1-3 頁。J. Meylan, "Les communes", *Handbuch Politisches System der Schweiz*, 1986, S.140.
5）ZH 憲法第 47 条。ZH 自治体法第 2 条では，境界について述べられている。
6）ZH 自治体法第 3 条。
7）ZH 憲法第 47 条。
8）ZH 憲法第 32 条。
9）ZH 憲法第 37 条。
10）GE 憲法第 144 条。
11）GE 自治体法第 1 部第 1 条。

12) GE憲法第30条。
13) ZH憲法第48条。
14) GE憲法第2条。
15) ZH憲法第49条。
16) ZH憲法第40条。
17) ZH憲法第41条。
18) ZH自治体法第88条。
19) ZH自治体法第88条。
20) ZH憲法第146条。
21) ZH憲法第147条。
22) ZH憲法第152条。
23) ZH自治体法第1部第3条。
24) ZH自治体法第154条。
25) W. Linder, *Swiss Democracy*, St. Martin's Press, 1994, p.53.
26) 次を参照。沼田　良『スイス地方行政事情』自治総合センター，1993年，43頁。
27) 第5章を参照。
28) ZH憲法第51条。
29) ZH自治体法第41条。
30) GE自治体法第17条。
31) GE自治体法第30条。
32) *Die Steuern der Schweiz*, I. Teil, Einkommens- und Vermögenssteuern natürlicher Personen, Nr.1, Kanton Zürich, S.3, Verlag für Recht und Gesellschaft AG, Basel, Ausgabe April 1991.
33) *Die Steuern der Schweiz*, I. Teil, Einkommens- und Vermögenssteuern natürlicher Personen, No.25, Canton de Genève, p.3, Verlag für Recht und Gesellschaft AG, Basel, Ausgabe April 1991.
34) 詳細は第4章を参照。
35) *Steuer der Schweiz*, Allgemeine Übersichten, Nr.3, 1989, S.2.
36) *Die Steuern der Schweiz*, I. Teil, Einkommens- und Vermögenssteuern natürlicher Personen, Nr.1, Kanton Zürich, S.4, No.25, Canton de Genève, p.4, Verlag für Recht und Gesellschaft AG, Basel, Ausgabe April 1991.
37) *Die Steuern der Schweiz*, I. Teil, Einkommens- und Vermögenssteuern natürlicher Personen, Nr.1, Kanton Zürich, S.8-9, No.25, Canton de Genève, pp.8-9, Verlag für Recht und Gesellschaft AG, Basel, Ausgabe April 1991.
38) ZH税法第136条。ZH税法は，Zürcher Gesetzessammlung 1981, Band IV 所収の「直接課税に関する法律 (Gesetz über die direkten Steuern) (1951年7月8日)」(ただし，1981年4月5日の改訂分)を用いている。
39) GE税法第291条。GE税法は，LÉGISLATION GENEVOISE RECUEIL SYSTÉMATIQUE 所収の「課税に関する一般法 (Loi générale sur les contributions publiques) (1887年11月9日)」(ただし，1991年1月1日までの改訂分)を用いている。

40) *Die Steuern der Schweiz,* I. Teil, Einkommens- und Vermögenssteuern natürlicher Personen, Nr.1, Kanton Zürich, S.9, Verlag für Recht und Gesellschaft AG, Basel, Ausgabe April 1991.
41) *Die Steuern der Schweiz,* I. Teil, Einkommens- und Vermögenssteuern natürlicher Personen, No.25, Canton de Genève, p.11, Verlag für Recht und Gesellschaft AG, Basel, Ausgabe April 1991.
42) *Die Steuern der Schweiz,* I. Teil, Einkommens- und Vermögenssteuern natürlicher Personen, Nr. 1, Kanton Zürich, S.10, Verlag für Recht und Gesellschaft AG, Basel, Ausgabe April 1991.
43) GE自治体法第30条。
44) ZH憲法第48条。
45) ZH憲法第43条。
46) ZH憲法第44条。
47) ZH憲法第45条。
48) ZH自治体法第141条。
49) ZH自治体法第142条。
50) Meylan, *op. cit.,* p.138.
51) GE憲法第2条。
52) GE自治体法第61条。
53) GE自治体法第62条。
54) ZH憲法第43条。
55) GE自治体法第70条。
56) Meylan, *op.cit.,* p.124.
57) Meylan, *op.cit.,* p.125.
58) ZH憲法第121条。
59) ZH自治体法第144条。
60) GE自治体法第74条。
61) GE自治体法第76条。
62) GE税法第298条。
63) GE自治体法第77条。

第III部
政府間財政関係

第 9 章

財政調整制度

はじめに

「第Ⅰ部　分権化された財政」と「第Ⅱ部　自治体財政」で検討したように，スイスはその財政構造あるいは税財政制度が高度に分権化されている。しかし，こうした枠内にあって，連邦政府，カントン，自治体という各政府水準は，それぞれ単独で行財政を運営しているわけではない。スイスにあっては，その財政が高度に分権化されているにもかかわらず，その様々な局面において政府間の連携が採られているといえる。このことによって，逆にまた高度な分権を維持できていると考えられる。そこで，「第Ⅲ部　政府間財政関係」では，以下，第 9 章～第 12 章までの四つの章を設けて，この政府間財政関係に焦点を絞って，現代スイス財政連邦主義の在り方を考察することにしたい。

さて，地理上・経済上の条件で，地域間の経済力あるいは財政力の格差が拡大することが考えられる。これに分権化された税財政制度が加わると，高い経済力を背景にして税率を低く抑え，更に企業を呼び込むという課税戦略を図ることも可能となり，このことがまた経済力あるいは財政力の地域間格差を更に拡大することも考えられる。こうした状態に対して，各政府水準の間で何も調整・協調が図られないならば，分権化された税財政制度そのものは，経済力・財政力の地域間格差をむしろ拡大する要素を含んでいるというデメリットを伴っているとみなすことができよう。こうした地域間格差の拡大を抑制する制度として，財政調整制度があるが，スイスにあってもこの制

度が整備されている。本章の目的は，このスイスの財政調整制度を分析することにある。

　財政調整制度を検討するには，様々な視点からの接近が可能であろう。本章にあっては，スイスのように分権の程度が強い場合に，財政調整制度がどのようにして可能となるのか，また財政調整制度に分権化された要素がどのように反映しているのか，という問題意識を持って検討を進めたい。

　以下，次の手順で論を進めることにする。まず第1節では，財政調整についてのいくつかの考え方を示した上で，スイス財政調整制度の成立について確認しておく。次に第2節では，スイス財政調整制度の原資を枠付けている政府間財政移転，特に連邦政府からカントンに対する財政移転の展開について概観しておく。第3節では，スイス財政調整制度の配分基準を枠付けている「財政力指数」について，その構成要素と算出方法を，また第4節では，この財政力指数が実際にどのように適用されているのか，という点を明らかにする。最後に第5節では，スイスの財政調整制度によって実際に水平的な効果がどの程度進展したか，という点について分析を加えることにする。

1．スイス財政調整制度の成立

(1) 概念「財政調整」の検討

　スイス財政調整制度を直接検討する前に，ここで，まず「財政調整」という概念について検討しておこう。特に，スイスのような連邦国家における「財政調整」と，わが国のような単一制国家における「財政調整」とは，その中身が異なってくるものと考えられるので，概念上の財政調整を確認しておくことは重要である。

　財政調整は，様々な分類の仕方が可能である。たとえば　K. Cornevin-Pfeiffer によれば，「財政調整（péréquation financière）」は，「一方では，諸公共団体の財源の間に，また他方では，諸公共団体が遂行しなければならない諸事務の間に，それぞれ存在する不均等を緩和する」ことを目的とする。その内，財政調整のための諸手段が二つの異なる政府水準（連邦政府とカントン，または，カントンと自治体）に関連するならば，「垂直的調整(péréquation verticale)」と呼ばれ，他方で，その諸手段が同じ政府水準の諸公共組織に適用されるときには，「水平的調整（péréquation horizontale）」と呼ばれる[1]。

また，K. Cornevin-Pfeiffer は，「事務と財源の諸公共団体への適切な割当」及び「諸公共団体間での財政移転（transferts financiers）」を「広義の財政調整」と呼び，他方で「事務と財源の配分によって誘発された格差（disparités）を軽減，さらには排除することを狙いとした諸手段」を「狭義の財政調整」と呼んでいる[2]。ここで，狭義の財政調整に関して，「格差」の基準を何に求めるかによって，財政調整を更に区分することができる。Cornevin-Pfeiffer は，この狭義の財政調整における役割は「地方・地域の諸公共団体の特殊性のみによって引き起こされた財政格差を軽減すること」にあるとし，さらにこの「特殊性」は「地域政策での選択を反映したものではなくて，水平的不公平（inéquité horizontale）に晒されたもの」であると指摘している[3]。すなわち，Cornevin-Pfeiffer のいう狭義の財政調整の対象は，地域レベルの財政上の「格差」，それも地域の選好による相違を差し引いた「水平的不公平」である。

また Dafflon によれば，「財政調整」は「一般的には，財政不均等（fiscal imbalance）を補整する目的の諸政策に関連する」と述べている[4]。Dafflon もまた Cornevin-Pfeiffer と同様に，財政上の「不均等」をもって財政調整上の格差の基準としているのである。しかし，Dafflon は更に，財政不均等の中でも「地域間の課税負担」の不均等を取り上げ，それが生じる要因として次の四点を挙げている[5]。

(A) 地域の財源調達能力の相違
(B) 公共サービスのある一定の水準を供給するにあたっての単位費用の相違あるいは標準的なサービス水準を供給するにあたっての単位数の相違
(C) 必要最低限の水準以外の，あるいはその水準を超える公共サービスを供給するにあたっての相違
(D) 所得再分配の考え方を反映した税率表の累進の在り方の相違あるいは地域における源泉課税（benefit taxes）と能力課税（ability-to-pay taxes）の組み合わせにおける相違

さて、ここで、Dafflon が挙げた地域間の課税負担の不均等が生じる四つの要因を逐一検討してみると、すべての要因があらゆる政府形態のもとで生じるものではないことが判る。すなわち、政府形態の在り方、従ってまた州・地方政府の水準の行財政運営上の裁量の程度によって財政調整制度の対象が異なってくることに注意しなければならない。

　たとえば、(B)と(C)は、財政の支出面での格差についていっているが、その内、(C)の要因は、州・地方政府が特定の公共サービスについて裁量を発揮できる場合に限って財政調整の対象となり得る。

　また、(A)と(D)は、財政の収入面での格差についていっているが、この内(D)の要因は、州・地方政府の水準で採用されている税目および税率表が地域間で異なっている場合に問題となる。スイスのように、州（カントン）の課税権があらゆる課税局面において発揮される場合、税率の差異と共に、課税ベースの選択においても裁量が可能であり、(D)の要因によって生じる格差の是正が調整の対象となり得る。他方で、わが国のように、地方公共団体において、地方税法、地方財政法など、同一の法律のもとで財政運営が図られている場合には、特に問題とはならないであろう。

　また、(A)の要因は、地域によって税源が偏在している場合に生じてくる問題である。経済力、人口等が空間上、必ずしも均等に分布しているわけではないために、この種の問題が生じてくるのである。この点は、わが国にあっても事情は同じである。ただし、(A)の要因によって生じる格差を比較可能な指標で示すためには、課税ベースが地域間で統一されている必要がある。従って、この(A)の要因によって生じる相違を補整するための政策が実効的なものになるためには、地域間での課税調整が整備されていることが前提となることに注意する必要がある。スイスのように、カントンの財政運営上の裁量が課税ベースの選択にまで及ぶ場合には、この地域間の課税調整が必要となる。

　なお、(B)の要因についてであるが、これは、特に地勢上の差異が大きく影響してくる。この点は、スイスのように、小国でありながら、アルプス山岳地域、平地等と地域によって様々な地勢上の条件が異なっている場合、公共サービスの単位費用・単位数量の違いがはっきりと出てくるものと考えられ

第9章　財政調整制度　　257

る。この点は，わが国においても事情は同じである。

　以上にみるように，スイスのように，連邦国家であり，またカントンの財政運営上の広い範囲にわたる裁量が保障されている政府形態のもとにあっては，上記のいずれの要因によって生じる相違も財政調整の対象と成り得るのであって，財政調整制度の在り方が非常に複雑化してくることが予想される。

　さて，以上みてきた Cornevin-Pfeiffer と Dafflon のいずれの見解も，地域間の財政上の「格差」「不均等」を補整する，というものである。これに対して，たとえば H. Schmid 等のいう財政調整はまた異なった視点からの見解を述べている。すなわち，「財政調整（Finanzausgleich）によって，同じ程度の地域経済成長と一様な所得分配が期待される。こうした要求は，財政調整の諸手段そのものがかなりの程度で不均等を引き起こす要因を抑制するのに与っているという考えに基づく」[6]。この考え方は，財政調整の目的として，単に財政上の格差の補整に留まらずに，更に経済・所得格差の是正を求めようとするものである。

　さて，スイス財政調整制度は，これらの財政調整の考え方に沿っていえば，どの分類に属し，あるいはどういう要因によって生じた格差を財政調整の対象とするものであろうか。

(2)　財政調整制度の成立

（法律上の根拠）

　まず，スイス財政調整制度の法律上の根拠についてみておこう。スイス財政調整制度は，連邦憲法における1958年での財政調整に関する条文増補およびそれに基づく1959年公布の「カントン間財政調整に関する連邦法律」によって本格的に始まる。

　まず，1958年に，連邦憲法に次の条文が増補されている[7]。

　　「連邦はカントン間の財政調整を促進する。とりわけ，連邦補助金の承認に際しては，カントンの財政力（Finanzkraft）および山岳地域（にあるか否か）を適切に考慮しなければならない。」（連邦憲法の第42の3）

　　「国防税（Wehrsteuer）[現在の連邦直接税（Direkte Bundessteuer）；引用者による，以下同様] は，連邦の負担で，カントンがこれを徴収する。税の

総収入の 10 分の 3 は，カントンに支払わなければならず，そのうち少なくとも 6 分の 1 は，カントン間の財政調整をはかるために使用されなければならない。」(連邦憲法の第 41 の 3 ⑤ b.)

すなわち，以上を整理すれば，①カントン間の財政調整は連邦政府の責任である。②財政調整のための連邦補助金の配分基準は，「財政力」と「山岳地域」(にあるか否か) である。③「国防税」(連邦直接税) 収入の 10 分の 3 の分与の一部が財政調整の財源となる，という内容をもつ条件が新たに規定された。

また，この憲法規定に依拠して，「カントン間財政調整に関する連邦法律」が 1959 年に公布され，財政調整についてさらに具体化されている。この連邦法律においては，第 I 部では連邦補助金について，また第 II 部では「カントン分与税」(Wehrsteueranteilen der Kantone; 現行の Anteilen an der direkten Bundessteuer der Kantone) に伴う財政調整について，それぞれ規定してある。

こうして，スイス財政調整は，カントン間の，従って水平的な財政調整を達成するために，連邦補助金とカントン分与税を手段とする，という現行の財政調整制度の法律上の根拠が与えられることになる。

（目的）

では，このスイス財政調整制度によって狙われている目的は何か。カントン間の財政調整，従って水平的な格差の補整を対象としているとはいっても，その格差が財政上の格差なのか，あるいはまた経済・所得の格差であるのか，また，財政上の格差であるとすれば，どういう要因によって生じた格差を対象としているのか，この点を連邦憲法あるいは連邦法律の当該条文のみからははっきりとは判断することはできない。連邦憲法，連邦法律において，「財政力」と「山岳地域」に基づいてカントン間の財政調整を行うとは規定されていても，特に「財政力」の中身が必ずしも明らかではない[8]。

ここでまた，Dafflon と Cornevin-Pfeiffer の二人の見解を示しておこう。まず Dafflon によれば，スイス財政調整制度の第一の目的としては，「カントンが，他のカントンにおけるよりも，より過重な課税負担を負うことなく，同様の水準のサービスを供給できるようにすること」にあり，また法律が導入された当初にあっての補足的な目的としては，「[その使途に関して] 無条件

の分与を通して，カントンの財源調達能力を一部補塡すること」にある[9]，と述べている。このDafflonの指摘によれば，スイス財政調整制度は，前述した課税負担の相違が生じる要因の内，(B)の公共サービスの単位費用の相違を反映した課税負担の格差の補整を第一の目的とし，(A)の財源調達能力の相違を反映した課税負担の格差の補整が補足的な目的，ということになる。この指摘は，「カントン間財政調整に関する連邦法律」の第Ⅰ部の連邦補助金，そして第Ⅱ部のカントン分与税，という配列に対応するものである。また，公共サービスの単位費用の相違は連邦補助金によって，また財源調達能力の相違はカントン分与税によって対処する，ということを意味している。

また，Cornevin-Pfeifferは，スイス財政調整制度の目的として，「より貧困なカントンに対して，そのカントンの行う事務を自律的に遂行するのに必要な財源を交付すること」，及び「平均的な課税圧力を超過することなく，平均的な水準で公共サービスを供給することができるように，経済的に弱いカントンに対して財源保障を与えること」を挙げている[10]。このCornevin-Pfeifferが挙げている後者の目的はDafflonのいう第一の目的に該当しており，また前者の目的はDafflonのいう補足的な目的に該当している。

以上みてきたように，DafflonとCornevin-Pfeifferのいずれも，スイス財政調整制度の本来の目的として，公共サービス供給の単位費用についての地域間の相違の補整，および財源調達能力の補塡，という二つの目的を挙げているのである。

（原資と配分基準）

さて，連邦憲法と連邦法律により，財政調整の原資と配分基準が既に明らかである。すなわち，まず財政調整に充てられる原資であるが，これは，連邦補助金と分与税が挙げられている。これらはいずれも，政府間財政移転を通して行われており，特に連邦政府からカントンに対する財政移転によって枠付けられているといえる。ここで，政府間財政移転とは，政府間での財政資源の受取と支払を意味する。第2節では，財政調整に充てられる原資である連邦補助金と分与税がこの政府間財政移転の中でどれだけの比重を有しているのか，という点を検討することにする。

次に，財政調整が行われる際の配分の仕方についてであるが，これは，「財

政力」と「山岳地域」（にあるか否か）に基づいて行われている。スイス財政調整政策として複数の制度が存在しているが，それらのいずれの制度においても財政力が配分基準として採用されている。「山岳地域」という配分基準も，この財政力という配分基準の中で勘案されている。そこで，第3節では，この財政力について，その構成要素と算出方法を，また第4節では，その適用の仕方を，それぞれ検討することにする。

2．原資面：政府間財政移転の展開

第1節でみたように，連邦補助金と分与税とが，財政調整に充てられる原資を形成している。これらはいずれも，政府間財政移転を通して行われている。本節では，連邦補助金と分与税がこの政府間財政移転の中でどれだけの比重を有しているのか，という点を検討することにする。

(1) 政府間財政移転の連関表

さて，スイスの財政調整制度は，政府間財政移転を通して行われているが，この政府水準間での財政移転の連関表をみておくことにしよう。表9-1は，連邦政府，カントン，そして自治体の三つの政府水準の相互間での財政移転について，1989年の場合でみたものである。また，表9-2は，三つの政府水準の財政収入と財政支出について，やはり1989年の場合でみたものである。

財政移転の総額は約149億フランであり，これは，連邦政府，カントン，そして自治体による総支出（約780億フラン）の約19％の比重を占める規模である。また，表から判るように，連邦政府とカントン，連邦政府と自治体，そしてカントンと自治体，と三つの政府水準の間で財政移転が行われている。

こうした政府水準間での財政移転の内，規模の上で特に重要なのが連邦政府からカントンと自治体に対して支払われる財政移転の流れであり，これは財政移転全体の49.8％を占めている。就中，連邦政府からカントンに対する財政移転の規模が重要で，これは連邦政府の総支出（約274億フラン）の26.8％，またカントンの総収入（約374億フラン）の19.6％に当たる。

以上から，財政調整の原資となる連邦政府からカントンに対する財政移転

第9章 財政調整制度　　　　　　　　　　261

表9-1　政府間の財政移転[a]（1989年）　　　　　　（単位；1,000フラン）

受取＼支払	連邦政府	カントン	自治体	合計
連邦政府	—	23,547	—	23,547
カントン	7,355,197	271,623	2,522,300[b]	10,149,120
自治体	60,497	4,670,023	—	4,730,520
合計	7,415,694	4,695,193	2,522,300	14,903,187

（注）a　重複分は調整済み。
　　　b　財政統計においては，カントン間の財政移転は計上されるが，自治体間の財政移転は，総計の際に除去される。
（出所）注1　p.229.

表9-2　各政府水準の財政収入・財政支出[a]（1989年）（単位；100万フラン）

	連邦政府	カントン	自治体	合計
財政支出	27,449	37,619	27,863	78,028
財政収入	28,334	37,439	27,615	78,482

（注）a　重複分は調整済み。
（資料）*Statistiches Jahrbuch der Schweiz,* Bundesamt für Statistik, Verlag Neue Zürcher Zeitung, 1992, S.362 より作成。

は，政府間財政移転の中でも最も高い比重を占めていることが判る。

(2) 連邦政府による財政移転

　財政調整制度は，主に，連邦政府からカントンに対する財政移転によって行われている。そこで，まず，連邦政府による財政移転，及び政府間財政移転に直結する対公共部門に対する財政移転の検討からはじめることにしよう。
　図9-1から判るように，連邦政府による財政移転は，まず，1950年代にあっては，連邦政府の総支出に占める比率が40％前後の水準であった。その内，対公共部門の財政移転の比率は，20％弱の水準で推移していた。しかし，1960年代から1970年代半ばにかけて，一つの転位がみられる。つまり，この間に，連邦政府による財政移転は，総支出に占めるその比率が50％台，さらには60％台へと増大していっており，その後にあってもこの水準は低下していない。

262　第Ⅲ部　政府間財政関係

(単位；%)

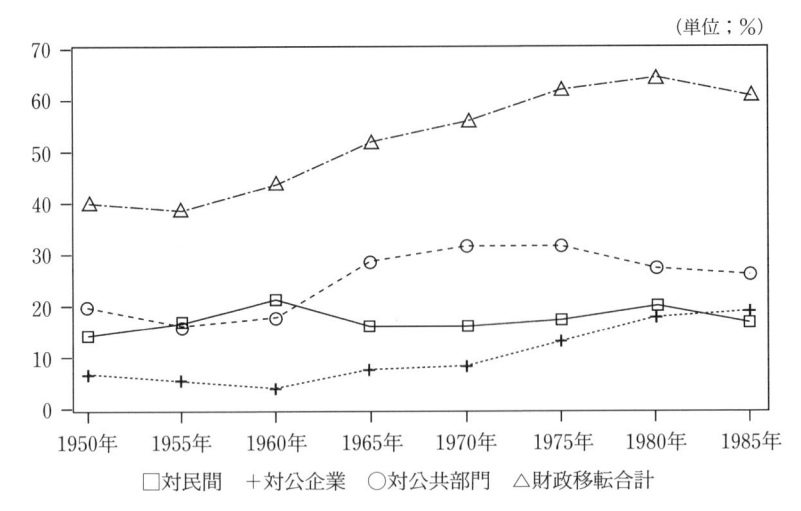

□対民間　＋対公企業　○対公共部門　△財政移転合計

（資料）*Öffentliche Finanzen der Schweiz,* Eidgenössische Finanzverwaltung, Bern, 1985, S.26-27 より作成。

図 9 - 1　連邦政府の総支出に占める財政移転の割合

　この間の財政移転の比重の増大は，何よりも対公共部門に対する財政移転の比重の増大を反映している。この対公共部門の財政移転が連邦政府の総支出に占める比率は，1960 年の 17.9 % から 1975 年の 31.4 % へと，その比重を 13.5 % ポイント増大させている。また，1970 年代半ばを過ぎると，連邦政府の財政移転が総支出に占める比率は，ほぼ安定した推移を示しているが，対公共部門の財政移転はその比重を落としてきている。

(3) カントンに対する財政移転

　次に，連邦政府からカントンに対する財政移転についてみてみる。連邦政府による対公共部門の財政移転が総支出に占める比率の推移は，概ね，カントンに対する財政移転を反映している。また，連邦政府によるカントンに対する財政移転は，カントン分与税，連邦補助金，そして特定目的還付金（Rückvergütungen）の三つに区分できる。
　この内，連邦補助金と特定目的還付金は，本来，特定目的交付金（specific

第9章 財政調整制度　263

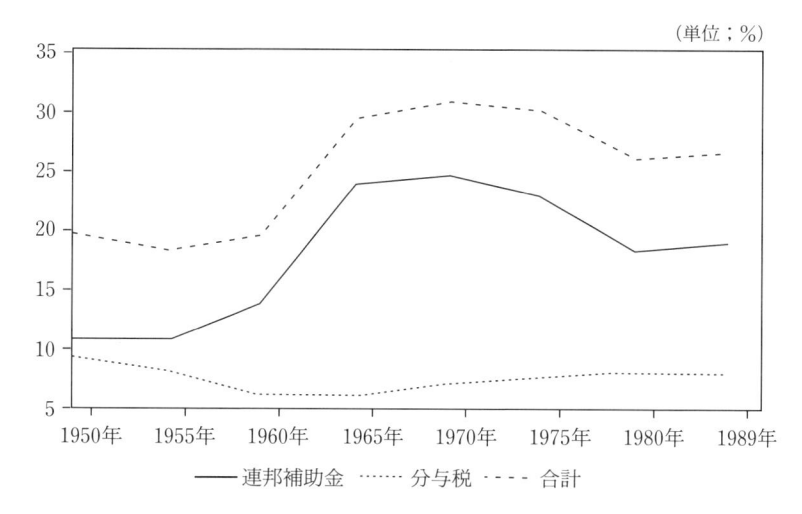

(単位；％)

1950年　1955年　1960年　1965年　1970年　1975年　1980年　1989年
――― 連邦補助金　……… 分与税　---- 合計

(資料) *Öffentliche Finanzen der Schweiz*, Eidgenössische Finanzverwaltung, Bern, 1979. *Statistisches Jahrbuch der Schweiz*, Bundesamt für Statistik, Verlag Neue Zürcher Zeitung, 1992 より作成。

図9-2　連邦政府の総支出に占める財政移転の割合

purpose grants) の性格を有するものであり，それを交付する政府主体によってその使途が特定された交付金である。他方で，カントン分与税は，本来，一般財源交付金 (general revenue grants) として導入されたものであり，その使途は自由で，その受取側の政府主体の一般財源となる交付金である[11]。

「カントン間財政調整に関する連邦法律」によれば，連邦補助金とカントン分与税を通して，財政調整を行うというわけである。また，特定目的還付金も，基本的な性格は，連邦補助金と変わるところはなく，連邦補助金の一種とみなすことができるのであり，またここでいう財政調整の手段でもある。これらの財政移転は，いずれも，この連邦法律が成立する以前から既に存在していたのである。この点を考慮すれば，スイス財政調整制度は，特定目的交付金または一般財源交付金としての性格を有する財政移転に対して，更にカントン間の財政調整手段という性格を加えようとするものである[12]。

さて，連邦補助金（特定目的還付金も含む）と分与税は，連邦政府の総支出のどの程度の比率を占めて推移してきたのであろうか。まず連邦補助金に

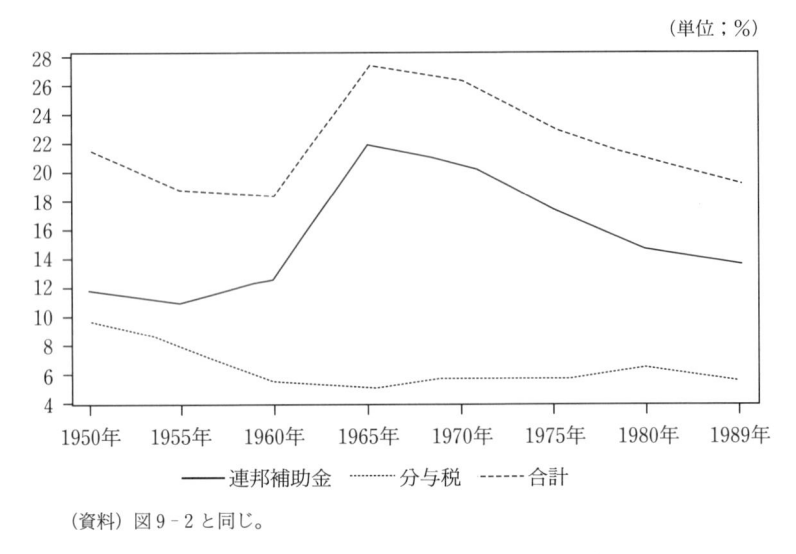

図9-3 カントンの総収入に占める財政移転の割合

(資料) 図9-2と同じ。

ついてであるが、図9-2にみるように、1950年代は、連邦政府の総支出の10％強で推移していたが、1960年代に入って急激にその比重を増大させ、1970年には24.5％を占めるに至る。1975年から1980年にかけては、4.5ポイントの減少を示し、その後は安定した推移を辿っている。他方で、分与税の場合は、1965年以降は漸増傾向に転じている。

他方で、連邦政府から受け取った財政移転がカントンの総収入の内、どの程度の比率を占めているか、という点をみてみる。図9-3にみるように、この比率は1950年代は、20％前後の水準で推移していたが、1960年代前半には急増している。その後は、1965年を分岐点にして、1965年以降は減少の一途を辿っている。こうした推移は、何よりも連邦補助金の比重の変化を反映するものである。1965年には、連邦補助金は、カントンの総収入の22％を占めていたが、1989年には13.9％にまで減少している。

3．配分基準：「財政力」

第2節においては、スイス財政調整制度の原資を枠付けている政府間財政

移転について概観しておいた。本節においては，スイス財政調整制度の配分基準となっている「財政力」について，その構成要素と算出方法について検討することにする。

(1) 財政力の構成要素[13]

財政力は，2年毎に改訂され，連邦参事会 (Der Schweizerische Bundesrat) によって政令（Verordnung）として取り決められる。ここで，連邦参事会は，行政機関であることに注意しなければならない。このことは，財政力の中身の承認について，立法上の手続きから回避されていることを意味する。

財政力の算出にあたっては，幾つかの要素が組み合わされている。すなわち，まず，財政調整制度の成立から1970年までは，「財源（ressource）」，「課税負担（charge fiscale）」，そして「需要（besoins）」の三つの要素に基づいて算出されていた。また，1970年以降は，現在まで，これら三つの要素にさらに「課税能力（force fiscale）」の要素が加わって算出されている。

ここで，まず財源の要素とは，当該カントンにおいて，一人当たりでみた場合の，課税ベースあるいは税収入あるいはまた所得に基づいて算出される要素である。次に，課税負担の要素とは，いわば「課税努力（effort fiscal）」を表すもので，「当該カントンが《公正な équitable》負担分を払うことを拒むならば，より多くの財政援助を正当化するわけにはいかない」[14]という理由に基づいて導入された要素である。また，需要の要素は，公共サービス供給の単位費用の「水平的不公平」を緩和するために導入された要素である，と考えられる。

最後に，課税能力の要素とは，一人当たりの税収入に基づいて算出されるが，その算出にあたっては課税負担の要素で示された値によって調整される。この課税負担の値をここで重ねて用いられるその理由は，「平均的な課税負担の場合と比較して示すために，税収入を修正すること」にある[15]，とされる。この理由はやや判り難いが，平均的な課税努力を前提とした場合に，どれほどの税収入を上げ得るのか，という視点からカントン間の比較を試みようとする要素である，と考えられる。

これらの各要素において，具体的な指標に基づいてカントン毎に指数化が

表9-3 カントンの財政力指標

財源に関する指標		
I	1959〜1973年	国防税（現在の連邦直接税）の一人当たり税収入
I a	1970〜1973年	個人に関する連邦直接税の一人当たり税収入
II	1959〜1985年	連邦直接税の一人当たりの課税ベース
II a	1972〜1985年	個人に関する連邦直接税の一人当たり課税ベース
III	1959〜1985年	連邦直接税とカントン・自治体課税の間の比率
IV	1986年	カントンの一人当たりの所得
課税負担に関する指標		
V	1959〜1985年	カントン・自治体課税による負担で、この逆数が用いられる。
V a	1986年	カントン・自治体のすべての課税によって示される課税負担の逆数、この場合、補完税（固定資産税、相続・贈与税、資産譲渡税）および物価上昇も勘案される。
需要に関する指標		
VI	1959〜1969年	カントン・自治体の純支出（特定目的還付金、連邦補助金、及び自治体負担分を除く）。
VII	1959〜1973年	人口密度
VII a	1974〜1977年	経済活動の可能な地域における平方キロメートル当たりの住民数
VII b	1978年	非耕作・非侵入地域、湖、河川を除いた全面積における平方キロメートル当たりの住民数
VIII	1970〜1973年	山岳地帯の割合：カントンの耕地面積全体に対する山岳地域の耕地面積であり、この逆数が用いられる。
VIII a	1974年	カントンの耕地面積全体に対する山岳地域に位置しない耕作面積の割合。
課税能力に関する指標		
IX	1970〜1973年	課税負担の指数とカントン・自治体のその他の自主財源によって調整されたカントン・自治体の一人当たりの税収入。
IX a	1974年	負担全体の指数によって調整されたカントン・自治体の一人当たり税収入。

（出所）注13 Dafflon, p.211.

なされる。これらの指数を一定の式に沿って組み合わせることで、最終的に財政力指数として一つの数値に換算されるわけである。

表9-3から判るように、1959年以降、財政力算出の基礎として全部で16の指標が導入・廃止されてきた。財源と需要の各要素に関する指標が、それぞれ6種類、また課税負担と課税能力の各要素に関する指標が、それぞれ2

表9-4　財政力指数の算出式

	←財　源→	←課税負担→	←需　要→	←課税能力→
1959年	$0.5\text{I}+0.1(\text{II}+\text{III})$	$+0.1\text{V}$	$+0.1(\text{VI}+\text{VII})$	
1966年	$0.2(\text{I}+\text{II})$	$+0.2\text{V}$	$+0.2(\text{VI}+\text{VII})$	
1970年	$0.181(\text{I}+\text{I a}+\text{II})$	$+0.181\text{V}$	$+0.181\cdot 1/2\text{VII}$	$+0.181\text{IX}$
	山岳地域の13カントンに対して			
	$0.154(\text{I}+\text{I a}+\text{II})$	$+0.154\text{V}$	$+0.154(1/2\text{VII}+\text{VIII})$	$+0.154\text{IX}$
1972年	$0.222(1/2(\text{I}+\text{I a})+1/2(\text{II}+\text{II a}))$	$+0.222\text{V}$	$+0.222\cdot 1/2\text{VII}$	$+0.222\text{IX}$
	山岳地域の13カントンに対して			
	$0.182(1/2(\text{I}+\text{I a})+1/2(\text{II}+\text{II a}))$	$+0.182\text{V}$	$+0.182(1/2\text{VII}+1/2\text{VIII})$	$+0.182\text{IX}$
1974年	$0.25\cdot 1/2(\text{II}+\text{II a})$	$+0.25\text{V}$	$+0.25(1/2\text{VII a}+1/2\text{VIII a})$	$+0.25\text{IX a}$
1978年	$0.25\cdot 1/2(\text{II}+\text{II a})$	$+0.25\text{V}$	$+0.25(1/2\text{VII b}+1/2\text{VIII a})$	$+0.25\text{IX a}$
1986年	$0.25\cdot 1.5\text{IV}$	$+0.25\text{V a}$	$+0.25(1/2\text{VII b}+1/2\text{VIII a})$	$+0.25\cdot 1.5\text{IX a}$

(資料) 注13 Dafflon, p.212 より作成。

種類,導入・廃止されてきた。これから,財源と需要の各要素に関する指標が比較的不安定であることが窺われる。逆に,課税負担,および課税能力に関する指標は比較的安定しているといえる。

(2) 財政力の算定

財政力の算出式には,これらの諸指標が組み込まれる。この算出式は,1959年以降,6回の修正を受けている(表9-4を参照)。各算出式で採用された指標の数は5〜8つであるが,この数の変動は財源に関する指標の数の変動によるものである。なお,この財源に関する指標は,1972—1973年に4指標が採用されてから後は,1974—1985年に2指標,1986年以降が1指標となり,指標が簡素化されてきていることが判る。

さて,こうした財政力指数の算出式は,どういう理由で,表9-4のように改訂されてきたのであろうか。Dafflon によれば,大部分の指標の修正は,本来技術的なもので,「利用可能な統計上の改善」と結びついており,他の指標の修正は,「当初選択された基準の単なる洗練」が問題になっているに過ぎ

ない[16]。

　しかし，財政調整制度の在り方に対して重要な影響を与えるものとして，財政力指数の算定式の修正の内，二つの指標の修正について言及しておく必要がある。一つは，1970年における支出項目（Ⅵ）の廃止であり，もう一つは，1986年におけるカントンの一人当たり所得（Ⅳ）の導入である[17]。

（支出項目の廃止）

　まず，カントン・自治体の支出は需要に関する指標として，1959年の算出式及び1966年の算出式には組み込まれていた。しかし，この支出項目は1970年の算出式では廃止されている。この支出項目が，指標として考慮されなくなった理由として，次の三点が挙げられる[18]。

　第一に，支出は公共団体の財政需要を一部しか反映していない，という点である。公共団体によって行われている支出は，実際は，既存の公共サービスの質と規模をも一部反映している[19]。そのため，支出の大きさをもって財政需要とみなすならば，それに応じた財政調整は，既存の公共支出の強化という性質を有することになり，調整制度の本来の目的，すなわち必要な公共サービスの単位費用の相違の補整と財源保障という目的とは逸脱することになる。

　第二に，支出の不安定性がある。つまり，カントンの財政収入がたとえ安定する傾向にあっても，投資支出政策は不安定である。

　第三に，自治体の水準においては，実際の支出は何も連邦法律とカントンの法律が適用されたものに限ったものではなく，更に自治体の特定の選好が反映されている。この点で，Cornevin-Pfeiffer が指摘する格差の条件，すなわち，財政調整の対象になる「格差」とは「地域政策での選択を反映したものではなく」という条件に反することになる。

（一人当たり所得項目の導入）

　さて，財政力指数の重要なもう一つの修正は，財源に関する指標についてである。ここで，国防税ないしは連邦直接税は，カントン収入に関する統計資料の代用とされていた。しかし，1974年に，国防税からの一人当たり税収という指標（ⅠとⅠa）は，その税率表の累進性による影響を回避するという目的で廃止された。替わって，1982年からカントン所得に関する統計が利

用可能となったことから，財源に関する唯一の指標として，カントンの一人当たり所得Ⅳが1986年から採用されている。

Dafflonによれば，この修正は，財政調整に関する考え方の変更を意味するものである。すなわち，この修正前の財源に関する指標（Ⅰ～Ⅲ）は，「カントン・自治体の公共部門にとって利用可能な財政手段に訴える」ものであったが，修正後の指標Ⅳの導入は，「公共部門と民間部門を混合しての，利用可能な経済諸資源の総合的な評価」を行うものである。「この意味で，決定要因がその時以来，地域としてのカントンの経済力となっているため，地域政策に向けて，調整政策が新たな方向を取ったことになる。」[20] 従って，この指標Ⅳの導入は，スイス財政調整制度の目的として，単に財政上の格差の補整に留まらずに，経済・所得格差の補整にまで目的を広げようという意味合いが込められているように考えられる。

（補論）1986年以降の財政力算出式

財政力指数の算出式の内，1986年以降用いられている現行の算出式については，Dafflonによって検討されている。これを彼の論に沿ってみてみよう[21]。

表9-4に挙げた1986年の算出式は，財源，課税負担，需要，そして課税能力の四つの要素から成る。まず，財源の要素Ⅳは，カントンの一人当たり所得を意味し，具体的には次の通りである。

$$Y_i/H_i$$

ここで，Y_iはカントンiでの所得，H_iはカントンiの住民数を表す。このカントンの一人当たり所得は，カントンの経済力を表す要素であり，この値が増大するほど財政力指数も高くなる。

第二に，課税負担の要素Ⅴaは，F_iで示される値である。具体的には，「課税負担指数」[22]の逆数が採用されており，この指数が大きくなるほど，従ってこの指数の逆数がより小さくなるほど財政力指数もそれだけ低くなる。

第三に，課税能力の要素Ⅸaは，カントン・自治体の一人当たり税収入を意味し，次のように計測される。

$$\frac{T_i + \sum T_{ci}}{H_i} \times F_i$$

ここで，T_i は，カントン i の税収入，T_{ci} はカントン i における自治体の税収入を表す。そして，カントン・自治体の一人当たり税収入が，上述した課税負担の指数によって乗数化されている。この修正された税収入が高ければ高いほど，それだけ財政力指数も高くなる。

最後の需要の要素では，人口の要素Ⅷaと地理的な要素Ⅶbが同じ程度で考慮されており，次のように計測されている。

$$\frac{1}{2} \times \frac{U^P_i}{U_i} + \frac{1}{2} \times \frac{H_i}{\text{km}^2}$$

ここで，U_i は耕作可能総面積，U^P_i は平地の耕作可能面積を表す。まず，地理的な要素とは，耕作可能面積全体に対しての，山岳地域に位置しない耕作可能面積の比率で表されている。平地の耕作可能面積の比重が高いほど，需要の指数が大きくなり，財政力指数も高くなる。これは，公共サービスの単位費用は山岳地域においての方が，平地においてよりもより高い，という仮定に基づいている[23]。もう一つの需要の要素は，人口密度であり，「少ない人口，あるいは比較的分散している人口に充てた公共サービスを充当するには，一層の費用がかかる」という仮定に基づいている[24]。この人口密度が低下するほど，財政力指数は減少することになる。

さて，以上述べてきたそれぞれの要素について計測された値は，平均値が100となるように換算される。また，その場合，各指数の最も低い値が70になるように，次の式に従って換算される。

$$(\text{指数}-100) \times \frac{30}{100-[\text{換算前の}]\text{最少の指数}} + 100$$

このようにして換算された4指数は，次に各カントン別に，それらの加重平均が算出される。この場合，財源と課税能力のそれぞれの新しい指数には1.5が，また課税負担と需要のそれぞれの新しい指数には1が，加重値として乗ぜられる。

各カントン毎に出された加重平均の値は，最後に，当該カントンの財政力指数として一つの値に換算されるが，その場合に，最も低い加重平均の値を示すカントンの財政力指数が30になるように，次の式に従って換算される。

$$(\text{指数}-100) \times \frac{70}{100-[\text{換算前の}]\text{最少の指数}} + 100$$

第9章 財政調整制度

(付表) カントンの財政力指数 (1990/91年)

カントン (略称)	指数1 財源 最低値=70 係数1.5	指数2 課税能力 最低値=70 係数1.5	指数3 課税負担 最低値=70 係数1	指数4 需要 最低値=70 係数1	加重平均値	加重平均値 −100	加重平均値の最少値で換算した指数	一般指数 修正前	一般指数 修正後
ZH	129.81	122.29	115.77	108.77	120.54	20.54	51.06	151.06	151
BE	87.17	88.65	83.39	95.46	88.52	−11.48	−28.55	71.45	71
LU	76.48	83.82	90.21	102.12	86.56	−13.44	−33.42	66.58	67
UR	72.85	70.00	71.45	73.49	71.84	−28.16	−70.00	30.00	30
SZ	81.07	89.41	117.71	85.19	91.72	−8.28	−20.58	79.42	79
OW	70.00	79.71	95.45	77.01	79.40	−20.60	−51.20	48.80	49
NW	91.03	95.21	118.22	83.15	96.14	−3.86	−9.58	90.42	90
GL	121.05	84.57	94.52	76.32	95.85	−4.15	−10.31	89.69	90
ZG	178.16	138.52	134.27	96.62	141.18	−41.18	102.38	202.38	202
FR	82.73	81.01	81.82	96.74	84.83	−15.17	−37.71	62.29	62
SO	86.03	91.41	97.80	103.50	93.49	−6.51	−16.18	83.82	84
BS	160.99	130.88	93.66	110.71	128.44	28.44	70.69	170.69	171
BL	99.39	97.10	103.56	105.98	100.85	0.85	2.12	102.12	102
SH	92.02	97.00	105.31	110.67	99.90	−0.10	−0.24	99.76	100
AR	76.60	88.78	107.70	82.85	87.72	−12.28	−30.52	69.48	69
AI	74.72	80.76	97.26	71.84	80.46	−19.54	−48.57	51.43	51
SG	83.61	92.96	109.53	98.77	94.63	−5.37	−13.35	86.65	87
GR	87.62	91.37	94.18	70.00	86.53	−13.47	−33.48	66.52	67
AG	94.06	91.53	103.82	110.24	98.49	−1.51	−3.76	96.24	96
TG	79.33	95.52	112.66	110.10	97.01	−2.99	−7.44	92.56	93
TI	78.07	101.10	97.69	86.10	90.51	−9.49	−23.60	76.40	76
VD	96.96	96.38	83.26	106.22	95.90	−4.10	−10.19	89.81	90
VS	72.12	78.81	80.96	79.85	77.44	−22.56	−56.08	43.92	44
NE	82.73	82.34	70.00	88.99	81.32	−18.68	−46.44	53.56	54
GE	137.49	133.30	87.90	110.71	120.96	20.96	52.10	152.10	152
JU	70.62	75.65	70.60	85.44	74.79	−25.21	−62.68	37.32	37
カントン全体	100.00	100.00	100.00	100.00	100.00	0.00	0.00	100.00	100

(出所) Ordonnance du 27 novembre 1989 fixant la capacité financière des cantons pour les années 1990-91.

1990/1991年の各カントンの財政力指数は，1989年11月27日の連邦参事会の政令に定められている。この各カントンの財政力指数，及びその算出に用いられた各要素の指数は，次表の通りである。財政力指数について，最も低いのは指数30のUR，最も高いのは指数202のZGである。

(3) 財政力の変更とカントン間の利害

さて，以上みてきた財政力の各要素における指標の導入・廃止，更に財政力指数の算出式の改訂について，いまひとつ検討しておきたいことがある。それは，これらの変更に伴って，経済力の強いカントンと経済力の弱いカントンのどちらの方が，相対的にその財政力指数を高めることになったのか，という点である。この点は，後に検討する財政力の適用および財政調整の水平的効果と関連してくる。というのは，財政力指数が高くなれば，その分財政調整のための財政移転を受け取る機会が損なわれることになり，これがまた財政調整の水平的効果に影響を与えるからである。この点については次のように考えることができよう。

まず，1966年から1970年にかけて支出項目が廃止されたが，このことによって，需要の要素における指数に関して，経済力の強いカントンのそれを高めるように作用する。その結果，経済力の強いカントンの財政力指数は比較的に高くなることになる。このため，支出項目の廃止は，より多くの支出を行っているカントンがより多くの財政移転を受け取るための項目が一つ失われたことを意味する。

また，この支出項目の替わりに，1970年に初めて課税能力の要素が加わっている。平均的な「課税努力」のもとでは，経済力の強いカントンがより高い課税能力を有していると考えられるため，この課税能力の要素の導入は，経済力の強いカントンの財政力指数を高めるものである。

1986年の財源に関する指標として，カントンの一人当たり所得が導入されたが，これは財政調整の対象を財政上の格差に留まらず，経済・所得格差にまで広げようという含意があるという点は既に指摘した通りである。この効果は，当然に経済力の低いカントンに対して有利に作用するものと考えられる。

更に，1986年に導入された算出式では，財源と課税能力の各要素に関する指数には1.5が，また課税負担と需要の各要素に関する指数には1が，係数としてそれぞれ乗ぜられている。このことは，財源と課税能力の各要素を財政力指数により強く反映させることを意味している。そのため，より経済力の強いカントンの財政力指数を高めることになり，この点でも経済力の低いカントンに対して有利に働くことになる。

以上にみるように，財政力の各要素における指標の導入・廃止，及び財政力指数の算出式の改訂は，基本的には経済力の強いカントンの財政力指数を高めることになり，結局は経済力の弱いカントンに比較的有利に作用するものと考えられる。

4．財政力の適用

前節では，財政調整制度における配分基準である財政力の算出について検討した。次に，各カントン毎に算出された財政力指数が，財政調整にあたって，具体的にどのように適用されるのか，という点について検討する。

(1) 財政調整制度の三区分

Dafflonによれば，財政調整制度は，財政力の適用に応じて，三つの方向で展開しているという。すなわち，第一に，カントン分与税での適用，第二に，連邦政府の社会保障支出に対するカントンの分担金（contribution）での適用，第三に，カントンに対する連邦補助金での適用である[25]。

ここで，第二の連邦政府の社会保障支出に対するカントンの分担金についてであるが，これは，カントンから連邦政府に対する財政移転を通して行われている。ただし，この規模はほとんど無視できる程度の水準でしかない。このカントンから連邦政府に対する財政移転の全体でみても，表9-5にみるように，その規模は，連邦政府の総収入に占める割合でみて，1％に満たない水準である。

他方で，第一と第三の財政調整制度は，本来，1959年の連邦法律に基づくものであり，スイス財政調整制度の枢軸を成すものである。そこで，以下で

表9-5 カントンから連邦政府に対する財政移転

	100万フラン	連邦政府の総収入に占める割合　％
1970年	14.7	0.08
1975年	31.3	0.25
1980年	35.4	0.22
1985年	13.9	0.06

(資料) *Öffentliche Finanzen der Schweiz,* Eidg. Statistisches Amt: 1985, S.30-31, S.44-45 より作成。

表9-6 カントンへの分与の割合とカントン間での配分方法

連邦政府の税収	カントンへの分与割合（連邦の税収に占める割合%）	配　　　　分
連邦直接税	30	17％：徴収分に応じて 10％：人口と財政力に応じて 3％：連邦政府とカントンの間での新しい業務分担及び財政調整に関する新しい規定による税の上乗せ（補償）[a]
源泉税	10	財政力（50％）と人口（50％）に応じて
兵役免除税	20	徴収分に応じて

(注) a　1992年以降は、この比率は次のように改訂。17％は、徴収分に応じて、また13％は、財政調整分に応じて。
(出所) 注1　p.241.

は，このカントン分与税による財政調整と連邦補助金による財政調整について，それぞれにおける財政力指数の適用の仕方について検討することにする。

(2) カントン分与税への適用

まず，分与税による財政調整について検討する。この分与税の現行の原資は，連邦直接税（Impôt fédéral direct）（個人所得と法人所得・法人財産に対する課税），源泉税（Impôt anticipé）（利子・配当，宝くじ賞金，年金・恩給，そして保険金給付に対する課税）及び兵役免除税（Taxe d'exemption du service militaire）（兵役義務を完了していない市民に対する課税）の三税からの税収が充てられている[26]。この内，連邦直接税からは30％が，源泉税からは10％が，そして兵役免除税からは20％が，それぞれカントンに対して分

与されている。そして，連邦直接税からの分与の内 13 % が，源泉税からの分与の内 50 % が，それぞれ財政力指数に基づいて配分される。ただし，兵役免除税からの分与は，カントン間の財政調整政策とは無関係である（表 9-6 を参照）。

連邦直接税からのカントンに対する分与は 1943 年以来続いているが，ただし，その分与の内にカントン間財政調整という配分基準が導入されたのは 1959 年以降である。また，連邦直接税による分与は，この配分基準が導入された 1959 年以降，1967 年，1981 年，1986 年と改訂されているが，それによって，財政調整による配分基準の比率が当初の 2.5 % から，それぞれ 3.75 %，5.625 %，そして現行の 13 % へと引き上げられてきた[27]。これらの財政調整に直接充てられる割合は，「カントン間財政調整に関する連邦法律」において規定されている。

また，源泉税からのカントンに対する分与は，1967 年に導入されたが，財政調整の目的にそれが当てられるようになったのは 1972 年からである。そして，1975 年以降，源泉税からの 10 % の内の半分は，財政力指数が 100 を下回るカントンに対して配分されるようになる[28]。

(3) 連邦補助金への適用

次に，連邦補助金による財政調整について検討する。Dafflon によれば，連邦補助金による財政調整の在り方は，特定の公共サービスに関してのカントンに対する財政援助を含んだ各連邦法律の内容によって特徴付けられる。また，連邦補助金による財政調整は，最低の支出水準と結合されて実施されている。この連邦補助金にあっては，大半の場合，次の二つの補助率が含まれている[29]。

一つは，「基準率（basic rate）」であり，これは「カントン（地方）で行われる公共サービスの最低水準を保障しようとする連邦政府の関心」を表すものであり，また「（例えば）スピルオーバーまたはその他の技術上の基準（規模の経済）に応じて変化する」。

もう一つは，「調整付加率（equalization supplement）」であり，これは補助金を受け取るカントンの財政力指数に逆比例の関係にある。つまり，財政力

表 9-7 財政力指数 (E_i) の適用

再分配制度	E_i		算定式[a]
	下限	上限	
補助金			
一定式1	60	120	$\dfrac{120-E_i}{60}$ $E_i \geqq 120$
一定式2	60	120	$60 < E_i < 120$ $E_i \geqq 60$
連邦直接税[b]	30	—	$2.71828^{E_i(-0.0192104)}$
源泉税			
一定式1	30	100	$(100-E_i)$
一定式2	30	100	$(100-E_i)^2$
特定目的還付金	30	—	$(100-E_i)^{1.4}$

(注) a　算定式の一部に財政力指数が含まれている。
　　 b　算定式は1992年から適用。
(出所) Dafflon, 1990.

指数が高くなるにつれて，調整付加率は低下していくというわけである。

1974年以降，連邦補助金の配分で用いられている定式は，次の定式1に拠っている（表9-7も参照）。

$$s^j_i = s^j_{\min} + \left[\frac{(120-E_i)}{60} \times (s^j_{\max} - s^j_{\min})\right]$$

ここで，i はカントン，j は補助金を伴う業務，E_i はカントン i の財政力指数，$s^j_{\max}$ は補助金の最高の補助率，$s^j_{\min}$ は最低の補助率あるいは上記の「基準率」を表す。調整付加率は，$s^j_{\max} - s^j_{\min}$ で示される。

この配分基準が導入される以前は，定式2が適用されていた（表9-7も参照）。すなわち，カントンをその財政力指数によって，「高位」，「中位」，「低位」に三区分して，それぞれに対して，三つの補助率で補助金が配分されるのみであった。また，現在にあっても，定式1が適用できない場合には，この定式2が替わって適用されている。この三区分の仕方は，1974年以降は，カントンはそれぞれの財政力指数に応じて，$E_i \geqq 120$ の場合は「高位」，$60 < E_i < 120$ の場合には「中位」，$E_i \leqq 60$ の場合には「低位」として区分されている。ここで，高位のカントンには基準率が適用され，中位のカントンには一

表9-8 特定目的還付金の配分

7％	国際輸送に寄与するアルプス道路に財源を支給したカントンと連邦道を有しないカントンに対する分担金
93％	一般的な還付金に対して配分 　34％　カントンの道路経費に応じて 　12％　道路の長さに応じて 　42％　そのカントンの財政力が，カントン全体の平均的な税収を持つカントンの財政力を下回っている諸カントン間の財政調整に充てられる 　7％　自動車税が，カントン全体の平均の4/5を上回るカントンに対して配分 　5％　一人当たりの道路経費が，カントン全体の平均を上回るカントンに対して配分

（出所）注1　p.243.

様に平均率が適用され，また低位のカントンには，最高の補助率が適用されている。ちなみに，1959年から1974年の間は，$E_i \geqq 100$の場合を高位，$60\,2/3 < E_i < 100$の場合を中位，$E_i \leqq 60\,2/3$の場合を低位と区分されていた[30]。

　なお，この定式2においては，財政力指数が，たとえば100と90のカントンはいずれも，同じ平均率の補助率しか適用されない。しかし，定式1においては，仮に基準率を30％，最高補助率を70％と設定するならば，財政力指数が100のカントンには43％の補助率が適用され，他方で90のカントンには50％の補助率が適用される。つまり，より低い財政力を有するカントンに対してはより高い補助率が適用されることになり，財政調整の機能がより発揮されやすいといえる。この意味において，定式1の補助金は，定式2の補助金に比べて，より洗練された調整制度であるとみなすことができよう。

　なお，連邦補助金と同様に，その使途が特定されて連邦政府からカントンに対して配分される特定目的還付金がある。この還付金は，関税およびガソリン燃料消費税に関する1985年連邦法律に基づいて，これらの税収から，カントンによる道路経費に対して払い戻されるものである。ここで，カントンに還付されるのは，国際アルプス道路，連邦道，およびカントンの基幹道に充当される道路経費に対してである。この配分基準は，表9-8の通りである。

(4) 問題点

財政力の適用に関して，次のような問題点が指摘されている。

一つは，財政力指数の適用の仕方について諸財政調整手段の間で一貫性が疑われるという点である。この理由として Dafflon は次の二点を挙げている[31]。

第一に，「カントンの財政力指数では，下限が 30 で，上限は設定されていない。これに対して，[財政調整に関する]いくつかのプログラムでは，この指数の適用が制限されている」という点である。すなわち，下限については，30 よりも高い水準で，連邦補助金では 60 で設定されている。上限については，源泉税では 100，連邦補助金では 120 で，それぞれ設定されている（表 9-8 を参照）。

従って，例えば，財政力指数が 100 のカントンと 110 のカントンを比較してみると，連邦補助金においては両カントンの間での財政調整は図られることになるが，他方で，源泉税からの分与に関しては両カントン間での調整はなされずに，この点で，必ずしも公平な調整がなされていないといえる。

財政力の適用上の一貫性の疑いについて，Dafflon が挙げる第二の理由は，「再分配式で財政力が用いられるに際して，七つもの算定方法が存在する」[31]という点である。財政力が適用される際に，これらの算定方法が用いられるのであるが，「その適用は行政の自由裁量に任されている」。

以上にみるように，財政力の適用の仕方は，統一されていない。この原因は，財政力の適用に関しての法律上の不明確さに求めることができよう。すなわち，「カントン間財政調整に関する連邦法律」においては，財政力に応じてカントンを分類するという基本的な方針が述べられているに留まっており，その財政力の具体的な適用の仕方については，この連邦法律においては明確な規定はみられない。

5．水平的効果

さて，スイス財政調整制度によって，水平的効果がどの程度まで進展したのであろうか。この点を，まず分与税について，次に連邦政府からカントン

表9-9　カントン分与税（1979年）　　（単位：100万フラン）

a) 全くの垂直的な作用（源泉に応じて）	
兵役税収入の25%	733
兵役免除税の20%	21
小　　　計	754
	(59.6%)
b) 弱い水平的な作用（住民数に応じて）	
印紙税の20%	128
源泉税の 6 %	46
国防税の 5 %の1/4	36
アルコール専売収益の50%	147
小　　　計	357
	(28.2%)
c) 強い水平的な作用（財政力に応じて）	
国防税の 5 %の3/4	108
源泉税の 6 %	46
小　　　計	154
	(12.2%)
カントン分与税の合計	1,265
	(100.0%)

(出所) 注 7　S.181.

に対する財政移転全体について，それぞれ検討してみることにする。

(1) 分与税の水平的効果

　カントン分与税について，そのカントンに対する配分基準を検討してみると，例えばMeierが分析した1979年の場合と，1990年の場合とでは，かなりの変化が認められる。Meier は，1979年のカントン分与税の配分基準を，表 9 - 9 に示すように，「垂直的な作用」を発揮する源泉に基づく配分基準，「弱い水平的な作用」を発揮する住民数に基づく配分基準，そして「強い水平的な作用」を伴う財政力に基づく配分基準，の三つに区分している。

　なお，ここで Meier が「垂直的」といっているのは，連邦政府とカントンという政府水準間についてではない。カントンの政府水準内にあって，連邦政府から分与された分が各カントンの源泉に基づいて配分される，という意

表 9-10 カントン分与税（1990年）　（単位；100万フラン）

a）全くの垂直的な作用（源泉に応じて）	
連邦直接税の 30 % の 17 %	1,217
兵役免除税の 20 %	27
小　　計	1,244
	(48.3 %)
b）弱い水平的な作用（住民数に応じて）	
源泉税の 10 % の 1/2	201
小　　計	201
	(7.8 %)
c）強い水平的な作用（財政力に応じて）	
連邦直接税の 30 % の 13 %	930
源泉税の 10 % の 1/2	201
小　　計	1,131
	(43.9 %)
カントン分与税の合計	2,577
	(100.0 %)

（資料）*Öffentliche Finanzen der Schweiz* 1990, Eidg. Statistisches Amt：S.22-23 より作成。

味で用いられている。

　さて，これらの三区分の内，最も比重の高い基準は，源泉に基づく基準であり，その基準によって配分された規模は，カントン分与税全体の 59.6 % を占めている。同様に，住民数による配分基準は 28.2 %，そして財政力による配分基準は 12.2 % を，それぞれ占めている。これから判断する限り，1979 年の場合，カントン分与税は，水平的な財政調整の作用が比較的に弱いことが明らかである。

　しかし 1990 年の場合は，この水平的な作用が比重を増している。表 9-10 は，表 9-9 と同様に，Meier の分類に従って，現行のカントン分与税の配分について示したものである。表 9-10 から判るように，財政力に応じた配分基準の占める比重は，カントン分与税全体の 43.9 % に達し，1979 年の場合よりも 31.7 ポイントも増大している。この増大の要因は，1979 年には連邦政府からカントンに移転される国防税の割合が 5 % であったが，この国防税を前身

第9章 財政調整制度　　281

表9-11　カントンに対する連邦政府からの財政移転の展開

	一人当たりの財政移転の受取額（単位；フラン）				
	1950年	1960年	1970年	1977年	1990年
高位のカントン	75	82	306	579	836
中位のカントン	61	82	374	617	1,126
低位のカントン	65	153	634	1,454	2,642
カントン総計	68	93	389	701	1,171

	カントン総収入に占める財政移転の割合（単位；%）				
	1950年	1960年	1970年	1977年	1990年
高位のカントン	20.0	14.2	17.9	15.3	11.6
中位のカントン	22.0	18.9	29.0	23.2	22.2
低位のカントン	26.8	30.9	42.8	43.4	42.1
カントン総計	21.5	18.2	26.3	22.7	20.4

(資料) 1977年までは、注7、S.179 より引用。1990年は、*Statistisches Jahrbuch der Schweiz* 1993, Bundesamt für Statistik, S.45, *Öffentliche Finanzen der Schweiz* 1990, Eidg. Statistisches Amt: S.50-51 より作成。

とする連邦直接税の場合、その移転される割合が30％と大きく引き上げられたことによるものと考えられる。実際に、カントン分与税全体の内、水平的な作用を伴う連邦直接税の占める比重は36.1％を占めており、1979年の国防税の場合の8.5％の比重を大きく上回っていることが判る。

(2) **財政移転全体の水平的効果**

次に、財政調整制度の水平的な効果を、連邦政府からカントンに対する財政移転全体の場合で検討してみることにする。

表9-11は、一人当たり財政移転の受取額とカントン総収入に占める財政移転の受取の割合について、カントンの財政力による三区分（高位、中位、低位の各カントン：第4節の「財政力の適用」の(3)をみよ）に沿って示したものである。まず、1950年の時点では、Meierも指摘するように、財政調整制度における財政移転の「水平的作用」はほとんど発揮されていない[32]、といえよう。一人当たり財政移転の受取額に関しては、高位のカントンが75フランに対して、低位のカントンがそれを下回る65フランを受け取っている

に過ぎず，これはカントン全体の平均額 68 フランをも下回っている。

　しかし，1960 年以降，財政調整制度の水平的な要素がより強化されていることが窺われる。一人当たり財政移転の受取額について，低位のカントンの受取額は，高位のカントンのそれに比べて，1960 年では 1.9 倍，1970 年では 2.1 倍，1977 年では 2.5 倍，そして 1990 年では 3.2 倍，と継続的に拡大してきている。これを，中位のカントンの受取額と比べた場合では，ほぼ同じ傾向が認められる。

　次に，カントン総収入に占める財政移転の受取の割合でみてみると，まず 1950 年から 1960 年にかけて，一つの分岐点を認めることができる。つまり，高位・中位のカントンが総収入に占める財政移転の割合を低下させているのに対して，低位のカントンでは増大して 30 ％を超えている。また，平均でみて，1970 年に 26.3 ％でピークに達した後は，緩やかな減少傾向を示しており，この展開は高位・中位のカントンにも当てはまる。しかし，低位のカントンにあっては，1970 年以降も，その割合は低下することなく，40 ％を上回る水準を維持している。その結果，1990 年の時点では，高位のカントンで 11.6 ％の割合であるのに対して，低位のカントンでは 42.1 ％と 30.1 ポイントも高い水準に達している。

(3) 問題点

　財政調整制度の水平的効果に関する問題点として挙げられるのは，現行の制度では本来，地域間の所得・経済格差を緩和するのに不十分である，ということである。この点に関して，G. Gaudard は，現行の財政調整制度は「カントン間に存在する格差の結果を一部補塡するのに充てられている，という意味で，事後的な救済策」[33]と述べている。

　ここで，カントン間の経済格差を，カントンの一人当たり所得に関する変動係数でみてみると，次の通りである。

　　　1950 年　19.5 ％
　　　1960 年　16.8 ％
　　　1970 年　20.7 ％[34]
　　　1980 年　19.2 ％

表9-12　連邦政府からの財政移転が州政府の
総収入に占める割合（1984年）

オーストラリア	56.6%
オーストリア	42.2%
スイス	25.6%
カナダ	21.1%
アメリカ合衆国	20.9%
旧西ドイツ	16.4%

（資料）IMF, *Government Finance Statistics Yearbook,* 1989, Washington, D.C.

1989年　24.0％[35]

以上のように，1960年代と1980年代では，カントン間の経済格差はむしろ拡大する傾向さえみることができる。従って，もし財政調整の対象をカントン間の経済格差の緩和という視点でみるならば，不十分であるといわざるを得ないであろう。

スイス財政調整制度は，その財政上の格差の補整では進展しているにもかかわらず，経済格差の緩和という点においては充分ではない。この原因は，一つには，財政調整に充てられる財政移転の規模が決して大きくはない，という点を挙げることができよう。

国際比較の視点から，スイスにおける連邦政府からカントンに対する財政移転は，必ずしも高い水準を示すものではない。第二水準の政府水準（州政府）が受け取る財政移転の総収入に占める比率についてみてみると，スイスは，先進連邦諸国の中でも中位に位置する（表9-12を参照）[36]。

また，この連邦政府からカントンに対する財政移転の全額が，カントン間の財政調整を図るために展開されているわけではない[37]。

ただし，先にみたように，カントンの一人当たり所得という指標が財政力指数の算出式に導入されたのは，カントン間の経済・所得格差の補整に通じる考え方であり，この指標の今後の適用の仕方が注目されるところである。

おわりに——カントンの自治権の反映——

　本章の目的は，スイスにおける財政調整制度の基本的な枠組みを明らかにすることである。これまでの検討から，次のような諸点が明らかになった。

　第一に，スイスの財政調整制度は，1958 年での連邦憲法での条文増補及びこれに依拠した 1959 年の連邦法律の成立によって，カントン間の財政調整制度が本格的に始まった。また，この財政調整制度の目的は，一般的に，公共サービスの供給にあたっての単位費用の相違を補整すること，及び財源調達能力を補填することにある，とみられている（第 1 節）。

　第二に，財政調整の主な原資は，従来から存在していた連邦政府からカントンに対する財政移転が充てられている。この連邦政府による財政移転は，スイスにおける政府間財政移転の中核を成すものである。また，財政調整制度によって，特定目的交付金の性格を有する連邦補助金と一般財源交付金の性格を有するカントン分与税に対して，財政調整手段という目的を付加することになった（第 2 節）。

　第三に，財政調整にあたっての配分基準として，財政力指数が用いられている。これは，財源，課税負担，需要，そして課税能力，という各要素から成っている。また，財政力の各要素に関する指標の導入・廃止及財政力指数の算出式の改訂は，基本的には，経済力の強いカントンの財政力指数を高めるように作用しており，結局は経済力の強いカントンには不利になるように影響しているものと考えられる（第 3 節）。

　第四に，カントン分与税の財源は，連邦直接税，源泉税，そして兵役免除税であるが，その一部に財政力が適用されることによって財政調整に充てられる。連邦補助金にあっては，財政力指数と補助率とがリンクされている。ただし，財政力の適用の仕方については法律上の規定が存在しないため，複数の財政調整制度間で整合されないままに，また行政の裁量に任されて適用されている（第 4 節）。

　第五に，財政調整制度の成立以来，水平的な効果が進展している。これは，カントン分与税の配分基準，また連邦政府からカントンに対する財政移転全

表9-13 政府総支出に占める州・地方政府の割合（1984年）

カナダ	65.4%
スイス	60.4%
アメリカ合衆国	47.6%
旧西ドイツ	43.7%
オーストラリア	51.1%
オーストリア	33.0%

（資料）表9-12と同じ。

表9-14 自主財源全体に占める州・地方政府の割合（1984年）

カナダ	52.7%
スイス	47.1%
アメリカ合衆国	39.8%
旧西ドイツ	34.8%
オーストリア	26.5%
オーストラリア	26.2%

（資料）表9-12と同じ。

体についても認められる。ただし，カントン間の経済力格差の緩和という点では，現行の財政調整制度は充分なものではない（第5節）。

さて，第Ⅰ部でみたように，スイスは，カントンの自治権が制度においても，また実際上も保障されている分権国家である。この点を考慮すれば，スイスの財政調整制度を検討する場合には，こうした分権の在り方が財政調整制度にどのように反映しているのか，という視点が必要であるといえよう。

そこで，これまでの検討によって明らかにしてきた諸点を踏まえた上で，最後にスイスにおける分権の在り方と財政調整制度の関連について簡単に言及しておくことにしよう。

第一に，スイス財政調整制度の原資は政府間財政移転によって枠付けられているが，この政府間財政移転は，財政上の「強い」カントン・自治体と「弱い」連邦政府の間で成立している。カントン・自治体の自治を実質的なものにしているのは，その財政上の比重の高さである。国際比較の視点でいえば，政府部門における支出に占める州・地方政府の比重，自主財源に占める州・

地方政府の比重，共に先進連邦諸国の中でもスイスは上位に位置しており，この点で財政上の「強い」州・地方政府を窺うことができる（表9-13，9-14を参照）。

第二に，しかし，このことが必ずしもカントン・自治体の政府間財政移転に対する低い依存を意味するわけではない。スイスにおける連邦政府からカントンに対する財政移転は，第二水準の政府水準（州政府）の総収入に占める比率でみると，先進連邦諸国の中でも中位に位置している，という点は先にみた通りである。スイスは，自主財源全体に占める州・地方政府の比重が高い割には，連邦政府からの財政移転の依存がそれほど低いとはいえない，と考えることができる。換言すれば，スイスの政府間財政移転は，カントンの行財政運営上の自治権が強いことを前提にしながらも，カントンと連邦政府の間で財政運営上の連携が執られていることを窺わせるものである[38]。

第三に，スイス財政調整制度の水平的な効果の進展は，カントン，それも特に経済力が弱いカントンの選好を反映したものである，とみなすことができる。

スイス政治制度にあっては，連邦議会（Bundesversammlung）は二院制が採られており，その内，一方の国民議会（Nationalrat）は国民の代表者による決議機関であるが，他方の全州議会（Ständerat）はカントンそれ自体の代表による決議機関という性質を有している。連邦レベルの決定事項，従って財政運営上の政策の実施には，これら国民議会と全州議会のそれぞれにおいて過半数の同意が必要である。また，全州議会での各カントンからの代表者の数は，各カントンの人口・経済の規模の如何にかかわらずに，基本的に2名と一律である[39]。

こうした政治制度にあっては，連邦政府によって行われる再分配政策の展開に関して，カントンの選好・意向を無視できない。更に，結局は，経済力の弱いカントンを事実上優遇する効果を発揮する。そのため，特に経済力の弱いカントンの意向を強く反映させた再分配政策が連邦レベルで受け入れやすくなっている。こうした政治制度の効果は，連邦レベルで展開される財政調整政策にも当然，反映されている，と考えられる[40]。

第9章 財政調整制度　　　　　　　　　　　　　287

[注]

1，2) K. Cornevin-Pfeiffer, "La dynamique du fédéralisme suisse", *Les Finances Publiques d'un Etat Fédératif : La Suisse,* ECONOMICA, 1992. p.227.
3) *ibid.,* p.228.
4，5) B. Dafflon, "Intergovernmental Equalization in Switzerland", *International Institute of Public Finance 46th Congress,* Brussels, 27-30 August 1990, p.2.
6) Hans Schmid, Willy Oggier und Peter Füglistaler (Hrsg.), *Eine neue Steuerordnung für die Schweiz,* Verlag Paul Haupt Bern und Stuttgart, 1990, S.87.
7) Alfred Meier, Schweiz, in : *Handbuch der Finanzwissenschaft,* Bd.4, Tübingen, 1983, S.179.
8) Meier もこの財政調整制度の目的の不明確さについて，次のように述べている。「[連邦] 政府は体系的な規則をつくろうともしなかったし，また明確な目的を設定しようともしなかった。多分，財政調整上の手段について，不定期の整理と変更が意図されていた。」(S.179.)
9) Dafflon, *op. cit.,* p.2.
10) K. Cornevin-Pfeiffer, *op. cit.,* 1992, p.228.
11) B. Dafflon, *Federal Finance in Theory and Practice with Special Reference to Switzerland,* Paul Haupt Berne, 1977, pp.119-120.
12) *ibid.,* p.120.
13) 本節（(1) 財政力の構成要素）と次節（(2) 財政力の算定）は，主に次に拠った。
B. Dafflon, Calcul de la capacité financière des cantons : synthèse et évolution, *Wirtschaft und Recht,* Jg, 41, Heft 4. 1989.
14，15) *ibid.,* p.213.
16) *ibid.,* p.216.
17，18) *ibid.,* pp.216-217.
19) K. Cornevin-Pfeiffer, *op. cit.,* p.238.
20) Dafflon, *op. cit.,* p.217.
21) 主に注4 Dafflon, 1990 に拠る。
22) 課税負担指数は，個人の所得・財産課税，法人の純利益・資本に関する課税，自動車税の各項目での指数を総合化した指数として表示されている。
23) Dafflon, 1989, p.237.
24) *ibid.,* p.214.
25) *ibid.,* p.219.
26) 1980年までは，これらの税収の他にも，印紙税，アルコール専売収入，連邦銀行純益，関税・専売収益税のそれぞれの税収の一部からも充てられていた。
27) Dafflon, 1990, p.7.
28) *ibid.,* p.8.
29) *ibid.,* p.5.
30) *ibid.,* p.7.
31) 表9-8に挙げた財政力の適用方法以外に，連邦政府の社会保障支出に対するカント

ンの分担金に関して，二通りの適用方法がある。
32) Meier, *a.a.O.,* S.178.
33) G. Gaudard, L'interdépendance et les disparités économiques entre les cantons, in: *Handbuch politisches System der Schweiz,* Bd.3, Verlag Paul Haupt Bern und Stuttgart, 1983, S.288.
34) 1970年までの連動係数は，R.L.Frey, "The Interregional Income Gap as a Problem of Swiss Federalism", W.E. Oates ed. *The Political Economy of Fiscal Federalism,* Lexington Books, 1977, p.94.
35) 1980年と1989年の連動係数は，*Statistisches Jahrbuch der Schweiz* 1993, Bundesamt für Statistik, S.146, T.4.11 より作成。
36) 表9-12の資料では，公企業と社会保険が含まれている。表9-13, 9-14も同じ。
37) 例えば，1987年の場合，連邦政府からカントンに対する財政移転の総額の約60億8,256万フランの内，財政調整に向けられたのは約18億8,399万フランであり，31.0％の水準に過ぎない。(Dafflon, 1990, p.11の推計による。)
38) 実際に，スイスにおいては，「執行連邦主義（Vollzugsföderalismus）」という連邦政府とカントンの間での行財政運営上の連携が執られている。第13章を参照。
39) 通常のカントンは23であるが，その内の三つのカントンがそれぞれ二つの半カントンに分かれている。その半カントンからは1名が選出される。
40) 経済力が低いカントンが，連邦政府による再分配政策に与える影響の重要性を指摘している研究者は多い。例えば，Frey は，次のように述べている。（注34）1977, p. 101.)

　　第一に，「一人当たりの所得が全国平均を上回るカントンの数が近年，相当数減少し，更に，所得の分散が増大している」。第二に，「貧困なカントンが平均以上の政治（投票）力を有している」。第三に，「その貧困なカントンの間での利害は，中位のカントンと富裕なカントンにおける場合とは異なり，かなり同質的である」。第四に，「貧困なカントンは，ある程度開発の進んだカントンと協力して，富裕なカントンに対して票数において勝り，富裕なカントンをして地域再分配計画の財源調達を強要することができる」。第五に，「富裕なカントンの反抗は，驚くほどに弱い。これは多分，かなりの程度，より貧困なカントンの便益の漏れ易い経済構造のために，連邦政府からより貧困なカントンに対して分配される財政援助のかなりの割合が富裕なカントンに還元されてくるためである」。

第10章

垂直的課税協調
——連邦政府とカントンの間の課税協調——

はじめに

　分権化された財政構造・税財政制度にあっては，財政運営上の固有な問題が生じてくる。すなわち，課税局面には，課税ベース，税率構造，税率水準，税務行政等の様々な局面が存在するが，これらの局面において州あるいは地方政府の裁量権が働く範囲が広がってくると，連邦政府ないしは中央政府と州・地方政府の間で，あるいは州・地方政府相互の間で，課税の諸局面での利害衝突が生じることになる。例えば中央政府と州が共に課税立法権を有しているならば，同じ対象に課税された場合には課税の重複が生じることも考えられる。これは，課税政策の展開において政府間の利害衝突を招き，この点で，分権化された財政運営に伴う一つのデメリットとみなすことができよう。そこで，こうした課税の諸局面での利害衝突を調整する必要性が生じてくる。こうした複数の政府の間で図られる課税の諸局面での調整が，本章で取り扱う「課税協調」の問題である。スイスのように高度に分権化された財政構造・税財政制度にあっては，どのように課税協調が図られているのか，という点は検討されるべき課題であるといえよう。

　そこで，以下，次の手順で論を展開することにする。まず，第1節において，課税協調の概念について検討しておく。ここでは，協調問題がどのようにして発生してくるのか，また課税協調の中でも特に垂直的課税協調にはどのような形態が考えられるのか，という点をみておく。次に，第2節と第3節において，スイスにおいて連邦政府とカントンの間で実際に展開されてい

る垂直的課税協調の在り方について分析する。その内，第2節では，連邦政府とカントンの間でどのように課税権が割り当てられているのかという点と，税源が双方の政府水準の間でどのように配分されているのかという点を検討する。また，第3節では，連邦政府とカントンの間で重複して徴収されている個人所得に対する課税を取り上げて，課税の重複が生じている場合の協調の実際上の在り方を分析する。

1．「課税協調」概念の検討

スイスにおける垂直的課税協調を直接検討する前に，本節において，まず「課税協調」の中身について検討しておきたい。すなわち，課税協調が何故求められるようになるのか，また，特に垂直的課税協調には具体的にどのような形態が考えられるのか，という点についてみておきたい。

(1) 協調問題の発生要因

課税協調という問題が発生する要因について，例えばDafflonは連邦制国家と単一制国家という視点から，次のように指摘している。すなわち，「単一制国家にあっては，個人間での課税負担が公平になるように分配すること，配分上の効率性，そして安定・成長に関する必要性が，課税政策上の関心事である。連邦制国家にあっては，これらの論点も［課題として；引用者による，以下同様］残るけれども，より複雑であって，もっと関心事が増える。課税上の運営は，それが個人と行政区域に及ぼす衝撃という観点から議論されなければならないからである」[1]。すなわち，Dafflonは，連邦制国家にあってはいわゆる財政の三つの機能（すなわち資源配分の効率，所得再分配，経済の安定・成長）の他に，更に「個人と行政区域に及ぼす衝撃」という観点が必要である，と指摘しているのである。

さらに，Dafflonによれば，連邦制国家において加わる課税政策上の問題は，具体的には三種類の問題群から成っているとされる。すなわち，一つには「垂直的協調（vertical coordination）」であり，これは「異なる政府水準の間での課税の選択」に関連する。二つには「水平的協調（horizontal coordination)」であり，これは「カントン間での課税ベースにおける区分の問題」に関連する。そして三つには「課税調和（tax harmonization）」であり，これは「同じ政府水準において同様な徴収制度と税率表を採用しようとする諸政府の努力」に関連する[2]。

また，Break も連邦制国家の財政制度においては，次の二つの「課税協調（tax coordination）」の問題が生じる，と指摘している。すなわち，一つは「同じ課税ベースを用いている異なる政府水準」に関する問題であり，もう一つは「同じ政府水準において，異なる課税行政区域（taxing jurisdictions）で，経済的諸活動を行っている事業（businesses）あるいは個人」に関する問題である。前者は，同じ所得に課税する連邦政府と州政府の間の「垂直的重複（vertical overlapping）」の問題であり，後者は異なる諸州の課税当局（taxing authorities）の間の「水平的重複（horizontal overlapping）」という問題である。いずれの場合にも，「経済上の非効率性と納税者の不公平」が生じるのであって，それによって「一般的な厚生（general welfare）」が損なわれることになる[3]，と指摘している。

さて，なぜこうした「協調」ないしは「調和」という問題が生じてくるのであろうか。それは，州・地方政府の水準において，課税面での裁量権が発揮されていることが前提となっているために生じてくる，と考えられる。つまり，課税には，税源の選択，課税ベースの選択，税率構造の選択，税率水準の決定，税務行政，等の様々な局面があるが，課税政策上の州・地方政府の自律性が強ければ強いほど，これらの課税局面において裁量の幅が拡大してくる。上記の「協調」と「調和」のいずれの問題も，州・地方政府による課税局面でのこれらの裁量が保障されていることが前提となっている，と考えられる。すなわち，Dafflon のいう「垂直的協調」の問題が生じるのは，州・地方政府において課税の選択という裁量が，また「課税調和」の問題が生じるのは，州・地方政府において「徴収制度と税率表」の採用に関する裁量が，それぞれ認められていることが前提となっている。同様に，Break のいう「垂直的重複」の問題が生じるのは，州政府によって課税ベースの選択という裁量が認められていることが前提となっている。

しかし，このように考えるならば，課税政策上の「協調」と「調和」の問

題は，何も連邦制国家という政府形態に固有の問題である，とはいえないであろう。連邦制国家であっても，州・地方政府における課税政策上の裁量を狭めるならば，これらの問題は限定されてくる。逆に，たとえ単一制国家であっても，地方政府の水準におけるこれらの裁量を拡大していくに従って「協調」ないしは「調和」の問題が実際上のものとなってくると考えられる。換言すれば，課税協調と課税調和は，連邦制国家であるのか，あるいは単一制国家であるのか，という政府形態の区分に対応した問題ではなくて，州あるいは地方政府の自律性の如何に応じて生じてくる問題であるといえよう。

なお，連邦制国家に固有の課税協調あるいは課税調和の問題が存在しているとすれば，それは次の指摘に窺うことができる。すなわち，「統一的に構築された単一制国家においては，課税立法権（Steuergesetzgebungshoheit）は分割されておらず，課税立法上の垂直的な調和という問題は存在しない。というのは，元来，国全体にわたって，単一の課税立法のみが存在しているに過ぎないからである。連合的に構築された連邦制国家において初めて，複数の政府水準に対して，すなわち中央政府の水準と州（Gliedstaaten）の水準（及び州に従属する水準）に対して課税立法権が分割されており，垂直的な調整（Abstimmung）という問題が［州に］従属する自治体の水平的な立法と係わってくる」[4]。すなわち，連邦制国家においてのみ，「課税立法権」が複数の政府水準に分割されており，これによって「垂直的な調整」の問題が生じる，という点が指摘されている。課税立法権が州・地方政府においても認められるならば，課税局面のすべての局面において，州・地方政府の裁量を発揮することができるものと考えられる。

程度の差はあれ，政府形態の如何にかかわらず，州・地方政府の裁量権が保障されている場合には，課税協調の問題，更には課税調和の問題は，避けることができない検討されるべき課題であるといえよう。

(2) 垂直的協調の諸形態

先に示したように，Dafflon にしても，また Break にしても，「垂直的協調」を「異なる政府水準」の間での課税問題とみなしているが，それを解決する協調の形態として幾つかの形態を示している。すなわち，Dafflon によ

れば，一方の極端な形態として，「公共部門の財源の全体的な分離」である。すなわち，課税の決定権・徴収権は，異なる課税ベース毎に各政府水準によって行われる，というものである。また，他方の極端な形態としては，「唯一つの課税規則に沿って，唯一つの税目を納税者に課して，その税収を諸政府間に分与すること」である[5]。ここで，前者の形態は，公共部門のすべての財源に対して分離課税を適用しようとするものであり，他方で，後者の方法は，公共部門のすべての財源に関して分与課税を適用しようとするものである，とみなすことができよう。

また，Break によれば，「垂直的課税協調」とは「州・地方政府の財政上の自律性（fiscal independence）を多少なりとも維持しながら，経済的効率性と納税者の公平という原理を確保すること」[6]を意味する。ここで，州・地方政府の裁量の程度と関連させて議論している点が注目される。Break はまず，垂直的課税協調の「最も明確な形態」として，税源の分離を挙げている。ただし，この税源の分離にあっては，次のような問題点が生じる場合がある，と付言している。すなわち，「配分された税源が，効率性の点で問題がある」こと，「改正に伴って，自治権に干渉される」こと，「国税収入に変化がなくとも，課税負担が重くなる主体が出てくる」こと，等を挙げている[7]。

Break は，垂直的課税協調のその他の形態として，更に，「協調的税務行政」，「協調的課税ベース」，「付加課税」，そして「集権的税務行政」の四つを区分しており，また，各形態を州・地方政府の裁量の在り方と関連付けている。この各形態については，既に第Ⅰ部の第１章で「政治分権と課税局面との関連」として検討したが，ここで再度整理しておくことにしよう[8]。

まず，「協調的税務行政（coordinated tax administration）」は，州・地方政府がその税の設計及び徴収において，税務行政から税収額の自己決定までのすべての局面で，裁量権を有している場合である。この場合，税務行政での州・地方政府の裁量の範囲が完全であっても，中央政府の税務行政を無視してその裁量がなされるのではなく，中央政府と州・地方政府の間での課税情報の提供等によって，税務行政上の調整が図られる。

「協調的課税ベース（coordinated tax bases）」では，中央政府と州・地方政府の間で，同一の課税ベースが採用されるが，税率構造と税率水準の選択に

ついての州・地方政府の裁量は存在している。協調的税務行政では，中央政府と州・地方政府の間の協調の範囲が税務行政の局面に留まっていたのに対して，この協調的課税ベースでは，更に課税ベースの局面にまで協調の範囲が拡大されている。

「付加課税（tax supplements）」では，上位水準の政府によって規定された課税ベースを用いて，下位水準の政府が独自の税率を賦課する場合，すなわち「上位水準ベースへの自主税率」と，上位水準の政府に帰属する税額を基準にして付加税を課する場合，すなわち「上位水準の課税への付加税」とがある。前者にあっては，課税ベースの局面で，また後者にあっては，課税ベースと税率構造の局面で，それぞれ協調の場を形成している。いずれにしても，下位水準の政府の税収額は上位水準の政府が定める課税ベースの範囲内でのみ決定されることになる。

「集権的税務行政（centralized tax administration）」は，次の二つに区分されている。まず，「柔軟型（flexible）」にあっては，上位水準の政府が下位水準の政府の課税に関してもその税務行政を担当し，課税ベースの選択と税率構造の選択は上位水準の政府によって行われる。下位水準の政府がその裁量権を発揮できるのは税率水準の選択においてである。もう一つの集権的税務行政，すなわち「税収分与（tax sharing）」にあっては，下位水準の政府は税務行政から税収額の自己決定まですべての範囲においてその裁量は認められない。この税収分与は，Dafflonが挙げた「唯一つの課税規則に沿って，唯一つの税目を納税者に課して，その税収を諸政府間に分与する」という形態に該当するものと考えられる。

以上にみるように，下位水準の政府の裁量が課税の諸局面において維持されながらも（ただし，「税収分与」の形態では，下位水準の政府の裁量は認められないが），様々な形態の協調が考えられる。

2．課税立法権と税源の割当

前節では，協調問題の発生要因と垂直的課税協調の諸形態について検討した。そこでは，課税協調の問題が発生するのは，その前提として，課税局面

第10章　垂直的課税協調　　295

での何らかの裁量が州・地方政府に対して保障されている，という点を言及しておいた。また，州・地方政府における「財政上の自律性」の維持を前提とすると，その課税局面での裁量の程度によって，垂直的課税協調の形態も様々である，という点をみた。

さて，本節と次節においては，スイスでは実際に連邦政府とカントンの間で，どのような形態の課税協調が図られているのか，という点を検討する。

(1) 課税立法権

前節で指摘したように，垂直的課税協調の問題が生じるのは，州・地方政府に対して課税局面での何らかの裁量が保障されているためである，と考えられる。そこでまず，スイスにおいて，州・地方政府の裁量権がどのように保障されているのか，という点を今一度確認しておく。

スイス連邦憲法[9]の第3条には，州・地方政府の権限について，次のような最も包括的な規定が示されている。——「カントンは，その主体が連邦憲法によって制限されない限りで主権を有し，かつ，連邦権力に委ねられないすべての権利を主権者として行使する。」すなわち，連邦政府の権限は連邦憲法上の規定が必要であり，他方で，その他の権限についてはカントンに属している。これは，残余権についてはむしろカントンに属していることを意味するものであり，カントンの裁量権が広い範囲にわたることを含意している，と考えられる。

ちなみに，アメリカ合衆国の場合も，スイスと同様に，残余権が原則として州に留保されている。すなわち，連邦議会は「この憲法によって付与された」（合衆国憲法第1条第1項）権限のみを有し，連邦政府に委任されていない権限は州または人民に留保される（同第10条修正）[10]。

以上の点は，スイス，アメリカ合衆国，ともに課税立法権が連邦政府と州・カントンの複数の政府水準の間に分割されていることを意味するといえよう。下位水準の政府の裁量権が発揮できる課税局面は様々であるが，スイスは，アメリカ合衆国と同様に，立法の段階において裁量を発揮し得るのである。このことは，税務行政，課税ベース，税率構造，税率水準の決定，等のすべての課税局面において裁量を発揮し得ることを含意している。このため，こ

れら両国においては，広い範囲にわたる課税協調の問題が生じる基本的な要因が存在する，とみなすことができよう。例えば，Dafflon は，スイスの場合のこの点について，次のように述べている。すなわち，「スイスにおいては，課税に対する立法上の権限は，連邦政府に帰属すると同様にカントンにも帰属している。……特定の課税からカントンが財政収入を獲得しているということは，カントンが課税することを欲している租税の形態と税率をカントン自らが決定している，ということを意味している。このカントンの課税権のために，水平的課税協調と課税調和の問題を生じさせているのである」[11]。

以上のように，スイスとアメリカ合衆国は，いずれも課税立法権が連邦政府と州・カントンの間で分割されているが，連邦政府の課税に関する権限の在り方についてみてみると，両国は鋭く異なっているといえる。すなわち，アメリカ合衆国の場合には，「合衆国の国債費を支払い，共同の防衛および一般の福祉に備えるため，租税，関税，一般税および消費税を賦課徴収する」権限が連邦議会に与えられている（合衆国憲法第1条第8節）。これは，連邦政府に対して課税に関する一般的な権限が保障されていることを意味する。

これに対して，スイスにおいては，連邦憲法上で課税に関する一般的な権限を連邦政府に付与している規定は存在しない。連邦政府がそれに帰属する租税を課するためには，当該税目について「憲法上，明記された根拠」を必要とする[12]。

そこで，この連邦憲法上の根拠について検討してみよう。

まず，連邦政府に留保されており，従って連邦政府に専属する税目としては，関税（連邦憲法第28条），印紙税，源泉税（利子・配当，宝くじ賞金，年金・恩給，そして保険金給付に対する課税），タバコ税（第41条の2），売上税，その他個別消費税（第41条の3）に限られている。

また，この他に，専属はしないが連邦政府に対しても権限が与えられている税目として，連邦直接税が憲法上規定されている（第41条の2）。これは，個人所得と法人所得・法人財産に対する課税である。ただし，これらの所得・財産課税については，本来カントンの課税自主権に属するものと考えられているため，連邦直接税は，憲法上期限付きでしか認められておらず，ま

たその最高税率も連邦憲法に規定されている[13]。

他方で，カントンの場合は，先に示した連邦憲法第3条により，連邦憲法が連邦政府に留保していないすべての租税を徴収することができる[14]。この点で，カントンに対しては，課税権に関しても残余権が保障されているといえよう。このため，カントンの課税立法権は，多様な税目に対して発揮されることになる。これに関しては，例えば Bieri が次のように指摘している。すなわち，「多分，［スイス以外の］他の工業国の中で，法律上の構成が税制度の形成で下位水準に対して，それほどまでに自由を許しているところはない」[15]。

さて，前節でみた Break の指摘する垂直的課税協調の諸形態は，各形態において下位水準の政府の課税局面での裁量を制限することによって上位水準の政府との間で協調を図ろうとするものである，と考えられる。そこでは，連邦政府あるいは中央政府の課税権の制限については検討されていない。しかし，これまでみてきたように，スイスにおいてはむしろ連邦政府の課税に対する権限を連邦憲法上，税目を定めて規定している。これは，下位水準の政府の裁量を制限することによってではなく，むしろ連邦政府の課税に対する権限を連邦憲法上厳しく制限することによって「垂直的重複」を回避しようとするものであり，一種の垂直的課税協調である，とみなすことができる。

(2) 税源割当に関する協調

さて，第1節でみたように，Dafflon，Break，いずれも垂直的課税協調の「極端な」形態あるいは「最も明確な」形態として，税源の分離を挙げている。そこで，スイスにおいては，連邦政府とカントン・自治体の間で実際に税源の配分が，従ってまた税源の分離がどのように行われているのかどうか，という点をみてみる。

表10-1から判るように，関税と売上税及び個別消費税が，専ら連邦政府に属しており，前項でみた連邦憲法上の規定が税源配分に反映していることが判る。また，支出課税がカントンにほぼ専属しているといえる。連邦政府とカントン・自治体のいずれの政府水準にも属している税源としては，所得・財産課税のみが挙げられる（表10-2も参照）。

表10-1 税源の分離（1990年）

税　源	単　位 1,000フラン	単　位；%		
		連邦政府	カントン	自治体
所得・財産課税	48,526,064	26.5	41.0	32.5
関　税	4,267,329	100.0	0.0	0.0
売上税及び個別消費税	11,374,734	100.0	0.0	0.0
支出課税	1,285,896	0.0	94.3	5.7
税収入合計	65,781,831			

（資料）*Öffentliche Finanzen der Schweiz,* 1992, S.106, S.109, S.113 より作成。

表10-2 財源の分離

税　源	連邦政府	カントン	自治体	他の政府水準からの収入分与
所得・財産課税	非専属	非専属	非専属[1]	連邦直接税，源泉税，及び兵役免除税に対するカントンの分与[2]
消費課税[3]	専　属	—	—	
支出課税[4]	—	非専属[4a]	非専属	自動車税収入に対する自治体の分与
専売[5]	専　属	—	—	
特許等益金	—	専　属	—	自治体の分与
資本収益[6]	非専属	非専属	非専属	連邦の課徴金に対するカントンの分与
使用料・手数料	非専属	非専属	非専属	
金融資産売却	—	非専属	非専属	

（注）1．自治体は，カントンの憲法において認められた範囲内で，税率の決定権を有している。
　　　2．1980年までは，連邦印紙税からの収入に対するカントンの分与。
　　　3．売上税，個別消費税，関税，道路税。
　　　4．自動車税，娯楽税，犬税，等。
　　　4a．分離が守られているのは，自動車税の場合であり，専らカントンの水準で課されている。
　　　5．1980年までは，アルコール専売収入に対するカントンの分与。
　　　6．1980年までは，スイス連邦銀行の収益に対するカントンの分与。
（出所）注23，p.215より。

　なお，財政収入という視点からは，これらの税源の他に，専売益金，特許等益金，資本収益，等といった財政収入が存在するが，これらはいずれも政府部門が市場経済に参加することによって生じた収入である。従って，基本的には市場原理に基づいて政府水準に配分されたものという性質を有しているために，垂直的協調の対象には含まれないといえる。

表10-3　財政収入（1977年）　　　　　　　　（単位；100万フラン）

	連邦政府	カントン	自治体	合　計
個人所得税	1,909[a]	6,776	6,330	15,016
財産税	—	639	613	1,252
法人収益税	867	1,237	950	3,054
法人資本税	116	402	278	796
不動産税	—	72	207	279
財産所得税	34	185	179	398
源泉税	1,456	—	—	1,456
相続税	—	336	26	362
譲渡税	—	141	59	200
連邦印紙税	489			489
売上税	3,788	—	—	3,788
タバコ税	568	—	—	568
酒　税	32	—	—	32
価格割増税等	443	—	—	443
輸入関税	2,921	—	—	2,921
自動車税	—	650	—	650
娯楽税	—	26	17	43
その他[b]	—	72	8	80

（注）a　個人の防衛税，兵役免除税。
　　　b　カントンの印紙税，犬税，等。
（出所）Meier 注17より。

　問題となるのは，所得・財産課税について，連邦政府とカントン・自治体の複数の政府水準が重複して課税していることであり，これが垂直的課税協調の問題を生じさせているのである。この点に関しては，これまでよく指摘されてきた。例えば，Dafflon は 1977 年の時点で，次のように指摘している。──「基本的な特徴においては，スイスの課税制度は 1958 年のままである。既存の政府財政の構造は，今日，税源のほんの一部の分離しか有しない制度に基礎付けられている。つまり，中央政府，カントン，そして自治体のすべてが，個人・法人に対する直接税を課している。」[16] なおここで，1958年というのは，現行の連邦直接税が連邦憲法上の根拠を初めて与えられた年である。また，Meier も 1977 年の時点で，表10-3を示して，個人所得税，そして法人税といった各政府水準にとっての基幹税において，連邦政府とカ

表10-4　所得・財産課税（1989年）　　　（単位；100万フラン）

	連邦政府	カントン	自治体
所得・財産課税	11,175,778	18,823,875	13,929,658
―個人所得	4,194,670	11,954,075	9,630,578
―個人財産	―	1,151,271	917,817
―法人収益	1,570,763	2,310,345	1,372,794
―法人資本	221,074	700,204	394,572
―財産所得	―	1,009,230	828,803
―不動産	―	116,997	309,974
―相　続	―	695,395	56,151
―譲　渡	―	878,136	276,601
―消　防	―	8,222	142,468
―源泉税	2,666,607	―	―
―印紙税	2,379,012	―	―
―兵役免除税	143,652	―	―

（出所）K. Cornevin-Pfeiffer, 注23, pp.212-213 より。

ントン・自治体の間で競合が存在している[17]，という点を指摘している。従来から指摘されて来たこうした所得・財産課税における政府水準間での垂直的重複は，表10-1にみられるように，今日においても状況は変わっていないといえる。

　ただし，所得・財産課税として配分されているすべての税源が，連邦政府とカントン・自治体の間で重複しているわけではない。表10-3あるいは表10-4から判るように，所得・財産課税にあっても，個人財産，財産所得，不動産，相続，譲渡，等に対する各課税は，カントン・自治体に専属しており，また源泉税，印紙税，兵役免除税は，それぞれ連邦政府に専属している。所得・財産課税にあっても，多くの税目において，連邦政府とカントン・自治体の間での税源の分離を認めることができる。

　他方で分離されていない税目は，個人所得税，法人収益税，そして法人資本税の三つに限られている。ここで，連邦政府で個人所得，法人収益，法人資本に対する課税が認められているのは，連邦直接税が認められていることによる。表10-4から，特に個人所得に対する課税は，連邦政府とカントン・自治体のいずれの政府水準においても基幹税を成していることが判る。

具体的には，所得・財産課税に占めるその比重は，1989年の場合で，連邦政府では37.5％，カントンでは63.5％，また自治体では69.1％を，それぞれ示している。

3．個人所得税における協調

さて，前節でみたように，連邦政府とカントン・自治体の間で，個人所得，法人収益，そして法人資本に対する課税が，垂直的重複を成している。第1節でみたようにこうした垂直的重複が認められる税目においても，各種の協調形態を採ることが可能である。そこで，本節では，連邦政府とカントン・自治体のいずれの政府水準においても基幹税を成している個人所得に対する課税に注目して，具体的にどのような形態の協調が図られているのかどうか，という点を検討することにする。

(1) 垂直的重複

個人所得に対する課税に関して，その垂直的課税協調を検討する前に，まずその課税対象について検討しておきたい。というのは，カントンに対して課税立法権が認められていることから，個人所得課税と一言でいってもその対象がカントンによって，従ってまた連邦政府とカントンの間で差異が生じることが考えられるからである。

ここで注意を要するのが，スイスの課税制度にあっては次の三つの期間が区別されていることである[18]。すなわち，「査定期間」，「会計期間」，そして「納税期間」の三つの期間である。まず，「査定期間 (Veranlagungsperiode)」とは，納税義務者による自己申告の義務から始まり，申告額の税務当局による査定にまで及ぶ期間を意味する。また，「会計期間 (Bemessungsperiode)」とは，課税所得の計算にあたって対象となる期間を意味する。更に，「納税期間 (Steuerperiode)」とは，納税の義務のある期間を意味している。ここで，納税期間と査定期間の関係によって，次の二つの制度がスイスでは採用されている。すなわち，一つは，「後払い課税 (Postnumerandobesteuerung)」であり，これは，査定期間が納税期間の後に続く場合であり，もう一つは，

表10-5 個人所得税の査定期間と会計期間

カントン 連邦政府	個人所得税	
	査定期間 …年間	会計期間
BS	後払い課税	
	1	課税年度
ZH	前払い課税	
	2	前年度
BE, LU, UR, SZ, OW, NW, GL, ZG, FR, BL, SH, AR, AI, SG, GR, AG, TG, TI, VD, VS 連邦政府	2	前2年間の平均
SO, NE, GE, JU	1	前年度

(出所) *Steuer der Schweiz,* Allgemeine Übersichten, Nr.3, 1989, S.2.

「前払い課税(Praenumerandobesteuerung)」であり，これは，査定期間と納税期間が一致している場合をいう。

　表10-5は，個人所得税の査定期間と会計期間について示したものである。表から判るように，26カントンの内，25カントンが連邦政府と同様に，前払い課税を採用している。また，連邦政府の前払い課税は，査定期間が2年間，また会計期間が前2年間の平均となっているが，上記の25カントンの内，20カントンがこの形態を採用している。以上のように，連邦政府とカントンの間では，個人所得という課税対象は，基本的には差異はない，と考えてよいであろう。こうした個人所得に対する連邦政府とカントンの間の垂直的重複が課税協調の問題を生じさせている背景を成しているものと考えられる。

(2) 税務行政

　再三指摘するように，個人所得に対する課税に関しては，連邦直接税として連邦政府が，また残余権としてカントンが，いずれも課税立法権を有している。課税局面には税務行政，課税ベース，税率構造，税率水準，税収額の

自己決定等があるが，課税立法権が認められているということは，これらのいずれの局面においても裁量が発揮され得ることを意味している。そこで，個人所得に対する課税において，連邦政府とカントンの間で認められる課税協調の形態としては，Break のいう協調的税務行政のみが考えられよう。というのは，Break の示す垂直的協調の諸形態の内，この協調的税務行政においてのみ，下位水準の政府の裁量がすべての課税局面において発揮され得るからである。

　この協調的税務行政にあっては，Break によれば，上位水準の政府と下位水準の政府の間での課税情報の提供等が具体的に挙げられている。しかし，スイスにおいては，「執行連邦主義（Vollzugsföderalismus）」という行財政運営によって，ここでいう協調的税務行政が図られている，という点が重要である。すなわち，連邦直接税の課税権は連邦政府に帰属するが，その実際上の徴収はカントンあるいは自治体によって行われている。ここで「執行連邦主義」とは法律上の権限が連邦政府に帰属しているとしても，実際上のその権限の執行は，カントンあるいは自治体に対して委任されており，政府水準間で成されている連携のことをいっている[19]。これが連邦直接税の場合にも当てはまる。すなわち，連邦直接税に対する立法上の権限は連邦政府に帰属するが，その実際上の税務行政はカントンあるいは自治体によって行われているのが現状である[20]。

　なお，垂直的課税協調が図られる場合，政府水準の間で何らかの誘因が生じることが考えられる。上述したようなスイスにおける協調的税務行政にみられる誘因は，基本的には執行連邦主義による誘因と同様であると考えられる。すなわち，連邦政府にとっては，カントン・自治体の税務行政上の資源を活用することによって，一種の取引コストを引き下げる，という誘因が考えられる。他方で，カントンにとっては，連邦政府の税務行政に直接関与することによって，カントン・自治体の選好を連邦政府の水準に反映させようとする誘因が考えられる[21]。

(3) 課税最低限と最高税率

　さて，これまで検討してきたように，スイスにおける垂直的課税協調の在

り方としては，Breakの示す諸形態に沿うならば，税源の分離と個人所得に対する課税での協調的税務行政とを挙げることができる。しかし，個人所得に対する課税に関する垂直的課税協調は，以上に留まらない。例えば，Dafflonによれば，個人所得，法人収益，そして法人資本の連邦政府による課税においては，カントンとの間で，二重の垂直的協調が図られているという。つまり，一つには，連邦直接税の課税最低限（あるいは免税点）はカントンによる課税最低限（あるいは免税点）よりも一般的に高い水準にある[22]，という点である。従って，所得が連邦直接税の課税最低限を下回る納税者は，カントンと自治体の課税にのみ服する，ということで垂直的協調に寄与している[23]，といえる。もう一つは，連邦直接税の累進度と最高税率は，カントンの累進度と最高税率を下回っている[24]，という点である。

　以下では，このDafflonによる指摘を更に個人所得に対する課税に限定して詳しく検討することにしたい。

　まず，課税最低限についてみてみる。表10-6は，1991年の場合で，子供2人を持つ既婚者の課税最低限をカントン別に示したものである。連邦政府によって採用されている課税最低限は38,159フランであるのに対して，各カントンによって採用されている課税最低限はいずれも連邦政府の水準を下回っている。ここでは，先に示したDafflonの指摘，すなわち連邦直接税の課税最低限はカントンの課税最低限よりも一般的に高い水準にある，という点が確認できる。

　次に，最高税率が適用される所得水準とその税率をみてみよう。この表10-6からは，Dafflonのもう一つの垂直的協調に関する指摘，すなわち連邦直接税の累進度と最高税率はカントンのそれを下回っている，という点はすべてのカントンとの比較で確認できるわけではない。本表によれば，最高税率が適用される所得水準は，連邦政府では595,200フランで，その税率は11.5％である。これに対して，例えばBSを始め，14カントンで，より高い最高税率が適用されている。その14カントンの内の10カントンにおいては，連邦政府の場合よりも下回る所得水準でその各最高税率が適用されていることが判る。しかし，他方で，12カントンにおいては，最高税率が適用される所得水準及びその税率が，連邦政府の場合を下回っている。

第10章　垂直的課税協調

表10-6　個人所得税の累進度と最高税率（1991年）

	課税最低限 フラン	最高税率の適用階層 所得水準 フラン	税率 %
連邦政府	38,159	595,200以上	11.5
ZH	23,889	250,800	13.0
BE	24,223	300,000	6.80
LU	28,234	387,500	6.0
UR	14,206	273,100	16.0
SZ	14,958	180,000	3.65
OW	13,668	26,000	2.4
NW	14,659	224,000	3.0
GL	16,535	340,000	20.0
ZG	25,322	250,000	8.0
FR	21,104	160,401	13.5
SO	22,666	545,500	11.8
BS	33,760	2,020,000	29.0
BL	22,069	1,445,470	19.0
SH	18,929	906,800	12.2
AR	18,495	250,000	2.5
AI	15,258	180,000	8.0
SG	21,772	462,000	8.5
GR	19,659	550,000	11.0
AG	19,165	282,000	12.0
TG	26,340	182,100	9.0
TI	28,345	412,900	17.0
VD	28,871	130,400	14.0
VS	9,148	279,600	14.0
NE	20,435	170,300	15.0
GE	29,687	1,058,100	19.0
JU	20,323	539,100	6.7

（資料）*Die Steuern der Schweiz*, I. Teil, Band 1, 2. 1991, Verlag für Recht und Gesellschaft AG. Basel, 及び *Steuerbelastung in der Schweiz*, Eidg. Steuerverwaltung, Bern, 1991, S.18 より作成。

（注）課税最低限は，子供2人を持つ既婚者の場合で，各カントンの主要都市を想定して算出してある。ただし，人頭税は含まれていない。

留意する必要があるのは，一つには，カントンにおける税制は，課税所得に対して適用される税率構造によって「基本課税」が算出されるが，これがそのまま税額となるわけではない，という点である。多くのカントンではこの基本課税に対して，「乗数」がカントンのレベルと自治体のレベルで乗ぜられており，この乗数が適用されて初めて税額が算出される（表10-7を参照）。しかも，その乗数の値は，％で示されている場合が16カントン，小数値で示されている場合が6カントン，それぞれ認められる。％で示されている場合は，GEの147.5％からAIの80％までの開きがあり，また小数値で示されている場合は，ARの3.0からLUの1.85までの開きがある。もう一つの留意点は，同じ課税対象に対しても，各カントンで適用される控除額が，従って課税所得の水準が異なっている，という点である。

　従って，税率表のみでは，実際上の課税の負担の程度を連邦政府とカントンの間で比較することはできない。連邦政府とカントンの間で，個人所得に対する課税の実質的な累進度を比較するには，これらの控除額，基本課税，そして乗数にみられる相違を配慮する必要がある。

　そこで，夫婦2人，20歳未満の子供2人で，夫婦の一方が給与を稼得し，その給与所得が80,000フランという想定で，控除額，基本課税，そしてカントン・自治体のレベルでの乗数を適用した後の税額について，連邦政府の場合の税額（連邦政府の連邦直接税に関しては，乗数が適用されないため，基本課税がそのまま税額の水準を示す）と比較してみよう（表10-7を参照）。ここでは，連邦政府で課せられる税額は918フランであり，いずれのカントンの場合と比較しても，かなり低い水準に留まっている，ということが判る。給与所得に対するその税額の割合，すなわち負担率で比較してみると，主都（主だった自治体）での乗数が適用された場合では，最大のJUの12.36％（9,889.25フラン／80,000フラン）から最少のZGの4.41％（3,526.90フラン／80,000フラン）までの開きがあるが，いずれも連邦政府の1.15％（918フラン／80,000フラン）を上回っていることが判る。

　以上から，連邦政府における個人所得に対する課税は，カントン・自治体のレベルと比較して，より低い水準の負担率となっている，という点が窺える。この点は，個人所得に対する課税に関する負担率からみて，連邦政府の

表10-7 連邦政府とカントンの個人所得税（1991年）
―夫婦2人，20歳未満の子供2人で，所得80,000フランの場合―

	控除額	課税所得	基本課税	乗 数	税　　額	
					カントンのみ	主要都市含む
連邦政府	21,700	58,300	918	—	—	—
ZH	33,200	46,800	2,357	108%	2,545.55	5,598.05
BE	32,700	47,300	1,921.82	2.2	4,228	8,794.25
LU	22,600	57,400	2,404.50	1.85	3,780.50	7,989.70
UR	24,800	55,200	4,905	100%	4,905	7,477.60
SZ	26,080	53,920	1,438.95	170%	2,446.20	6,590.35
OW	27,600	52,400	1,003.60	2.30	2,308.30	7,276.15
NW	25,000	55,000	1,106.15	2.0	2,212.30	5,947.95
GL	24,100	55,900	6,379.85	105%	6,698.85	8,186.25
ZG	34,900	45,100	2,057	82%	1,686.75	3,526.90
FR	22,360	57,640	4,442.40	100%	4,442.40	8,529.40
SO	17,030	62,970	3,643	107%	3,898	9,362.50
BS	24,400	55,600	7,612	—	7,612	8,264
BL	10,780	69,220	6,549.60	—	5,749.60	9,389.30
SH	26,500	53,500	3,219	120%	3,862.80	7,906.55
AR	17,380	62,620	970.70	3.0	2,912.10	7,001.05
AI	23,600	56,400	2,908	80%	2,326.40	7,560.80
SG	26,200	53,800	2,526	95%	2,399.70	6,794.95
GR	23,960	56,040	2,947	105%	3,094	6,148.20
AG	19,200	60,800	2,984	113%	3,371.90	6,803.50
TG	24,580	55,420	2,604	130%	3,385.20	7,968.25
TI	26,200	53,800	4,156.10	95%	3,948.30	7,728.80
VD	15,760	64,240	3,823.75	122%	4,665	8,679.95
VS	17,140	62,860	3,928.80	—	3,928.80	8,190
NE	20,620	59,380	4,265.90	—	4,265.90	8,800.85
GE	19,460	60,540	4,643.75	147.5%	6,849.55	8,987.45
JU	20,440	59,560	1,984.20	2.3	4,563.65	9,889.25

(資料) *Die Steuern der Schweiz*, I. Teil, Band 1,2. 1991, Verlag für Recht und Gesellschaft AG. Basel より作成。

(注) 1．UR の基本課税には，人頭税の5フランが含まれている。
2．SZ の基本課税には，人頭税の6フランが含まれている。
3．OW の基本課税には，人頭税の6フランが含まれている。
4．NW の基本課税には，既婚者の基本課税の12%に該当する150.85フランが割増控除されている。
5．GL の乗数には，2％の建築税（Bausteuer）と3％の水源保護税（Gewässerschutzsteuer）が含まれている。
6．BS の基本課税には，Stadt Basel の自治体税が含まれている。
7．BL のカントンの税額は，子女2人分の税額控除分800フランが差し引かれている。
8．SH の乗数には，病院税（Spitalsteuer）が，また自治体を含めた税額には，カントンと自治体に充てられる人頭税の20フランが，それぞれ含まれている。
9．AR の基本課税には，既婚者の課税所得に対する最高25%分の税額控除が適用されている。
10．TG の基本課税には，既婚者の課税所得に対する15%分の税額控除が適用されている。
11．VS のカントンの基本課税には，既婚者の課税所得に対する最高25%分の税額控除が適用されている。
12．NE の基本課税及びカントンの税額には，社会保険料が含まれている。
13．GE の自治体を含む税額には，カントンに充てられる人頭税が含まれている。

水準ではカントン・自治体の水準を一様に下回っているという形態で，一種の課税協調の働きを発揮しているものと考えられる。

おわりに

本章の目的は，スイスにおける連邦政府とカントンの間の垂直的課税協調について検討することである。本章でのこれまでの検討から明らかになった諸点を要約すると以下の通りである。

第一に，課税協調の問題は，基本的には，州・地方政府の水準に対して課税局面における裁量権が保障されていることによって生じる。その際，州・地方政府に認められている裁量の程度に応じて，垂直的な課税協調の形態も様々である。それには，州・地方政府に対して，すべての課税局面において裁量が認められている形態（協調的税務行政）から，すべての課税局面での裁量が制限されるに至る形態（税収分与）まで，多様な形態が考えられる（第1節）。

第二に，スイスにおいては，カントンに対して課税立法権が認められており，このことによって課税協調の問題が生じてくる。スイスにあっては，連邦憲法上で，連邦政府の課税に対する権限を税目とその最高税率に関して制限する，という一種の協調が認められる。課税協調において一般的に考えられている形態は，基本的に州・地方政府の課税局面での主体性を制限することによって実現しようとするものであるが，こうしたスイスにおける協調形態はむしろ連邦政府の権限を制約することによって協調を図ろうというものである（第2節）。

第三に，連邦憲法において連邦政府に専属する税目が規定されているが，これによって，税源の配分において多くの税目に関して税源の分離が認められる。具体的には，関税，売上税，個別消費税が，連邦政府に専属し，また所得・財産課税に関しても，個人財産，財産所得，不動産，相続，譲渡に対する各課税がカントン・自治体に専属し，また源泉税，印紙税，等は連邦政府に専属している（第2節）。

第四に，個人所得に対する課税に限定してみると，次のような協調形態が

図られている。一つは，連邦直接税に関しては，連邦政府にその立法上の権限が帰属するが，その税務行政はカントンあるいは当該カントンの自治体に与えられていることである。これは，連邦政府とカントン・自治体の間で図られている執行連邦主義の一形態であり，協調的税務行政とみなすことができる。また，連邦政府の連邦直接税は，カントンにおける個人所得税と比較して，課税最低限がより高いこと，またその負担率がより低い水準に留まっていること，等の諸点に一種の協調を認めることができる。(第3節)。

［注］

1) B. Dafflon, *Federal Finance in Theory and Practice with Special Reference to Switzerland,* Paul Haupt Berne, 1997, p.81.
2) *ibid.,* p.81.
3) G. F. Break, *Financing Government in a Federal System,* The Brookings Institution, Washington, D.C., 1980, p.31.
4) T. Meister, *Rechtsmittelsystem der Steuerharmonisierung,* Paul Haupt Berne, 1995, S.4.
5) B. Dafflon, "Fédéralisme, coordination et harmonisation fiscales : Etude du cas suisse", Recherches Economiques de Louvain, vol.52, n.1 mars 1986, p.29.
6) Break, *op. cit.,* pp.32-33.
7) *ibid.,* p.31.
8) 第1章の表1-1を参照。
9) 次に拠った。小林　武『現代スイス憲法』法律文化社，1989年。
10) こうしたスイスとアメリカ合衆国における州レベルでの残余権の保障は，歴史的な産物であるといえる。この点について，例えば，T. F. Gersterは，次のように指摘している。すなわち，「合衆国およびスイスのような連邦制は，主権を有する諸州の連合から生まれた。これらの国々においては，個々の州は，連合化以前に元来の主権を享受していたが，残余権を維持しつつ一定の諸権限を連邦政府に委譲した。……スイスにおいては合衆国と同様に，残余権はカントンに帰属し，地方議会の民主的権能に基礎をおいている。このように，スイスにおける中央政府の権限は上から下にではなく，下から上につくりあげられてきたものである」。(トマス・フライナー=ゲルスター「連邦制と分権化——分権化をめざすアメリカおよびヨーロッパの実験」『修道法学』第12巻第1号，1990年2月，127-128頁。)
11) Dafflon, *op. cit.,* 1977, p.86.
12) E. Höhn, Steuerrecht, Ein Grundriss des Schweizerischen Steuerrechts für Unterricht und Selbststudium, Haupt, 7., überarbeitete Auflage, 1993, S.80.
13) Dafflon, *op. cit.,* p.83.
14) Höhn, *a. a. O.,* S.82.

15) S. Bieri, *Fiscal federalism in Switzerland,* Center for Research on Federal Financial Relations, The Australian National Univ. Canberra, 1979, p.50.
16) Dafflon, *op. cit.,* p.83.
17) A. Meier, Schweiz, in : *Handbuch der Finanzwissenschaft,* Bd.4, Tübingen, 1983, S.176.
18) Höhn, *a. a. O.,* S.312-314.
19) 第13章を参照。
20) 次を参照。Suisse, Éditions Fransic Lefebvre, 1992, pp.131-132.
21) 第13章を参照。
22) Dafflon, *op. cit.,* p.83.
23) K. Cornevin-Pfeiffer, "La dynamique du fédéralisme suisse", *Les Finances Publiques d'un Etat Fédératif : La Suisse,* ECONOMICA, 1992, p.216.
24) Dafflon, *op. cit.,* 1986, p.32.

第11章

カントン間二重課税

はじめに

　スイスにあっては，連邦政府の権限は連邦憲法上の規定が必要であり，他方で，その他の権限についてはカントンに属している。これは，残余権についてはむしろカントンに属していることを意味するものであり，カントンの裁量権の発揮が広い範囲にわたることを含意している。こうした残余権は，課税権においても認められている。その結果，カントンは，連邦憲法が連邦政府に留保していないすべての租税を徴収することができる[1]。

　このように，カントンの段階において課税権の発揮が認められている場合には，連邦政府とカントン・自治体の間で課税の重複が存在し得るために，第10章で検討したように垂直的な課税協調の必要性が生じてくる。これと同時に，カントン間でも課税の重複が存在し得るために，いわば水平的な課税協調の必要性も生じてくる。スイスにおいては，課税ベースの設定，税率構造，税率水準のいずれにおいてもカントンによる課税権を発揮することが可能である。この場合，国家間での二重課税が発生する原理と同じ原理で，カントン間においても二重課税[2]という問題が生じることになる。本章の目的は，スイスにおけるこのカントン間二重課税の問題について検討することにある。

　そこで，以下，次の手順で論を展開する。第一に，スイス連邦制国家内で生じるカントン間二重課税とは何か，という点を明らかにする。ここでは，国家間での二重課税に照らして，カントン間二重課税の特徴点についても考

えることにする（第1節）。第二に，このカントン間二重課税が，どのようにして排除されようとしているのか，その方式，具体的には「累進付き免除方式」という排除の仕方について，その基本的な特徴点を明らかにする（第2節）。第三に，法人課税を事例に採って，この免除方式について更に具体的に検討する。ここでは，特に，免除方式が適用される場合，課税対象がどのように分割されるのか，という点に焦点を置いて分析する（第3節）。

1．二重課税

(1) 二重課税の定義

　二重課税（ここでは法律的二重課税）といった場合，概して，国家間で生じる二重課税（以下，国際的二重課税と称することにする）の問題に議論は集中する。これが，スイス連邦制国家内でどのようにして生じるのか，またその場合に，二重課税がどのように認識されているのか，という点について検討しよう。

　連邦憲法第3条には，「カントンは，その主権が連邦憲法によって制限されない限りで主権を有し，かつ，連邦権力に委ねられないすべての権利を主権者として行使する」[3]と明記されている。この規定によって，カントンの残余権が保障され，またカントンの課税自主権も認められている。この課税自主権は，税制度に関する課税立法権にも及び，その結果，課税の諸局面において，具体的には課税ベース，税率構造，税率水準等において，カントンの裁量が発揮され得る[4]。

　こうしたカントンの課税自主権は，Höhn によれば，次のような問題を生じさせることになる。すなわち，「カントンの課税権（Steuerhoheit）は，領土主権（Gebietshoheit），つまり一つの公共団体（Gemeinwesen）の領域（Gebiet）に所在する個人と財に対する主権（Hernschaftsgewalt）の結果である。従って，もし一個人が複数のカントンの管轄区域（Hoheitsgebieten）に対して，個人的あるいは経済的な関係を有しているならば，複数のカントンが当該個人に対して，同一の課税対象（Steuerobjekt）について，課税権を行使することが生じ得る。こうした同一個人の同一の課税対象に関して，複数

の課税権が行使される場合，これを二重課税と呼ぶことができる」[5]。すなわち，カントンの課税権は領土主権に基づくものであること，この複数の課税権の行使によって二重課税が生じ得ること，が指摘されている。また，ここで「二重課税」とは，「同一個人の同一の課税対象に関して，複数の課税権が行使される」ことを意味する。

この二重課税の問題に対しては，1874年以降，連邦憲法第46条第2項において，「二重課税を禁止するために必要とされる規定については，連邦［政府；引用者による，以下同様］が法律によりこれを定めるものとする」と規定されている。ただし，この条文でいう連邦政府による「法律」は未だに存在していないのが実情である。それにもかかわらず，カントン間で生じた二重課税は，この第46条第2項に基づいて連邦裁判所 (Bundesgerecht) が提示する基本的な諸規則 (Grundsätze) によって排除されることになっている。この点については Höhn は，次のように指摘している。――「連邦裁判所によって，連邦憲法第46条第2項に基づいて成されたカントン間税法に関する基本的な諸規則 (Grundsätze) は，カントンに対し憲法上の原則と同様に拘束力がある。」[6]

さて，ここで第46条第2項に反することになる「二重課税」の中身について，更に検討してみよう。この第46条第2項に反する二重課税の内容に関しては，連邦裁判所判例集所収の例えば §1. II B, Nr.11 によれば，次のようにみなされている[7]。すなわち，(1)「一納税義務者が複数のカントンによって，同じ課税対象に，また同一時期に課税されるとき」，(2)「納税義務者が完全にその［帰属するカントンの］課税権に服するのではなく，領域関係において他のカントンにも納税義務があるために，その納税義務者が一カントンによって差別的に，またより重く課税されるとき」，(3)「納税義務者が純所得の課税を基礎にした複数のカントンにおいて，総計でその純所得以上が課税されるとき」である。以上の(1), (2), (3)のいずれの場合も，カントン間二重課税が発生しているものとみなされ，第46条第2項に反することになる。

また，本判例集所収の §1. II A, Nr.20 によれば，次のようにも指摘されている。すなわち，(a)「納税義務者が複数のカントンによって，同一の課税

対象に対して，同一時期に課税されたとき」，あるいは，(b)「一カントンが有効な配賦規定に違反して，その課税権を逸脱して，他のカントンに課税が認められている租税を徴収したとき」。ここで(a)は「実際上の二重課税」，(b)は「潜在的二重課税」と呼ばれ，いずれの場合も，カントン間二重課税の発生とみなされている。更に，(c)「一カントンは，納税義務者が完全にその課税権に服さないで，その領土関係において他のカントンにおいても納税義務があるときに，より重く課税してはならない」[8]とあり，これに違反した場合も，カントン間二重課税とみなされる。

　以上を整理すれば，次のようになろう。まず，§1. II B, Nr.11 の(1)は，§1. II A, Nr.20 の(a)と同様に，「実際上の二重課税」を意味している。これは，前述した Höhn による二重課税に対応する内容になっているが，更に「同一時期」という条件が加わっている。従って，ここでいう実際上の二重課税とは，同一納税者が，同一の課税対象に関して，同一時期に，複数のカントンによって課税されることを意味する。これは，後述するように，国際租税法上の国際的二重課税と同じ主旨であるといえる。次に，(2)と(c)がやはり同じ主旨を有した内容となっており，いずれも，当該カントンにおいて，他のカントンに対しても納税義務がある納税義務者を他のカントンにはそれがない納税義務者と差別して，前者に対して後者よりもより重く課税しないことを意味している。これは，納税者間の不公平を意味する過重負担について述べているといえる。

　最後に，(3)と(b)についてであるが，いずれも相互に関連しているといえる。(3)は，納税義務者の純所得に対して複数のカントンが課税した場合を想定しているのであろうが，上述したように「実際上の二重課税」の回避が考慮されている点を勘案すると，これは具体的には課税対象（純所得）を分割することを含意するといえる。純所得を複数のカントン間に分割することによって，(3)でいうように「その純所得以上が課税される」ことを回避することができる。逆に，この分割から逸脱する場合には，(3)のような場合が生じ得るといえる。こうした分割からの逸脱は(b)によって言及されている事項であり，(b)ではこれを「潜在的二重課税」と呼んでいる。

　なお，潜在的二重課税について更に敷えんしておこう。判例集 §1. II B,

Nr.11 によれば，次のように述べられている。「連邦憲法第 46 条第 2 項は，いわゆる潜在的二重課税をも禁止している。それは次の場合に生じる。つまり，一カントンが連邦裁判所によって形成された衝突規定(Kollisionsnormen)に違反して，その課税権を逸脱し，事実上，法律上は他のカントンに帰属している租税を徴収する場合には，たとえ権限のあるカントンがその行使を放棄しているときでさえ［潜在的二重課税が発生する］」[9] すなわち，実際上の二重課税が生じていない場合にあっても，潜在的二重課税が生じ得ることになり，この場合にも第 46 条第 2 項に反する二重課税とみなされている，という点に注意する必要があろう。(b)でいう「配賦規定」あるいはここでいう「衝突規定」については，Höhn によれば次のように指摘されている。——「すべての課税対象を把握するため，連邦裁判所は集約条項 (Sammelklausel) を使用している。特定の配賦規定によっては一つの特定のカントンに帰属されない収入・財産の構成要素はすべて，居住地カントンにおいて納税義務がある。」[10] すなわち，潜在的二重課税の判断基準となる「配賦規定」・「衝突規定」とは，判例による「集約条項」を指しており，またこれに含まれていない課税対象は「居住地カントン」に課税権があるとしている。

(2) 国際的二重課税との類似性

前項で検討したように，スイス連邦制国家内で生じ得る二重課税，すなわち，連邦憲法第 46 条第 2 項でいう「二重課税」とは，第一に，「実際上の二重課税」を，第二に，納税者間の不公平を意味する過重負担を，そして第三に，「潜在的二重課税」（すなわち，配賦規定からの逸脱）を含意している。この場合，カントンの課税権の存在を前提とするものであり，これから検討する国際的二重課税と区別するために，特にカントン間二重課税と呼ぶことにしたい。前述したように，二重課税といった場合，概して，国際的二重課税を指して議論されているといえる。そこで，次に，カントン間二重課税とこの国際的二重課税とを対比してみることにしよう。

まず，国際的二重課税は，一般的に次のように定義されている。すなわち，「同一対象について，同一時期に，同一納税者に対して，複数の国が類似の課税を行うこと」[11]である。この定義は，前述したカントン間二重課税でいう

「実際上の二重課税」に対応したものである。ここでは，国とカントンとは全く同じ次元で定義上位置づけられている点が注目される。国際的二重課税の視点にあっては，カントンは国と同様の位置を占めているといえよう。

次に，国際的二重課税の発生要因についてであるが，次のような三つの場合[12]が考えられる。

第一に，「大半の国が，国内の資産と国内の経済的取引に課税するのに加えて，他国に位置する資本と他国で行われている取引に対して課税しているからである」。これは，いわゆる居住地原則（principle of residence）に基づく課税と，いわゆる源泉地原則（principle of source）に基づく課税という異なった諸国による課税権が重複することによって生じる場合について述べている。

第二に，「一個人が同時に二つ（あるいはそれ以上）の諸国によって居住者であるとみなされる場合に，あるいは源泉規則（source rules）が重複しているため，すなわち，二つ（あるいはそれ以上）の諸国が同じ経済的取引あるいは同じ資本項目を当該国で行われた，あるいは位置しているものとして取り扱うために」生じる場合がある。これは，「居住」地の重複，あるいは「源泉」地の重複によって生じる場合をいっている。

第三に，「幾つかの諸国がその住民（citizens）に対して，たとえ他の国の居住者（residents）であっても，全世界所得（worldwide income）に対して課税するために」生じる場合である。

以上のような三つの要因から国際的二重課税が生じるということは，スイスに置き換えると次のことを示唆しているといえる。すなわち，カントン間での居住地原則による課税権の行使と源泉地原則による課税権の行使による競合，カントン間での「居住地」概念あるいは「源泉地」概念の重複，更にはカントンが「全世界所得」に基づく課税制度を採用した場合，それぞれの要因によってカントン間二重課税が生じ得ることが考えられるかもしれない。

これらの三つの要因は，いずれも前述した国際的二重課税の定義，あるいは実際上の二重課税を想定した場合に限った要因ではないといえる。前述したように，カントン間二重課税といった場合には，実際上の二重課税に限らず，潜在的二重課税も含まれていた。潜在的二重課税は，連邦裁判所による配賦規定からの逸脱を，従って，課税対象に対するカントンの課税権の逸脱

を意味する。これは換言すれば，同一の課税対象において課税権が競合することを意味しているため，上記のいずれの要因も，潜在的二重課税を意味しているといえる。

　後に検討するように，国際的二重課税の回避の方式として，税額控除方式と免除方式が考えられる。カントン間二重課税の回避で実際に採用されている方式は基本的には免除方式に該当するもので，カントン間の課税権の競合を課税対象のレベルで回避するための方式であると考えることができる。なお，国際租税法においても，例えば OECD モデルにおいて課税権の帰属を課税対象の項目毎に規定しており，これが課税権の競合を回避するのに寄与している限りは，結局は国際的二重課税を回避しているものと考えられる。従って，国際的二重課税は，その定義に限ってみればカントン間二重課税でいう実際上の二重課税のみを意味しているが，国際租税法全体から判断すれば潜在的二重課税も含意されていると考えられる。

　以上にみるように，実際上の二重課税，潜在的二重課税，いずれの点においても，カントン間二重課税は，国際的二重課税と基本的に同じ内容を含意しているといえる。

2．カントン間二重課税の回避

(1) 回避の方式

　さて，第1節で検討したように，カントン間二重課税は，国際的二重課税と同じ原理から生じるものであるといえる。従って，カントン間二重課税の回避にあっても，国際的二重課税の回避の方式の適用を考えることもできよう。そこで，まず，国際的二重課税の回避の方式を示し，次に，これに照らしてカントン間二重課税の回避で実際に採用されている方式を特徴付けることにしよう。

　国際的二重課税の回避の方式としては，例えば OECD モデルの第23条によれば，免除方式（Exemption Method）と税額控除方式（Credit Method）を挙げることができる[13]。以下，両方式について検討しておこう。まず，免除方式については，次のように規定してある。──「一方の締約国の居住者がこの

条約の規定に従って他方の締約国において租税を課される所得を取得し又は資本を所有する場合には，当該一方の国は，……当該所得又は資本について租税を免除する。」(第23条A第1項) 他方で，税額控除方式については，次のように規定してある。──「一方の締約国の居住者がこの条約の規定に従って他方の締約国において租税を課される所得を取得し又は資本を所有する場合には，当該一方の国は，次の控除を認める。 a) 他方の締約国において納付される所得に対する租税の額と等しい額を当該居住者の所得に対する租税の額から控除すること。 b) 他方の締約国において納付される資本に対する租税の額と等しい額を当該居住者の資本に対する租税の額から控除すること。……」(第23条B第1項)

　こうした免除方式と税額控除方式を更に定式化してみよう。ここで，当該居住者が，締約国Aに居住・立地しており，また締約国Aと締約国Bの双方で所得を取得し，または資本を所有しているものとする。また，T_AはAで支払われる税額を，T_BはBで支払われる税額を，Y_AはAで取得した所得あるいは所有する資本を，Y_BはBで取得した所得あるいは所有する資本を，t_AはAにおいて課される税率を，t_BはBにおいて課される税率を，それぞれ意味するものとしよう。まず，免除方式においては，AはY_Bに対する課税を免除し，BはY_Aに対する課税を免除することになる。従って，次のように示すことができよう。

$$T_A = t_A \times Y_A$$
$$T_B = t_B \times Y_B$$

他方で，税額控除方式においては，「他方の締約国において納付される」税額$T_B(=t_B \times Y_B)$を当該居住地の所得あるいは資本に対する税額$t_A \times (Y_A + Y_B)$から控除されることになる。従って，次の式によって表される。

$$T_A = t_A \times (Y_A + Y_B) - T_B$$
$$T_B = t_B \times Y_B$$

　さて，第1節で検討したように，カントン間二重課税は連邦裁判所の判例によってその内容が規定されているが，同時にその回避の方式についても連邦裁判所の判例によって示されている。上記の締約国をカントンに，従って締約国Aをカントン A に，契約国Bをカントン B にそれぞれ置き換えるなら

ば，カントン間二重課税の排除の方式として，やはり上記の両方式を適用することが考えられよう。しかし実際は，両方式の内，免除方式（Befreiungsmethode, Freistellungsmethode）によってカントン間二重課税の問題を解決しようとしている。Höhn によれば，この方式について次のように説明されている。──「一人の納税者が課税上帰属している二つの主権者の内の一方が，個々の課税対象に対する課税を放棄しているか，ないしは放棄しなければならない。従って，当該納税者は，当該対象に関しては単に他方の主権者においてのみ納税義務がある。この場合，二つの主権者の内，一方の主権者のみが課税の権限が与えられている。」[14] すなわち，一つの課税対象に対しては，一方の主権者にのみ課税権を帰属させよう，というものである。これは，上記の定式化に沿っていえば，Y_A は A に対してのみ，Y_B は B に対してのみ課税権が帰属していることを意味し，国際的二重課税の回避の方式として挙げられる免除方式に該当するものである。

ここで，免除方式の基本的な特徴としては，税額控除方式との対比で考えてみると，次のような諸点を挙げることができよう。第一に，繰り返しになるが，一つの課税対象に対しては一つの課税権のみが想定されているという点である。他方で，税額控除方式にあっては同一の課税対象に対して二つの課税権が前提とされている。税額控除方式は税額のレベルで「二重課税」の排除を図ろうとしているのに対して，免除方式は課税対象のレベルでその排除を図ろうとしているといえる。第二に，免除方式においては，一方の課税主体による税額の算定は他方で課された税額の影響を受けることはなく，この点で税額決定に関する課税自主権が保障されることになる。他方で，税額控除方式にあっては，一方の課税主体の税額は他方の課税主体で算定された税額（上記の定式によれば，カントン A にとっての T_B）によって影響を受けることになる。

(2) 免除方式

前項でみたように，カントン間二重課税の排除の方式として採られている免除方式にあっては，課税対象のレベルで課税権の重複を回避しようとしていること，またカントンの税額決定という課税自主権が保障されていること，

という特徴点がある。

　こうした基本的な特徴を有しながらも，免除方式は更に次のように区分することができる。すなわち，まず，「無制限免除」と「制限免除」という区分である[15]。ここで，「無制限免除（unbedingten Befreiung）」とは，「権限のない主権者は，たとえ権限のある主権者が当該対象に課税していなくとも免除（Befreiung）の義務がある」というものである。他方で，「制限免除（bedingten Befreiung）」とは，「免除の義務のある主権者は，権限のある主権者がその税法を使用した場合にだけ当該課税対象を免除する」というものである。なお，前項でみたように，カントン間二重課税といった場合には，実際上の二重課税，潜在的二重課税，そして過重負担が含意されているが，無制限免除は潜在的二重課税の排除を，また制限免除は実際上の二重課税の排除を，それぞれ意味しているといえる。

　また，「完全免除」と「累進付き免除」の区分も可能である[16]。すなわち，「完全免除（Uneingeschränkte Befreiung）」にあっては，権限のない主権者が，税率の算定にあたって他に充てられた課税対象を一般的に考慮しないというものである。他方で，「累進付き免除（Befreiung mit Progressionsvorbehalt）」では，権限を有しない主権者は，他に充てられた課税対象を自らの固有の課税に適用することはないが，自らに充てられている課税対象に関する税率表（Stuermass）の適用にあたってはそれを考慮する権限が与えられている。さて，ここで累進課税を想定するならば，完全免除と累進付き免除の如何によって税収効果において大きな違いが生じることが考えられる。すなわち，完全免除にあっては，高い累進税率の適用を回避することを狙って，納税義務者が課税対象を分散化することを考えることができる。これに対して，累進付き免除にあっては，他に充てられた課税対象を考慮して税率を適用できるため，こうした分散化を抑制することができるといえよう。

　以上のような分類に従えば，免除方式は表11-1のように四つに区分することができよう。この区分に従えば，スイスにおけるカントン間二重課税の回避はどの免除方式によっているのであろうか。次に，この点について検討しよう。

　第一に，繰り返しになるが，カントン間二重課税には，実際上の二重課税

表11-1 免除方式の類型と効果

	完　全　免　除	累進付き免除
無制限免除	潜在的二重課税の排除 分散効果の発揮	潜在的二重課税の排除 分散効果の抑制
制　限　免　除	実際的二重課税の排除 分散効果の発揮	実際的二重課税の排除 分散効果の抑制

に限らず，潜在的二重課税も含意されていた。従って，上記のような分類に従えば，無制限免除方式が採用されているといえる。また，完全免除と累進付き免除のいずれの方式が採用されているかという点については，連邦裁判所判例集の例えば§10. Ⅲ B, 1 Nr.10 によれば，次のように規定してある。──「二重課税の禁止は，カントンが所得の一部に関してのみ，その課税権に服している個人に対し，この［所得の］一部を課税総所得に対応した税率に従って課税することを妨げるものではない。更に，いずれのカントンも，［納税］義務者の課税総所得をその固有の法律に従って決定することができる。このことは，いずれのカントンも，総所得のある割合（Quote）を課税する場合には，同様に適用され，また，総所得が税率の算出にのみ用いられるときにはじめて適正とみなされなければならない。」[17] ここでは，①課税総所得に対応した税率を適用できること，②カントンに固有の法律に従ってその課税総所得を算出することができること，③課税総所得は税率の適用においてのみ適用が可能なこと，以上の三点が指摘してある。このことは，累進付き免除方式が採用されていることを意味するといえる。なお，ここでは，「税率の多様性があっても二重課税は存在しない。税額はカントンの法律に従って決定される」[18]。

なお，この累進付き免除方式が適用されている点について，Höhn は次のように述べている。すなわち，「複数のカントンで納税義務のある個人が一つの課税主体にのみ帰属している場合よりも優位に位置付けることは，カントン間税法［カントン間二重課税に関する連邦裁判所の判決］の意図ではない。それは，単に重複負担を回避することにあるのであって，課税の軽減を目的としているわけではない。……個別のカントンにおける所得・財産は総所得・

財産に対応する各々の税額で課税され得る（いわゆる累進性留保（Progressionsvorbehalt）），という基本を適用としているのである」[19]。

　以上のような累進付き免除方式が採用されている，という点は，カントンの課税構造を考えると，次のような点で重要である。すなわち，カントンにおける基幹税は，所得・財産課税である。そこでは，個人，法人を問わず，カントン毎の税法に従って，固有の課税ベースと固有の税率構造，それも累進課税制度が採用されている[20]。この場合，課税ベースの選定と累進度の程度は，各カントンの課税自主権が発現される局面であるといえる。カントン間二重課税の排除にあたって，もし完全免除が採用されたとすれば，この累進度の程度が，当該カントン以外で得られた所得に対しては及ばないことになり，累進効果の発揮が損なわれると共に，その分，課税自主権の発揮が制限されることになる。累進付き免除方式にあっては，これが，カントン間二重課税の排除にあっても発現できることを意味している。こうしたカントンの課税自主権の発揮に関しては，Höhn も次のように指摘している。——「連邦憲法第46条第2項は，カントンに対して，カントン間関係において一定の算出形態を適用するように，ということを義務付けているわけではない。それは，カントンの課税制度の選択の自由である。」[21]

3．配賦規定

(1) 概　観

　さて，前述したように，免除方式は課税対象のレベルでカントン間の課税権の重複を回避しようとするものであった。この場合，「個別の課税対象に関して，どの主権者が専属して課税の権限を有するのか」，ということが決定されている必要があるが，これは，連邦裁判所による「配賦規定」(Zuteilungsnormen, Kollisionsnormen, Verteilungsnormen) によって行われる[22]。本節では，この配賦規定について検討する。

　まず，配賦規定とカントン間二重課税との関連について確認しておこう。第1節で検討したように，連邦憲法第46条第2項でいう「二重課税」，すなわちカントン間二重課税には，潜在的二重課税が含まれていた。ここで潜在

的二重課税とは，「一カントンが連邦裁判所によって形成された衝突規定［すなわち，本節でいう配賦規定］に違反して，その課税権を逸脱」することを意味する。従って，配賦規定を検討することは，免除方式の適用の仕方とともに，潜在的二重課税とは何か，という点を検討することをも意味する。

配賦規定によって，「所得と財産の各要素に関して，どの主権領域で課税され得るのか，という点が網羅的に確定されている」[23]。そのため，配賦の在り方については，所得・財産の構成要素別に検討される必要がある。この場合，カントンのレベルでの基幹税である所得・財産課税の税目に沿っていえば，個人所得税にあっては個人所得，財産税にあっては個人財産，また法人収益税にあっては法人収益，法人資本税にあっては法人資本等が検討されるべき構成要素といえよう。

さて，配賦の在り方については，Höhn が次のような整理を行っている。すなわち，一つは，「客観的配分（Objektmässige Ausscheidung）」と「比例的配分（Quotenmässige Ausscheidung）」という区分[24]，またもう一つは個人と法人という区分である。以下，この Höhn の整理に沿って配賦規定を概観しておこう。

まず，「客観的配分」と「比例的配分」についてみてみよう。「客観的配分」においては，「所得・財産（収入，現在資産，必要経費）の個々の（正の，あるいは負の）構成要素——その状況に基づいて客観的にある一定の課税領域に帰属している——が，一括して，課税上の権限のあるカントンに充てられている」。他方で，「比例的配分」においては，「総所得又は総収益，あるいは個々の（正の，あるいは負の）所得又は財産部分における比例的割合が，ある一定の基準に従って，個々の課税区域に適用される」。すなわち，客観的配分では「一括して」，比例的配分では「比例的割合」に応じて，それぞれ課税対象が配賦されることになる。

Höhn は，この区分に対して，更に，個人（natürliche Personen）に対する配分と法人（Unternehmungen）に対する配分という視点を加えている[25]。すなわち，まず，個人に対する配分は，主に客観的配分によって行われる，と指摘している。具体的には，個人の収入，現在資産，そして必要経費に関しては，課税上の居住地（Steuerdomizil）となるカントンに対して「客観的」

に，従って「一括して」配分される。ただし，個人に対する配分にあっても，比例的配分が適用される構成要素がある。すなわち，負債・利子は現在資産の規模に応じて，また必要経費以外の控除項目（die andern Abzüge und Steuerfreibeträge）は帰属する所得・財産の「比例的割合」によって，それぞれ配賦される。他方で，法人に対する配分は，主に比例的配分によって行われる，と指摘している。具体的には，法人の収益，資本，負債・利子，社会保険料（Sozialabzüge），一般的控除項目（allgemeine Steuerfreibeträge）を挙げることができる。ただし，法人に対する配分にあっても，資本設備（Kapitalanlageliegenschaften）はそれが立地しているカントンに対して「客観的」に配分される。

　カントンの基幹税は個人・法人に対する所得・財産課税であるが，以上にみるように，その構成要素によって課税対象の配賦の在り方が異なっている。その配賦の在り方を特徴付けるとすれば，Höhn も指摘しているように，個人に対しては主に客観的配分が，法人に対しては主に比例的配分が適用されているといえる。しかし，具体的に配賦の在り方を検討しようとすれば，次の点に注意する必要があろう。すなわち，上述したように個人に対する課税であっても，一部，比例的配分が適用されており，また法人に対する課税にあっても，一部，客観的配分が適用されている。更に，カントン毎に課税制度が異なっていることを考慮すると，課税対象となる「所得」あるいは「財産」の中身がカントンによって異なってくることが考えられるため，実際上の配賦の在り方は決して税目によって一様であるとはいえないであろう。

　以上のように，配賦の在り方は必ずしも単純ではないといえよう。しかし同時に，次の諸点も重要であろう。第一に，配賦規定の決定・解釈は，連邦裁判所によって統一的に行われている，という点である。「連邦裁判所が最終裁判所として最終的に配賦規定の解釈と実態の判断を下しているので，個別に，二重課税は完全に回避され得る。」[26]カントンの課税構造にあっては，課税ベース，税率構造，税率水準，等の課税諸局面を検討する限り，カントン間で実に多様性に富むが，これとは対照的に，カントン間二重課税の排除にあたっては統一性が図られているといえる。第二に，第一の点を換言することになるが，こうした統一性が図られていても，課税権のあるカントンは，そ

の固有の法律に応じて，総所得・財産を算出することができるという点が重要である。これに関して，Höhn は次のように指摘している。――「二重課税は存在しない。それと共に，二重課税法［カントン間二重課税に関する連邦裁判所の判決］は課税権のあるカントンにおいて基準となる所得・財産の統一された設定に繋がるものではない。」[27]

(2) 法人課税の場合

さて，前項にあっては，配賦規定を概観した。そこでは，課税対象の構成要素によって配賦の在り方が異なっており，従ってまた同一税目であっても配賦の在り方が異なってくる，という点をみた。本節では，具体的に法人課税を事例に採って，その配賦規定の適用の仕方を検討してみよう。

法人課税に関して，カントン間二重課税の排除のために配賦規定の適用が求められるのは，「カントン間企業」が存在する場合である。このカントン間企業の配賦規定については，連邦裁判所の判例によれば，次のように要約されている。――「統一的な組織として，複数のカントンの領域にわたる企業［すなわちカントン間企業］に関しては，……いずれのカントンにあっても，当該企業の総財産と総所得（総収益）の一定割合（Quote）しか課税され得ない。この一定割合は，財産にあっては，個々のカントンに立地上あるいは経済的に帰属する資産（Aktiven）の総資産に対する割合に応じて，収益（所得）にあっては，当該カントンに所在する事業所（Betriebsanlagen）と施設（Einrichtungen），及びそれから生じる事業収益（Betriebevorgänge）の，総収益に対する割合に応じて，それぞれ決定される。……当該カントンは，独立してその固有の税法に応じて総財産と総所得を算出することができる。」[28] すなわち，カントン間企業は，それぞれのカントンにおいて，①財産に関する課税では，「立地上あるいは経済的に帰属する資産」／総財産という割合が，②収益に関する課税では，事業所・施設から生じる事業収益／総収益という割合が，それぞれの課税対象となる。こうした配分方式は，前項でいう「比例的配分」に該当する。③また，①と②の分母に当たる総財産あるいは総収益は，カントン間企業の場合でも，前項で指摘したように，カントン固有の税法に基づいて算出することができる。

なお，上記のような比例的配分が行われるのは，財産に関する課税では，①でいう割合が，カントン間企業での「恒常的施設において事業の本質的部分が生じている立地上・経済上の関係に応じ」[29)]たものであり，また収益に関する課税では，②でいう割合が，「企業全体における個々の支店の重要性，総収益の稼得におけるその比重を最もよく表す基準」[30)]である，とそれぞれ考えられているからである。

　収益に関する課税について付言すれば，次のように規定してある。——「所得配分の対象となる基準（Quoten）の算出のため，すべてのカントンが同じ算定期間（Berechnungszeitraum）に基づかなければならない。競合するカントンが一部では1年間の計算を，また一部では2年間の計算を行っている場合には，すべてのカントンが1年の期間で基準を計算しなければならない。2年間の会計期間（Bemessungsperiode）を採用しているカントンはその基準を二つの会計年度の各々に分割して計算しなければならない。」[31)] すなわち，「同じ算定期間」が，具体的には「1年の会計期間」に基づいて課税所得が算出されることが求められている。

　ここで例えば，次のようなカントン間企業について，収益に関する課税対象をどのように配賦するのか，という点についてみてみよう。すなわち，ある製造企業が，カントンAに拠点工場と事業所を有し，またカントンBにも事業所を有しているとする。ここで，配賦規定によって認められた比率が，カントンAに対しては60％，カントンBに対しては40％とする。また，課税総収益は，カントンAにおいてはその固有の法律に従って100,000フランと算出され，またカントンBにおいてはやはりその固有の法律に従って140,000フランと算出されたとする。この場合，カントンAは100,000フランの60％で60,000フランを，また，カントンBは140,000フランの40％で56,000フランを，それぞれ課税対象とすることができる[32)]。この場合，当該カントン間企業の稼得した課税総収益の100,000フランの内，カントンAの拠点工場と事業所の「総収益の稼得におけるその比重」は60％であり，また同じ当該カントン間企業の稼得した課税総収益の140,000フランの内，カントンBの事業所の「総収益の稼得におけるその比重」は40％である，と想定されている。

第11章　カントン間二重課税　　　327

表11-2　収益・財産の配賦事例（直接的方式）

	収益*	収益比率	資　本*	現在資産*	資本比率
カントンA	＋150	(150/200)×100＝75%	＋200	500	50%
カントンB	＋ 50	(50/200)×100＝25%	＋100	300	30%
カントンC	－ 40	0%	－ 50	200	20%
	＋160	100%	＋250	1000	100%

＊　簿記による。
（出所）　Höhn, 注5, S.381.

　さて，配賦にあたっての割合は，具体的にはどのようにして決定されるのであろうか。先の事例によれば，カントンAに対して60％，カントンBに対して40％が，それぞれ配賦されているが，これらの割合がどのようにして決定されるのか，という点である。これについては，「直接的方式」あるいは「間接的方式」に基づいて決定されている。

　まず，直接的方式[33]にあっては，配賦にあたっての割合を算出するのに，「簿記上の決算（Buchhaltungsergebnisse）」に基礎を置いている。その際，総資本の配賦は，「事業地域の簿記に基づく現在資産（Aktiven gemäss den Betriebsstättebuchhaltungen）の割合」に基礎を置いている。現在資産を有している事業所はすべて，この割合によって資本がカントン間に配賦されることになる。収益に対する課税にあたっては，「総収益は個々の事業所の収益に応じて配分される」。ここで注意しなければならないのは，「ある事業所で損失が生じている場合には，その他のカントンは総収益に対してのみ課税することができる」[34]という点である。

　収益に関する課税対象を配賦する際の割合の算出を事例によって説明しよう。例えば，ある企業が，本社をカントンAに，支社をカントンBとカントンCに有しており，分離された簿記に基づいて，カントンAでは150，カントンBでは50の黒字を，カントンCでは40の赤字を，それぞれ計上しているものとする（表11-2を参照）。この場合，カントンAは総収益200の75％に対して，またカントンBは総収益の25％に対して，それぞれ課税することができる。ただし，ここでは，プラスの事業収益に限って「総収益」と「収益比率」が算出されていることに注意しなければならない。従って，カントン

表11-3 収益の配賦事例（間接的方式）

	収　　益	売　上	収益比率
カントンA	＋150	250	50%
カントンB	＋ 50	150	30%
カントンC	－ 40	100	20%
	＋160	500	100%

（出所）Höhn, 注5, S.382.

Cのように，損失を生じている場合には，収益比率の適用の対象から外されることになる。

次に，間接的方式[35]にあっては，「補完的要素（Hilfsfaktoren）」に基礎を置いている。すなわち，「基本的な事業要素（typischen Betriebsfaktoren）」に基づくものである。この場合，総資本の配賦は，「企業全体の現在資産の立地上・経済上の状況」に応じて行われる。また，総収益の配賦にあっては，「事業地域の売上」あるいは「個々の事業地域に充てられている稼得要素（Erwerbsfaktoren）（資本と労働）」が特に考慮される。この内，どの要素が適用されるかは，業種によって異なっている。ここでは，「常に，たとえ損失を生じている事業地域であっても，事業地域全体が収益に与る」ことになる。従って，企業全体が収益を挙げている限り，当該カントンは収益に対して課税することができる。また逆に，たとえ当該事業地域で収益を挙げていたとしても，総収益がマイナスであったならば，当該カントンは収益に対して課税することはできなくなる。

例えば，商業・サービス業関連のある企業を想定してみよう。その本社をカントンAに，支社をカントンBとカントンCに有しており，カントンAでは150，カントンBでは50の黒字を，カントンCでは40の赤字を，それぞれ計上しているものとする（表11-3を参照）。更に，カントンAでは250，カントンBでは150，カントンCでは100の売上をそれぞれ挙げており，全体で500の売上が計上されていたとする。商業・サービス業関連では，総収益の配賦にあたっては，売上が指標となっている[36]。従って，カントンAは総収益の内の50％に対して，カントンBは総収益の30％に対して，またカントンCは総収益の20％に対して，それぞれ課税することができる。ここでは，カン

トンCでは，たとえ収益ではマイナスであっても，収益比率として20％が充てられていることに注意する必要がある。

　連邦裁判所は，原則として，間接的方式よりも，直接的方式を配賦方式として認めている。この直接的方式が適用される不可欠の前提条件は，「事業所と本社立地点に関する分離会計」の存在である。この直接的方式のメリットは，「実質的な経済活動を示す割合に対して課税」[37]することができる，というものである。分離された簿記が存在しない場合には，間接的方式が補助的に適用されることになる。ただし，たとえ分離された簿記が存在していても，「事業所が自律的な事業として展開されておらず，あるいはその営業成果が決定的に本社指導によって影響を受けている」場合にも，間接的方式が採用される，とされる[38]。直接的方式はどれほど実際に普及しているのかという点になると，Höhn も指摘しているように，直接的方式が適用されるための前提条件がしばしば満たされていないため，間接的方式が実際上はより頻繁に採用されている[39]。

　さて，以上のようなカントン間企業が存在する場合の免除方式の適用の在り方については，次の諸点を指摘することができよう。第一に，カントン間企業の総収益あるいは総資本を算出するにあたっては，各カントンの固有の法律に基づいている。これによって，各カントンの課税政策上の裁量権を確保している，と考えることができる。第二に，税額の算定にあたっては，連邦裁判所の判例に基づく比率を用いることによって，納税義務者に対する過重負担を回避している，とみなすことができる。すなわち，カントン間企業に対して課税するカントンは，配賦に際する割合によって制約されることになるが，このことは納税義務者にとっては「当該カントンによって，全体で，総収益・総資本の100％を上回って課税されることはない」[40]ことを意味する。

おわりに

　本章の目的は，スイスにおけるカントン間で生じる二重課税の問題について検討することにあった。本章での検討で明らかになった諸点は，以下の通

りである。

　第一に，スイス連邦制国家内で生じるカントン間二重課税とは何か，という点を明らかにした。この場合，カントンの課税権の存在が前提となっている。この課税権の行使によって生じ得るカントン間の二重課税は，連邦憲法上の規定によって禁止されているが，実際上は，連邦裁判所の判例によって示された諸規則によって排除されている。ここで，二重課税といった場合，「納税義務者が複数のカントンによって，同一の課税対象に対して，同一時期に課税された」ことを意味する「実際上の二重課税」，納税者間の不公平を意味する「過重負担」，そして課税権が及ぶ課税対象を規定している「配賦規定」からの逸脱を意味する「潜在的二重課税」，以上の三つの項目を含んでいる（第1節(1)）。実際上の二重課税，また潜在的二重課税のいずれも，基本的には，国際租税法上の国際的二重課税と同じ原理で生じたものであるといえる（第1節(2)）。

　第二に，このカントン間二重課税に対しては，国際的二重課税の回避方式でいう免除方式が採用されているという点を明らかにした。すなわち，一つの課税対象に対しては一つの課税権のみが想定され，課税対象のレベルで課税権の重複を回避しようとしている。ここでは，カントンの税額決定という課税自主権が保障されている（第2節(1)）。更に，その免除方式は，課税総所得に対応した税率を適用できること，カントンに固有の法律に従ってその課税総所得を算出することができること，また課税総所得は税率においてのみ適用が可能なこと，等という「累進付き免除」方式が採用されている。そのため，カントン間二重課税の排除にあっても，課税ベースの選択と累進度の裁量という各カントンの課税自主権を発揮できることを意味している（第2節(2)）。

　第三に，免除方式にあって「個別の課税対象に関して，どの主権者が専属して課税の権限があるのか」という「配賦規定」について検討した。この場合，一つの課税対象が「一括して」充てられる「客観的配分」と，何らかの「比例的割合」によって配賦される「比例的配分」という配賦方式があるが，基本的には，個人の所得・財産課税に対しては客観的配分が，また法人の所得・財産課税に対しては比例的配分がそれぞれ適用されているといえる。こ

こでは，配賦規定の決定・解釈が連邦裁判所によって統一的に行われていること，また，こうした統一性が図られていても，課税権のあるカントンは，その固有の法律に応じて，総所得・財産を算出することができるという点が重要である（第3節(1)）。また更に，具体的に，複数のカントンの領域に活動範囲がわたるカントン間企業が所在する場合の免除方式の適用の在り方を検討した。この場合，カントン間企業の総収益あるいは総資本を算出するにあたっては，各カントンの固有の法律に基づいており，これによって各カントンの課税政策上の裁量権を確保していると考えられること，また，税額の算定にあたっては，連邦裁判所の判例に基づく配賦にあたっての割合を用いることによって，納税義務者に対する過重負担を回避しているとみなすことができること等を指摘した（第3節(2)）。

[注]

1) 第1章を参照。
2) 以下，二重課税とは，国際間，カントン間，双方において，複数の課税権の競合の結果生じてくる法律的二重課税について限定して述べることにする。経済的二重課税，すなわち個人所得税と法人税の同一課税対象に対する重複課税についての検討は，別の機会に譲る。
3) 次に拠った。小林　武『現代スイス憲法』法律文化社，1989年。
4) 第1章を参照。
5) Ernst Höhn, *Interkantonales Steuerrecht,* 3. Auflage, Verlag Paul Haupt Berne, 1993, S.40.
6) K. Locher, *Das interkantonale Doppelbesteuerungsrecht*, Unter Berücksichtigung der Rechtsprechung des Bundesgerichts bis Ende 1992 (einschliesslich Nachtrag 33, 1993), Verlag für Recht und Gesellschaft AG, Basel, §1. III A, 1Nr.5.
7) Locher, §1. II B, Nr.11.
8) Locher, §1. II A, Nr.20.
9) Locher, §1. II B, Nr.11.
10) Höhn, *a.a.O.*, S.62.
11) Klaus Vogel, *Double Taxation Conventions,* Kluwer Law International, Third Edition, 1997, p.2.
12) Vogel, *op. cit.,* pp.9-10.
13) 小松芳明『租税条約の研究』有斐閣，1981年，巻末の「OECDモデル条約」の訳より。
14) Höhn, *a.a.O.,* S.57.

15) Höhn, *a.a.O.*, S.57.
16) Höhn, *a.a.O.*, S.58.
17) Locher, §10. III B, 1 Nr.10.
18) Locher, §10. III A, Nr.1.
19) Höhn, *a.a.O.*, S.93.
20) 第1章を参照。
21) Höhn, *a.a.O.*, S.75.
22) Höhn, *a.a.O.*, S.59.
23) Höhn, *a.a.O.*, S.59.
24) Höhn, *a.a.O.*, S.84.
25) Höhn, *a.a.O.*, S.86-89.
26) Höhn, *a.a.O.*, S.60.
27) Höhn, *a.a.O.*, S.95.
28) Locher, §8. II A, 1, Nr.6.
29) Locher, §8. II B, 1, Nr.9.
30) Locher, §8. II C, 1b, Nr.10.
31) Höhn, *a.a.O.*, S.379.
32) Höhn, *a.a.O.*, S.379.
33) Höhn, *a.a.O.*, S.380.
34) Höhn, *a.a.O.*, S.380.
35) Höhn, *a.a.O.*, S.381.
36) Klaus A.Vallender, "Schweiz. Steuer-Lexikon", Band 3, Verlag Organisator Zürich, 1991, S.385.
37) DOSSIERS INTERNATIONAUX FRANCIS LEFEBVRE Suisse, 1992, p.157.
38) Höhn, *a.a.O.*, S.382-383.
39) Höhn, *a.a.O.*, S.383.
40) Höhn, *a.a.O.*, S.378.

第12章

地域政策
——連邦政府の施策を中心に——

はじめに

　本章では，連邦政府による地域政策を取り上げる。連邦政府による地域政策は，スイス財政連邦主義を考えるにあたって，重要な検討事項であると考えられる。それは，連邦政府とカントンの政府間財政関係において，第9章で分析した財政調整制度を補完する，という役割がこの地域政策に認められるためである。すなわち，財政調整制度の水平的効果にあって，カントン間の経済力の較差の是正という点では不十分である，という点を指摘しておいたが，この経済力較差という問題に対しては，連邦政府による地域政策によって対応が図られていると考えられる。

　ここで，「地域政策（Regionalpolitik）」の捉え方について簡単に言及しておく。連邦政府の政策展開において，それが空間構造に対して何らかの影響を与え，地域の発展に寄与することになれば，広い意味での地域政策とみなすことができよう。しかし，本章では，地域政策を「明示的に公式化した目的，特定の手段，そして固有の組織を伴う政策」[1]とみなして，より限定された地域政策を取り扱いたい。スイスにおいては，こうしたいわば狭義の地域政策が連邦政府によって展開されるようになったのは，後に明らかにするように，1974年に成立した「山岳地域の投資援助に関する連邦法律」によってである。また，1978年には「経済困難地域に対する連邦補助金に関する連邦決議」が採択され，これも狭義の地域政策の要件を備えているといえる。連邦政府による従来の地域政策は，基本的には，これらの二つの法律上の根拠

に基づいて今日まで展開されてきた，とみなすことができる。本章では，これらの連邦政府による地域政策に焦点を絞って検討する。この場合，高度に分権化されたスイスの行財政の枠組みの下で，はたしてどのようにして連邦政府の地域政策が可能となるのか，またその地域政策の展開に分権の在り方がどのように反映しているのか，という点が重要な検討課題となるといえよう。

以下，次の手順で論を展開する。まず，連邦政府の地域政策の支柱である1974年の「山岳地域の投資援助に関する連邦法律」に基づく地域政策について（第1節），また1978年の「経済困難地域に対する連邦補助金に関する連邦決議」に基づく地域政策について（第2節），それぞれの法律の成立の背景，及び各地域政策の内容と効果を検討する。最後に，連邦政府によるこれらの地域政策とスイスにおける分権の在り方との関連について検討する（第3節）。

1．山岳地域政策

「はじめに」でも触れたように，スイスの連邦政府によって「明示的に公式化した目的，特定の手段，そして固有の組織を伴う政策」として地域政策が成立するのは，1974年に成立した「山岳地域の投資援助に関する連邦法律」によってである。そこで，本節では，この法律が成立するまでの背景，及び当該法律の内容について検討し，また，これに基づいて行われた地域政策の効果について考えることにする。

(1) 背　　景

「山岳地域の投資援助に関する連邦法律」が成立した背景として，まず，1970年代初頭に至るまでの都市化と産業構造の高度化について検討しておく。というのは，このことによって地域間の経済力の格差が顕在化してきた，と考えられるからである。

（都市化の進展）

まず，都市化の進展についてみておく（表12-1を参照）。1950年から1970

第12章　地域政策

表12-1　自治体の規模別にみた自治体数と住民数

自治体の規模 （単位；人）	自治体数			住民数（単位；人）		
	1950年	1960年	1970年	1950年	1960年	1970年
1～99	173	207	240	12,490	14,200	15,738
100～199	394	422	394	60,242	64,081	58,493
200～299	392	364	336	96,628	90,903	82,503
300～399	333	297	257	115,310	103,436	88,653
400～499	264	227	223	118,042	101,557	100,264
500～599	637	613	571	451,427	431,877	405,330
1,000～1,999	465	466	456	647,836	659,158	646,666
2,000～4,999	318	337	382	942,366	1,022,572	1,191,565
5,000～9,999	83	97	121	550,594	661,517	837,722
10,000以上	42	65	92	1,720,057	2,279,760	2,842,849
合　計	3,101	3,095	3,072	4,714,992	5,129,061	6,269,783

（出所）*Statistisches Jahrbuch der Schweiz,* Bundesamt für Statistik, Verlag Neue Zürcher Zeitung, 1974, S.15.

年にかけて，スイスの総人口は，約471万5千人から約627万人へと33.0％の増大を示している。これを自治体の住民数の規模別にみてみると，600人未満の自治体では約85万4千人から約75万1千人へと12.1％の減少を示している。他方で，住民数の規模が2,000人以上4,999人以下，5,000人以上9,999人以下，そして1万人以上の各自治体は，この20年間にそれぞれ26.4％，52.1％，そして65.3％の増加を示している。その結果，1万人以上の都市に居住している住民数の総人口に対する割合は，1950年では36.5％であったのが，1970年には45.3％へと増大しており，都市化が進展していることが判る。

（産業構造の高度化）

次に，産業構造の変化についてみてみる。表12-2は，産業部門全体に占める各産業の労働者数の割合をみたものである。1950年から1960年にかけて，第1次産業が6％ポイント減少しているのに対して，第2次産業は5％ポイントの増大であった。更に，1960年から1970年にかけて，第1次産業と第2次産業は，いずれも3％ポイント減少しているのに対して，第3次産業は6％ポイントの増大を示している。以上のように，産業の比重が，第2

表12-2　産業部門別の労働者数の割合　　(単位；%)

	第1次産業	第2次産業	第3次産業
1950年	17	46	37
1960年	11	51	38
1970年	8	48	44

(出所) *Regional Problems and Policies in OECD Countries,* 1976, p.200.

次産業へ,更に第3次産業へと移ってきているといえる。

(所得水準の地域間格差)

 以上のような都市化の進展と産業構造の高度化は,空間構造上の所得水準の格差の増大を顕在化させたといえる。すなわち,カントン別にみた一人当たり所得水準指数(平均を100)についてその標準偏差をみてみると,1960年は15.444,1965年は19.921,1970年は19.559となっている[2]。これから,1960年代に格差が目立ってきたといえる。

 表12-3は,1970年の一人当たり所得水準指数が高い順に,カントン別に並べ,更に,各カントンの人口密度と標高1,200m以上の山岳に位置する地域の割合を示したものである。表12-3から,標高1,200mを超える地域の割合が30%以上を占めているカントンが,10カントン存在していることが判る。また,その10カントンはいずれも人口密度が低く,更に1970年の一人当たり所得水準指数は下位10カントン中の7カントンがこれに含まれている。また,これら10カントンは,その産業構造をみてみると,TIを除いて,平均よりも第1次産業の比重がより高いか,あるいは第3次産業の比重がより低い(表12-4を参照)。これらの標高水準の高いカントンでは,スイス全体の産業構造の高度化と比較して,その高度化が遅れているといえる。

 以上はカントン別にみてみたのだが,更に,「山岳地域の投資援助に関する連邦法律」の援助の直接の対象となる「山岳地域」に引きつけて考えてみよう。表12-5は,地域別に,1970年の一人当たり所得水準と,1965年から1970年の5年間の地域間での人口移動を示したものである。その人口移動の規模が1970年の定住人口に占める割合を,居住地の分類毎にみてみると,まず集積中核地域では,移出者数と移入者数の各割合がほぼ拮抗しているこ

表12-3 カントン別の所得水準・人口密度・標高

カントン(略称)	所得水準指数				人口密度 1km²当たり1973年	標高1,200m以上の山岳地域の割合(%)
	1950年	ランク	1970年	ランク		
BS	139	1	147	1	6,143	—
ZG	97	10	146	2	305	1.23
GE	127	2	125	3	1,204	—
ZH	118	4	119	4	656	0.02
GL	99	9	113	5	56	70.87
BL	105	5	100	6	513	—
SH	101	7	99	7	247	—
NW	80	17	98	8	101	33.66
AG	97	10	98	9	315	—
NE	119	3	97	10	215	10.09
VD	100	8	97	11	165	20.71
VS	64	25	97	11	41	85.33
SO	103	6	94	13	292	1.58
TG	94	13	91	14	186	—
GR	78	20	91	14	24	89.27
BE	96	12	90	16	146	33.05
SG	92	14	87	17	193	27.59
AR	80	17	85	18	201	6.83
TI	83	16	84	19	95	58.43
SZ	80	17	84	20	103	38.67
FR	74	23	82	21	109	18.20
LU	86	15	82	22	198	17.96
UR	78	20	76	23	33	85.34
OW	78	20	73	24	53	60.78
AI	70	24	70	25	81	31.85
全 体	100	—	100	—	156	45.62

(資料) 人口密度と標高は，*Regional Problems and Policies in OECD Countries*, 1976, p.203 に拠った。所得水準指数は，注2と同様。

表12-4 カントン別の産業構造 　　　　　　　　　　　　　　（単位；%）

	第1次産業		第2次産業		第3次産業	
	1960年	1970年	1960年	1970年	1960年	1970年
ZH	7	3	48	45	45	52
BE	17	11	47	48	36	41
LU	21	14	43	45	36	41
UR	20	13	47	51	33	36
SZ	21	13	49	53	30	34
OW	31	21	38	42	31	38
NW	21	14	45	48	34	39
GL	11	8	66	64	23	28
ZG	12	6	54	52	34	41
FR	29	18	39	46	32	36
SO	9	5	63	64	28	31
BS	1	0	43	43	56	56
BL	8	4	58	56	34	40
SH	13	7	58	59	29	33
AR	17	12	53	53	30	35
AI	31	28	46	45	23	28
SG	15	9	53	54	32	37
GR	24	14	37	38	39	48
AG	13	7	62	62	25	32
TG	20	13	55	58	25	29
TI	12	5	45	43	43	52
VD	14	8	40	41	46	51
VS	32	15	38	43	30	41
NE	7	5	60	61	33	34
GE	3	1	41	33	56	65
全　体	13	8	48	48	39	44

（出所）*Regional Problems and Policies in OECD Countries,* 1976, p.205.

第12章 地域政策 339

表12-5 スイス国内における地域間の人口移動：1965～1970年
（外国との間の人口移動は含まない）

居住地	一人当たり所得水準 (1970年) (単位；フラン)	移出者数	移入者数	残　余
		定住人口（1970年）に占める割合 (単位；‰)		
集積中核地域[a]	} 14,640	86.3	86.7	+ 0.4
集積地域[a]		82.2	115.0	+32.8
都市[b]	11,380	133.3	146.5	+13.2
中央地帯[c]	10,160	134.3	131.7	- 2.6
山岳地域[d]	9,380	131.9	84.5	-47.4

(注) a 次の集積地域。Zürich, Basel, Genf, Lausanne. ただし，当該集積地域間の移動は含まない。
　　 b a以外の都市と集積地。
　　 c 山岳地域を除いた非都市の自治体。
　　 d 「山岳地域の投資援助に関する連邦法律」に基づく援助対象地域。
(資料) F.Haag, *Interregionale Wanderungen in der Schweiz,* ORL-Disp. Nr. 44, 1977, S.28. H. Balmer, *Föderalismus und interregionale Wohlstandsunterschiede in der Schweiz,* demnächst erscheinende Basler Diss, Kap. 2.2.
(出所) R.Frey, *Die Infrastruktur als Mittel der Regionalpolitik,* 1979, S.4.

とが判る。集積地域では，移出者数の割合は集積中核地域とほぼ等しい水準であるが，移入者数の割合がこれを大きく上回っているために，結果として，純移入者数（表中の「残余」）が比較的大きくなっていることが判る。集積中核地域または集積地域では，一人当たり所得水準が他の地域を上回っているが，他の地域からの一方的な人口の移入を示しているわけではない，という点が注目される。

他方で，後にみる「山岳地域の投資援助に関する連邦法律」の援助の対象地域となっている山岳地域の場合は，移入者数の割合は集積中核地域の場合と大きな差異はないが，移出者数の割合が相対的に高いために，結局，純移出者数が比較的大きくなっていることが判る。この場合，山岳地域から他の地域への一方的な移出がみられるというわけではない，という点が注目される。また，移出者数の割合に限ってみれば，山岳地域は，都市と中央地帯のそれを下回っているのである。しかし，山岳地域の一人当たり所得水準が他の地域と比較してかなり低いこと，また一方的な移出を示しているわけでは

ないが，純移出の割合が他の地域と比較して高いこと，こうした山岳地域の経済上の相対的な位置の劣位は，前述した都市化の進展と産業構造の高度化によって生じた空間上の結果であるといえよう。

(2) 政策の内容と目的

前項でみたような都市化の進展と産業構造の高度化の中で，山岳地域の経済上の相対的な位置が劣化するに及んで，1974年6月28日に「山岳地域の投資援助に関する連邦法律」[3]が成立する。本項では，この法律に基づく地域政策（以下，山岳地域政策と略称することにする）の内容，及びその政策効果について検討することにする。

（政策内容）

まず，山岳地域政策の連邦憲法上の根拠としては，次の条文が挙げられている。すなわち，第22条の4「①連邦は，カントンによって画定され，かつ土地の合目的的利用と国土の秩序ある居住地開発に資する国土計画を導く諸原則を設定する。②連邦は，カントンの努力を助成，調整し，かつ，これと協働する。③連邦は，自己の任務を遂行するに際して，国土，地方および地域の各計画を顧慮する」及び第31条の2③ｃ「連邦は，全体の利益によって是認されることを条件として，不可避の場合に，取引および営業の自由に反して，次の内容をもった規則を設けることができる。……ｃ．経済的に窮迫している地方の保護のため［の規則］。」ここでは，山岳地域政策が「国土計画」の一環として位置付けされていること，「地方および地域の各計画」と連携されること，また「山岳地域」は「経済的に窮迫している地方」として捉えられていること，等の点を窺うことができる。

また，「山岳地域の投資援助に関する連邦法律」の目的は，「施設に関する計画での投資及び産業・文化・就業に充てられる用地取得を容易にする選択的な援助を付与することによって，山岳地域における生活条件を改善すること」（第1条）と明記してある。この目的は，前節でみた「山岳地域」の経済上の相対的な位置の劣化に対して，これを用地取得を含む投資援助によって改善しようとするものであるといえる[4]。

（適用範囲）

投資援助の空間上の対象地域は「山岳地域」である。山岳地域とは，本法律によれば，「その大部分が，畜産土地台帳（le cadastre de la production animale）により，制限区域に位置している」（第2条第1項）場合をいう。ここで，「畜産土地台帳」及び「制限区域」の中身が問題となるが，本法律においてはこの点について他に触れられていない。本法律に基づく規則において，第2条第1項でいう「大部分」とは，面積の50％以上及び人口の20％以上が当該制限区域に位置していること（規則第1条）という要件を挙げているに留まり，「畜産土地台帳」でいう「制限区域」が具体的にどういう内容のものであるのか，という点には言及されていない[5]。

また，投資援助の対象分野をみると，「公共施設，特に交通路，水道，排水，汚水浄化，及び廃棄物処理の設立，学校・職業教育，娯楽，保健，文化・スポーツに寄与する施設を開発する計画」及び「産業・工芸に充てられる用地取得」（第3条）が挙げられている。ここでは，「生活環境」関連が中心を成しているといえる。

なお，本法律における「地域」とは，「その事務の一部を共同で遂行することを意図した，地理的経済的に密接な自治体の連合（groupement de communes）」（第6条）とされている。この場合，「地形，共同性（communautaires）・経済・近接性での拠点（pôles），既存の，あるいは創設される地域社会資本，労働力の動向，制度秩序の境界と言語・文化・信仰上の境界，開発の必要性と開発可能性」（規則第3条）という事項が特に考慮の対象となる，とされている。すなわち，単一の自治体に対してではなく，複数の自治体が，それも「地理的経済的」及び文化的にまとまった「地域」が直接の対象となっている。ここでは，投資援助の有効性が，「自治体の連合」を通して狙われているといえる。

（政策効果）

山岳地域政策による投資援助の実績は，表12-6に示す通りである。1975年当初から1991年（8月）に至るまでに，3,925件の計画に対して援助が行われ，その援助額は11億830万フランに上る。計画の経費総額は75億2,990万フランであるから，経費総額の15.7％が支援されていることにな

表12-6 山岳地域における投資援助の内訳：1975～1991年（8月）

分野	計画件数	投資援助額(A)		経費総額(B)		(A)/(B)
		100万フラン	%	100万フラン	%	%
複数分野を含む諸計画	359	147.4	12.5	838.4	11.1	17.6
文化	131	34.9	2.9	255.6	3.4	13.7
訓練	318	155.6	13.2	928.6	12.3	16.8
健康	153	189.8	16.0	1,374.7	18.3	13.8
供給（水道，エネルギー）と水処理	1,130	261.1	22.1	1,624.9	21.6	16.1
余暇とスポーツ	586	185.3	15.7	1,165.4	15.5	15.9
行政	360	80.7	6.8	507.1	6.7	15.9
交通／観光	666	93.4	7.9	565.3	7.5	16.5
消費財の供給	31	3.0	0.3	20.1	0.3	14.9
災害対策	191	31.9	2.7	249.6	3.3	12.8
総計	3,925	1,183.1	100.0	7,529.9	100.0	15.7

（資料）Info Regio 1/91, 1991, p.29 より作成。

る。援助額の内訳をみると，水道・エネルギー・水処理の22.1％，健康の16％，余暇・スポーツの15.7％，等が比較的高い比率を示しているが，援助先の分野は「生活環境」関連で，広い範囲にわたっているといえる。経費総額に占める援助額の割合をみてみると，いずれの分野においても，15％前後のバランスの取れた配分になっているといえよう。また，この融資割合は，法律上の上限の25％という水準を10％前後更に下回る程度でしかないが，「比較的少額ながら投資の水先案内的役割」[6]を本援助が担っていることが窺われる。

さて，以上の実績は，全体でみたものであるが，これをカントン別に区分してみてみると，表12-7の通りである。投資支援額は，26カントン中，ZG, BS, BL, SH, AG, GEの6カントンを除いた，20カントンが受領している。計画件数，投資総額，投資支援額のいずれにおいても，全体に占める割合が高い上位4カントン（BE, FR, GR, VS）によって，全体の50％を超える比重を占めている。従って，投資支援の対象となるカントンが20カントンに広範囲にわたってはいるが，投資支援額は傾斜的に充てられている

表12-7 カントン別にみた山岳地域の投資援助：1991年（8月）現在

カントン	計画件数		経費総額		投資援助額		一件当たりの投資援助額
	件数	%	1,000フラン	%	フラン	%	フラン
ZH	59	1.5	89,278	1.2	14,334,750	1.2	242,962
BE	806	20.5	1,487,076	19.7	198,874,760	16.8	246,743
LU	161	4.1	419,501	5.6	76,330,987	6.5	474,106
UR	59	1.5	180,479	2.4	29,542,540	2.5	500,721
SZ	87	2.2	265,529	3.5	38,806,447	3.3	446,051
OW	68	1.7	148,777	2.0	20,975,410	1.8	308,462
NW	30	0.8	98,672	1.3	15,373,500	1.3	512,450
GL	94	2.4	131,222	1.7	22,460,330	1.9	238,940
FR	419	10.7	589,976	7.8	117,020,342	9.9	279,285
SO	35	0.9	50,604	0.7	9,534,476	0.8	272,414
AR	30	0.8	96,320	1.3	18,414,950	1.6	613,832
AI	22	0.6	56,453	0.7	11,147,550	0.9	506,707
SG	157	4.0	395,821	5.3	65,585,930	5.5	417,745
GR	412	10.5	770,755	10.2	124,260,387	10.5	301,603
TG	5	0.1	10,567	0.1	1,887,000	0.2	377,400
TI	355	9.0	415,812	5.5	67,413,877	5.7	189,898
VD	121	3.1	271,577	3.6	51,218,850	4.3	423,296
VS	640	16.3	1,387,714	18.4	191,600,579	16.2	299,376
NE	140	3.6	338,091	4.5	54,500,900	4.6	389,292
JU	225	5.7	325,679	4.3	53,805,350	4.5	239,135
全体	3,925	100.0	7,529,903	100.0	1,183,088,915	100.0	301,424

（出所）Info Regio 1/91, 1991, p.30.

ことが窺える。また，一計画当たりの投資支援額は，平均が30万1,424フランであるのに対して，最も高いカントンは，AR，NW，AI，UR 等であり，AR の場合は，平均の2倍強の援助を受けていることになる。ただし，これら一計画当たりの投資援助額が高いカントンは，いずれも，計画件数，投資総額，投資援助額のいずれも，全体における比重は低いことに注意する必要があろう。

次に，山岳地域政策の投資援助額が連邦政府の支出全体に占める比重についてみてみる。これは，連邦政府の財政の決算統計書においては，支出分野別でみた「国土計画」の項目に窺うことができる。表12-8から判るように，

表12-8　山岳地域政策による投資援助額の財政上の位置

（単位；1,000フラン）

	総支出	国土計画	山岳地域政策の投資援助額
1975年	13,827,478	32,225	2,336
1980年	17,815,783	80,722	64,556
1985年	23,574,313	40,463	22,430
1990年	31,615,729	68,061	60,062
1991年	35,501,372	122,769	105,395

（単位；％）

	山岳地域の投資援助額		カントン分与税
	国土計画に占める割合	連邦政府の総支出に占める割合	連邦政府の総支出に占める割合
1975年	7.2	0.02	6.0
1980年	80.0	0.36	7.4
1985年	55.4	0.10	6.9
1990年	88.2	0.19	7.7
1991年	85.8	0.30	7.0

（資料）*Botschaft zur Staatsrechnung* 1994, S.214-221 より作成。

　山岳地域政策の投資援助額は，1975年当初は約234万フランの規模であったのが，1990年には6,006万フラン，1991年には1億フランを上回っている。ただし，その規模は，年によって変動が大きいことが窺われる。

　山岳地域政策の投資援助額を，国土計画全体に占める割合でみてみると，1980年では80.0％，1991年では85.8％であり，連邦政府の国土計画の中心を成していることが判る。しかし，連邦政府の総支出に占めるその投資援助額の割合は，1％にも満たない水準であり，例えば1991年では0.30％でしかなかった。因みに，当表にも示してあるように，カントン間の財政調整機能を有するカントン分与税の割合が6％から8％の水準で推移している。山岳地域政策の投資援助額は，カントン間の経済力の格差是正という効果に関しては，カントン分与税と比較した限りでも，支出規模の点では極めて限定的でしかないといえよう。

2．経済困難地域政策

本節では，連邦政府による地域政策のもう一つの支柱，すなわち 1978 年の「経済困難地域に対する連邦補助金に関する連邦決議」が成立するまでの背景及び当該法律の内容について，またこれに基づいて行われた地域政策の効果について，それぞれ検討することにする。

(1) 背　景

表 12-9 にみられるように，1968 年から 1973 年の間の実質成長率は，他の欧州諸国と同様に，スイスにおいても 4％台の水準を維持していた。前節で検討した山岳地域政策は，こうした良好な経済状況を背景にして，産業構造の高度化と都市化の進展の中で「生活条件」が相対的に劣化してきた山岳地域に対して採られた措置であった，と考えることができる。

しかし，1974 年以降になると，スイス全体が景気後退期に入る。すなわち，1973〜1979 年の実質成長率は，OECD 欧州全体が 2.4％であったのに対して，スイスの場合，マイナス 0.4％であり，特に 1975 年にはマイナス 7.3％を示し[7]，深刻な不況に陥ることになる。

こうした景気後退期において，スイス経済を支えていた諸産業は，どういう動向を示していたのであろうか。この点について，スイスの主要産業の輸出，事業所数，そして生産高の動向をみておくことにする。

表 12-10 は，スイスの主要産業の輸出動向を示したものである。輸出総額に占める割合でみると，1962 年から 1986 年にかけて，繊維産業と時計産業の比重が継続的に減少していることが判る。特に時計産業は，1962 年の時点で

表12-9　GNP（実質）成長率　　　　　　　　　　（単位；％）

	1960〜68年	1968〜73年	1973〜79年
OECD 欧州平均	4.6	4.9	2.4
スイス	4.4	4.5	−0.4

(出所) OECD, *Restructuring the Regions*, 1986, p.19.

表12-10 スイスの輸出総額に占める主要産業の割合 (単位；%)

	繊　維	金属・冶金	時　　計	化学・薬剤	食　品
1962年	12.6	39.9	14.9	18.5	5.3
1970年	9.56	41.43	11.87	20.91	5.99
1980年	7.12	44.09	5.14	19.07	3.0
1986年	6.89	45.89	6.38	21.27	2.93

(資料) A.Bosshardt und A.Nidegger : "Die schweizerische Aussenwirtschaft im Wandel der Zeiten" in *Ein Jahrhundert schweizerischer Wirtschaftsentwicklung.* S.324.
(出所) Jean-François Bergier, *Wirtschaftsgeschichte der Schweiz,* Benziger, 1990, S.261.

表12-11 事業所総数に占める各産業部門の割合 (単位；%)

	1960年	1970年	1980年	1988年
事業所総数	666,676	879,889	691,761	667,331
機械・金属加工	39.5	44.1	47.7	48.6
繊維・衣料	19.5	15.5	10.4	7.9
化学	4.9	7.3	9.1	10.6
時計	9.0	8.3	6.0	3.9
食品	6.1	7.1	7.7	8.6
製紙・グラフィック製品	7.6	8.3	8.7	8.6
その他の産業	13.3	9.4	10.4	11.8
全　　体	100.0	100.0	100.0	100.0

(資料) *Statistisches Jahrbuch der Schweiz.*
(出所) Jean-François Bergier, *Wirtschaftsgeschichte der Schweiz,* Benziger, 1990, S. 279.

は，約15％の割合を占めていたのが，1962年から1970年の間に3％ポイント，また1970年から1980年にかけて7％ポイント以上，それぞれ減少を示しており，1970年からの10年間の落ち込みが著しい。

　表12-11は，スイスの事業所総数に占める各産業部門別の事業所数の割合が示してある。各産業の比重の変化は，先にみた輸出総額に占める主要産業の比重の変化をほぼ反映しているといえる。1960年から1988年にかけて，繊維・衣料産業と時計産業の各比重は，やはり，継続的に低下してきていることが判る。1970年から1980年までの10年間をみてみると，繊維・衣料産業は15.5％から10.4％へと5.1％ポイント，また時計産業は8.3％から6.0％へと2.3％ポイント，それぞれ減少している。

表12-12 産業別の生産高指数　　　　　　　　　　　　　　(1963年＝100)

	1965年	1970年	1975年	1980年	1982年	1989年
全体	108	103	139	159	152	184
食品	108	135	136	158	159	172
繊維	103	103	94	113	108	117
衣服	106	118	103	121	113	87
木材	114	121	112	130	116	142
製紙	113	137	96	130	126	164
グラフィック製品	112	165	134	140	157	223
皮革・プラスティック	125	175	166	276	248	346
化学	108	171	190	248	255	420
金属加工	100	127	107	133	121	155
機械	106	152	153	162	149	171
時計	115	152	143	117	70	94
電気・ガス・水道	110	151	182	203	220	224

(出所) Jean-François Bergier, *Wirtschaftsgeschichte der Schweiz*, Benziger, 1990, S.282.

　表12-12は，1963年の生産高を100として，1965年から1989年までの生産高を産業部門別に指数化したものである。時計産業をみてみると，1970年には指数152を示しており，産業全体を大きく上回る生産高の伸びがみられる。しかし，1970年から1982にかけて，大幅に生産高が落ち込み，この12年間で生産高指数が半減している。繊維産業も1970年から1975年にかけて，生産高指数を幾分落としているが，その後は1963年の水準を幾分上回る程度で推移している。

　以上にみるように，景気後退期においては，特定の産業分野，すなわち特に時計産業の衰退が問題となっていたといえる。1970年代に入ってから，輸出額，事業所数，そして生産高のいずれにおいても，特に時計産業の比重の低下が著しく，産業部門全体におけるその相対的な位置に止まらずに，実質的な生産力を低下させてきている。

　こうした景気後退及び時計産業の生産活動の低下は，空間的に集中して現れ，これが新たな地域問題を生じさせたといえる。これは，特にスイスの北西部に位置するJU地域において，住民数と労働者数の減少となって現れている。表12-13は，そのJU地域の住民数・労働者数及び産業構造について，

表12-13 JU地域の経済構造

	1980/1970の伸び率（％）	
	スイス全体	JU地域
住民数	+1.5	−5.8
労働者数	+3.4	−9.5

	総就業者数に占める割合 1980年 （％）	
	スイス全体	JU地域
第1次産業	6.1	5.6
第2次産業	38.9	51.8
第3次産業	55.0	42.6

（出所）OECD, *OECD Economic Surveys Switzerland,* 1982-1983, p.39.

スイス全体と比較したものである。当表から判るように，JU地域においては，1970年から1980年までの10年間に，住民数，労働者数，いずれもスイス全体を大きく下回って，大幅なマイナスを示していることが判る。また，1970年には，これらの地域の一人当たりの所得水準は，スイス全体よりも5％低かったのが，1980年には，これが10％低い水準へと悪化している[8]。

(2) **政策の内容と効果**

以上にみたような，景気後退期に顕在化した地域問題に対して，1978年10月6日に「経済困難地域に対する連邦補助金に関する連邦決議」[9]が採択されている。本項においては，本法律に基づいて展開される地域政策(以下，経済困難地域政策と略称で呼ぶことにする)の内容，及びその政策効果について検討することにする。

（政策内容）

経済困難地域政策の連邦憲法上の根拠としては，山岳地域政策の連邦憲法上の根拠としても挙げられていた第31条の2③c，すなわち「経済的に窮迫している地方の保護」を規定した条文に加えて，第41条の3が挙げられている。第41条の3は，連邦税について規定されている条文である。この条文が

経済困難地域政策の法律上の根拠として挙げられているのは，連邦直接税の軽減措置が手段として含まれているためである。

本法律の基本的な方針として，「連邦政府は，経済困難地域における就業の場の創出及びその維持に向けた民間企業の計画に対して，援助とそれに結びついた課税軽減を通じて促進できる」（第1条）という点を明記している。この基本的な方針は，山岳地域政策と比較すると，民間部門の経済力の強化という点ではより直接的な性格を有しているといえる。すなわち，山岳地域政策の場合，山岳地域における社会資本を整備することによって「生活条件」の改善を目指すものであり，「立地・居住志向的地域政策」という性格を持っていたといえる。これに対して，経済困難地域政策は，民間経済に直接的な誘因を与えることによって，就業の場の創出・維持を狙うものであり，「雇用志向的地域政策」という性格を持っているといえる[10]。経済力の向上という点でいえば，後者はより直接的な目標を立てているといえよう。

（適用対象）

経済困難地域政策の空間上の適用範囲としては，まず基本的に「地域」が対象となる。ここで地域とは，「一カントンあるいは複数のカントンの，より規模の大きな関連する区域（Gebiete）」（第2条第1項）を意味する。ここで「区域」とは，山岳地域政策の適用範囲である「地域」すなわち複数の自治体と同じ内容であると考えられる。ただし，経済困難地域政策の場合は，「一カントンあるいは複数のカントン」に係わる「区域」と明記してあるように，カントンそれ自身が適用範囲となり得るものと考えられる。実際に，後にみるように，NEとJUがカントンの単位で対象地域となっている。

また，次の場合に「経済困難地域」とみなされる。すなわち，当該地域において「その経済が一産業分野に偏っている」とき，「就業の場のかなりの喪失が既に存在するか，あるいは見込まれるとき，あるいは相当の失業が存在するか，あるいは近い将来見込まれるとき」（第2条第2項）であり，その判断基準として「個々の分野での雇用者総数に占める当該雇用者数の割合」，「住民数と雇用者数，及び雇用の場の数の変動」，「就業者総数に占める完全及び一時的失業者数の割合」となっている（第2条第3項）。

連邦政府による援助の直接の対象は，「経済困難地域に位置する工業あるい

は産業の事業計画に対して認めることができる」として，直接，民間企業が充てられている。それも「生産拡張あるいは展開と可能性に適合させていること」，「生産・売上計画で，新しい生産品が取り込まれていること」，及び「当該地域で運営されていないか，あるいは小規模にしか運営されていない生産分野に対する事業を設定していること」（第3条第1項）と限定してある。ここでは，成長性が見込める場合に限られていることが判る。このことは，経済困難地域政策が「雇用志向」という性格を持つことを考えると，その実効性を確保するものであると考えられる。

なお，注目される点は，1984年10月5日の本法律の改正において，「技術革新の企画に関するカントン・地域上の情報拠点の経費に対して，補助金を許可することができる」という条文が加えられたことである。この条文は，経済困難地域政策の「雇用志向」という基本的な目的に対して，更に，「技術革新志向的地域政策」という性格を加えようとするものと考えられる。この場合，「構造的な変化が加速しているという印象と国際的競争力の強化が不可避である」という状況の下で，地域政策の重点が，雇用志向から技術革新の促進へと変化してきているといえる[11]。これにより，「情報拠点」への援助も適用対象として追加されることになる。結局，対象地域は，具体的には，NEとJUの2カントンと，南部と東部のカントンに属する地域であり，合計14地域が対象となっている。

（政策効果）

経済困難地域政策に基づいて財源措置がなされた計画の実績は，表12-14の通りである。1979年当初から1994年（2月末）に至るまでに，計画件数は531件であり，その事業計画総額は25億1,890万フランに上っている。これに対する援助額は5億3,320万フランであり，これは事業総額の21.2％に当たる。なお，計画の内，財源保証を伴う場合，利子補給を伴う場合，課税軽減を伴う場合，それぞれ93.6％，92.7％，34.7％を占めており，特に財源保証と利子補給がほとんどの事業に付与されていることが判る。以上の結果，1万1,310人の新規雇用を創出したとある。

計画の内訳をみてみると，91.0％が地域／企業の多角化の計画，45.2％が技術革新の計画，24.1％が外国企業の誘致，19.8％が国内企業の創設に関す

第12章　地域政策

表12-14　経済困難地域における財源援助

	1988年	1989年	1990年	1991年	1992年	1993年	1994年[a]	1979-94年[a]
計画件数	44	29	29	25	18	17	29	531
－財源保証	41	26	21	21	17	15	27	497
－利子補給	43	28	28	24	17	15	29	492
－課税軽減	26	19	12	11	10	9	21	184
計画の総経費(100万フラン)	221.5	150.2	254.1	243.3	76.5	98.5	165.2	2,518.9
援助総額(100万フラン)	39.9	32	34.8	33.9	14.7	17.4	33.1	533.2
新規雇用者数[b]	810	690	840	970	230	510	970	11,310
計画内容[c]								
－外国企業の誘致	10	9	4	7	4	6	5	128
－国内企業の創設	3	6	12	4	5	3	9	105
－技術革新の計画	26	15	10	9	9	11	12	240
－地域／企業の多角化計画	41	24	29	24	13	15	24	483
業種別の計画								
－電子／電子技術	6	8	5	6	4	4	7	122
－機械・アパレル製造	7	10	10	9	4	2	2	117
－製造業	9	7	0	1	2	0	3	67
－プラスティック	5	0	2	0	2	0	1	36
－精密機械／光学	6	1	4	2	2	1	3	47
－その他	11	3	8	7	4	10	13	142

(注)　a　1994年2月28日まで。
　　　b　援助申請書類に基づく。
　　　c　一部、重複。
(出所)　Feuille fédérale, 146e année, Vol.III, 1995, p.435.

るものであった。計画対象を業種別にみてみると，23.0％が電子／電子技術，22.0％が機械・アパレル製造，12.6％が製造業，8.9％が精密機械／光学，6.8％がプラスティックとなっており，現在のいわゆるハイテク産業の割合が高く，「将来性のある生産に投資されていることを示している」[12]。

　次に，カントン別に実績をみてみよう（表12-15を参照）。援助額を受領しているカントンは，11カントンで，その内，NEとSOの2カントンだけで全体の59.1％（それぞれ，39.2％と19.9％）を占めており，前述の山岳地域

表12-15 カントン別にみた経済困難地域の援助:1994年2月

	VD	NE	BE	JU	SO	BL	SG	GL	TI	FR	TG
新規雇用者数	561	4,864	1,497	1,235	1,574	269	729	178	362	27	12
援助額(100万フラン)	37.3	209.2	38.5	53.7	106.2	10.9	45.4	14.4	14.3	2.4	1.0
計画件数	38	169	69	54	115	15	35	17	15	2	2

(出所)表12-14と同じ。

表12-16 経済困難地域の住民数の変化 (単位:人,%)

		1970年	1980年	1990年	伸び率 1970-80年	伸び率 1980-90年
1	Jura Sud/Bienne	169,781	155,583	156,857	−8.4%	0.8%
2	Glarner Hinterland	11,884	10,549	11,058	−11.2%	4.8%
3	Granges/Thal	56,351	52,301	54,367	−7.2%	4.0%
4	Soleure	59,301	56,928	60,339	−4.0%	6.0%
5	Oberbaselbieter Jura	20,654	21,568	26,216	4.4%	21.6%
6	Toggenburg	23,813	22,719	23,919	−4.6%	5.3%
7	Biasca	13,508	14,202	14,095	5.1%	−0.8%
8	Vallée de Joux	11,736	9,505	9,426	−19.0%	−0.8%
9	Nord-Vaudois	48,117	46,709	53,627	−2.9%	14.8%
10	Neuchâtel (canton)	169,173	158,368	163,985	−6.4%	3.5%
11	Jura (canton)	67,261	64,986	66,163	−3.4%	1.8%
12	Oberthurgau/Rorschach	77,161	73,775	80,530	−4.4%	9.2%
13	Morat	11,393	11,425	13,071	0.3%	14.4%
14	Wynental	22,062	21,633	23,782	−1.9%	9.9%
	経済困難地域全体	762,195	720,251	757,435	−5.5%	5.2%
	スイス全体	6,269,783	6,365,960	6,873,687	1.5%	8.0%

(出所)Feuille fédérale, 146ᵉ année, Vol.III, 1995, p.436.

政策の場合に比べて,援助額がより傾斜的に配分されていることが判る。

表12-16は,住民数の増大について,当該地域別にみたものである。当表から判るように,1980年から1990年までのスイス全体でみた住民数の増加率が8.0%であったのに対して,当該地域の増加率は5.2%を示している。これを地域別にみてみると,14地域の内,5地域がスイス全体を上回る増加率を示している。また,2地域を除いて,最近10年間に住民数が増大していることが判る。

経済困難地域政策が実施されるようになってからの経済困難地域の雇用者数と失業率の変化をみてみよう（表12-17を参照）。1985年から1991年までの雇用者数の増加率は，スイス全体で7.8％であるが，当該地域の場合は5.6％であった。これを地域別にみると，14地域の内，5地域がスイス全体を上回る増加率であった。また，2地域を除いて，最近6年間に雇用者数が増大していることが判る。1991～93年の失業率については，スイス全体が2.7％であるのに対して，当該地域では3.4％であった。また14地域の内，6地域がスイス全体を下回っている点も注目される。

3．地域政策と分権

第1節及び第2節においては，連邦政府において展開されてきた山岳地域政策と経済困難地域政策のそれぞれの政策が展開されるようになった背景，各政策の内容の概要，及び政策効果について，それぞれ検討してきた。スイスのように州・地方政府の裁量権が強い場合には，連邦政府による地域政策がどのようにして可能となるのか，また連邦政府の地域政策にスイスの分権の在り方がどのように反映しているのか，という点が重要な検討課題となる。そこで，本節では，この地域政策と分権の関連について考えてみたい。

(1) 分権化

連邦政府の地域政策に分権化がどのように反映しているのか，という点に対しては，OECD調査団による報告「スイスの地域問題と地域政策(Regional Problems and Policies in Switzerland)」[13]（以下，OECD報告と略称することにする）が詳しい。OECD報告では，スイス地域政策の特徴点として，次の三点を挙げている[14]。すなわち，第一に，スイスの地域政策は何よりもカントンの業務であること，第二に，連邦政府の地域政策はカントンの政策に対して補完的であること，そして第三に，全体としての地域政策の機構が，緩やかな地域発展を保障するのに有効であること，以上の三点である。第一と第二の点は，本節で検討しようとしているスイスの地域政策に反映している分権化そのものを指摘したものであり，また第三の点は，その分権化された地域政

表12-17 経済困難地域の雇用者数と失業率

		第2・第3次産業の雇用者数				伸び率		失業率[a]
		1975年	1985年	1985年[b]	1991年	1975-85年	1985-91年	1991-93年
1	Jura Sud/Bienne	64,597	60,251	58,385	58,472	−6.7%	0.1%	3.8%
2	Glarner Hinterland	3,909	3,644	3,571	3,487	−6.8%	−2.4%	1.4%
3	Granges/Thal	22,011	18,489	18,054	18,830	−16.0%	4.3%	3.0%
4	Soleure	28,199	28,686	28,104	29,164	1.7%	3.8%	3.2%
5	Oberbaselbieter Jura	6,566	6,618	6,430	7,048	0.8%	9.6%	1.7%
6	Toggenburg	7,908	7,755	7,534	7,604	−1.9%	0.9%	1.6%
7	Biasca	5,068	4,937	4,876	5,294	−2.6%	8.6%	5.7%
8	Vallée de Joux	4,631	4,927	4,788	5,310	6.4%	10.9%	2.7%
9	Nord-Vaudois	16,523	16,971	16,547	17,431	2.7%	5.3%	4.1%
10	Neuchâtel (canton)	67,256	64,294	62,467	68,073	−4.4%	9.0%	4.4%
11	Jura (canton)	23,167	23,721	23,197	26,142	2.4%	12.7%	3.8%
12	Oberthurgau/Rorschach	28,834	29,859	29,234	31,167	3.6%	6.6%	2.3%
13	Morat	3,674	4,015	3,890	4,707	9.3%	21.0%	1.7%
14	Wynental	8,043	8,312	8,088	7,935	3.3%	−1.9%	1.9%
経済困難地域全体		290,386	282,479	275,165	290,664	−2.7%	5.6%	3.4%
スイス全体		2,537,735	2,773,507	2,699,820	2,911,354	9.3%	7.8%	2.7%

(注) a 1990年の就業者数を基準に，1991年から1993年の3年間の平均で算出。
　　 b 1991年の常勤雇用者の定義に基づく。
(出所) Feuille fédérale, 146e année, Vol.III, 1995, p.437.

策の有効性を指摘したものである。

　本節では，前節までに検討してきた山岳地域政策と経済困難地域政策に係わる限りで，このOECD報告に沿って，スイスの地域政策の分権化について検討してみよう。

（カントン・自治体の主導性）

　OECD報告が指摘しているスイスの地域政策の第一の特徴点は，スイスの地域政策は何よりもカントンの業務である，という点である。これは，次のように換言されている。すなわち，「スイスの地域政策の最も際だった特徴は，それが分権化された政策である，ということである。地域開発政策を策定し，また遂行するのは，何よりもまず，カントン当局である。このようにしてカントン当局によって執られた諸手段は，多様である。しかし，それらは，ある程度，連邦政府によって並行して執られる諸手段と調整されてい

第12章　地域政策　　355

る」[15]。ここでは，カントン主導の地域政策であること，またそれが連邦政府の施策と調整されていること，が指摘されている。

　OECD 報告においては，山岳地域政策と経済困難地域政策について特に具体的にその分権化された事項が検討されているわけではない。そこで，以下，両政策の展開の根拠となっている連邦法律あるいは規則に沿って，両政策の分権化された側面について考えてみたい[16]。

　まず，山岳地域政策の場合，「［投資援助の対象となる］地域の形成は，カントンと当該自治体に帰属する」（第 7 条）。その点については，規則においても，「地域開発を運営する適切な機関を組織化・創設するのは，地域の自治体の役目である。」（規則第 4 条第 1 項）と規定してある。また，開発計画の策定は投資援助を受ける場合の前提となっており（第 17 条第 1 項），この開発計画は「地域開発を運営する機関の権限に基づいて策定される」（規則第 10 条）ものである。また開発計画の許可については，「カントンは，地域の機関によって承認された開発計画を点検する。条件が満たされていれば，カントンは次に本計画を承認して，それを評価と提案を添えて地域経済開発センター（la centrale pour le développement economique regional）に送付する」（規則第 18 条第 1 項）。ここで，「地域経済開発センター」とは，連邦政府の「連邦経済省（Departement fédéral de l'economie publique）」に帰属する機関である。更に，「地域経済開発センターはその計画を点検し，後に連邦の関係省庁と協議し，提案を添えて，連邦経済省に提出する」（同第 2 項）。この連邦経済省において，最終的な投資援助額が決定される。

　経済困難地域政策の場合は，山岳地域政策と同様に，やはり「地域」を対象としている。その際，申請に基づいて援助が行われる。すなわち，「財源援助，利子補給，及び課税軽減の申請は，当該カントンにおいて，申請者に融資している銀行に提出される」（第 9 条第 1 項）。また，「カントンは，財源援助と利子優遇の割合及びカントンの課税軽減の許可について決定する」（第 10 条第 1 項）。「カントンは，申請書を，固有の出願書とその評価の写しを添付した書類とともに，連邦経済省に送付する」（同第 2 項）。次に，「連邦経済省は，申請書を審査する」（第 11 条第 1 項）。「連邦経済省は，連邦政府の手続きと，利子補給補助金，及び基本的に，連邦直接税の課税軽減の承認と［その

軽減の〕程度について決定する」(同第2条)。更に，1984年の改正対象であった情報拠点に関しては，「申請書は，情報拠点によって，事業年度の初めに，当該カントンに提出される」(第11a条第1項)。この場合，「カントンは，申請書を審査し，また補助金について決定する」(第11b条第1項)。「カントンは，申請書をその決定と出願書とともに，連邦経済省に送付する」(同第2項)。「連邦経済省は，申請書を審査し，また連邦政府の補助金について決定する」(第11c条)。

　以上のように，法律上の条文を検討する限りでは，次のような点を指摘できる。すなわち，複数の自治体からなる「地域」とカントンが地域政策の主導を握っている，という意味で分権化された性格をみることができる。また，山岳地域政策においては地域による「開発計画」を介在して，また，経済困難地域政策においては「申請書」を介在して，連邦政府と地域・カントン（経済困難地域政策の場合，これに銀行が加わる）との間の調整が可能となっている，とみなすことができよう[17]。

　また，上記の分権化という特徴点と関連するが，次の指摘も重要である。すなわち，「スイスの地域政策にあっては，その全体系に，カントンの経済開発に関する極端に多様な諸制度と諸手段が組み込まれている」[18]。このことは，連邦政府の地域政策は，カントンの水準での経済開発政策を不可欠の要素としていることを意味する。本章の対象は，連邦政府の地域政策に限定しているため，これまでカントンの水準での地域政策については直接の検討を行ってこなかった。しかし，連邦政府の地域政策とカントンの地域政策を各々分離して検討することは，スイスの地域政策の特徴点を明らかにする上で，重要な側面を欠落させることになるといえよう。そこで，次に，カントンの水準の地域政策について概観しておこう。

　表12-18にみられるように，大半のカントンにおいて経済開発が展開されており，それも，特定法に基づいて展開されている場合が圧倒的である。その手段も，建造物・施設の設置，産業地域の設定，産業地域の優遇措置，利子負担の軽減，民間企業への資本参加，課税軽減，情報・アドバイス，と多様であることが判る。中でも，課税軽減，建造物・施設の設置，産業地域の設定，利子負担の軽減，等の手段を採用しているカントンが数多く認められ

第12章　地域政策　　357

表12-18 カントンによる地域経済開発の手段

地域政策の手段	カントンの数		
	特定法	既存の措置	総計
建造物・施設の設置	12	3	15
産業地域の設定	13	0	13
産業地域の優遇措置	8	1	9
保証契約	9	3	12
利子軽減	11	2	13
民間企業への資本参加	3	3	6
課税軽減	17	5	22
情報・アドバイス	数量化困難		

（出所）R. L. Frey, *Regionalpolitik : eine Evalution,* 1985, S.80.

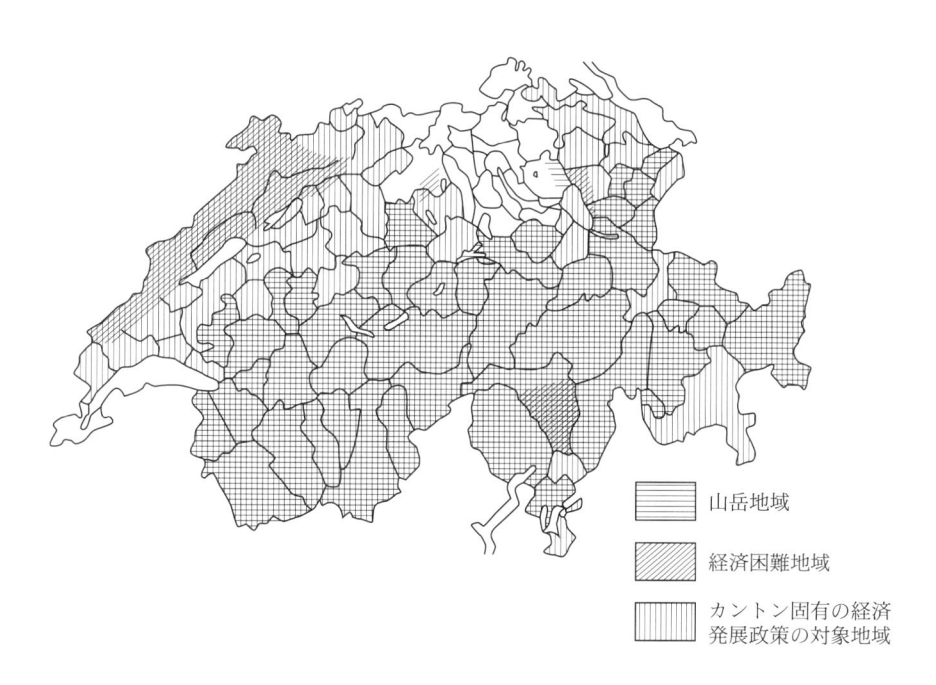

凡例：
- 山岳地域
- 経済困難地域
- カントン固有の経済発展政策の対象地域

（出所）E. A. Brugger/R. L. Frey, *Regionalpolitik Schweiz,* 1985, S.70.

図12-1 地域政策の対象地域

る。これらの政策手段は，これまで検討してきた連邦政府の地域政策上の手段と重複する項目であり，「共同業務」としての地域政策を窺うことができる。

こうして，「スイスの地域政策は，一方では，山岳地域及び経済困難地域に対する連邦政策として，また他方では，それと結合したカントンの経済開発として，特徴付けることができる。これによって，カントンの諸手段の非常な多様性と様々な戦略の高度な混合（recht eindrückliche Mixtur）が生じる」[19]（図12-1も参照）。

（連邦政府の補完性）

さて，OECD報告で示されたスイスの地域政策の第二の特徴点は，連邦政府の地域政策は補完的である，ということであった。この点に関しては，次のように要約されている。すなわち，「連邦政府の地域政策は，その遂行にあたっては，主としてカントンと自治体の構造に依存している。実際，最初の二つの支柱［山岳地域政策と経済困難地域政策］の場合，純粋にカントンの政策に対する補完となる政策であるといえる」[20]。

OECD報告は，この第二の特徴点についても，特に具体的な項目を挙げて指摘しているわけではない。これまでの検討によって敷えんするならば，連邦政府の補完性という特徴点については，次のような事項を挙げることができよう。

すなわち，まず連邦政府による地域政策はいずれも地域政策の遂行主体の発意に基づいてなされている，という点に連邦政府の補完性をみることができる。山岳地域政策においては「開発計画」の策定が投資援助の前提となり，また経済困難地域政策においては「申請書」の提出が連邦援助の前提となっている。

財源措置の在り方にも，連邦政府の補完性をみることができる。すなわち，山岳地域政策においては，投資に関する連邦補助の交付にあたって，「連邦政府は，当該法律の規定に則って，……施設計画の財源援助を，その実現が他によっては保障され得ない限りで，行うことができる」（第15条）。また，「投資援助［の目的］は，通常の市場でのそれよりも有利な条件の下で，財源援助を承認し，それを付与し，あるいは保障すること，また必要ならば，その

利子負担を保障することにある」(第16条第1項)が，その場合，「カントン及び場合によっては受益者は，等しくその固有財源によって計画の財源に参画する義務がある」(同条第4項)。

　また，経済困難地域政策においては，財源援助あるいは利子補給にあたっては，その条件として，「当該計画の総経費の相当な割合が自己負担で保障されていること」が挙げられていること(第5条第1項 a，第6条第1項 a)，更に，利子補給は，「当該計画が実施されるカントンが，少なくとも連邦政府と同じ規模の利子補給を保証していること」が前提となること(第5条第1項d)，情報拠点への補助金については，「連邦政府は，カントンの，あるいは地域の情報拠点に対して，カントンが少なくとも同じ規模の補助金を負っている場合に，補助金を交付することができる」(第6条 a 第1項)こと，連邦直接税の軽減においては，「当該計画が実施されるカントンが企業に対して，法律に従い，同様に課税軽減を認めていること」(第7条b)，以上の事項は，いずれも，連邦政府主導というよりも，連邦政府による財源援助が補完的あるいは誘導的であることを意味するものである。

　OECD報告では，連邦政府の補完性について，次のような一般化した特徴付けを述べている。「連邦政府が介入するのは，カントンの限界を超える問題を取り扱うときに限られる。このことは，就中，連邦政府の権限は国民とカントンによって承認された範囲内に制限されている，という事実に基づいている。……[ここでの]原則は，中央政府は必要なとき以外は介入すべきではないということであり，必要でないとき以外はいつでも介入すべきであるということではない。こうした状況は，できるだけ少なくしか市場に介入しない，という連邦政府当局の基本的な決定から生じるのである。それは，地域政策の事項であれ，あるいはより広くは経済政策の事項においてであれ，そうである。」[21] この一般化された連邦政府の補完性について，「連邦政府の権限は，国民とカントンによって承認された範囲内に制限されている」という点は，スイス連邦制度の特徴点であり，スイスの地域政策が展開される場合の基本的な枠組みについて言及しているのである。

　(有効性)
　OECD報告で述べられているスイスの地域政策に関する第三の特徴点は，

その分権化された地域政策の有効性についてである。

　OECD報告では，スイスの地域政策の全体的な政策効果について，次のように述べられている。すなわち，「より一般的には，地方・地域的社会資本の開発に関する成果は，企業と家計を引きつけるのに，極めて緩やかでしかないように思われるかもしれないが，観光施設に限っては，その成果は未だに大きい。連邦政府とカントンによって執られた地域経済開発の諸手段は，就業の維持と創出に限っていえば，技術革新と多様化を促進するための諸手段がそうであるように，少なくとも量的な側面では，比較的有効であるとみなせるであろう」[22]。この評価は，1987年の時点で下した「一応の評価（rapid assessment）」である。しかし，就業の場の維持と創出の量的な側面で有効であったという指摘は，本章でも前節の山岳地域政策と経済困難地域政策の各効果について検討したように，今日にあっても妥当するものといえよう。

　こうした積極的な評価は，OECD報告によれば地域政策の「分権的な特徴」と関連しているとして次の点を付言している。すなわち，「地域政策を策定・施行する責任を負うカントン当局は，地域状況に身近であり，また従って，地域の問題により精通している」という点，また，「有効な政策を最も保障していると思われるのは，主に，異なるパートナーの間に存在する合意（consensus）であった」という点を挙げている。ここで，「パートナー」とは，公共部門の，少なくとも連邦政府，カントン，及び自治体であり，また民間部門の企業，そして住民一般を指している。スイスにおいては，「地域政策の基礎は，すべての当事者（protagonists）によって，とりわけ上手く受け入れられている」[23]。本章においては，資料の制約上，この合意が形成される過程について具体的な事例を検討することはできない。しかし，前述したように，山岳地域政策における申請書，あるいは経済困難地域政策における開発計画は，いずれもここでいう合意形成にあたって，当事者の利害調整を図る有効な媒介となっているものと考えられる。

(2) 問 題 点

　さて，以上みてきたスイスの地域政策の分権化された性格は，問題点にも繋がってくる。この分権化に関わる問題点を中心にして，以下検討してみる

ことにする[24]。

(地理上の範囲)

OECD報告によれば，スイスの地域政策の分権化された性格から生じる問題点として，①地理上の範囲の問題と，②地域政策の費用と有効性の問題が指摘されている。以下，この二点について検討してみよう。

まず，地理上の範囲の問題とは，「連邦政府の地域政策の枠組みで採られた諸手段の地理上の範囲，またカントンの経済促進の枠組みで採られた地理上の範囲を合わせると，国土の90％以上が誘因手段に与っており，これは人口の65％を超えている。また，[経済的に]恵まれた(favoured)地域において適用されている事実上の[地域政策の]諸手段（特に財政諸手段）を含めると，実に国全体が地域政策の対象とみなすことができよう」[25]という点である。すなわち，連邦政府による地域政策の対象とカントンによる地域政策の対象を併せると，地域政策の地理上の範囲が「過剰」である，という評価である。

この評価については，若干の注意が必要である。次の表12-19は，中央政府あるいは連邦政府による地域政策に限ってみた場合の地域政策の地理上の範囲についての国際比較を示したものである。当表から窺われるように，相対的には，スイスの地域政策が必ずしも過剰な対象を抱えているとはいえないであろう。すなわち，連邦政府の地域政策の対象地域の国土に占める割合については比較的広範囲にわたっていること（これは，一つには，スイスの国土において山岳地域が広い範囲にわたっていることに拠る）が窺われるが，その人口についてはむしろ中位である。

また，地理上の範囲の問題は，連邦政府の地域政策の性格が「補完的」であることからも割り引いて考えられる必要がある。OECD報告も断っているように，「スイスにおいては，連邦政府はカントンの政策を越権することはない。すなわち，中央政府は，ほとんど介入することはなく，またカントンの枠を越える場合にだけカントンによって執られる諸手段を補完するのである」[26]。この点は，これまで検討してきたように，山岳地域に関しても，また経済困難地域に関しても，むしろカントン・自治体主導の性格が強い点からも窺える。

表12-19 地域上の誘因の範囲（1983～1984年）

オーストリア	人口の約25%
ベルギー	開発地域，1984年実施，人口の34.7%
カナダ	計画地域，国土の93%，人口の51%
デンマーク	一般開発地域，1984年実施，人口の24%
フィンランド	開発地域，国土の約77%，人口の約45%
フランス	PAZ 地域，1984年実施，人口の37%
ドイツ	GA 地域，1984年実施，人口の28.4%
ギリシア	投資補助金，1984年実施，人口の58%
アイルランド	全国土が資格有り，ただし交付金額の制限により，開発地域(DAs)（国土の約50%，人口の28%）と非開発地域に区分
イタリア	Mezzogiorno，1984年実施，人口の35.6%
オランダ	IPR，国土の33%，人口の27%
ノルウェー	明示的な開発地域計画はない，ただし最高補助率35%の補助金
スペイン	産業振興地域，国土の52%，人口の36%
スウェーデン	地域問題計画，1984年実施，人口の13.5%
スイス	山岳地域：国土の66%，人口の23%
	経済困難地域：国土の12%，人口の11%（山岳地域と一部重複，重複分は当該地域の69%の面積と人口の50%）
イギリス	アイルランドを含むすべての問題地域，1984年実施，人口の30.4%

（出所）OECD, *Restructuring the Regions*, 1986, p.63.

　地理上の範囲の問題でより深刻な点として，OECD 報告は地域政策の対象の選択に関する問題を挙げている。すなわち，「連邦政府あるいはカントンからさえも，最も援助を受けているのは，所得に恵まれていない山岳地域ではない」[27]という点である。以下，この点について検討してみよう（表12-20を参照）。

　まず，山岳地域政策の場合，投資援助全体で最も高い比重を占めている上位4カントンは，BE (16.8%)，VS (16.2%)，GR (10.5%)，FR (9.9%)である。それぞれのカントンの一人当たり所得水準指数をみてみると，BE 86.3（19位），VD 97.6（9位），GR 91.9（12位），FR 91.8（13位）である。また，2位の NW の一人当たり所得水準指数は5位である。経済困難地域政策に関しても，財源援助全体に占める比重が高い上位2カントン，すなわち NE と SO の一人当たり所得水準指数は，それぞれ18位と14位である。以上のように，少なくとも，カントン別での援助額の配分をみる限りで

第12章 地域政策

表12-20 カントン別の所得水準指数と援助額

カントン	一人当たり所得水準 1991年		経済困難地域政策による財源援助額		山岳地域政策による投資援助額	
	指数	ランク	%	ランク	%	ランク
ZH	125.1	2	—	—	1.2	17
BE	86.3	19	7.2	5	16.8	1
LU	88.4	15	—	—	6.5	5
UR	81.3	22	—	—	2.5	12
SZ	94.9	10	—	—	3.3	11
OW	81.3	22	—	—	1.8	14
NW	103.3	5	—	—	1.3	16
GL	102.2	6	2.7	7	1.9	13
ZG	178.4	1	—	—	—	—
FR	91.8	13	0.5	10	9.9	4
SO	90.2	14	19.9	2	0.8	19
BS	122.4	4	—	—	—	—
BL	101.9	7	2.0	9	—	—
SH	93.6	11	—	—	—	—
AR	84.6	21	—	—	1.6	15
AI	72.9	26	—	—	0.9	18
SG	87.2	17	8.5	4	5.5	7
GR	91.9	12	—	—	10.5	3
AG	98.1	8	—	—	—	—
TG	87.3	16	0.2	11	0.2	20
TI	85.6	20	2.7	8	5.7	6
VD	97.6	9	7.0	6	4.3	10
VS	76.5	24	—	—	16.2	2
NE	86.9	18	39.2	1	4.6	8
GE	123.5	3	—	—	—	—
JU	75.0	25	10.1	3	4.5	9
全体	100.0	—	100.0	—	100.0	—

(資料) *Statistisches Jahrbuch der Schweiz,* 1995, S.31, S.127. Info Regio 1/91, 1991, p. 30. Feuille fédérale, 146ᵉ année, Vol.III, 1995, p.435 より作成。

は，必ずしも地域間の経済力の較差を是正する効果を有しているのかどうか疑問視される。この点は，第1節で述べたように，山岳地域政策の投資援助額が連邦支出の規模の点からは極めて限定的でしかない，という点を勘案すると，一層疑問視される。

（費用と有効性）

次に，OECD報告が挙げているスイス地域政策の分権化された性格から生じる第二の問題点は，地域政策の費用と有効性の問題についてである。これは，「恵まれていない地域の政策と恵まれた状況にあるカントンの政策の間の実際上の競合」についていっている。OECD報告によれば，この種の競合によって二つの懸念が生じるとしている。すなわち，一つは「財政上の過剰な経費」，もう一つは「恵まれない地域を援助するために為される諸手段の有効性を損なう」という点である。

まず，財政上の経費に関しては，OECD報告は，地域援助に関する公共支出に充てられるバランスシートがないことと課税軽減による収入の欠如分の評価が出来ないことを理由に，その実際上の計測は不可能であると断っている[28]。しかし，OECD報告は，EFTAとEECの推定を用いて，カントン間，及びカントンと連邦政府の間の競合は，他国よりも，より多くの支出を招いていることにはならない[29]，と評価している。

また，「恵まれない地域を援助するために為される諸手段の有効性を損なう」という点についてのOECD報告による判断は次の通りである。すなわち，カントンによる地域政策に関しては，「カントン当局の経済部門担当者は，厳密に，同じ事業の設立にあたって，カントン間で競合は存在しない，という点で合意していた」こと，また，現在の技術革新の促進のためのカントンによる政策は「富裕な地域においても，また貧困な地域においても，地域経済発展の基礎を維持あるいは創出することが可能である」こと等[30]を挙げて，むしろ中立的であるという評価を一応与えているように思われる。

以上にみるように，OECD報告の判断による限り，カントンの政策による競合に関しては，「財政上の過剰な経費」という点においても，また「恵まれない地域を援助するために為される諸手段の有効性を損なう」のではないかという点においても，問題が顕在化しているということはなさそうである。

なお，地域政策におけるカントン間の競合性に関しては，特に経済力が強いカントンにおいて課税負担を軽減することによって企業・家計を引きつけるという「課税戦略」の展開を考えることができる。しかし，スイスにおいては，少なくともカントン間にあっては，これが展開されているわけではない[31]。スイスにおいては，むしろ，カントンの経済力と課税負担の間には相関性は認められない。このように課税面においても，カントン間の競合は存在しないといえる。この点でも，「財政上の過剰な経費」という問題は顕在化しているとはいえないであろう。

おわりに

本章においては，スイスの連邦政府による地域政策を検討してきた。この場合，州・地方政府の裁量権が保障されながら，どのようにして連邦政府による地域政策が可能となるのか，またその地域政策の展開で分権化がどのように反映しているのか，という視点から論を展開してきた。本章で明らかにした諸点を要約すると，次の通りである。

第一に，連邦政府による地域政策の支柱の一つは，山岳地域政策である。この政策は，都市化と産業構造の高度化の進展の中で，山岳地域の相対的な立地・居住条件が劣化していることが背景となっている。山岳地域政策は，1974年に成立した「山岳地域の投資援助に関する連邦法律」に基づいて，立地・居住志向の地域政策として展開された。その結果，対象地域の社会資本整備に対する投資援助を中心にして，少なくとも人口の減少の阻止には成功したといえる（第1節）。

第二に，連邦政府による地域政策のもう一つの支柱は，経済困難地域政策である。これは，スイス経済全体の後退期の中，特に失業率の高い単一産業に依存した地域を対象にして，1978年の「経済困難地域に対する連邦補助金に関する連邦決議」に基づいて，雇用志向の地域政策として展開された。民間経済の振興に対するより直接的な諸手段を通して，対象地域によっては全国平均を上回る雇用創出の成果がみられた（第2節）。

第三に，以上の連邦政府による地域政策に共通する特徴点及び問題点は，

いずれもスイスの高度に分権化された行財政運営の反映であるといえる。すなわち，特徴点としては，山岳地域政策と経済困難地域政策はいずれも，カントン・自治体主導の地域経済開発政策に対して連邦政府が補完するという形態を採っていること，その結果，カントンの地域経済開発政策と連邦政府の地域政策の整合化が図られていること，等を挙げることができる。問題点としては，連邦政府による援助額の配分が必ずしもカントン間の経済力の較差を緩和する上で徹底されたものではない，という点を挙げることができる（第3節）。

[注]

1) R. L. Frey, *Wirtschafts- und Finanzpolitik der Schweiz, Handbuch Politisches System der Schweiz,* Haupt, 1993, S.83. なお，この定義は，いわば狭義の地域政策の定義といえる。地域政策を広義に捉えるならば，「国民経済の空間構造及び区域（地域：Regionen）の発展に影響を与えることを目標とする国家（及び民間組織）の手段のすべて」(Frey, *a.a.O.,* S.82.) と定義されている。

2) 1960年と1965年は，Georges Fischer, *Räumliche Disparitäten in der Schweiz.* Verlag Paul Haupt, 1985, S.82. より算出。1970年は，*Statistisches Jahrbuch der Schweiz,* Bundesamt für Statistik, Verlag Neue Zürcher Zeitung, 1994, S.134 より算出。

3) 次に拠った。"SYSTEMATISCHE SAMMLUNG DES BUNDESRECHTS 9-1" 所収の Loi fédérale sur l'aide en matière d'investissements dans les régions de montagne du 28 juin 1974. また，本法律に関する規則については，次に拠った。"SYSTEMATISCHE SAMMLUNG DES BUNDESRECHTS 9-1" 所収の Ordonnance sur l'aide en matière d'investissements dans les régions de montagne du 9 juin 1975.

4) 本法律の実現を融資面で保障するものとして，1976年6月25日の「山岳地域に立地する企業保証に関する連邦法律」がある。これは，特に問題地域における家内企業に資本増額を容易にするものである。また，以前から存在していた1966年7月1日の「ホテル産業の融資援助に関する連邦法律」が，1974年12月13日に修正され，「山岳地域の投資援助に関する連邦法律」に調整されている。これによって，観光地において，ホテルの更新・新設，民宿の更新・設立，保養地設備の設立，等に対して貸付保証・供与を通して促進することが図られるようになった。次を参照。Ernst A. Brugger/ R. L. Frey, *Regionalpolitik Schweiz. Ziele, Probleme, Erfahrungen, Reformen.* Verlag Paul Haupt, 1985, S.66.

5) 「山岳地域」と「畜産土地台帳」について，石井啓雄教授は，次のように説明されている。「この畜産土地台帳が畜産的土地利用上の生産力をあらわすことを目的とし

第12章　地域政策　　　　　　　　　　　　　　　367

て1950年代前半に作成・準備されたことだけは明らかである。」また，「山岳地域」のゾーニングについて「このゾーニングがどこまで安定的であるかはよくわからない。しかし，今日の「直接支払い」を中心とする山岳地域維持（農業）政策は，このゾーニングに基いて展開されているのであって，それに耐えるだけの安定性をもっていることはまちがいない。」（「スイスにおける農業と農地の維持政策」『平成2年度　農地の多面的利用の手法開発に関する調査報告書（海外調査部会編そのⅡ）』全国農地保有合理化協会，平成3年3月，276-277頁。）

6) 長尾眞文「スイスの条件不利地域に対する支援政策」『地域開発』1993年2月，30頁。
7) OECD, *Restructuring the Regions,* 1986, p.19.
8) OECD, *OECD Economic Surveys Switzerland,* 1982-1983, p.39.
9) 本法律は，次に拠った。Bundesbeschluss über Finanzierungsbeihilfen zugunsten wirtschaftlich bedrohter Regionen vom 6. Oktober 1976 mit Änderungen vom 5. Oktober 1984. また，本法律の規則は，次に拠った。Verordnung über Finanzierungsbeihilfen zugunsten wirtschaftlich bedrohter Regionen vom 21. Februar 1979 mit Änderungen vom 27. März 1985.
10) E.A.Brugger / R.L.Frey, *a.a.O.,* S.66.
11) E.A.Brugger / R.L.Frey, *a.a.O.,* S.67.
12) Feuille fédérale, 146e année, Vol.Ⅲ, 1995, p.367.
13) OECD, *Regional Problems and Policies in Switzerland,* 1991.
14, 15) OECD, *op.cit.,* p.47.
16) ここで検討する連邦法律あるいは規則は，第1節と第2節で検討した各法律及び各規則である。
17) 連邦政府による地域政策の分権性については，多くの論者が指摘している。例えば，次のような指摘である。「これまで述べてきた諸手段［投資援助，利子補給，連邦直接税の軽減等］は，いずれも，連邦政府によってのみ操作されているのではない。それらはすべて，カントンの協力と結合しており，多くの場合，自治体とも結合している。また財源援助にあっては，銀行とも結合しているのである。連邦政府の地域政策は，それ故に，共同業務（Gemeinschaftsaufgabe）なのである。」（E.A.Brugger / R.L.Frey, *a.a.O.,* S.69.）
18, 19) E.A.Brugger / R.L.Frey, *a.a.O.,* S.69.
20, 21) OECD, *op.cit.,* p.52.
22, 23) OECD, *op.cit.,* p.54.
24) OECD報告によれば，スイス地域政策の問題点として，次の4点を挙げている。すなわち，①分権化された地域政策の制限，②部門上の政策の重要性，③国境カントンの特別な問題，④単一ヨーロッパ市場との問題。本章においては，これらの問題点の内，分権性と係わる事項について検討する。他の問題の検討は，他の機会に譲りたい。
25) OECD, *op.cit.,* p.87.
26, 27) OECD, *op.cit.,* p.88.
28, 29, 30) OECD, *op.cit.,* p.89. 製造業に対する財政援助が付加価値に占める比率は，スイスの場合は1％であり，これは他の欧州諸国におけるよりもっと低い水準である

（イタリアで17％，フランスで5％）と指摘している。
31）第4章を参照。

補論

連携の視点から

はじめに——連携の視点——

　単一制国家にあっては中央政府と自治体，また連邦制国家にあっては連邦政府，州政府ならびに地方政府，といった複数の政府水準が存在している。地方財政論を展開する場合には，こうした多段階の政府形態を前提として，どのようにして効率的な財政運営が可能となるのか，という点が重要な検討課題となる。

　かつて C.M. Tiebout, R.A. Musgrave, P.B. Musgrave, W.E. Oates らは「財政連邦主義の経済理論」において，多段階の政府形態を前提として，財政機能の政府間分担論を展開した[1]。すなわち，財政機能に関して，経済の安定・成長機能と再分配機能を連邦・中央政府に，また資源配分機能を補完的に州・地方政府に割り当てる，という議論である。この議論では，複数の政府水準の間で財政機能を分担することによって，効率的な財政運営を達成しようとしているのである。ただし，この政府間分担論を州・地方政府の主体性の有無という視点から検討してみると，州・地方政府の政府機能を狭く限定しており，公共部門における政策決定権の大部分を連邦・中央政府に委ねている，ということがわかる。つまり，いわば政治集権的な政府形態が想定されているのである[2]。

　しかし，実際上の多段階の政府形態を検討してみると，財政機能の政府間分担という視点だけでは，政策面での実効性を期待することはできない。すなわち，州・地方政府の主体性を重視し，その政策形成主体としての存在を

重視した，いわば政治分権的な政府形態をも想定することができるからである。この場合，州・地方政府の財政機能は，単に資源配分機能に限定されるのではなく，その他の再分配機能等をも含めたより広い範囲の財政機能の発揮が期待される。

　政治分権的な政府形態にあっては，下位水準においても政策形成主体が現実に存在している，という点が重要である。このことは，行財政運営上の政府主体が中央政府あるいは連邦政府に限らず，下位水準においても認められるのであって，複数の政府主体が存在している，ということを意味している。「財政連邦主義の経済理論」をはじめ，従来の地方財政論においては，こうした複数の政府主体の存在を前提とした場合，どのようにして効率的な行財政運営が可能となるのか，という点は必ずしも適切な議論を展開してきてはいないと考えられる。

　複数の政府主体の存在が前提とされている場合，これらの諸政府主体の関係に注目すると，その関係のあり方に行財政運営上の一つの効率性を求めることができる。これは，政府主体の関係の中に「連結の経済性」（すなわち「複数の主体間のネットワークの結びつきが生む経済性」）を求めることができる，ということを意味している。「連結の経済性」という考え方[3]は，本来は，産業部門において展開された分析概念であるが，これを政府部門においても適用することができる。政府部門における連結の経済性[4]としては，アウトプット面，すなわち行財政運営の成果の側面（この場合，財政の諸目的，つまり資源配分，再分配，そして経済の安定・成長を含んでいる）については，政府主体間の結びつきによって生じる行財政運営上の諸成果，具体的には，各政府主体に属する行政・法律・財政上の諸資源を他の政府主体に属する諸資源と結合することによって生じる補完効果，政策調整による利害衝突の回避，等を挙げることができる。また，インプット面，すなわち行財政が運営されるために必要となるコストの側面については，行財政運営上の取引コストの削減，具体的には，他の政府主体に属する資源の活用によるコスト削減，政策調整コストの削減，税務行政上のコストの節約，等を挙げることができる。なお，「連結」という表現は，行財政面ではむしろ「連携」と言い換えた方がより適切と考え，以下「連結の経済性」という表現に替えて「連

携の経済性」という表現で統一する。

さて，スイスにおいては，政府主体間での連携の経済性の実現が追求されている，と考えることができる。スイスは，周知の通り，連邦制国家であり，地方政府に当たる約3,000の自治体（Gemeinden, Communes），州レベルの政府に当たる26のカントン（Kantone, Cantons），そして連邦政府（Bund, Confédération）の三つの政府水準から形成されている。また，後述するように，スイスは，カントンをはじめ，下位水準での政府主体としての存在が保障されており，政治分権的な政府形態のいわば代表的な存在である，といえよう。複数の政府主体が存在する場合，どのようにして効率的な行財政運営が可能となるのか，この問題と取り組むにあたって，スイスは格好の研究対象である，と考えられる。

そこで，以下，次の手順で論を展開することにする。まず，連携の経済性の前提となるスイスの州・地方政府の主体性と政府資源の配分状況とを概観しておく（第1節）。次に，スイスの行財政運営上，連携の経済性がどのようにして追求されようとしているのか，その基本的な枠組みを明らかにする（第2節）。

1．連携の前提

(1) カントンの主体性

スイスの州・地方政府，特にカントンの政府主体としての存在は，スイス連邦憲法，課税自主権，自主財源全体に占める比重，さらに所得・財産課税の課税局面における広い範囲にわたる裁量，等に認めることができる。

まず，連邦憲法第3条では「カントンは，その主権が連邦憲法によって制限されない限りで主権を有し，かつ，連邦権力に委ねられないすべての権利を主権者として行使する」と規定されている[5]。すなわち，残余権はむしろカントンに属しているために，政府主体としての「強い」カントンが窺える。

また，カントンは，連邦憲法が連邦政府に保留していないすべての租税を徴収することができる。この課税自主権という点に関しては，カントンよりもむしろ連邦政府の方が憲法上厳しく制限されていることがスイス財政の一

表1　自主財源に占める各政府水準の割合　　　（単位：％）

	1960年	1970年	1980年	1989年
連 邦 政 府	45.3	40.4	35.3	36.1
カ ン ト ン	29.8	33.0	34.1	34.8
自 治 体	25.0	26.6	30.5	29.2

（資料）*Statistisches Jahrbuch der Schweiz,* Bundesamt für Statistik, Verlag Neue Zürcher Zeitung, 1993. より作成。

つの特徴である，といえる。すなわち，連邦政府は，連邦憲法によって明記してその徴収が許されない限りは，租税を賦課することはできない（第41条の2，第41条の3）。なかでも直接課税は，本来，カントンの課税自主権が及ぶものとみなされているために，連邦政府による直接課税は憲法上期限つきでしか認められておらず[6]，またその税率も条文に規定されている。この課税自主権に関しても，やはり政府主体としての「強い」カントンが窺えるのである。

次に，自主財源全体に占める各政府水準の割合をみてみる。表1にみられるように，1989年の場合，連邦政府の比重は36.1％で最も高く，カントンが34.8％，自治体が29.2％を占めている。ただし，連邦政府の比重は，1960年の45.3％と比較すると，その比重は低下傾向にあり，替わってカントン・自治体の比重が増加している。また，カントンと自治体の双方を合計すると，つねに連邦政府の割合を上回っており，更に1960年の54.8％から1989年の64.0％へと9％ポイント以上もその比重を増大させている。こうしたカントン・自治体の自主財源の比重の高さは，その主体性の発揮を裏づけるものであり，前述した憲法上の「強い」主体性が単なる名目ではないことが窺えるのである。

更に，カントン・自治体に属する自主財源のなかでも，基幹税の所得・財産課税は，その課税局面におけるカントンの広い範囲の裁量が認められる。この点を，たとえば個人所得税についてみてみよう。第1章の表1-8でも示したように，州・地方政府の個人所得税で採用されている課税ベースは，多くの国が中央政府による課税所得を課税ベースに採っている。しかし，スイスにおいては，連邦政府の課税ベースとは別にカントンのレベルにおいて

独自の課税ベースが選択されている。税率表については，大半の国々で，単一の税率が州・地方政府において用いられている。これに対して，スイスにおいては，各カントンごとに固有の累進税率が用いられている。これは，スイスでは，連邦政府とは異なった，各カントンでの固有の再分配政策が行われていることを意味している。更に，税務行政（課税評価と徴収）については，やはり多くの場合は中央政府によって行われているが，スイスではカントンがこれを担当している。このように，カントンの政府主体としての存在は，個人所得税の各局面にも，濃厚に反映していることが判る。

(2) 政府資源の配分状況

　連携の経済性が政府部門で追求される場合，政府主体間での諸資源の配分状況が一つの重要な背景をなしている。そこで次に，連邦政府と下位水準の政府のそれぞれの政府資源について，それも特に各政府水準に属する法律・行政上の資源をみてみる。

　まず，法律上の資源とは，行財政運営に関する権限が，憲法・法律上どれだけ保障されているか，ということを意味している。この法律上の資源について，連邦政府とカントンの間での，連邦憲法上の割当は，表2に窺うことができる。すなわち，31件の権限のうち，かなりの数（16件）の権限が連邦政府に属していることが判る。また，11件の権限が，連邦政府とカントンの間で共有され，カントンが専らその固有の権限を発揮できる領域は，表中では，4件に限られている。法律上の資源は，憲法上の権限に注目する限りでは，連邦政府がカントンに対して優位にあるといえる。

　次に，行政上の資源としては，行政執行，政策実施に関連した諸機構，人員，等が含まれる。表3は，この行政上の資源として，総公務員数に占める連邦政府，カントン，および自治体の各政府水準の割合を示してある。表から判るように，連邦政府の比重は，相対的にその比重を低下させてきている。連邦政府の割合は，1950年の時点にあっても40.5％であり，これはカントン（26.6％）と自治体（32.9％）の合計を下回り，むしろカントン・自治体に重点があることが判る。更に，1980年になると，連邦政府の比重は29.6％を示し，30年間に約10％ポイント減少している。この連邦政府の比重の低下と

表 2 連邦憲法上の権限の配分

	政 策 分 野	件数
主にあるいは専ら連邦のレベルの権限	特定サービス(電信電話)，外交，関税，途上国援助，その他援助，軍隊，民間防衛，職業教育，環境，社会保障，その他社会政策，鉄道，航空，その他運輸，農業，水力利用と築堤	16
連邦とカントンのレベル双方の権限	司法，警察，大学(研究を含む)，文化，保健(病院を含む)，住宅，国土計画(地域開発を含む)，道路建設，エネルギー，森林(狩猟，漁業を含む)，経済(産業，商業)	11
主にあるいは専らカントンのレベルの権限	初等教育，中等教育，教会，福祉	4
総　　計		31

(出所) U. Klöti, "Political Ideals, Financial Interests and Intergovernmental Relations: New Aspects of Swiss Federalism", *Government and Opposition,* Vol.23. No.1, 1988, p.94.

表 3 総公務員数に占める各政府水準の割合　(単位；%)

	1950年	1960年	1970年	1980年
連 邦 政 府	40.5	38.9	34.7	29.6
カ ン ト ン	26.6	28.5	31.9	36.7
自 治 体	32.9	32.6	33.3	33.8

(資料) K. Nüssli, *Föderalismus in der Schweiz,* Verlag Rüegger, 1985, S.239, Tab.13 より作成。

は対照的に，カントンの比重がそれに替わって増大している。なお，自治体の場合は，30年間，ほぼ安定した割合を維持している。行政上の資源は，公務員の数をみる限りでは，カントン・自治体のそれが連邦政府に対して優位にあるといえる。

2．連携の諸側面

(1) 執行連邦主義

前節でみたように，法律上の資源は連邦政府が優位な状況にあり，他方で，

行政上の資源は州・地方政府が優位な状況にある。こうした連邦政府と下位水準の政府の間の政府資源のあり方は，双方の政府水準から連携が追求される誘因を生み出すことになる。

　この点について，たとえば V.Bogdanor は，次のように述べている。「連邦政府には，日常の業務での行政上の人員と経験とが欠如しているので，自治体とより密接な関係にあるカントンの協調と支援とがなくては，その政策を決定することが困難であることが判っている。他方で，カントンは，実際のサービスの遂行主体と連絡をとれるという有利さをもっているが，憲法上保障された役割は欠如しており，その保障がなければ連邦政府の権限に属する分野での原案形成に係われない。従って，カントンは連邦政府との協調に頼らなければならない。」[7] すなわち，連邦政府にとっては，その政策の実効性を確保するために，カントンの行政上の資源が必要であり，またカントンにとっては，連邦政府の権限に属する分野にカントン自身の選好を反映させるために，連邦政府の法律上の資源に関与する必要があるのである。

　こうした連邦政府とカントンの双方からの誘因によって追求される連携は，具体的には"執行連邦主義 (Vollzugsföderalismus)"という行財政運営として現れる。この執行連邦主義について，たとえば G.F.Germann は，次のように述べている。「スイス連邦国家においては，政策分野について，ある分野は専ら連邦の責任で，他の分野は専らカントンの高権 (Hoheit) に属する，というふうには分離されていない。むしろ通常は，連邦には主に綱領，法規の策定，そして財源調達についての機能が帰属し，他方で，綱領と法令の実施はカントンの責任である，と分業化されている。」[8] すなわち，スイスにおける執行連邦主義とは，政府間分担という形態を採っていないこと，連邦政府が制定した連邦法律をカントンが実施するという形態が形成されていること，また，連邦政府には財源調達の機能が帰属していること，等を意味しているのである。

　この執行連邦主義の実態は，表4に窺うことができる。それぞれの分野における件数の数が限られているので慎重に解釈する必要があるが，連邦法律において連邦政府に属する権限の158件のうち，98件 (62％) の権限についてカントンがその実施に関与している。さらに，その98件のうち，およそ

表4 連邦法律のカントンに対する執行権の委任件数

	執行命令の発効を含む場合 件数	執行命令の発効を含まない場合 件数	件数合計	連邦政府の権限数に対する比率
司　　　　法	7	2	9	0.81
外　　　　交	0	2	2	0.22
国　　　　防	6	2	8	0.88
教 育・研 究	3	2	5	0.25
文化・余暇・スポーツ	1	1	2	0.40
教　　　　会	1	0	1	1.00
保　　　　健	3	5	8	1.00
環　境　衛　生	4	2	6	1.00
社　会　福　祉	9	1	10	0.76
国　土　計　画	1	0	1	1.00
交通・エネルギー	8	3	11	0.57
農　　　　業	7	0	7	0.87
林業・狩猟・漁業	3	0	3	1.00
防水・雪崩防止	1	0	1	1.00
観光・産業・商工業	12	5	17	0.54
金　　　　融	2	5	7	0.58
総　　　　計	68	30	98	0.62

（資料）Grundzüge des Ist-Zustands, 1977.
（出所）K. Nüssli, *Föderalismus in der Schweiz,* Verlag Rüegger, 1985, S.276.

2/3（68件）がカントンによる執行命令の発効が認められている。

　この執行連邦主義は，連邦政府の法律上の資源とカントン・自治体の行政上の資源を結合することを意味している。また，執行連邦主義は，それによって各政府水準がそれぞれ個別には発揮できない補完効果の実現が発揮されることを意味している。つまり，これによって，連邦政府はその政策の実効化を可能とし，カントンは本来有していない権限に携わりつつ，その選好を反映させることが可能となるのである。この補完効果は，複数の政府主体間による結合によって実現される行財政運営上の成果（アウトプット面での連携の経済性）を意味しているのである。

　なお，先の Germann の指摘にもあったように，執行連邦主義には連邦政府による財源調達という要素が含まれている。この点は，スイスの財政構造，およびカントンに対する連邦補助金に窺うことができる[9]。

表5 各政府水準の支出構造（経済分類別） (単位：%)

	連邦政府		カントン		自治体	
	1970年	1987年	1970年	1987年	1970年	1987年
人件費	10.1	9.3	27.0	37.7	29.7	35.8
財・サービス購入	19.7	14.4	13.2	11.7	17.8	21.9
利子・借款等	3.0	3.5	4.0	3.1	8.4	5.2
公共投資	4.2	1.5	23.4	9.3	29.1	17.6
財政移転						
対民間	22.9	30.9	19.4	19.7	10.3	9.5
対公企業	7.9	16.5	0.4	4.1	0.3	0.6
対公共部門	29.1	22.0	12.1	13.5	4.3	9.3
貸付・出資	3.0	1.8	0.6	0.9	0.0	0.2
総支出	100.0	100.0	100.0	100.0	100.0	100.0

(資料) *Statistisches Jahrbuch der Schweiz,* Bundesamt für Statistik, Verlag Neue Zürcher Zeitung, 1991 より作成。

　スイスの財政構造について，その経済分類別でみた支出構造を検討してみる。表5では，支出圧力の強かった1970年と支出の抑制期に入った1987年の場合が示されている。公共投資の各政府水準の支出全体に占める比重は，連邦政府の場合は支出圧力の強かった1970年においても4.2％に過ぎなかったが，カントン・自治体にあっては同年の1970年にはカントンでは23.4％，自治体では29.1％を占めており，これはいずれも人件費に次ぐ高い比率であった。他方で，連邦政府の支出構造をみると，財政移転の比重は1970年では59.9％，1987年では69.4％をそれぞれ占めており，連邦政府の支出構造は財政移転を中心にしていることが判る。その連邦政府の財政移転のうち，政府間関係を直接反映しているのが，対公共部門であり，この比率は，1970年では29.1％であったが，1987年では22.0％に低下している。この間に，カントン・自治体の公共投資の比重も低下しており，カントン・自治体による公共投資の増減と連邦政府による対公共部門の財政移転の増減とが連動していることが窺える。

　以上のように，執行連邦主義は，その連邦政府による財源調達という要素を財政構造の面から検討してみると，次のような点に窺うことができる。すなわち，公共投資の支出は主にカントン・自治体が行い，他方で，連邦政府

表6 カントンに対する連邦補助金（1989年）

支出分野	単位 1,000フラン	カントンの総支出に占める割合 %	連邦政府の補助金に占める割合 %
国防	126,466	59	2.4
民間自衛	153,885	53	3.0
職業教育	270,373	16	5.2
高等教育・技術	118,705	6	2.3
大学・研究	372,701	20	7.2
水域防護	150,712	24	2.9
社会保険	293,497	10	5.7
連邦道	1,310,741	88	25.3
その他道路	733,353	42	14.1
農業	1,023,679	70	19.7
林業・狩猟・漁業・河川・雪崩防止	222,478	55	4.3
その他	409,902	2	7.9
合計	5,186,492	14	100.0

(注) 連邦補助金には特定目的還付金を含む。
(出所) K. Cornevin-Pfeiffer. (1992), "La dynamique du fédéralisme suisse", *Les Finances Publiques d'un Eta Fédératif : La Suisse,* ECONO-MICA, p.232, Tab.4. 14.

は財政移転に重点をおいた支出構造を有していること，また，これらのカントン・自治体による公共投資と連邦政府による対公共部門の財政移転とが連動していること，等である。

　連邦政府による財源調達という要素は，更に具体的には，カントンに対する連邦補助金と特定目的還付金にみることができる。上述した連邦政府による対公共部門の財政移転の中には，連邦補助金（Bundesbeiträge），特定目的還付金（Rückvergütungen），そしてカントン分与税（Kantonsanteile an den Bundeseinnahmen）が含まれているが，このうち，連邦補助金と特定目的還付金とは，その使途があらかじめ決められている財政移転であり，他方で，カントン分与税は，その使途はカントンの自由裁量に任せられている。これらの財政移転のうち，連邦補助金と特定目的還付金は，連邦政府がどういう政策分野においてカントン・自治体との連携を図ろうとしているのか，という点をみるのに重要な一つの指標となる。

補論　連携の視点から　　379

　表6は，1989年のカントンに対する連邦補助金・特定目的還付金について政策分野別に示したものである。まず，カントンの総支出に占める割合でみると，全体で14％であるが，政策分野別にみてみると，交通（連邦道88％，その他道路42％），農業（70％），国防（59％），民間自衛（53％），等が特に高い割合を示している。また，連邦政府の補助金に占める割合をみると，交通（連邦道25.3％，その他道路14.1％），農業（19.7％），また，教育関連（職業教育5.2％，高等教育・技術2.3％，大学・研究7.2％）の占める比重が高いことが判る。

　以上のように，執行連邦主義における連邦政府による財源調達という要素を，連邦補助金・特定目的還付金にみる限りでは，執行連邦主義はすべての政策分野において一様に現れるのではなく，交通，農業等の分野で重点的に展開されていることが窺える。

　さて，執行連邦主義については，連携の経済性という視点から，更に次の二点を指摘することができる。すなわち，第一に，執行連邦主義において，連邦政府の法律上の資源とカントン・自治体の行政上の資源とが連携される場合に，連邦政府によるカントンに対する財政移転，特に連邦補助金・特定目的還付金は一種の「金銭的誘因」として機能している，とみなすことができる。この点は，前述したカントン・自治体による公共投資と連邦政府の対公共部門の財政移転との連動性に窺うことができる。第二に，連邦補助金・特定目的還付金は，それを受け取るカントンにとっては，財政上のいわば外部資源を意味するのであり，その財源の調達が連邦政府によって為されるため，その分だけ行財政運営上のコスト削減の効果の発揮が期待される。この効果もまた，インプット面での連携の経済性の一つとみなすことができる。

(2)　政策調整——結節点を伴う連携の経済性——

　スイスにおけるように，行財政運営上の政府主体が連邦政府に限らずに，州・地方政府に対しても保障されている場合には，複数の政府主体が存在することを意味する。この場合，特に問題となるのは，複数の政府主体の間で生じ得る行財政運営上の利害の衝突である。この問題に対しては，各政府主体が相互に政策上の調整を行うことができるならば，この種の利害衝突を回

避ないしは軽減することができる。この効果は，政策調整による利害衝突の回避という形態を採ったアウトプット面での連携の経済性の一つを意味している。

　この種の連携を実現することは，執行連邦主義という行財政運営が採られているスイスにおいては特に重要な課題である。すなわち，行財政運営におけるカントンの主体性の確保を前提としながら，連邦政府による連邦法律の執行において，どのようにして連邦政府とカントンの間で「合意(consensus)」が得られるか，という点にこそ，執行連邦主義の実効性がかかっているといえよう[10]。

　スイスにおいては，連邦政府とカントンの間の政策調整の場としてさまざまな制度が設けられており，これらの諸制度によって両政府水準間で生じ得る利害の衝突の回避が追求されているといえよう。こうした政策調整の場としては，まず，26のカントンの代表者が送り込まれている全州議会（Ständerat）の果たしている機能が重要である。スイス政治制度にあっては，連邦政府による決定事項，従ってまた連邦政府による行財政運営上の政策の実施には，国民の代表者からなる国民議会（Nationalrat）とともに，全州議会での過半数の同意が必要である。そのため，連邦レベルでの行財政運営を遂行するにあたっては，連邦政府は，全州議会での賛同を得るために，カントンの選好を聞き入れておく必要がある[11]。

　更に，連邦政府とカントンの政策調整の場として，全州議会の他にも，"意見聴取手続き（Vernehmlassungsverfahren）"がある。これは，連邦憲法修正と新たな連邦法律の準備段階にあって，あるいは時には執行命令の形成にあたって，カントン，経済諸団体，政党，その他関係諸団体の意見の聴取があらかじめ求められる，という制度である。この制度にあっては，すべてのカントンが，定型的に，また同等の権利を有して，その意見聴取が求められる，というメリットがある[12]。

　さて，これらの全州議会と意見聴取手続きは，連邦政府とカントンの間の，いわば垂直的な政策調整の場を提供するものである。スイスにおいては，この他に，カントン間のいわば水平的な政策調整の場が存在する。これは，連邦憲法においても保障されている。すなわち，「立法，裁判制度および行政の

事項に関する協定については，カントンは，これを相互に締結する権利を有する」(第7条②)。これは，一般に，"コンコルダーツ (Konkordat)"と呼ばれており，カントン間の定型的な交渉の場を提供するものである。例えば M. Frenkel は，このコンコルダーツの意義を，連邦法律との対比で次のように述べている。「各連邦法律の部分的な解決が的外れになる傾向が出てくるに及んで，それが単に限られた領域部分でしか画一性が追求されなくなると，カントンは協定の方を選好するというのも理解できるのである。」[13] すなわち，コンコルダーツは，連邦法律の限定性・画一性という性格を補完する役割を果たしているのである。

なお，各政府主体が個別に他の政府主体と政策調整を試みるのであれば，その調整の相手の数が増大するにつれて取引コストが加速度的に増大してくる。政策調整による利害の衝突の回避という点で，アウトプット面での連携の経済性を図ることができたとしても，この増大する取引コストを考えるならば，必ずしも効率的であるとはいえなくなる。しかし，上述した全州議会，意見聴取手続き，そしてコンコルダーツは，いずれも，政策調整の場として政治制度にすでに組み込まれている。そのため，いわば「情報交換の結節点」[14] として機能しているのであり，この結節点によって，政策調整のために各政府主体が個別に負担すべき取引コストの軽減を図ることができる。この効果は，政策調整コストの軽減といった形態を採ったインプット面での連携の経済性の一つを意味している。

おわりに

「財政連邦主義の経済理論」をはじめとして，経済的な視点を強調した従来の地方財政論においては，州・地方政府の主体性が強化されると資源配分上の歪みが発生する等の理由から，効率性は犠牲にされる，とみなされている。こうした論の帰結は，州・地方政府の政府機能を狭く限定し，また政策決定権の大部分を連邦政府ないしは中央政府に委ねることになる。本補論においては，スイスの行財政運営を取り上げることによって，こうした従来の見解とは視点を替えた効率性の実現の可能性について検討したのである。す

なわち，まず州・地方政府の主体性の存在を前提とした場合に，換言すれば，複数の政府主体が存在する場合に，どのようにして効率的な行財政の運営が可能であるか，という点を考えてみたのである。

結論としては，スイスにおいては連邦政府とカントン・自治体の間で，またカントン相互の間で，行財政運営上のさまざまな局面においてさまざまな形態の連携を追求することによって一種の効率性を，すなわち政府間関係における連携の経済性を実現しようとしているといえよう。このスイスの政府間関係における連携の経済性は，ここで検討したように，連邦政府の法律上の資源とカントン・自治体の行政上の資源の連携，連邦政府による財政移転とカントン・自治体による公共投資の連動，また全州議会をはじめとする政策調整の場の定型化，等という形態で追求されているのである。

[注]

1)「財政連邦主義の経済理論」に関する議論としては，次を参照。
   C.M.Tiebout, "A Pure Theory of Local Expenditures", *Journal of Political Economy,* 1956, pp.416-24, and "An Economic Theory of Fiscal Decentralization", *Public Finance : Needs, Sources, and Utilization, N.B.E.R.,* Princeton Univ. Press, 1961, pp.79-122, W.E.Oates, *Fiscal Federalism,* Harcourt Brace Jovanovich, New York, 1972. R.A.マスグレイブ，P.B.マスグレイブ著，木下和夫監修，大阪大学財政研究会『財政学』有斐閣，1984年，等。
2) 詳細は次を参照。世利洋介「『財政連邦主義の経済理論』批判——政策面に関連して——」『経済論究』第80号，1991年。
3)「連結の経済性」については，次を参照。宮沢健一『業際化と情報化産業社会へのインパクト』有斐閣，1988年（特に第4，5章），および『制度と情報の経済学』有斐閣，1990年（特に第3章）。
4) 詳細は次を参照。世利洋介「政府間財政関係における連結の経済性」『産業経済研究』第34巻第1号，1993年8月。
5) スイス連邦憲法の各条文については，次に拠った。小林　武『現代スイス憲法』法律文化社，1989年。
6) B. Dafflon, *Federal Finance in Theory and Practice with Special Reference to Switzerland,* Paul Haupt Berne, 1977, p.83.
7) V. Bogdanor, "Federalism in Switzerland", *Government and Opposition,* Vol.23. No.1, 1988, p.82.
8) R.E. Germann, Die Beziehungen zwischen Bund und Kantonen im Verwaltungs-bereich, in : *Handbuch Politisches System der Schweiz,* Bd.3, Verlag Paul Haupt

Bern und Stuttgart, 1986, S.347.
9) 詳細は第2章を参照。
10) 例えば Bogdanor は，この点に関連して次のように述べている。「スイスの連邦構造は，カントンに相当な程度の自治を認めている。しかし，公共サービスが効率的に給付されるためには，政治制度において高度な合意 (consensus) が求められる。というのは，多くの領域において，連邦政府は政策の執行にあたって，カントンに依存しているからである。」(Bogdanor, *op.cit.,* p.82.)
11) なお，各カントンは，人口規模・経済力等において著しく多様であるが，連邦憲法上の権利においては全く平等であり，その結果，人口規模・経済力の弱いカントンが事実上優遇されることになる。
12) Germann, *a.a.O.,* S.350.
13) M. Frenkel, Interkantonale Institutionen und Politikbereiche, in: *Handbuch Politisches System der Schweiz,* Bd.3, Verlag Paul Haupt Bern und Stuttgart, 1986, S.325.
14) 宮沢健一，前掲書，1990年，74頁。

事項索引

あ行

後払い課税　132-136, 301
アメリカ合衆国　24, 26-27, 35, 118-119, 295-296
アルバータ　34
意見聴取手続き　380
一般的自治体　151-152, 179-180, 228-229, 246
オーストラリア　26-27, 35
オーストリア　118
オンタリオ　34

か行

会計期間　129, 131-135, 301-302, 326
過去計算　132-134
課税係数　194-195, 197, 199, 232, 239-240, 243-244, 246-247
課税弾力性　123, 125, 194
課税調和　19, 21, 291-292, 296
課税負担　95, 99, 102-103, 106-108, 110, 112, 244, 246, 255-256, 258-259, 269, 284, 265-267, 270, 273
課税立法権　80, 292, 312
カナダ　22-24, 26-30, 32-36, 119, 156
カナダ連邦憲法　22
間接的方式　327-329
完全な課税権　123, 125, 128, 130, 193
完全免除　320-321
カントン間企業　325-326, 329, 331
カントン議会　228, 232, 240, 244
カントン参事会　228, 230, 242-244
カントン省庁　243
カントン分与税　69, 378
基本課税　195, 199, 236, 238-240, 306

基本税額　139
客観的配分　323-324, 330
旧西ドイツ　24, 26-27, 35
強制的課税　125
協調的課税ベース　20, 35, 293
協調的税務行政　19-21, 34, 293-294, 303-304, 308-309
居住地原則　316
郡参事会　197-198, 241, 243, 247
ケベック　32-34
現在計算　132-133
源泉地原則　316
憲法訴訟　183
国際租税法　314, 317, 330
国際的二重課税　312, 314-317, 319, 330
国民議会　286, 380
個別指数　98-100, 102, 106, 113
コンコルダーツ　381

さ行

財・サービス税　35
財政連邦主義の経済理論　369-379, 381
財政力　257-258, 260, 264-270, 272-273, 275-281, 283-284
査定期間　131-135, 235, 301-302
山岳地域　257-258, 260, 270
参事　154-155
残余権　122, 295, 297, 311-312, 371
指数自治体　98, 100, 106
自治体議会　154, 184, 229-233, 240, 242-244, 246
自治体参事会　230-231, 233, 246
執行連邦主義　303, 309, 375-376, 378-380

実際上の二重課税　314-317, 320, 330
集権的税務行政　20-21, 36, 293-294
住民集会　154, 184, 230-233, 240
集約条項　315
衝突規定　315, 322
剰余的一般権限　151-152, 158, 179-180, 184, 194, 199
スイス連邦憲法　22
垂直的協調　290-293, 297-299, 301, 303-304, 308
垂直的調整　254
垂直的重複　291, 297, 300-302
水平的協調　290, 296, 311
水平的重複　291
税額控除方式　317-319
制限免除　320
政治分権　14-18, 20-23, 27-30, 32, 34-36, 80, 116, 121, 125, 142
潜在的二重課税　314-317, 320, 322-323, 330
全州議会　286, 380-382
総合指数　102-103, 105-111, 113
租税ジャングル　34

た行

地域経済開発センター　355
知事　241
重複課税　18, 34-35
直接的方式　327, 329
ドイツ　118
特定目的還付金　69, 262-263, 277, 378-379
特別自治体　179-180, 228-229, 240

な行

内務局　241
年間係数　123, 130, 142
納税期間　131-136, 235, 301-302

は行

配賦規定　314-316, 322-326, 330

派生的課税権　122, 193
比例的配分　323-325, 330
付加課税　20, 293-294
付加税　162, 176, 192-194, 199, 227, 233, 238-239, 244, 246
負担指数　103-107, 109-113
部分的な課税権　123
プロビンス　33-36
法律的二重課税　312
補完効果　376
ポーピッツの法則　43, 54, 73

ま行

前払い課税　132, 133-136, 235, 302
無制限免除　320-321
免除方式　317-320, 322-323, 330-331

ら行

累進付き免除　312, 320-322, 330
ルクセンブルク　35
連結の経済性　370
連邦議会　286
連邦経済省　355-356
連邦裁判所　183, 313, 315-316, 318, 321, 324-325, 329-331
連邦参事会　265
連邦直接税　69-75, 98-100, 102, 125-126, 128-129, 136, 139, 257-258, 268, 274-275, 281, 284, 296-297, 300, 302-304, 309, 349, 355, 359
連邦補助金　258-259, 262-264, 273, 275-278, 284, 378-379

わ行

ワグナーの経費膨張の法則　43

人名索引

Benani, C.   151, 158, 180-184, 186
Bieri, S.   47, 52, 73-74, 122, 297
Bogdanor, V.   375, 383
Break, G.F.   19-21, 291-293, 297, 303-304
Brugger, E.A.   367

Cornevin-Pffeiffer, K.   116, 131, 254-255, 257-259, 268

Dafflon, B.   110, 122-123, 255-259, 267, 269, 273, 275, 278, 290, 292-294, 296-297, 299, 304

Frenkel, M.   381
Frey, R.L.   288, 366, 367

Gaudard, G.   282
Germann, G.F.   375-376
Gerster, T.F.   309

Hertzog, R.   182
Higy, C.   47
Höhn, E.   312, 319, 321-325, 329

石井啓雄   366-367
岩崎美紀子   38

Jequier, R.   77

小林 武   151, 182
小松芳明   331

Linder, W.   155, 180-184, 186, 193, 231

Manzini, A.   131
Meier, A.   48, 279-281, 287, 299
Meylan, J.   184, 197-198, 242
宮沢健一   382
Musgrave, P.B.   369
Musgrave, R.A.   369

長尾眞文   367
Nüssli, K.   78

Oates, W.E.   369

Recktenwald, H.C.   77

Saywell, J.   37-38
Schmid, H.   257
Sheppard, A.F.   39

Tiebout, C.M.   369

Wolman, H.   14-17, 22, 27

Zimmermann, H.   77

著者紹介

世利 洋介（せり・ようすけ）
1958年　福岡県生まれ
明治大学政治経済学部卒，明治大学大学院政治経済学研究科修士課程修了，九州大学大学院経済学研究科修士課程修了，九州大学大学院経済学研究科博士課程中途退学。
久留米大学商学部講師，久留米大学経済学部助教授を経て，
現　在　久留米大学経済学部教授。

〈久留米大学経済叢書8〉
現代スイス財政連邦主義
2001年10月15日　初版発行

著　者　世　利　洋　介
発行者　福　留　久　大
発行所　（財）九州大学出版会
〒812-0053 福岡市東区箱崎7-1-146
九州大学構内
電話　092-641-0515（直通）
振替　01710-6-3677
印刷／九州電算㈱　製本／篠原製本㈱

© 2001 Printed in Japan　　ISBN4-87378-697-5

清木場　東
唐代財政史研究（運輸編）
久留米大学経済叢書 1　　A 5 判 408頁 6,000円

本書は運輸の法制，水陸運路，駐泊施設，輸送手段，国倉，輸送費などの緻密な実証を重ねて，唐代運輸の全体像とその実態にせまった労作。車運研究では，輸送編成・運行日程のモデルを作るという新しい手法で，大唐帝国の壮大な陸運を彷彿させる。

駄田井　正
A Framework of Economic Models in the Medium-run
Toward a Non-Mechanical Model with Innovation
久留米大学経済叢書 3　　菊判 152頁 5,000円

期間の概念として，「短期」や「長期」とは独自に，「中期」を設定することにより，従来の「メカニカルな均衡分析」にかわる，より完全な景気循環過程を説明する。

中村靖志
現代のイギリス経済
久留米大学経済叢書 5　　A 5 判 314頁 3,800円

イギリス経済は1980年代のサッチャー政策によって確かに蘇った。しかし，市場主義の弊害（特に貧富の差の拡大）という社会経済問題を引き起こしている。本書は，こうしたイギリス経済の光と影の部分を捉え，サッチャー政策の意義と限界と，その後のイギリス経済の推移を余すところなく説き明かす。

大矢野栄次
ケインズ経済学の可能性
――複雑系をヒントに――
久留米大学経済叢書 7　　A 5 判 252頁 3,200円

ケインズ経済学の「有効需要の理論」と「持続的経済成長政策の可能性」について議論し，「ケインズ革命」の意義を再確認し，今日の「新しい経済政策論」の可能性について考察する。

松尾　匡
セイ法則体系
マルクス理論の性格とその現代経済学体系への位置づけ
久留米大学経済叢書 2　　A 5 判 216頁 3,200円

「新古典派―ケインズ派―マル経」の常識的分類軸を粉砕し，理論経済学の全体像をひとつの統一的視点のもと鳥瞰する意欲的な試み。マルクスの経済理論がセイ法則体系であることの論証と，それの現代経済学全体系への位置づけを行う。

原田康平
経済時系列分析再考
久留米大学経済叢書 4　　A 5 判 190頁 3,200円

本書では，「線形定常分析」と「カオスの実証」という線形および非線形分析の基本（スペクトル分析，相互相関分析，位相特性，相関次元など）を対象として，経済時系列データへの適用に関する問題点や留意点を中心に論じる。

金　恩喜・咸　翰姫・尹　澤林／櫻井　浩訳
韓国型資本主義の解明
――伝統文化と経済――
久留米大学経済叢書 6　　A 5 判 176頁 2,800円

本書は，韓国の文化人類学者達が自国の通貨危機を解明するため，経済と儒教文化の結合関係を分析したものである。反資本主義的な韓国的儒教文化（ソフト・インフラ）のうえでの経済発展の実現，政経癒着，財閥の行動，庶民と財閥の関係などが，なぜなのかを示してくれる。

（表示価格は税別）　　　　　　九州大学出版会